그림으로 읽기 쉽게 풀어쓴 생존 전략의 교과서
미야모토 무사시 오륜서

圖解 五輪書
作者 : 宮本武藏
copyright ⓒ 2009 by 紫圖圖書
All right reserved.
Korean Translation Copyright ⓒ 2011 by ILBIT Publishing Co
Korean edition is published by arrangement with 紫圖圖書
through EntersKorea Co., Ltd, Seoul.

이 책의 한국어판 저작권은 (주)엔터스코리아를 통한
紫圖圖書와의 계약으로 도서출판 일빛이 소유합니다. 신 저작권법에 의하여
대한민국 내에서 보호를 받는 저작물이므로 무단 전재와 복제를 금합니다.

미야모토 무사시 지음 | 류서우징 풀어씀 | 노만수 옮김

그림으로 읽기 쉽게 풀어쓴 생존 전략의 교과서

미야모토 무사시 오륜서

일빛

미야모토 무사시
오륜서

2011년 2월 21일 초판 1쇄 발행
2015년 3월 10일 초판 3쇄 발행

지은이 | 미야모토 무사시(宮本武藏)
풀어쓴이 | 류서우징(柳守敬)
옮긴이 | 노만수

펴낸이 | 이성우
펴낸곳 | 도서출판 일빛
등록번호 | 제10-1424호(1990년 4월 6일)
주소 | 121-898 서울시 마포구 동교로27길 12 동교씨티빌 201호
전화 | 02) 3142-1703~4
팩스 | 02) 3142-1706
전자우편 | ilbit@naver.com

값 25,000원
ISBN 978-89-5645-152-7 (03900)

※ 잘못된 책은 바꾸어 드립니다.

■ 일러두기

1. 번역은 원서의 원문에 충실한 직역을 위주로 했다. 하지만 원서의 내용상 흐름이 끊기거나 사건의 개연성이 불분명한 경우, 우리말로 번역했을 때 정확한 이해가 어려운 경우에 한해 의역을 곁들였다.
2. 갑옷, 검, 병기, 관직, 인명, 지명 등에 관한 일본 고유의 단어는 일본어의 뉘앙스와 문화적 함의를 살리기 위해 일본식으로 표기했다. 예를 들면 기리(義理), 쓰기바시고(繼ぎ梯子), 가케하시고(掛け梯子), 다케타바(竹束), 쓰카이반(使番), 이쿠사메쓰케(軍目付), 하타모토(旗本), 아시가루(足輕), 니다(荷駄) 등이다.
3. 내용의 정확성을 기하기 위해 표점과 교감(校勘), 부가 설명에 충실한 고단샤(講談社) 판 『오륜서(五輪書)』(宮本武藏 저, 鎌田茂雄 역주, 1986)를 판본으로 삼아 일부 내용을 첨가하거나 교감했다.
4. 일본의 무사도에 관한 내용은 니토베 이나조(新渡戶稻造)가 1899년 미국 필라델피아에서 출간한 영어판 『Busido』와 이 책을 일역한 일본 고단샤(講談社, 스치 투쿠베이須知德平 옮김, 1998) 판 『무사도(武士道)』를 참고해 교감했다.
5. 내용의 올바른 이해와 보충 설명을 위해 간주와 별주를 추가했다.
6. 인명이나 지명이 처음 나오는 곳에 한자를 병기해 이해를 도왔다. 번(藩), 도(都), 부(府), 현(縣), 구(區), 정(町) 등의 행정 구역은 과거와 현재의 구분 없이 띄어 썼다. 맨 처음에만 한자를 병기해 주었다. 가령 도쿄 도(東京都), 오사카 부(大阪府), 오카야마 현(岡山縣) 아이다 군(英田郡), 미야모토 촌(宮本村), 구마모토 번(熊本藩) 등이다.
7. 국립국어원 외래어표기법 '인명, 지명 표기의 원칙 제 2절 제 3항'에 따라 일본의 인명과 지명은 과거와 현재의 구분 없이 일본어 표기법에 따라 표기하는 것을 원칙으로 하되, 필요한 경우에는 한자를 병기했다. 하지만 일본어의 한자는 우리의 한자음대로 읽는 관용을 고려하여 인명이나 지명이 아닌 경우에는 관용을 많이 따랐다. 예컨대 유도, 검도, 『일본서기』, 『만엽집』, 『오륜서』, 천수각 등이다.
8. 이 책을 번역하고 해제할 때 관련 자료를 참조하여 번역의 정확성과 객관성을 확보하고자 했다. 참고한 자료는 다음과 같다.
   『도설 일본무기집성(圖說 日本武器集成)』(도쿄 : 學習硏究社, 2005)
   『도설 전국갑주집(圖說 戰國甲冑集 I, II)』(도쿄 : 學習硏究社, 2003)
   『복원 강호생활도감(復元 江戶生活圖鑑)』(도쿄 : 柏書房, 1995)
   『자료 일본역사도감(資料 日本歷史圖鑑)』(도쿄 : 柏書房, 1992)
   『일본풍속사 사전(日本風俗史 事典)』(도쿄 : 弘文堂, 1994)

글머리에

패배하지 않는 병법서
— 『오륜서』의 재발견

검성 미야모토 무사시와 『오륜서』

400여 년 전, 오카야마 현(岡山縣) 아이다 군(英田郡)에서 열세 살에 불과한 한 소년이 일본 열도를 발칵 뒤집었다. 바로 그 소년이 당시 일본을 쩌렁쩌렁하게 울렸던 신토류(新當流)의 최고수 아리마 기혜이(有馬喜兵衛)를 쓰러뜨린 것이다. 그 후 '미야모토 무사시(宮本武藏)'라는 이름은 전설처럼 전해 내려오고 있다.

미야모토 무사시의 첫 번째 결투는 그의 나이 불과 열세 살 때 이루어졌다. 소년 무사시는 나이에 걸맞지 않은 초인적인 괴력으로 기혜이를 높이 치켜들었다가 냅다 땅에 메다꽂더니 기다란 몽둥이로 쳐서 죽였다. 이 첫 번째 결투 이후 무사시는 고향을 떠나 유랑 생활에 접어들었다. 검객으로서의 인생을 걷기 시작한 것이다. 훗날 무사시는 머나먼 교토로 갔다가 일본 각지를 떠돌며 여러 유파의 무술 고수들과 초식을 겨루어 결코 단 한 번도 패하지 않았다. 스물아홉 살이 되던 해에 그는 이미 60여 차례의 결투를 벌이며 단 한 번의 패배도 없는 천하무적이 된 것이다. 특히 간류(巖流) 검도의 고수인 사사키 고지로(佐佐木小次郎)와의 결투는 천고에 빛나는 명승부였다.

또한 무사시는 간에이(寬永) 17년(1640년)에 정식으로 『오방지태도도서(五方之太刀道序)』, 『병법 35개조(兵法三十五個條)』, 『오륜서』 등을 쓰기 시작했다. 그리고 몇 백 년 후인 오늘날 『오륜서』는 손무(孫武, 기원전 544~기원전 496년경)의 『손자병법(孫子兵法)』, 클라우제비츠(Clausewitz)의 『전쟁론(Vom Kriege)』과 더불어 '세계 3대 병서'로 불리고 있다. 단 한 번의 붓끝으로는 결코 그릴 수 없는 검도 사상과 병법 이론이 통합적으로 담겨 있는 병법의 명저다.

병법을 잊지 않기 위한 병법 공부

천하무적 검객 무사시에 대해 사람들은 이렇게 평가하고 있다.

"도살은 무사시 병법의 출발점이자 가장 큰 특징이다."

이 밖에 무사시 병법의 관건은 상대에게 그 어떤 여지도 주지 않으면서 신속하고도 맹렬하게 공격해 적을 제압하는 것이다. 하지만 『오륜서』 안에는 검객이 적을 이길 수 있는 검술뿐만 아니라 '스스로 체득해서 깨닫는 것이지 결코 말로는 전할 수 없는(只可意會지가의회, 不可言傳불가언전)' 심오한 선학(禪學) 사상이 담겨 있다.

이른바 선종(禪宗)에서 말이나 문자를 쓰지 않고 따로 마음에서 마음으로 진리를 전하는 교외별전(敎外別傳) 사상이 『오륜서』에 오롯이 담겨 있다는 말이다. 인도의 달마(達磨) 선사가 중국에 전한 선(禪)을 보면, 깨달음의 진수는 어떤 경전의 문구에도 의하지 않고 마음에서 마음으로 직접 체험에 의해서만 전해진다고 했다. 석가모니가 언어로써 가르침을 전하는 것이 교내(敎內)의 법이라면, 교외(敎外)의 법은 석가의 마음을 직접 다른 사람의 마음에 전하는 것을 말한다. '표월지(標月指 : 달을 가리키는 손가락)'라는 비유에서 아주 명확하게 드러나는데, 즉 진리를 달에 비유한다면 교(敎)는 달을 가리키는 손가락에 지나지 않으며, 이에 반해 선(禪)은 달을 직접 체험하는 것이다. 불교의 다른 종파가 모두 교내의 법을 가르치는 데 반해 선종은 교외의 법을 주장하는 것이 가장 뚜렷한 특징이다. 이는 불립문자(不立文字), 직지인심(直指人心)과 함께 선의 입장을 나타내는 대표적인 법구다.

무사시는 스무 살 무렵에 이미 임제종 선사를 스승으로 모시고 선을 수행한 적이 있기 때문에 그의 병법 안에는 선학 사상이 짙게 배어 있다. 그것을 가장 잘 엿볼 수 있는 것이 『오륜서』라는 이름의 유래다. '오륜'은 바로 불교의 오륜탑(五輪塔)에서 연원한다. 오륜탑은 모든 불탑 중에서 가장 특별한 불탑으로서 우주의 5대 원소, 즉 지(地), 수(水), 화(火), 풍(風), 공(空)을 뜻한다. 『오륜서』가 '지의 권(地之卷)', '수의 권(水之卷)', '화의 권(火之卷)', '풍의 권(風之卷)', '공의 권(空之卷)'으로 나누어진 까닭이기도 하다. 이 다섯 장은 병법 총론, 병법의 활용 원리, 병법의 변화, 병법과 검도의 구분, 병법의 활용 등을 차례대로 소개하고 있다.

그중에서 '공의 권'이 가장 중요하다고 할 수 있다. 앞의 네 장에서 무사시는 많은 지면을 할애하며 병법을 가르치고 있지만, 다섯 번째 장인 '공의 권'에서는 그와 같은 병법을 어떻게 하면 잊어버릴 수 있는지를 가르치고 있다. 앞서 네 장이 '유병법(有兵法)'이라면 마지막 장은 '무병법(無兵法)'이라고 할 수 있는 것이다.

'공의 권'에서 '공(空)'이 지닌 함의는 '시작도 없고 끝도 없고, 안도 없고 밖도 없고, 안에 들어갔으면서도 또 그 밖으로 나온다'는 것이다. 달리 말해 병법을 공부하여 그것을 숙지하되, 결코 병법에 얽매이지 말라는 큰 뜻을 품고 있다. 이렇듯 니텐이치류 병법과 교외별전의 선학 사상을 융합한 '공의 권'은 문장이 정밀하고 짧지만 논리는 심오하다. 설령 『오륜서』를 깊게 연구하지 않더라도 검도의 기술적 함의는 알 수 있을 것이다.

하지만 『오륜서』를 깊게 연구하고 음미하면 병법의 오묘한 이치가 선학에 닿아 있고, 더 나아가 우주의 그 모든 것과 연결되어 있다는 것을 터득할 수 있을 것이다. 예를 들어, 무사시는 일대일 결투에서 승리하는 방법을 여러 가지 측면에서 가르치고 있다. 시야, 심리전, 박자의 조절과 같은 방법은 싸움의 규모를 확대하여 대규모 전쟁에서도 능히 활용할 수 있다. 혹은 좀 더 넓게 말하자면 이러한 방법은 상업이나 비즈니스 등의 영역에도 적용할 수 있다. 무사시의 말을 인용하자면 "진정한 병법은 모든 영역에 적용된다"라고 할 수 있다.

모든 영역에서 활용 가능한 진정한 병법

무사시는 센고쿠 시대 말기와 도쿠가와 막부 제도가 무르익던 시대를 살았다. 이 시대의 분위기는 매우 활기에 차 있었기 때문에 모든 사람들이 입신양명의 기회를 잡고자 불철주야 분투했다. 이러한 시대와 오늘날의 자유롭고 개방적인 비즈니스 전쟁 환경은 매우 닮아 있다. 때문에 『오륜서』는 무사들의 의식을 지도하는 나침반 역할을 했을 뿐만 아니라 이후 비즈니스 분야에도 큰 영향을 주었다. 1982년, 미국의 랜드연구소(RAND Corporation)에서 『오륜서』를 영문으로 번역해 출간하자 곧바로 대단한 돌풍이 일었다. 당시 영문판 『오륜서』의 부제목이 '일본 비즈니스 관리학의 진정한 예술'이었는데, 이는 『오륜서』에 담겨 있는 비즈니스와 경영관리의 가치에 대한 고도의 개괄이었다.

동시에 『오륜서』에 내재되어 있는 무사도와 선학 사상은 중간관리자와 CEO들의 자기계발 및 자기 수양의 준칙(Rule)과 같은 역할을 했다. 『오륜서』는 엄격한 수양과 학습, 그리고 진실한 생활을 통해 어떻게 비즈니스 전략을 터득할 수 있는지를 보여 주었다. 또한 비즈니스 전쟁에 뛰어든 '현대판 비즈니스 무사'들이 어떻게 어려움을 극복하고 쉽게 흥분하지 않으면서 시대에 적응하고, 적절한 기회를 찾아낼 수 있는지를 가르쳐 주었다. 게다가 오늘날의 경영자들 모두에게 필수불가결한 기업관리 철학을 제공해 주었다. 마쓰시타 그룹을 세운 마쓰시타 고노스케(松下幸之助)의 책상머리에는 늘 『오륜서』가 비치되어 있었는데, 그는 자서전에서 이렇게 말하기도 했다.

"그 무슨 일이 일어나더라도 솔직한 마음으로 평정심을 잃지 말고 담대하게 대해야 한다."

이것이 바로 마쓰시타 고노스케가 『오륜서』에서 배운, 즉 "병법가는 항상 평정심을 유지해야 한다"라는 미야모토 무사시 병법의 도를 개인적으로 갈무리한 것에 다름 아니다. 이를 거울로 삼아 미국의 하버드 경영대학에서는 이미 『오륜서』를 학생들의 필독서로 선정했다.

이처럼 『오륜서』는 400여 년이 지난 오늘날에도 투혼을 지닌 채 꿈을 꾸며 최선을 다하는 이들의 필독서가 된 고전이다. 이 책은 독자들이 검성 미야모토 무사시의 일생을 더욱 깊이 이해하고 병법의 도를 터득할 수 있도록 『오륜서』의 원문을 기초로 하여 무사시의 생애, 검도, 무사도, 일본 센고쿠 시대의 역사와 병기까지 함께 소개하고 있다. 특히 본문 한 페이지마다 그 내용을 입체적으로 해석한 그림을 곁들여 독자들이 쉽고 흥미진진하게 읽을 수 있으며, 마인드맵 식으로 『오륜서』를 이해할 수 있도록 구성했다는 점이 가장 큰 장점이다. 다시 말해, 이 책 『미야모토 무사시 오륜서』는 정치하고도 아름다운 300여 점의 그림으로써 크게는 대규모의 전쟁 장면을, 작게는 병기에 대한 세세한 설명에 이르기까지 일본의 군사 문화를 생생하게 보여 준다. 일본 센고쿠 시대의 역사와 무사 정신, 검도 문화를 이해하는 데 없어서는 안 될 최고의 병법서라고 할 수 있다.

풀어쓴 이 류서우징(柳守敬)

차례

※ 글머리에 : 패배하지 않는 병법서 • 6
※ 이 책의 구성과 그림 해설 • 16
※ 일본 센고쿠 시대의 진지 구축 방법 • 18

1장 『오륜서』
세계 3대 병서 중의 하나 | 20

01 세계의 3대 병서 : 『오륜서』,『손자병법』,『전쟁론』• 22
02 『오륜서』의 특징 : 검선합일劍禪合一의 경지 • 27
03 『오륜서』의 유래 : 마음을 좇아 병법을 쓰다 • 30
04 다섯 장의 『오륜서』: 지地, 수水, 화火, 풍風, 공空 • 33
05 병법으로서의 『오륜서』: 개인과 만인을 아우르는 병법 • 39
06 오륜서의 영향 : 모든 영역과 통하는 병법 • 42

2장 미야모토 무사시
천하무적의 검성 | 48

01 일본 제일의 검성 : 미야모토 무사시 전기 • 50
02 첫 번째 결투 : 신토류의 고수를 쓰러뜨리다 • 54
03 검객 시기 ① : 세키가하라 전투 종군 • 59
04 검객 시기 ② : 쌍칼로 천하를 주름잡다 • 63
05 가장 유명한 결투 ① : 요시오카 일족과의 결투 • 66
06 가장 유명한 결투 ② : 호조인에서의 결투 • 72
07 가장 유명한 결투 ③ : 무소 곤노스케를 이기다 • 75
08 가장 유명한 결투 ④ : 일본을 뒤흔든 후나지마 결투 • 78

09 객장 시기: 시마바라의 난 • 83
10 예술가로서의 검성: 무사시의 문예 작품 • 95

3장 지의 권
'병법의 묘'를 설명하다 | 98

01 병법의 도: 모든 영역에 적용되는 규율 • 100
02 병법론: 화를 부르는 얼치기 병법 • 103
03 도편수: 병법에 비유한 목수의 도 • 106
04 니텐이치류: 두 자루의 검을 쓰는 유파 • 111
05 병기의 속성: 시의적절한 효과의 중요성 • 114
06 전쟁의 흐름: 병법의 규율 • 121

4장 수의 권
니텐이치류 검법의 기본 | 124

01 마음가짐: 평상심의 유지 • 126
02 병법에서의 자세와 시야: 곧은 자세와 먼 시야 • 129
03 검을 잡는 법과 걸음법: 허실의 결합 • 132
04 오단위: 격투의 다섯 가지 자세 • 135
05 다치의 사용법: 너무 빠르게 휘두르지 마라 • 138
06 다섯 가지 검법: 다치의 실용적인 검법 • 141
07 유구무구: 한 가지 틀에 얽매이지 마라 • 146
08 빠른 초식과 교묘한 초식: 한 박자 치기와 두 박자 치기 • 149
09 베기: 다섯 가지 베기 기술 • 152

10 몸동작 : 세 가지 몸동작 기술 • 157
11 공격하기와 피하기 : 공격법과 피하기 방법 • 160
12 다수와의 싸움 : 다수의 적과 싸우는 방법 • 165
13 검술의 오묘한 이치 : 니텐이치류 검법의 요소 • 168

5장 화의 권
병법 실천의 깨달음 | 172

01 불의 비유 : 싸움에서의 승패 책략 • 174
02 위치 : 위치 선점하기 • 177
03 기선 : 기선을 제압하는 세 가지 방법 • 182
04 베개 누르기 : 상대방의 머리 제압하기 • 187
05 급류 건너기 : 긴급 상황에 대한 대처 • 190
06 형세의 인식 : 기세 파악하기 • 193
07 검 짓밟기 : 적에게 기회를 주지 마라 • 202
08 역지사지 : 상대방 입장에서 판단하기 • 205
09 적을 이기는 다섯 가지 방법 : 탐색, 공갈, 마비, 균형 깨뜨리기, 혼란 • 210
10 가척술과 후술 : 소리로 두려움을 유발하다 • 215
11 뒤엉키기 전술 : 상대방의 빈틈 찾기 • 218
12 갈지자 전술 : 양 측면을 교대로 공격하기 • 221
13 변화의 원칙 : 새로운 국면으로 전환하기 • 224
14 공심위상 : 승부의 관건이 되는 심리전 • 230

6장 풍의 권
검도 유파의 풍격 | 236

01 검도의 풍격 : 각 유파 특징의 이해 • 238
02 오오다치를 선호하는 유파 : 검의 길이로 승부를 내다 • 241
03 강한 힘을 편애하는 유파 : 완력은 승리의 근본이 아니다 • 244
04 와키자시를 선호하는 유파 : 주동적으로 응전할 수 없다 • 247
05 기술을 강조하는 유파 : 살인의 기술은 단순하다 • 250
06 자세를 강조하는 유파 : 실전에서 자세는 쓸모없다 • 253
07 다른 유파의 시야 : 시야를 넓혀야 한다 • 256
08 다른 유파의 보법 : 빠른 보법은 안정감이 없다 • 259
09 다른 유파의 속도 : 빠르기가 최선은 아니다 • 262
10 니텐이치류의 묘수 : 근면과 실천 • 268

7장 공의 권
니텐이치류 병법의 경지 | 272

01 '공空'의 경지 : 공명의 경지에 오르다 • 274
02 독행도 : 선학과 검도의 융합 • 277
03 무사 계층의 선학 : 무사의 지지로 성행한 선학 • 280
04 선학의 영향 : 무사가 추구해야 할 경지 • 286

8장 일본 검도
니텐이치류와 일본 검도의 역사 | 290

01 검도의 역사 : 일본의 문화를 지탱하다 • 292
02 검도의 유파 : 검의 그림자가 짙게 드리운 무가의 역사 • 297
03 검도의 사상 : 수守, 파破, 리離 • 303
04 검도의 훈련 : 거리, 시기, 기술 • 306
05 검도의 규칙 : 기, 검, 체의 일치 • 309
06 검도의 장비 : 도검, 호구, 복장 • 313
07 검도의 판정 : 엄격한 승단 제도 • 316
08 일본도의 역사 : 당도唐刀의 변화 • 319
09 일본도의 제작 : 복잡하고 정밀한 제련 공예 • 327
10 일본도의 부품 : 형형색색의 부품 • 334
11 일본도의 종류 : 실용성과 예술성의 조화 • 339
12 일본도의 패용 : 무사의 특권과 특별한 영예 • 342
13 일본도의 감상 : 예의와 안전 • 345
14 다메시기리 일화 : 기이한 시체 다메시기리법 • 348

9장 무사도
『오륜서』의 무가 문화 | 354

01 무사도의 역사 : 무사도의 유행과 몰락 • 356
02 무사도의 연원 : 불교, 선학과 유교 • 359
03 무사도의 품격 : 무사도에서 요구하는 품격 • 362
04 무사의 훈련 : 무사가 되기 위한 필수 과정 • 366
05 무사와 패도 : 무사의 혼 • 369

06 무사와 자결 : 할복은 가장 고상한 행위 • 374
07 갑옷의 변천 ① : 괘갑과 면오갑 • 378
08 갑옷의 변천 ② : 갑옷과 투구의 양식 • 383
09 갑옷의 변천 ③ : 하급 무사들의 갑옷 도마루 • 396
10 갑옷의 변천 ④ : 하라아테 • 404

10장 전란의 시작
『오륜서』를 낳은 센고쿠 시대 | 408

01 세키가하라 전투 : 최후의 승자 도쿠가와 이에야스 • 410
02 일본의 성 : 정치, 군사 변혁의 증거 • 421
03 일본의 지명 : 고대 일본의 행정 구역 • 425
04 일본의 진법 : 중국에서 연원한 일본 진법 • 430
05 병참 제도 : 센고쿠 시대의 병참 공급 • 439

부록

부록 1 일본 군사 사건 연표 • 446
부록 2 검도 용어 • 460

옮긴이의 글 • 462
찾아보기 • 466

이 책의 구성과 그림 해설

제목의 부제 :
해당 제목의 본문에서 이야기하고자 하는 주제

06 가장 유명한 결투 ②
호조인에서의 결투

제목 번호 :
이 책에서는 각 장마다 소제목의 번호를 붙여 책의 전후 내용을 쉽게 찾아볼 수 있도록 했다.

≫≫≫ 무사시는 요시오카 일족과의 결투에서 승리한 후 곧바로 교토를 떠나 나라奈良로 향했다. 나라의 호조인寶藏院은 역사적으로 그 명성이 자자한 창술사원槍術寺院이었다. 호조인의 1대 사부인 인에이(胤榮, 1521-1607년)는 검성 가미이즈미 노부쓰나의 제자일 뿐만 아니라 야규 신카게류柳生新陰流의 시조인 야규 무네요시(柳生宗嚴, 1527-1606년)*와 막역한 친구 사이였다.

호조인

나라 현의 옛 국호는 야마토국(大和國)이었다. 12세기 말 일본 최초의 무인정권인 가마쿠라 막부 시대가 도래했는데, 이 시대는 슈고 다이묘(守護大名)**나 센고쿠 다이묘(戰國大名)***가 없었던 특수한 국가였다. 당시 권력 기관은 고후쿠지(興福寺)였고, 일본의 모든 승려가 곧 승병이었는데 호조인도 그중 한 곳이었다.

고후쿠지에 딸린 호조인 선방의 인에이는 고후쿠지의 승려로서 무예를 좋아해 일찍이 야규 무네요시와 함께 가미이즈미 노부쓰나 밑에서 신카게류 검술을 배웠다. 또한 도처에서 수행하는 창술의 고수들을 받아들여 끊임없이 창술을 연마했다. 전설에 따르면 그는 사루사와이케(猿澤池)에서 초승달의 그림자를 보고 영감을 얻은 뒤 소창(素槍 : 직창直鎗이라고도 함) 중심의 창술과는 다른 겸창(鎌槍 : 창

본문 :
전문가가 아닌 일반 독자들의 수준에서 쉽게 이해할 수 있도록 평이한 문장으로 설명하여 가독성을 높였다.

---

* 본명은 '신스케(新介)'이다. 나중에 '신사에몬(身左衛門)'이라고도 불렀으나 다시 '마타자에몬(又左衛門)'으로 개명하였다. 관직은 타지마노카미(但馬守)이고, 에도 시대 가장 큰 검술 유파인 신카게류를 창시하였다. 젊은 시절에 먼저 이토 잇토사이에게 검술을 배웠고, 후에 다시 가미이즈미 노부쓰나를 스승으로 모셨다. 도쿠가와 이에야스의 부름을 받고 관리가 되었으며, 이후 야규 가문은 대대로 도쿠가와 가문의 검술 사범이 되었다.
** 14세기에 세워진 무로마치(室町) 막부 시대에 쇼군의 부하로서 각국에 대한 법률적 권한을 갖고 경비와 치안을 유지하는 지방관이었다.
*** 슈고 다이묘와 달리 완전히 독립된 지위를 누렸으며, 작지만 통합된 영토를 갖고 자신의 나라에서 모든 통수권을 행사하던 센고쿠 시대의 다이묘였다.

도해 제목 :
본문에서 설명한 주된 내용을 그림과 도표로 분석함으로써 독자들의 이해를 돕는다.

호조인의 승병

1755년의 문헌 『이천기二天記』는 무사시가 호조인의 승병僧兵과 겨루었다고 기록하고 있다. 일본의 승병 현상은 매우 특이한데, 두건을 두른 승병은 헤이안 시대 초중기인 9~10세기 후반에 등장했다. 헤이안 후기부터 센고쿠 시대를 거쳐 1568년 이후에는 특수한 승려 무사가 존재했다. 에도 시대 이후에도 이러한 승려 무사들을 승병('훗시 무사法師武者'라고도 부름)이라 불렀고, 신사에 소속된 무장 집단은 '지닌神人'이라고 불렀다.

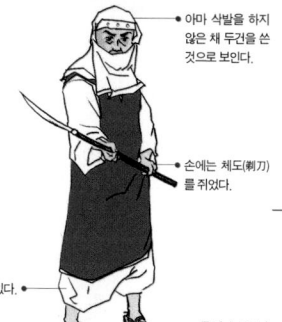

- 아마 삭발을 하지 않은 채 두건을 쓴 것으로 보인다.
- 손에는 체도(剃刀)를 쥐었다.
- 이 같은 승병의 모습은 그림에서 흔히 볼 수 있다.
- 굽이 높은 나막신을 신었다.

일본 센고쿠 시대(1493~1573년)의 유명한 승병 집단

절 이름	현재 위치	주요 사건
엔랴쿠지(延曆寺)	시가 현(滋賀縣) 오오쓰 시(大津市) 사카모토 정(阪本町) 히에이 산(比叡山)	호조인류 창술을 창시한 인에이가 가장 유명하며, 훗날 오다 노부나가와 싸움을 벌여 격퇴당했다.
네고로지(根來寺)	와카야마 현(和歌山縣) 이와데 시(岩出市) 신의진언종(新義眞言宗)의 총본산 사원	산호(山號) : 절 이름 앞에 곁들이는 산의 칭호는 이치조이고, 절의 본 이름은 '이치조산다이덴보인네고로지(乘山大傳法院根來寺)'다. 조총 부대가 천하에 이름을 떨쳤고, 그중 쓰다 가즈나 가(津田算長, 1499~1568)는 센고쿠 시대 무장의 '쓰다류 조총술'이 유명했다. 나중에 도요토미 히데요시에게 진압당했다.
이시야마혼간지(石山本願寺)	오사카 시 추오 구(中央區)	정토진종(淨土眞宗)의 본산으로 1만여 명에 이르는 승병 집단을 보유하고 있었다. 각지의 무사들과 서민 신도들을 동원해 '잇코 잇키(一向一揆)'라는 농민 무장 봉기를 일으켰지만 오다 노부나가와의 이시(石山) 전투에서 패한 뒤 쇠락하였다.
스와타이샤(諏訪大社)	나가노 현(長野縣) 스와호(諏訪湖) 주변의 신사	오다 노부나가에게 진압당했다.
우사(宇佐) 신궁	오이타 현(大分縣) 우사 시(宇佐市)에 있는 신사	센고쿠 시대의 다이묘인 오토모 소린(大友宗麟, 1530~1587년)에게 진압당했다.

그림과 사진 :
이해하기 어려운 추상적인 개념을 구체적인 그림으로 풀어서 설명하기 때문에, 독자들이 직관적으로 쉽게 원문의 뜻을 이해할 수 있도록 했다.

도표 :
의미가 명확하지 않은 문장을 도표 방식으로 풀어서 설명했다. 이러한 방식은 복잡한 내용을 쉽게 이해할 수 있도록 해주는 장치이자 이 책의 가장 큰 장점이다.

보충 해설

일본 문화 속 대병법과 소병법 : 일본인은 병법을 대병법(大兵法)과 소병법(小兵法)으로 나눈다. 대병법은 중국의 『손자병법』과 독일의 『전쟁론』을 가리키는데, 대규모 군사작전을 저술한 것이다. 반면에 소병법은 『오륜서』와 같은 것으로서 개인적인 격투에 대해 전문적으로 논하는 것이다.

보충 해설 :
본문에서 설명한 내용에 더하여 독자들이 궁금해 하거나 알아두면 좋은 내용을 추가적으로 보충 설명한다.

일본 센고쿠 시대의 진지 구축 방법

일본 센고쿠 시대에는 전쟁 수요를 만족시키기 위해 각종 군사적, 정치적 목적에 따라 군대가 성 주위에 진지를 구축했다. 이러한 진지는 흔히 신속한 공성전(攻城戰 : 성이나 요새를 빼앗기 위해 벌이는 싸움)을 펼치기 위해서나 지구전을 펼치기 위해서 지은 것이다. 다음은 진지 구축 과정을 간략하게 소개한 그림이다.

❶ **장소 선택** : 진지를 구축하는 목적은 성을 공격하는 것이므로 반드시 성 부근에 쌓아야 했다. 그래야 공격 목표가 뚜렷하게 보이고 성으로 통하는 적의 교통로를 차단할 수 있기 때문이다. 부대의 사병들이 지형을 측량하고 있다.

❷ **토대 닦기** : 지형을 평평하게 만들어 숙영지를 세우기에 편리하도록 하는 것이 중요하다. 그림에 보이는 것처럼 산 정상 부분을 깎아 평평하게 한 다음 흙담으로 주변을 둘러싼다.

❸ **막사 짓기** : 산 정상을 깎아서 평평하게 하고 사방의 흙담이 기본적으로 완성되면 석재와 목재로 막사를 짓는다. 사병들이 목재를 운반해 막사를 짓고 있다.

❹ **주둔지 세우기** : 산 정상에 막사 설치가 끝나면 사병들이 쉬면서 대열을 정비할 수 있는 주둔지를 세운다. 초목을 깨끗하게 제거한 산비탈을 깎아 여러 곳에 평지를 닦아 두어야 대부대가 진을 치고 주둔할 수 있다.

❺ **진지 완성** : 진지가 완성된 후의 모습이다. 부대를 질서 정연하게 주둔한 후 다음 단계로서 공격 전략을 수립한다.

1장 『오륜서』

세계 3대 병서 중의 하나

『오륜서五輪書』,『손자병법孫子兵法』,『전쟁론戰爭論』은 '세계 3대 병서'로 불린다. 그중에서 『오륜서』는 일본 무사 문화의 발전과 무사도(武士道 : 일본어로 '부시도ぶしどう') 정신의 전파에 큰 영향을 미쳤다. 더구나 2차 세계대전 후 격렬한 비즈니스 경쟁의 소용돌이 속에서 일본 기업의 나침반 역할을 하기도 했다. 이후 1990년대에는 서양 학계에서도 무사도 정신에 입각한 병법을 받아들이기 시작했고, 세계의 저명한 군사학교와 비즈니스 아카데미에서는 이 책을 필독서로 지정했다.

1장 그림 목록

세계의 3대 병서란? · 23 | 검술 연마는 마음의 수련 · 29 | 『오륜서』의 저술 과정 · 31 | 오륜탑에 바탕을 둔 오륜 · 34 | 병법의 최고 경지 · 41 | CEO의 수련 법칙 · 43

01 | 세계의 3대 병서
『오류서』, 『손자병법』, 『전쟁론』

>>> '세계의 3대 병서'는 손무孫武의 『손자병법』, 클라우제비츠Clausewitz의 『전쟁론』, 미야모토 무사시宮本武藏의 『오류서』를 말한다. 일본의 막부 시대 이후 『오류서』는 일본의 무가武家 문화와 무사도 정신에 큰 영향을 미쳤다.

『오류서』 : 일본의 검성이 쓴 병법의 도

미야모토 무사시가 쓴 『오류서(五輪書)』는 검법서이기도 하고 병법서이기도 하다. 그는 검객으로서 자신의 인생을 총결산하면서 『오류서』를 집필한 것이다. 미야모토 무사시는 열세 살부터 스물아홉 살에 이르기까지 총 60여 차례의 무술 시합을 벌였는데, 단 한 번도 패배한 적이 없었다. 그는 간에이(寬永) 17년(1640년)부터 『오방지태도도서(五方之太刀道序)』, 『병법 35개조(兵法三十五個條)』 등의 병법 이론서를 쓰기 시작했는데, 자신의 병법을 '니텐이치류(二天一流)'라고 명명했다. 1643년부터는 레이칸도(靈巖洞)*에 숨어 지내면서 『오류서』 집필을 시작했고, 나중에 제자인 데라오 마고노조 가쓰노부(寺尾孫之允勝信, 1611~1672년)에게 전해 주었다. 이후 『오류서』는 일본의 막부가 열리면서 영향력이 가장 큰 병법서가 되었고, 일본의 유사 이래 가장 많이 팔린 베스트셀러 중 한 권이 되었다.

---

* 구마모토 현(熊本縣) 구마모토 시(熊本市) 마쓰오 정(松尾町) 운간센지(雲巖禪寺)가 있는 산의 동굴

세계의 3대 병서란?

이 한 폭의 세계지도는 각각 다른 군대가 각각 다른 연대에 각각 다른 장소에서 벌인 전쟁을 보여 주지만, 세계의 3대 병서는 바로 이러한 전쟁의 배경 아래에서 탄생했다.

『오륜서』

- 저자 : 미야모토 무사시(1584~1645년). 원래 이름은 신멘 무사시(新免武藏)로 일본 오카야마 현(岡山縣) 아이다 군(英田郡)에서 출생하여 단 한 번도 결투에서 져본 적이 없는 천하무적의 검객이었다.
- 집필 연대 : 1643년, 당시 일본은 이미 센고쿠 시대를 마감하고 도쿠가와 이에야스가 천하를 통일한 에도 시대였다.
- 내용 특색 : 검도서이자 병법서다. 총 다섯 장으로 구분하여 병법 총론, 병법 활용 원리, 병법의 변화, 병법과 검법의 구분, 병법의 활용 등을 다룬다.

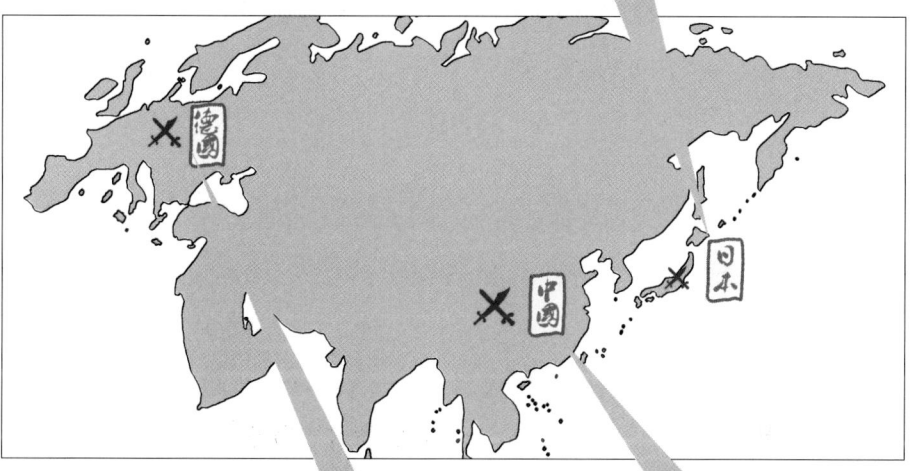

『전쟁론』

- 저자 : 카를 폰 클라우제비츠(Carl von Clausewitz, 1780~1831년). 프로이센(독일)의 군사 이론가이자 군사 역사학자였다.
- 집필 연대 : 1831년 11월, 저자가 죽은 뒤 아내가 정리하여 『카를 폰 클라우제비츠 장군 유저(遺著)』로 총 10권을 출판했는데, 그중에서 1~3권이 바로 『전쟁론』이다.
- 내용 특색 : 『전쟁론』은 클라우제비츠가 자신의 전쟁 경험, 특히 나폴레옹 전쟁을 기초로 하여 완성했다. 군사 사상사에서 변증법을 자각적으로 운용하여 인류의 전쟁 경험을 총결산한 전쟁 이론의 경전으로서 "전쟁은 정치의 연장이다."라는 말이 유명하다.

『손자병법』

- 『손무병법』, 『오손자병법』, 『손자병서(孫子兵書)』, 『손무병서(孫武兵書)』 등으로도 불린다.
- 저자 : 손무(기원전 544년경~기원전 496년경)는 중국 춘추 시대 말기 제나라 사람으로 진(陳)나라 공자 진완(陳完)의 후대였다. 후세인들은 그를 존경하여 '손자'라고 부른다.
- 집필 연대 : 일반적으로 춘추 시대 말기로 본다.
- 내용 특색 : 중국에서 가장 오래되고, 가장 완전하며, 가장 저명한 군사 이론서다. 전체 13편, 모두 6천 자로 이루어져 있으며, 저술된 병법과 철학은 후세에 지대한 영향을 주었다.

「손자병법」: 전 세계에 영향을 준 '전쟁의 예술'

『손자병법(孫子兵法)』은 『손무병법(孫武兵法)』 또는 『오손자병법(吳孫子兵法)』으로도 불린다. 저자는 춘추 시대 말기의 제나라 사람인 손무인데, 그는 후세에 오기(吳起)와 함께 병법의 시조(始祖)로 불렸다. '손자(孫子)'는 그를 공경하여 부르는 이름이다.

사마천의 『사기』 「손자오기열전(孫子吳起列傳)」에 따르면, 손무는 제나라 사람으로 오나라 왕 합려의 초빙을 받아 오나라의 군사(軍師)가 되었다. 한번은 합려가 손무의 용병술을 시험하고자 궁녀 180명을 내주며 훈련시켜 볼 것을 제안했다. 그러자 손무는 합려가 가장 총애하는 궁녀 둘을 대장으로 세워 훈련을 시켰다. 하지만 손무의 영을 따르는 궁녀는 단 한 명도 없는 오합지졸에 불과했다. 그러자 손무는 합려의 간청에도 불구하고 대장으로 삼은 궁녀를 처형하고 다시 다른 궁녀 중에서 대장을 뽑아 훈련을 시켰다. 그러자 간담이 서늘해진 궁녀들이 규율에 따라 명령을 잘 따르게 되었다. 이후 손무는 오나라 왕 합려를 도와 초(楚)나라를 쳐부수고 제(齊)나라·진(晉)나라를 눌러 오나라의 패업을 도왔다.

『손자병법』은 고대 중국 최초의 가장 완전하고, 가장 저명한 군사 이론서이자 '병학성전(兵學聖典)'이라는 영예를 안고 있는 책이다. 전체 30편으로 모두 6천 자에 이르고, 명쾌한 문체와 심오하고도 변화무쌍한 병법과 그 철학적 이치는 후세에 지대한 영향을 미쳤다.

일반적으로 이 책은 춘추 시대 말기에 저술된 것으로 여겨지는데, 1972년 중국 산동성(山東省) 임기현(臨沂縣) 은작산(銀雀山)에 있는 전한 시대(기원전 206~기원후 25년) 묘에서 손자병법 죽간본이 발굴되어 초기 판본과 후한(後漢) 이후 추가된 내용을 구분할 수 있는 지표가 마련되었다. 1910년 대영박물관의 동양 고서 분야 책임자인 라이오넬 길레(Lionel Giles)가 『The Art of War』라는 제목으로 영어판을 번역, 출간하여 큰 반향을 일으켰다. 나중에 구텐베르크 프로젝트에 의해 전자책으로 만들어지기도 했다.

「전쟁론」: 전략학의 바이블

클라우제비츠의 『전쟁론(Vom Kriege)』은 군사사상사에서 변증법(辨證法)을 자각적으로 운용하여 전쟁의 경험을 집대성한 전쟁 이론의 경전이다.

클라우제비츠는 프로이센 태생의 장군으로서 열두 살에 군대에 입대하여 열세 살에 마인츠에서 최초의 전투를 치렀다. 이후 겨우 열다섯 살에 소위로 임관한 뒤 5년간 국경수비대에 근무하면서 광범위한 지식을 습득했고, 스물한 살에 베를린군사학교에 입학하여 평생의 스승이자 '정신적 아버지'인 샤른호스트를 만났다. 스물세 살에 군사학교를 수석으로 졸업하고 아우구스트 왕자의 전속 부관이 되었다. 1806년에는 아우어슈테트 전투에서 포로가 되어 1807년 11월에 귀환했고, 쾨니히스베르크에서 샤른호스트와 함께 4년간 프로이센 군대의 개혁과 저술 활동에 몰두했다. 1812년 나폴레옹의 프랑스에 대항하기 위해 러시아 군대에 들어갔다가 1814년에 프로이센으로 복귀했으며, 이듬해 제3군단의 참모장이 되었다. 전쟁이 끝난 뒤 3년간 코브렌츠의 참모장으로 근무하다가 1818년부터 1830년까지 12년간 베를린의 군사학교 교장으로 근무했다. 교장이라는 한직에 있는 동안 자신의 전투 경험을 바탕으로 과거의 전쟁사와 전쟁 이론을 섭렵하여 『전쟁론』 집필에 전념했다. 신경쇠약으로 힘들어하던 중 콜레라에 감염되어 1831년 11월 16일 브레슬라우에서 쉰한 살의 나이로 사망했다.

그가 죽은 뒤 아내에 의해 출판된 『전쟁론』은 각 나라의 군사학계에서 엄청난 환영을 받았고, 저자인 클라우제비츠는 '가장 위대한 전략학가'·'현대 전략 연구의 비조'라는 칭호를 얻었다. 특히 클라우제비츠는 나폴레옹 전쟁(Napoleonic Wars, 1797~1815년)을 기초로 하여 이 책을 완성했다.

나폴레옹 전쟁은 프랑스가 나폴레옹 1세(재위 1804~1815년)의 지휘 아래 유럽의 여러 나라와 싸운 전쟁을 일컫는다. 처음에는 프랑스 혁명을 방위하는 전쟁의 성격을 띠었으나, 차차 침략 전쟁으로 변하여 나폴레옹은 유럽의 여러 나라와 60차례나 전쟁을 벌여 '제2차 백년전쟁'이라고도 부른다. 또한 프랑스 혁명의 정신이 민족주의로 변질되어 나폴레옹 군사 독재를 강화하기 위한 전쟁이라는 평가를 받고 있다. 당시 유럽은 세계 지배를 꿈꾸던 나폴레옹의 시대착오적 야망에 맞서 영국을 중심으로 대프랑스동맹을 결성하여 항전했다.

『전쟁론』은 모두 70여 만 자이고, 3권 8편 124장으로 구성되어 있다. 이 책의 특징은 클라우제비츠가 독일의 고전철학인 변증법으로 전쟁 문제를 고찰한 점이다. 가령 '전쟁은 정치의 연장이다'라는 관점을 제기했다. 또한 저자 자신이 프로이센의 장교로 복무한 실전 경험과 당대의 이론들을 토대로 하여 전쟁은 단순한 살육이 아니라 '인간의 의지와 정신이 개입된 행위'라고 정의했다.

02 『오륜서』의 특징
검선합일劍禪合一의 경지

≫≫ 『오륜서』는 어찌하여 고대 중국의 『손자병법』, 그리고 근세 독일의 『전쟁론』과 더불어 '세계 3대 병법서'로 불리어지는가? 이는 『손자병법』과 『전쟁론』에서 다루지 않은 일대일 싸움, 이과승중(以寡勝衆: 적은 수로 많은 적을 이김)의 구체적 격투 기술과 기교 등이 『오륜서』에 수록되어 있기 때문이다. 또한 『오륜서』는 세계적인 병법서인 『손자병법』과 『전쟁론』에서 언급하지 않은 선학사상을 격투 기술과 융합했기 때문에 병가의 성전聖典이 되었다.

검으로 도道를 전하다

'검성(劍聖)'이라는 칭호를 듣는 병법가 미야모토 무사시는 만년(晩年)에 병법을 부지런히 갈고닦아 『오륜서』라는 책을 후세들이 향유할 수 있도록 했다. 무사시는 『오륜서』에서 검술과 함께 자기 수련을 검도와 심도 있게 융합하여 최고의 무사도 정신을 구현했다. 그는 모든 대결을 마음과 영혼을 지닌 대결로 보았다. 따라서 '니텐이치류'라는 검술을 창시하면서 어떻게 하면 '심혼(心魂)의 대결'로 승리를 얻을 수 있을지 그 비결을 가르쳐 주었다.

일본에서 검이라고 하면 목재로 만든 장도(長刀)와 짧은 비수, 그리고 사람들이 흔히 생각하는 철제 쾌도(快刀)도 해당된다. 여기서 전투용 검과 무술 시합용 검의 구별은 매우 크며, 무술 시합은 '사람의 처지를 빼앗는 것(奪人處境탈인처경)'이고 실제 전투는 '사람의 마음을 빼앗는 것(奪人心境탈인심경)'이라고 본다. 검도 수련자는 움직임 속에서 극도의 고요함이라는 도를 추구하는데, 이것이 바로 완전한 마음의 수련이다.

니텐이치류의 선禪

미야모토 무사시는 일본 센고쿠 시대에 태어났다. 그 시대의 무사(武士)들은

두 가지로 구분된다. 첫 번째는 사무라이(侍, さむらい)*이고, 두 번째는 부시(武士, ぶし)**인데, 『오륜서』의 바탕이 되는 것은 무사의 정신으로서 그 본질은 일종의 선의 정신이다. 미야모토 무사시는 지도자로서 교토(京都) 문예 부흥의 중요한 인물이었다. 임제종(臨濟宗) 선사는 젊은 무사시를 다음과 같이 훈련시켰다고 한다. 그는 무사시를 천년 묵은 삼나무에 묶고 천수각(天守閣: 성의 중심 건물에 축조한 가장 높은 망대)에 가둔 다음 '신부동원우심부동(身不動源於心不動: 몸의 고요함은 마음의 고요함에 근원함)'이라는 오묘한 이치를 깨닫게 했다.

이후 무사시는 만년에 선종 수련에 몰두하며 '몸과 마음은 모두 움직이지 않는다(身心皆不動신심개부동)'라는 선종 정신을 자신의 독창적인 니텐이치류 검술에 융합시켰다. 니텐이치류가 표면적으로는 적을 무찌르는 수단이자 책략인 것처럼 보이지만 실제적으로는 무사가 어떻게 하면 자신의 마음을 지켜내어 무념무상격(無念無相擊)의 경지에 도달할 수 있는지를 가르쳐 주는 선(禪)의 검법인 것이다. 이것이 바로 선종 사상의 '무주선법(無住禪法)'이 설파하고 있는, 즉 '기교로 사람을 치는 것은 마음으로 사람을 치는 것보다 더 못하다'는 경지다. 또한 무사시는 '오륜(五輪)'이라는 검술 연구를 했는데, 이것 역시 '토(土), 수(水), 화(火), 풍(風), 공(空)'이라는 우주의 기본 5대 원소가 사람의 생명과 더불어 윤회한다는 불교적 세계관에 따라 만들어 낸 것이라고 할 수 있다.

---

* 중세 일본 사회에서 '부시'들이 정권을 유지하는 동안 그들을 보좌하던, 말 그대로 시종 계급을 말한다.
** 중세 일본 사회에서 천황(덴노)의 권위를 허수아비로 만들고, 덴노를 등에 업은 채 정권을 행사하던 사람들을 말한다.

검술 연마는 마음의 수련

'탈인심경(奪人心境)'의 추구

검도를 수련할 때는 검도의 기교만이 아니라 자신의 마음을 다스리는 법도 배워야 한다. 검도란 '움직임(動)' 속에서 극도의 '고요함(靜)'을 추구하는 도이기 때문에, 검술에 마음의 수련을 더해야 진정한 검도라고 할 수 있다. 그래야만 '마음과의 싸움'에서 승리할 수 있고, 이것이 곧 탈인심경의 경지다.

검술 수련 + 마음을 다스림 = 마음을 이기는 싸움

신부동원우심부동의 깨달음

임제종 선사는 미야모토 무사시를 천년 묵은 삼나무에 묶고 무사시가 '몸의 고요함은 마음의 고요함에 근원한다'는 깨달음을 얻도록 했다. 이후 무사시는 선종 수련에 몰두하면서 '몸과 마음은 모두 움직이지 않는다'는 깨달음을 자신의 독창적인 니텐이치류 검술 유파에 융합하여 무념무상격의 경지에 도달했다.

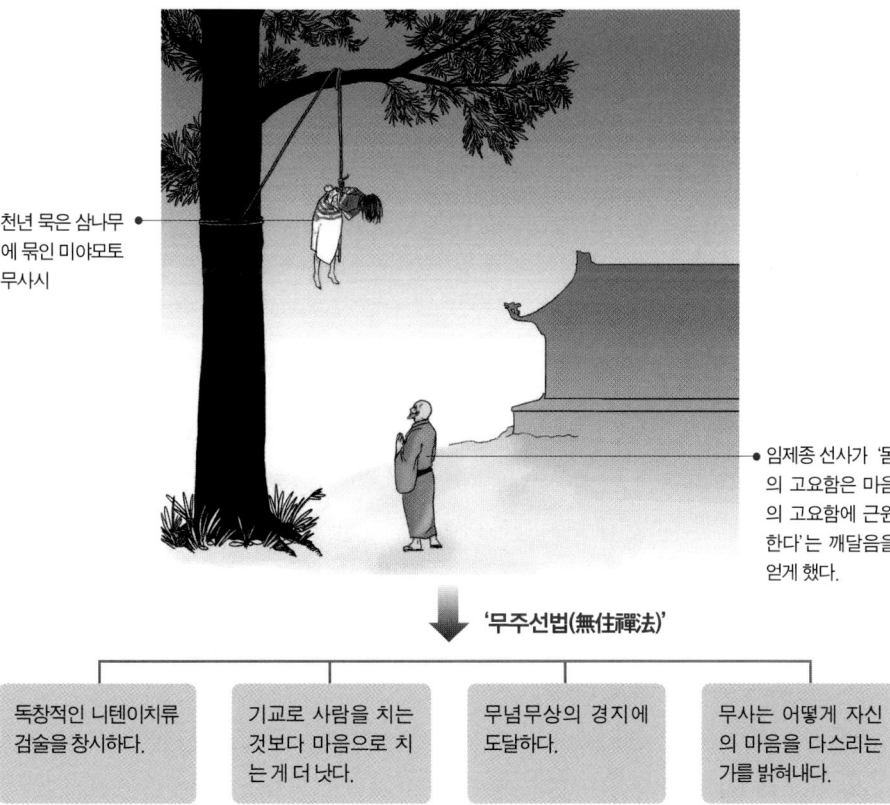

천년 묵은 삼나무에 묶인 미야모토 무사시

임제종 선사가 '몸의 고요함은 마음의 고요함에 근원한다'는 깨달음을 얻게 했다.

↓ '무주선법(無住禪法)'

| 독창적인 니텐이치류 검술을 창시하다. | 기교로 사람을 치는 것보다 마음으로 치는 게 더 낫다. | 무념무상의 경지에 도달하다. | 무사는 어떻게 자신의 마음을 다스리는가를 밝혀내다. |

03 『오륜서』의 유래
마음을 좇아 병법을 쓰다

>>> 미야모토 무사시는 일본 센고쿠 시대 말기부터 에도 시대 초기까지 활동했던 검객으로서 일본에서는 검성으로 불린다. 쉰다섯 살 때 자신이 터득한 모든 병법의 정수와 필생의 깨달음을 한 권의 책으로 완성했다.

검성의 병법 이론서

미야모토 무사시는 20대에 이미 '엔메이류(円明流)'라는 자신만의 독특한 검술 유파를 창시하였고, 게이초(慶長) 10년(1605년)에는 검보(劍譜)인 『병도경(兵道鏡)』을 저술하였다. 하지만 그는 여기에 만족하지 않고 20년간 끊임없이 검도를 수련한 결과, 한 손에는 다치(太刀 : 도신刀身이 비교적 긴 일본도) 또 한 손에는 와키자시(短刀 : 도신이 짧은 칼)를 동시에 사용하는 '니텐이치류'라는 자신만의 독창적인 검법을 완성하였다. 간에이(寬永) 17년(1640년), 미야모토 무사시는 쉰일곱 살이 되었을 때 구마모토 번(熊本藩 : 지금의 구마모토 현)의 번주 호소카와(細川)의 초청으로 구마모토 번의 정식 검술 사범이 되었다. 그리고 『오방지태도도서(五方之太刀道序)』, 『병법 35개조(兵法三十五個條)』, 『오륜서』 등의 병법 이론서를 저술하였으며, 쇼호(正保) 2년(1645년)에 예순두 살의 나이로 죽음을 맞이하였다(예순네 살이라는 설도 있음).

마음을 좇아 저술한 병법

미야모토 무사시는 『오륜서』 「자서(自序)」에서 책을 쓴 이유를 명백하게 밝혔다. 처음에 니텐이치류를 연구할 때는 자신의 깨달음을 책으로 엮어낼 생각이 없

『오륜서』의 저술 과정

❶ 무사시는 열세 살 때 첫 결투 상대인 신토류(新當流)의 검객 아리마 기헤이(有馬喜兵衛)에게 승리를 거두었다. 열여섯 살 때는 다지마국(但馬國: 효고 현 북부)의 무예 고수인 아키야마(秋山)에게 승리하였으며, 스무 살을 전후하여 교토로 간 이후 전국에서 유명한 고수들과 겨루어 패배한 적이 없었다. 이렇게 많은 무예 시합 경험이 쌓여 그는 20대에 이미 자신만의 엔메이류*를 창시하였다. 하지만 당시에는 자신의 깨달음을 책으로 저술하겠다는 생각을 하지 않았다.

❷ 서른 살 때 그는 지나온 과거를 되돌아보며 병법을 전심전력으로 연구하기 시작했다. 그로부터 20년 후 마침내 한 손에는 다치, 또 한 손에는 와키자시를 사용하는 니텐이치류 검법을 창안하였다.

❸ 간에이 20년(1643년)에 무사시는 일부러 히고의 이와토산에 올라 붓다, 천존, 관음 앞에서 엎드려 절하며 신의 도움으로 자신의 연구 성과를 책으로 펴낼 수 있기를 간절히 염원하였다. 그러고는 그 해 10월 10일 레이칸도에 은거해 『오륜서』를 집필하기 시작하였다.

보충 해설

'니텐이치류'란?: 니텐이치류(二天一流)에서 '니텐'은 이천쇄일(二天曜日)을 가리키는데, 여기서 쇄(曜)는 태양이나 달을 말한다. 태양과 달은 각각 양(陽)과 음(陰)으로서, 이는 대립적인 사물을 상징한다. 선학(禪學)은 삼라만상이 상대적이지만 이렇게 상대적인 사물은 서로 스며듦으로써 일체를 이루어 가고 새로운 사물을 낳는다고 본다. 이에 니텐이치류는 양도(兩刀: 쌍칼)를 사용하는 검법, 즉 왼손과 오른손으로 큰 칼과 작은 칼을 잡고 그것을 함께 사용하면서 적을 쓰러뜨리는 검법이므로 같은 이치라고 볼 수 있다.

* 니텐이치류와는 다르게 큰 칼에 곁들여 허리에 차는 작은 칼인 와키자시와 단도를 던지는 수리 검술도 포함된다.

었다. 하지만 간에이 20년(1643년)에 일부러 히고(肥後 : 지금의 구마모토 현 내)의 이와 토산(巖戶山)에 가서 붓다, 천존(天尊)*, 관음(觀音)에게 엎드려 절을 하며 신령의 도움을 받아 자신의 연구 성과를 책으로 펴낼 수 있기를 바랐다. 그는 어려서부터 전력을 다해 병법을 연구하기는 했지만, 서른 살이 되던 해에 과거를 회고하면서 자신의 무패(無敗)가 병법 방면에서 대가의 위치에 섰기 때문이 아니라는 것을 깨달고는 더욱더 병법 연구에 몰두하였다. 그 결과 그는 쉰다섯 살에 병법의 정수를 통달하게 되었다.

이때부터 그는 모든 수련 방식을 버리기 시작했는데, 이는 그가 촉류방통(觸類旁通)**의 도를 깨달았기 때문이다. 모든 예술에 병법 사상을 관철시키는 것이야말로 진정한 기예라는 것, 그리고 '자신의 마음을 좇아야' 천하의 모든 것이 순조롭다는 것을 스스로 터득한 것이다. 『오륜서』를 집필하는 도중에 미야모토 무사시는 유가 혹은 불가의 경전을 인용하지 않았으며, 또한 전쟁사나 기존의 병서도 참조하지 않았다. 오직 자신의 고된 수련과 연구를 토대로 하여 참선에 참선을 거듭하며 니텐이치류의 참뜻을 깨닫고, 체험에 의지하며 저술해 나갔다. 이런 이유로 그가 책에서 언급한 도(道)란 바로 '자연의 도', 즉 삼라만상의 자연을 본받은 도라고 할 수 있다.

---

* '석가모니'를 달리 이르는 말로 오천(五天) 가운데 가장 존귀하고 높은 제일의천(第一義天)이라는 뜻이다.
* 어떤 한 가지 사물에 대한 지식을 토대로 다른 비슷한 사물을 유추하여 이해하는 것으로, 하나를 보고 열을 아는 통찰 방법이다.

04 | 다섯 장의 『오륜서』
지地, 수水, 화火, 풍風, 공空

▶▶▶ 『오륜서』는 「지地의 권」, 「수水의 권」, 「화火의 권」, 「풍風의 권」, 「공空의 권」의 다섯 장으로 나뉜다. 여기서 병법 총론, 병법의 활용 원리, 병법의 변화, 병법과 검도의 구분, 병법의 활용을 일일이 열거하며 무사시의 병법 사상을 소개하고 있다.

지의 권 : 병법의 오묘함

제1장인 '지(地)의 권'은 병법의 오묘함에 대해 이야기하면서 니텐이치류란 무엇이고, 병법은 그렇게 간단한 이치가 아니라는 것을 자세하게 설명하고 있다. 무사시는 모름지기 병법 공부는 우선 작은 것에서 큰 것을 보고 얕음에서 깊음을 찾는 것이 가장 중요한데, 그렇게 하는 방법을 찾는 것이 승리의 지름길이라고 하였다. 그 방법은 흡사 광활한 대지에서 분명하고 또렷한 길을 찾아 사람들을 점입가경으로 이끄는 것과 같다. 그래서 이 장을 '지의 권'이라 하였다.

수의 권 : 니텐이치류의 요지

제2장인 '수(水)의 권'은 변화하는 가운데 변화하지 않는 도를 이야기하고 있다. '물 같은 마음(心如水)'은 병법 연마의 기본 요소다. 물은 유(柔)하고도 연(軟)하면서 늘 맑고 깨끗하여 일정한 형체가 없다. 따라서 만약 심성이 물과 같다면 영혼도 사물에 따라 변화할 수 있을 것이다. 무릇 깊은 못의 물은 끊임없이 맑고 푸르며, 대해(大海)의 물결은 늘 짙푸른데 이것이 바로 그 변하지 않는 '물의 도(道)'다.

어느 장수가 병법의 도를 마음속으로 잘 터득하고 있다면 전장에서 패배를 모를 것이고, 이 병법의 도는 한 명에게나 만 명에게도 적용될 수 있다. 만약 병법을 꿰뚫은 뒤에 적과 싸운다면, 그 수가 단기필마(單騎匹馬)든지 밀려오는 기세가

오륜탑에 바탕을 둔 오륜

미야모토 무사시는 사원에서 선을 수행한 적이 있는데, 이는 그의 미래에 큰 영향을 주었다. 『오륜서』의 '오륜五輪'은 바로 불교의 오륜탑五輪塔에서 연원한다. 오륜탑은 모든 불탑 중에서 가장 특별한데, 우주의 5대 원소, 즉 지地·수水·화火·풍風·공空을 품고 있다. 이는 오륜서가 '지의 권', '수의 권', '화의 권', '풍의 권', '공의 권'으로 나누어진 까닭이기도 하다. 다음은 오륜탑의 다섯 가지 형체를 자세하게 분석한 것이다.

'공(空)의 검(劍)은 최후의 검이요, 검도의 근본이다.

마니보주형(摩尼寶珠形: 불주佛珠)은 공(空)이자 머리(頭)를 나타낸다.

반월형(半月形)은 풍(風)이자 피부(皮膚)를 나타낸다.

삼각추형(三角錐形)은 화(火)이자 가슴(胸)을 나타낸다.

원형(圓形)은 수(水)이자 배(腹)를 나타낸다.

방형(方形: 사각형)은 지(地)이자 발(足)을 나타낸다.

오륜탑은 우주의 5대 원소를 종합하고 석가모니의 법신(法身)을 나타낸다. 오륜탑에 공양을 하면 지, 수, 화, 풍, 공 등이 초래하는 갖가지 재난을 없앨 뿐만 아니라 진택(鎭宅: 집에 불이 나는 것을 막음), 화살(化煞: 나쁜 살을 없앰), 소멸, 기복(祈福), 구관(求官: 벼슬을 얻음), 구복(求福: 복을 받음), 장수 등의 효과를 불러올 수 있다.

공의 권 : 공의 경지는 사물 안으로 들어갈 수도, 밖으로 나올 수도 있다.

제5장은 '공의 권'으로서 니텐이치류 검법의 총결 편이다. 앞의 네 장은 병법을 가르치는 것이지만, 이 장에서는 도리어 병법을 잊어버리라고 가르친다. 공의 참뜻을 깨달아야 병법을 장악할 수 있고, 또한 그 병법에 구속되지 않는 경지다.

풍의 권 : '풍'의 의미는 검도 유파의 풍격과 전통이다.

제4장은 '풍의 권'으로서 니텐이치류 병법과 여타 유파의 병법을 소개하고 있다. 무사시는 각 검도 유파의 풍격을 자세하게 분석하면서 무엇이 진정한 병법인지를 가르쳐 준다. 나아가 지피지기여야 백전백승할 수 있다고 하였다.

화의 권 : 열화와 정화는 집단 전쟁과 두 사람 간의 일대일 결투를 상징한다.

제3장은 '화의 권'으로서 병법 실천에 대한 깨달음을 말하고 있다. 무사시는 불의 특질을 변화무쌍함으로 보았다. 오로지 그것을 평상적인 일로 간주하고 끊임없이 수련하면 변화가 있어도 흔들리지 않는 침착함을 얻는 '평상심의 경지'에 이르게 되는데, 이것이야말로 병법의 도를 이해하는 열쇠라고 하였다.

수의 권 : 병법가의 마음은 물처럼 날쌔다.

제2장은 '수의 권'으로서 니텐이치류 검법의 대략적인 설명이다. 무사시는 '물과 같은 마음'이 병법 연마의 기본 요소라고 하였다. 만약 심성이 물과 같아 영혼이 삼라만상의 변화를 포착할 수 있다면 병법 공부를 할 때 하나를 알면 열을 알고, 한 변을 알면 나머지 세 변을 알 수 있는 경지에 이른다고 하였다.

지의 권 : 광활한 대지 위에 길의 방향을 새기는 병법의 도다.

제1장은 '지의 권'으로서 병법의 오묘함에 대해 설명한다. 무사시는 작은 것에서 큰 것을 보고, 얕은 데서 깊음을 보는 것이 병법에서 가장 중요하다고 하였다. 이러한 방법을 찾는 것이 바로 승리의 지름길이다.

등등한 천군만마(千軍萬馬)든지, '일화일세계(一花一世界)'*와 같이 촉류방통하고 거일반삼(舉一反三)**할 수 있다. 미야모토 무사시는 병법의 도인 일화일세계의 정묘한 이치는 '지가의회, 불가언전(只可意會, 不可言傳 : 스스로 터득하는 것이지 말로 설명해 전할 수가 없음)'이라 하였다. 이것이 바로 니텐이치류 검술의 오묘한 비결이다.

화의 권 : 병법 실천의 깊은 깨달음

제3장인 '화(火)의 권'은 전략전술의 운용을 연구하고 있다. 불은 맹렬함의 상징이지만 그 속성은 열화(烈火 : 맹렬한 불길)와 정화(靜火 : 고요한 불길)로 나누어진다. 이 두 가지 불의 속성은 전쟁의 두 가지 상태를 상징하는데, 각각 '만인의 전쟁'과 '두 사람의 격투'를 일컫는다.

무사시는 대규모 전쟁의 경우 전체 국면을 장악하는 것이 중요하고 두 사람이 하는 일대일 격투는 개인적인 소질을 수련하는 데 중점을 두어야 한다고 분석하였다. 또 전쟁에서 늘 볼 수 있는 정황을 제기하면서 개인 간 전투의 승리자가 반드시 대규모 전쟁의 승리를 가져오는 것은 아니라고 하였다. 천군만마가 동시에 작전을 개시할 때는 목표가 매우 명확한 데 반해 자신의 약점을 노출하기 쉬워 그 약점을 적이 간파할 수 있는 기회를 줄 수 있기 때문이다. 그런데 일대일 격투에서는 마음의 변화와 숨겨진 속임수를 적이 쉽게 간파할 수 없기 때문에 상대방의 노림수나 변화의 방향을 예측하기가 매우 어렵다.

무사시는 불의 특질을 '변화무쌍'이라고 결론짓고, 단지 그 변화를 평상적인 일로 간주하여 수련하면 변화가 닥쳐도 흔들리지 않는 침착함을 얻는 경지에 이

---

* 『화엄경(華嚴經)』에서 석가모니는 "꽃 한 송이에 하나의 세계가, 나무 한 그루에 한 사람의 인생이, 풀 한 포기에 천당이, 낙엽 한 자락에 여래(如來)가, 모래 한 알에 극락이, 모서리 한 쪽에 정토(淨土)가, 미소 한 모금에 속세의 인연이, 생각 한 움큼에 고요함이 있다(一花一世界, 一木一浮生, 一草一天堂, 一葉一如來, 一砂一極樂, 一方一淨土, 一笑一塵緣, 一念一淸靜)"라고 하였다. 영국 시인 윌리엄 블레이크는 "모래 한 알에 세계가, 꽃 한 송이에 천당이 있네(To see a World in a Grain of Sand, And a Heaven in a Wild Flower)"라고 노래하였고, 독일 철학자 마틴 하이데거는 "꽃 한 송이에 세계가, 나무 한 그루에 보리(菩提)가 있다"라고 노래했는데, 이는 모두 일화일세계의 이치와 서로 통한다.
** 사각형을 가르칠 때 먼저 한 변을 가르쳐 주고 나머지 세 변을 유추하여 알도록 한다는 것으로 『논어(論語)』「술이(述而)」에 나오는 말이다.

르는데, 이것이야말로 병법의 도를 이해하는 열쇠라고 하였다.

풍의 권 : 검도 유파의 풍격 상술

제4장인 '풍(風)'의 권은 니텐이치류 병법과 여타의 병법을 소개하고 있다. 풍(風)은 '풍격(風格)'을 뜻하는데, 각 문파의 병법이 다른 까닭은 풍격이 다르게 형성되었기 때문이다. 이 장에서 무사시는 검도 유파의 풍격을 세세하게 분석하면서 '지피지기면 백전백승'임을 이야기하고 있다.

무사시는 검술도 '정도(正道)'와 '사도(邪道)'로 나누어진다고 보았다. 만약 사도로 잘못 들어서면 평생을 수련하더라도 남원북철(南轅北轍)*하는 꼴이 되어 그 노력이 수포로 돌아가고 만다. 정도는 사물의 이치를 파악하는 도로서 만약 사물의 이치를 통달하면 그 어떤 일을 하더라도 모두 다 온전하여 작은 실수가 큰 잘못을 초래하지 않도록 할 수 있는 것이다. 이렇게 서로 다른 병법을 상세하게 이해해야 하는 까닭은 병법과 단순한 검술을 구분하기 위해서이고, 또한 사람들에게 병법의 참뜻을 이해시키기 위해서다.

공의 권 : 니텐이치류의 총결

제5장은 '공(空)'의 권으로서, 무사시는 앞의 네 장에서는 병법을 가르쳤지만 도리어 이 다섯 번째 장에서는 '어떻게 하면 병법을 잊어버릴지'에 대해 가르치고 있다. 앞의 네 장이 '유병법(有兵法)'이라면 이 장은 바로 '무병법(無兵法)'인 셈이다. '공(空)'은 시작도 없고 끝도 없으며, 안도 없고 밖도 없다. 공의 경지는 바로 그 어떤 사물에도 속박됨이 없이 그 안에 들어갈 수도, 그것으로부터 나올 수도 있다. 만약 공의 진정한 의미를 깨닫는다면 병법의 기교를 장악하면서도 오히려 그 기교의 경지에 구애받지 않을 것이다.

마음을 좇아 일정한 경지에 도달하고자 한다면 그것으로 충분하다. 병법을 공부하고 말하면 병법을 숙지할 수 있지만 그것을 실전에서 사용할 때는 병서나

---

* 남쪽으로 가려 하면서 수레는 도리어 북쪽으로 몬다는 것으로 행동과 목적이 다름을 뜻하는 말이다.

규율에 구속되지 말고 그 규율에서 벗어나 마음을 좇아야만 병법의 최고 경지에 다다르는 것이다. 무사시는 이를 종합하여 '병법의 도'라고 하였는데, 이는 곧 '자연의 도'를 의미한다.

공의 검은 최후의 검으로서 검도의 근본이다. 이러한 공의 도는 허공에 뜬 도가 아니라 공명(空明 : 맑은 물에 비치는 달)의 도로서 사물을 똑똑히 보게 하고, 사람들을 똑똑히 보게 하며, 그 모든 일체를 분명히 바라보게 하는 경지다.

05 병법으로서의 『오륜서』
개인과 만인을 아우르는 병법

▶▶▶ 『손자병법』이나 『전쟁론』에는 일대일로 대결해서 이기는 도가 언급되어 있지 않다. 하지만 『오륜서』에는 이 두 권의 책이 다루지 못한 부분을 보충하고 있는데, 바로 대규모 전쟁과 일대일 결투, 두 가지 모두를 함께 다루고 있는 것이다. 이 점이 『손자병법』이나 『전쟁론』과 다른 독특함이다. 덕분에 『오륜서』는 세계의 무수한 병법 중에서 절대적으로 우세한 최고의 지위를 누리고 있다. 이러한 관점으로 이야기하자면 『오륜서』는 일대일 검도의 승리 비법일 뿐만 아니라 전쟁, 더 나아가 일상적인 모든 경쟁에서 승리를 쟁취하는 보편적인 규율을 가르쳐 주는 셈이다.

한 개인의 병법이자 만인을 위한 병법

고대 일본에서 병법가는 도검(刀劍)에 능한 사람을 통칭한 것으로서, 다른 무예의 고수로는 궁수, 포수 등이 있었다. 이에 어떤 의미에서 병법은 바로 도법(刀法)이라 할 수 있다.

무사가 일상적으로 차고 있는 도(刀)는 고대 일본 무사의 상징이자 천하를 도모하기 위한 필수 무기였다. 또한 도법은 병법의 중요한 구성 요소라고 말할 수 있는데, 무사의 일거수일투족은 모두 병법의 통제 아래 있고, 무사도의 관건도 검을 잘 다루는 데 있었다. 검을 다루는 것이 입신의 경지에 이르면 일당십, 일당백, 일당천, 일당만의 적수와도 맞설 수 있기 때문에 무사시는 '한 사람의 병법이자 더 나아가 만인의 병법'인 니텐이치류를 창안한 것이다.

최후의 대결은 마음과의 대결

무사시는 무사도를 문무 겸비의 도이자 유(儒), 선(禪), 차(茶), 가(歌) 등의 도라고 보았다. 하지만 모든 도는 심성 수련이 밑바탕에 깔리지 않으면 결국 무너지고 만다. 따라서 당연히 검객 수련의 방법인 무사도도 마음의 수련이 중요하다. 다만 보고 들은 것이 많고 식견이 넓어 어떤 사물일지라도 도(道)가 존재한다는 것을 알 수 있다면, 병법의 대승적 경지를 깨달아 무수한 통찰이 가능하다. 이런 이유로 미야모토 무사시는 『오륜서』에서 자신이 창시한 니텐이치류 검술을 전해 줄 뿐만 아니라 나아가 검도 최고의 정신적 경지를 가르치고 있다. 그는 어떤 대결이라도 결국은 '마음과의 대결'로 돌아간다고 보았기 때문에 『오륜서』가 '마음의 비서(秘書 : 비장의 책)'가 될 수 있도록 저술하였다. 즉 상대의 마음을 빼앗는 싸움에서 승리할 수 있도록 한 것이다.

결국 무사시가 말한 병법의 도는 승리를 차지하기 위한 도다. 그는 '지의 권'에서 이 세상에서 투쟁이 아닌 것은 없고, 그러한 투쟁에서 승리하는 방법을 터득하게 하는 것이 진정한 병법의 실용성이라고 말했다. 병법은 단지 무사에게만 쓸모 있는 것이 아니라, 모든 직종의 사람들에게 매우 요긴하게 적용될 수 있다는 것이다.

병법의 최고 경지

『오륜서』의 니텐이치류는 상대를 이길 수 있는 방법을 가르쳐 주는 검법일 뿐만 아니라, 나아가 모든 영역에 적용할 수 있는 병법이자 마음을 수련하는 비서秘書다.

『오륜서』는 일대일 싸움에서 승리하는 도, 즉 '개인의 도'다.

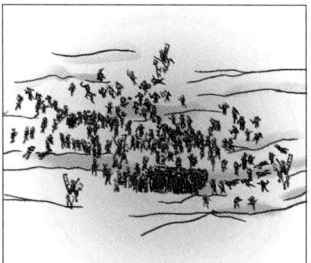

동시에 『오륜서』는 대규모 전쟁 혹은 그 어떤 경쟁에서도 응용이 가능한 '만인을 위한 병법'이다.

『오륜서』는 병법으로서 선학(禪學)의 숨결을 품고 있다. 따라서 검도 수련자는 최고의 경지, 즉 '무도(無刀)의 경지'에 오르기를 바란다. 어떤 대결이든 결국 '마음과의 싸움'으로 종결되기 때문에 『오륜서』는 '심혼(心魂)의 전투'에 관한 비서라고 할 수 있다.

06 | 오륜서의 영향
모든 영역과 통하는 병법

⫸ 경쟁이 치열한 현대 사회에서 사람들은『오륜서』를 새롭게 중시하면서 서로 다른 시각으로 들여다보고 있지만, 일상생활의 모든 일에 이 책을 응용할 수 있다는 것을 발견하고는 놀라움을 금치 못한다. 물론『오륜서』원문에서도 "병법은 단지 사무라이에게만 적용되는 것이 아니라 모든 영역에 통합될 수 있다"라고 밝혔다.

실용적인 비즈니스 전략

현대 사회에서 신분이 서로 다른 사람들이 각자 자신의 관점으로『오륜서』를 새롭게 다시 살펴볼 수 있겠지만『오륜서』에는 이미 병법의 도를 일상생활, 특히 비즈니스 영역에 응용할 수 있다는 것이 나와 있다.

무사시는 난세 중에서도 난세라고 할 수 있는 센고쿠 시대에 태어나 일본의 봉건제도가 무르익을 때까지 살았다. 이 시기는 무가 문화가 활기차게 도약했던 때로 모든 사람들이 입신양명의 기회를 엿보느라 정신이 없었다.

예를 들어, 도요토미 히데요시(豊臣秀吉, 1536~1598년)를 보자. 그는 오와리국(尾張國 : 아이치 현愛知縣)에서 하급무사이자 농민인 기노시타 야우에몬(木下彌右衛門)의 아들로 태어났다. 원숭이라는 별명을 지닌 그는 출신 성분이 낮았던 탓에 젊어서는 바늘 장사까지 해본 최하급 무사였다. 추운 겨울에 주군인 오다 노부나가(織田信長)의 신발을 가슴에 품고 다녀 노부나가를 감격시킨 일화는 너무나 유명하다. 1558년 이후 그는 오다 노부나가의 휘하에서 점차 두각을 나타내다가 아케치 미쓰히데(明智光秀)의 모반으로 혼노지(本能寺)에서 오다 노부나가가 자결을 하자 아케치 미쓰히데를 죽이고 주군의 원수를 갚은 다음 실권을 장악하였다.

권력을 손에 넣은 그는 우선 오사카성을 건축하여 권위를 과시하면서 당시 최대의 경쟁자였던 도쿠가와 이에야스와 강화를 맺고 에도의 다이묘로 봉했다.

CEO의 수련 법칙

『오륜서』는 무사들을 이끌어 주는 수신(修身)의 나침반일 뿐만 아니라 비즈니스 전쟁에서 승리하는 데 매우 유용한 비즈니스 전략서다. 하나의 기업체는 비즈니스 전쟁에 필수불가결한 시장, 재정, 기술 분야의 경영관리를 연수해야 하는 데, 이는 곧 그들이 '기업의 무사 집단'이라는 것이다.

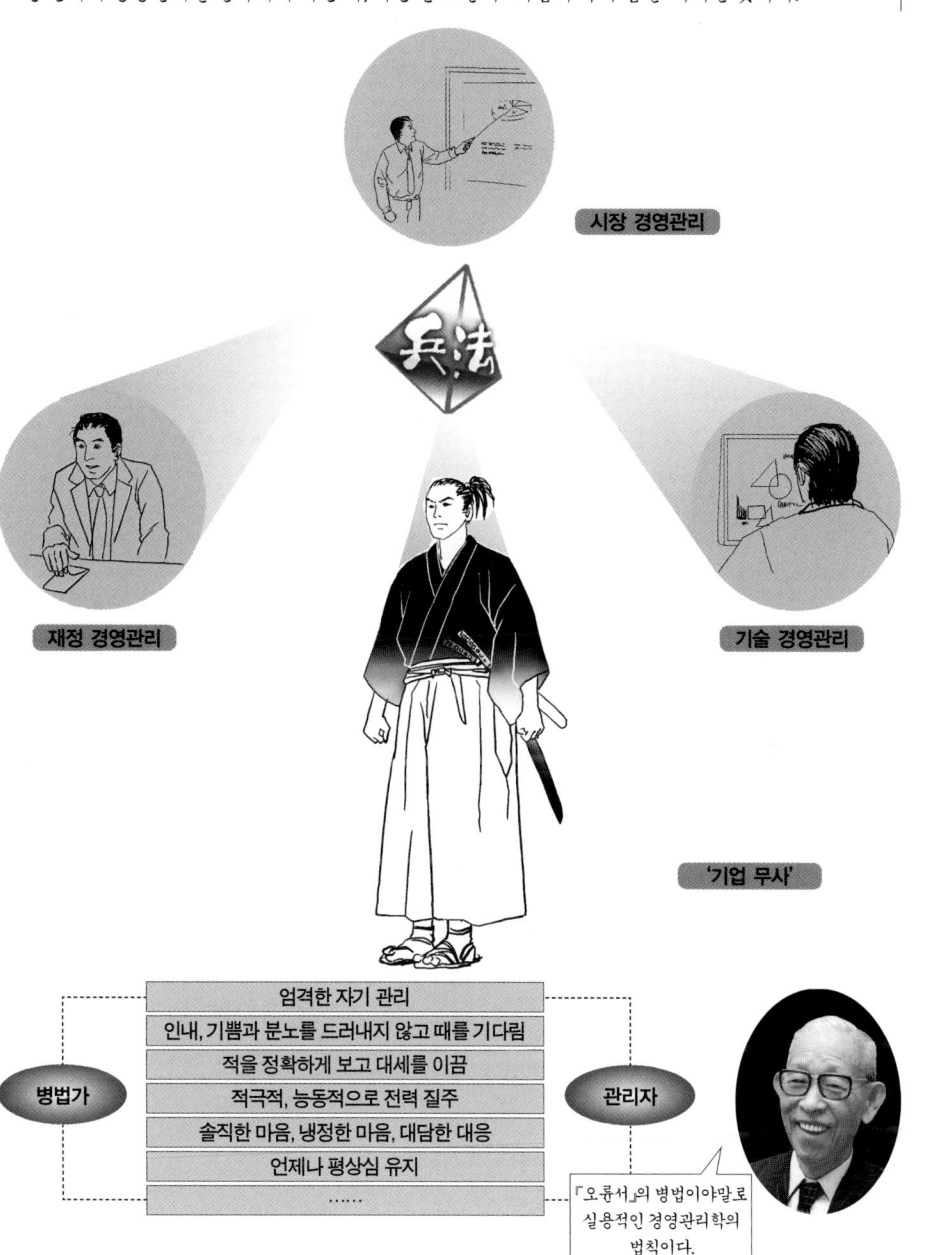

『오륜서』의 병법이야말로 실용적인 경영관리학의 법칙이다.

원래 도쿠가와는 가마쿠라의 다이묘가 되고 싶어 했다. 하지만 도요토미는 최초의 무사 정권이 있던 가마쿠라에서 도쿠가와가 쇼군을 자처할까 걱정이 되어 당시 아주 낙후된 곳이었던 에도로 도쿠가와를 몰아낸 것이다. 도요토미의 원래 이름은 기노시타 도키치로(木下藤吉郞)였는데, 스물아홉 살 이후에는 하시바 히데요시(羽柴秀吉)라고 하였다가 태정대신(太政大臣), 간바쿠(關白 : 조정의 최고 실권자)가 되었다. 그 후 1586년에 '도요토미(豊臣)'라는 성(姓)을 천황으로부터 하사받고 사용하기 시작했다. 1587년, 도요토미는 모든 반대파 다이묘들을 굴복시키고 일본을 통일함으로써 모모야마(桃山) 시대를 열었다. 1590년에 마침내 도요토미가 일본을 통일하자 1백년 가깝게 전란이 계속되던 센고쿠 시대가 막을 내렸다.

이후 도요토미는 흥미롭게도 전국에 가타나가리(刀狩 : 칼 사냥)를 시행하여 농민의 무기를 몰수했다. 칼을 소유할 수 있는 자는 무사로만 한정하고, 농민 가운데 무기를 숨겨 두는 자는 사형으로 다스렸다. 센고쿠 시대에는 세상이 어수선한 틈을 타 농민들이 무장하고 싸움판에 뛰어들어 무사가 되거나 센고쿠 다이묘가 되기도 했다. 대표적인 인물이 도요토미 히데요시인데, 바로 그가 '개구리 올챙이 적 시절을 모른다'더니 무사와 농민의 신분을 엄격하게 구분하여 농민의 신분 상승의 길을 차단하고 만 것이다.

그 밖에도 히토바라이령(人掃令)을 내렸는데, 일종의 계급제도인 '히토바라이(人掃)'는 서로 다른 계급의 사람들이 섞이는 것을 금지하는 법이었다. 이에 따라 무사가 조닌(町人 : 성 안에 살던 상인과 수공업자 백성)이 되는 것을 금지하고, 농민은 장사를 못하도록 했다. 일본에서 특권 계층인 무사 계급이 모든 권력을 독점하고, 농민과 뒤섞여 계급 질서가 어지러워지는 것을 막는 동시에 국부의 원천인 농사 인력을 확보하려는 목적이었다. 이를 위해 도요토미는 전국의 토지와 수확량 조사를 벌여 일괄적으로 장부를 만들었다. 세금을 얼마나 거두어야 하고, 어느 다이묘가 어느 정도 힘을 쓰는지 알고 그것을 토대로 다이묘가 제멋대로 굴지 못하도록 견제하기 위해서였다.

또 생산되는 모든 농작물이나 특산물을 쌀로 환산하는 고쿠다카(石高)를 실시하여 다이묘들에게 고쿠다카에 해당하는 군역을 부담시켰고, 농민에게는 토지소유권을 인정하는 대신 고쿠다카에 해당하는 연공(세금)을 내도록 했다. 그 결과 농업이 크게 발전했을 뿐만 아니라 당시의 세금은 쌀로 징수되었기 때문에 많은 물자가 이동할 수밖에 없었고, 이로 인해 상인들은 많은 재산을 모을 수 있었다. 하지만 토지를 몰수당한 다이묘나 지방 호족 세력의 불만이 커지자 국내의 관심을 해외로 돌리고자 도요토미는 1592년, 1597년 두 번씩이나 조선을 침공하였다. 하지만 고전을 거듭한 끝에 국력만 소모하다가 후시미성(伏見城)에서 병으로 사망하였다.

이렇게 미천한 농민의 아들에서 센고쿠 시대의 일본을 통일한 무장 정치가로 신분이 급상승한 도요토미 히데요시의 일생이 보여 주듯 난세가 영웅을 낳는 법이다.

센고쿠 시대와 지금의 자유롭고 개방적인 비즈니스 경쟁 환경은 몹시 닮아 있다. 덕분에 그러한 시대에 저술된 『오륜서』는 '경쟁에서 이기는 승리의 비결'을 전격적으로 다룸으로써 무사들에게 병법을 가르치는 무예 병법서이자 오늘날 비즈니스맨들에게는 비즈니스 경쟁에서 승리할 수 있는 비결을 터득하게 하는 아주 실용적인 책이 될 수 있는 것이다. 『오륜서』에 묘사된 두 사람 간의 대결은 비즈니스 경쟁에서의 라이벌로 비유가 가능한데, 『오륜서』는 바로 이러한 쌍방 간의 경쟁에서 적수를 정확하게 파악할 수 있도록 함으로써 자신에게 유리한 국면을 만드는 실용적인 나침반 역할을 한다는 데 의의가 있다. 이런 이유로 미국의 랜드코퍼레이션(RAND Corporation ; Research and Development Corporation)[*]이 『오륜서』를 출간했을 때(1982년), 미국의 출판계는 발칵 뒤집혔다. 당시 책의 부제는 '일본 경영관리학의 진정한 예술'이었는데, 『오륜서』의 상업적 가치를 한마디로 표현해 주는 말이라고 할 수 있다. 서양의 비즈니스맨들은 일본을 세계 2위의 경제 대국으로 도약시킨 일본의 CEO들이 『오륜서』를 매우 중요하게 생각하고 있다는 사실을 알고 크게 놀랐다고 한다. 왜냐하면 일본의 CEO들은 자신의 기업을

---

[*] 1948년 미국 공군의 지원으로 설립된 미국 최초의 본격적인 싱크탱크. 기술자·수학자·물리학자·프로그래머·기상학자·OR전문가·경제학자·역사학자·심리학자·사회학자 등 폭넓은 분야의 연구진을 갖추고 있으며, 국제 문제·군사 계획·국내 문제에 관한 기초연구를 수행하고 있다.

'비즈니스 군대'로 여기고 『오륜서』에 나오는 병법의 도를 운용하여 각국에서 벌어지고 있는 격렬한 비즈니스 전쟁에서 승승장구하고 있었기 때문이다.

CEO의 수련 법칙

『오륜서』의 무사도와 선(禪) 사상은 기업 관리자와 CEO들에게 매우 효과적인 수련 법칙이 되었다. 『오륜서』에는 엄격한 수련 생활을 어떻게 지켜 나가야 무사의 참된 생활이 되고, 전쟁과 결투에 어떻게 대응해야 하는지에 대한 책략과 인내, 변화, 그리고 희로애락을 참으면서 때를 기다리는 수신의 비결 등이 담겨 있는데, 이는 오늘날의 CEO들도 반드시 익혀야 할 정신문화이자 경영철학인 것이다.

마쓰시타 그룹을 창업한 마쓰시타 고노스케(松下幸之助)*의 책상 위에는 늘 『오륜서』가 놓여 있었다. 그는 자서전에서 『오륜서』를 언급하며 이렇게 말했다.

"솔직한 마음이란 어떤 일이 닥치더라도 냉정함을 잃지 않고 대담하게 응대하는 것이 전제되어야만 한다."

이것은 바로 '병법가는 항상 평상심을 유지해야 한다'는 니텐이치류 병법의 도에서 나온 것이다. 오늘날 미국의 하버드 경영대학에서는 『오륜서』를 학생들의 필독서 목록에 포함시켜 놓았다.

---

* 1894~1989년. 일본의 대표적인 가전제품 제조 회사인 마쓰시타전기산업(松下電器産業)의 창립자이다.

2장 미야모토 무사시

천하무적의 검성

『오륜서』를 쓴 미야모토 무사시의 원래 이름은 신멘 무사시로 일본 오카야마 현 아이다 군에서 태어났으며, 일본에서는 '검성劍聖'으로 불린다. 기록에 따르면 그는 열세 살 때 첫 결투를 벌였고, 스물아홉 살 때까지 목숨을 건 60여 차례의 혈투를 벌여 패배한 적이 단 한 번도 없었다. 병법가이자 검술가였던 그는 서화에 정통한 예술가로서도 후세 사람들에게 불세출의 작품을 적지 않게 남겼다.

2장 그림 목록

미야모토 무사시와 니텐이치류 · 51 | 미야모토 무사시의 일생 · 55 | 미야모토 무사시와 세키가하라 전투 · 61 | 쌍칼과 쇄련염도 · 65 | 센고쿠 시대의 검도장과 노가쿠 · 67 | 센고쿠 시대의 비행 무기 · 69 | 호조인의 승병 · 73 | 신도무소류 장도 · 77 | 후나지마 결투 · 79 | 성곽 : 센고쿠 시대의 건축 특색 ① · 84 | 성곽 : 센고쿠 시대의 건축 특색 ② · 86 | 성곽 : 센고쿠 시대의 건축 특색 ③ · 88 | 미야모토 무사시를 원형으로 한 예술 작품 · 97

01 일본 제일의 검성
미야모토 무사시 전기

>>> 일본 센고쿠 시대 말기부터 에도江戸 시대 초기까지 살았던 『오륜서』의 저자 미야모토 무사시는 일본에서 '검성'으로 불린다. 기록에 따르면 그는 열세 살에 첫 번째 결투를 벌였고, 스물아홉 살 때까지 모두 60여 차례의 결투를 벌여 단 한 번도 패하지 않았다.

무사시의 일생

미야모토 무사시의 원래 이름은 '신멘 무사시'이며, 일본의 오카야마 현 아이다 군 오하라 정(大原町) 미야모토(宮本) 마을에서 출생하였다. 그의 아버지인 신멘 무니사이(新免無二齋) 역시 검객으로서 그 지위가 현재의 촌장과 비슷했지만, 나중에 좋지 않은 일이 생겨 지게로닌(地下浪人 : 떠돌이 시골 무사)으로 몰락한 뒤 깊은 두메산골에 칩거하였다. 그 이유는 명확하게 알려진 것이 없다. 어머니인 리츠코(率子)는 미야모토 무사시가 세 살 때 남편과 자식을 버리고 집을 나가 다른 남자와 결혼하였고, 무니사이는 오마사(お政)라는 여자와 재혼하였다. 그런데 계모인 오마사는 따뜻한 모성애로 무사시를 보살펴 주지 않았고, 게다가 아버지 무니사이조차 자애로운 아버지가 아니었다. 이와 관련해서 다음과 같은 일화가 전해지는 것을 보면 부자간의 관계가 어떠했는지 능히 짐작할 수 있다.

어느 날 아버지 무니사이가 방 안에서 이쑤시개를 깎고 있었다. 그때 무사시가 조금 떨어진 거리에서 아버지의 어떤 행동을 빈정대자 화가 난 무니사이가 이쑤시개를 깎던 칼을 던졌고, 무사시는 아슬아슬하게 그 칼을 피했다. 그러나 무사시는 겁을 집어먹기는커녕 깔깔 웃으며 단검을 무니사이에게 되던졌다. 당시 무니사이는 이미 반백의 노인이었고, 무사시는 아직 어린아이였다. 화가 머리끝까지 난 무니사이는 벌떡 일어나 무사시에게 달려들었고, 그 순간 무사시는 재빨

미야모토 무사시와 니텐이치류

『오륜서』의 저자 미야모토 무사시는 일본 에도 시대의 저명한 무사였다. 그는 자신이 창시한 니텐이치류 검법에 따라 천하를 종횡무진한 무적의 사무라이로서 사람들은 그를 검성劍聖이라고 불렀다.

원래 이름이 신멘 무사시인 미야모토 무사시는 일본 오카야마 현 아이다 군 사람이다. 그는 어릴 적부터 검술을 익혀 평생 총 60여 차례 결투를 벌여 단 한 번도 패한 적이 없는 천하무적이었다. 만년에는 니텐이치류 검법을 창시하고 일생을 통해 체득한 병법의 오묘한 이치를 『오륜서』에 담아냈다. 니텐이치류 검법은 한 손으로는 비교적 긴 '다치', 그리고 또 한 손에는 비교적 짧은 '와키자시'를 쓰는 양도(쌍칼) 검법이다.

- **다치**
  일본도의 일종으로 긴 요도(腰刀)다. 검신의 길이가 비교적 길고 도신(刀身 : 칼의 몸)은 굴곡이 크다. 기병 전술에 적합하다.

- **와키자시**
  일본도(日本刀)의 일종으로 큰 다치에 곁들여 허리에 차는 짧은 요도다. 도신은 굴곡이 비교적 작고, 근접전이나 보병 전술에 용이하다.

에도 시대 말기의 우키요에[浮世繪(부세회)]* 화가인 우타가와 구니요시(歌川國芳, 1798~1861년)가 그린 미야모토 무사시의 모습이다. 그림 속의 미야모토 무사시는 양손에 죽간(竹竿 : 대나무 장대)을 들고 허리에는 다치와 와키자시를 차고 있다.

보충 해설

일본 문화 속 대병법과 소병법 : 일본인은 병법을 대병법(大兵法)과 소병법(小兵法)으로 나눈다. 대병법은 중국의 『손자병법』과 독일의 『전쟁론』을 가리키는데, 대규모 군사작전을 저술한 것이다. 반면에 소병법은 『오륜서』와 같은 것으로서 개인적인 격투에 대해 전문적으로 논하는 것이다

* 일본의 무로마치 시대부터 에도 시대 말기(14~19세기)에 서민 생활을 기조로 제작된 회화의 한 양식으로서 대개 목판화(木版畵)를 뜻하며 내용은 대부분 풍속화다.

리 방에서 뛰쳐나와 외갓집으로 도망쳐 버렸다. 하지만 그런 아버지도 무사시가 일곱 살 때 세상을 떠나고 말았다. 아버지가 죽은 후 무사시는 여러 친척들의 집을 동가식서가숙하며 전전했고, 결국 어느 암자에 기거하게 되었다. 무사시가 말년에 예술과 서화 방면으로 재능을 발휘할 수 있었던 것은 암자에 머물면서 기초를 다졌기 때문이다.

성년이 된 후 무사시는 자신의 유년 시절에 관한 이야기는 일언반구도 남기지 않았다. 생전에 다른 사람에게 자신의 부모에 관한 일을 언급한 적도 거의 없었다.* 이런 이유로 그의 과거는 사람들에게 잘 알려지지 않았는데, 이 때문에 사람들은 무사시의 유년 시절 환경이 매우 복잡하고 가혹하여 그가 괴팍한 성격과 매서운 검법 사상을 가질 수밖에 없었다고 생각하는 경향이 강하다.

검객으로서의 생애

무사시는 어릴 때부터 아버지에게 검술을 배웠다. 무니사이는 생전에 스스로를 '태양 아래 둘도 없는 병법가'라고 말했는데, 이 칭호를 당시 아시카가 쇼군(足利將軍)이 하사한 것이라고 사방에 자랑하기도 했다. 하지만 이 칭호의 사실 여부는 알 수 없고, 당시 무니사이의 검술이 상당한 수준이었던 것은 틀림없는 듯하다. 무사시는 아버지의 곁을 떠난 이후로는 누구에게도 검술을 배우지 않은 채 홀로 연마했다. 아버지 무니사이가 그의 유일한 스승이었던 셈이다.

열세 살 때 처음으로 결투를 벌인 무사시는 그 상대가 바로 신토류(무로마치 시대에 쓰카하라 보쿠덴塚原葡傳이 창시한 검술 일파)의 고수 아리마 기헤이였다. 첫 결투에서 승리한 미야모토 무사시는 이후 일본 열도 곳곳을 떠돌며 수많은 무술 고수들과 결투를 벌였다. 스물아홉 살이 되었을 때 그는 모두 60여 차례의 결투를 벌였는데, 일대일 결투에서는 단 한 번도 패한 적이 없었다고 한다. 특히 최후의 결투

---

* 미야모토 무사시가 만년에 호소카와 다다토시(細川忠利)에게 보낸 자필이력서에 '처자식은 없다'고 쓴 것처럼 평생을 독신으로 지냈다. 이도 어쩌면 어린 시절의 불우한 환경에서 비롯되었는지 모른다.

는 간류검도(巖流劍道)*의 고수인 사사키 고지로(佐佐木小次郞)와의 한판이었는데, 그 명성이 오래도록 널리 회자되어 왔다.

미야모토 무사시는 20대에 이미 '엔메이류'라는 검술 일파를 창시하였고, 게이초 10년(1605년)에는 검보인 『병도경』을 저술했다. 하지만 그는 여기에 만족하지 않고 20년간 끊임없이 검술을 익혀 마침내 한 손에는 다치를 쓰고 또 한 손에는 와키자시를 쓰는 '니텐이치류' 검법을 창시하였다. 간에이 17년(1640년), 쉰일곱 살이 된 미야모토 무사시는 당시 구마모토 번의 번주인 호소카와 다다토시(細川忠利)의 초청을 받아들여 그곳에서 정식으로 검술을 가르쳤다. 이와 동시에 『오방지태도도서』, 『병법 35개조』,** 『오륜서』 등을 저술하였다.

---

* 사사키 고지로가 창시한 검술로서 현재는 없어져서 상세하게 알 수 없다. 에도 시대에 돗토리 번(鳥取藩)에 같은 이름의 검술이 전승되었다고 한다.
** 1641년 쉰여덟 살을 맞이한 무사시가 호소카와 다다토시에게 바친 책. 『오륜서』를 집필하기 2년 전에 저술한 책으로서 『오륜서』의 기초가 되었다.

02 | 첫 번째 결투
신토류의 고수를 쓰러뜨리다

▶▶▶ 『오륜서』「자서」에 미야모토 무사시는 이렇게 썼다. "나는 일찍이 검술의 길을 가겠다고 결심한 뒤 열세 살 때 처음으로 신토류 유파의 아리마 기헤이와 겨루어 승리하였다. 열여섯 살 때는 다지마국(但馬國 : 효고 현 북부)의 병법가 아키야마(秋山)를 물리쳤다." 여기서 언급한 첫 번째 대결 상대인 신토류의 검객 아리마 기헤이는 그 당시 이미 명성이 높았던 일본 최고의 무사였다. 무사시는 아리마 기헤이를 제압한 후 암자를 떠나 천하를 유랑하는 검객의 일생을 시작하였다.

아리마 기헤이와 신토류

미야모토 무사시는 열세 살에 처음으로 살계(殺戒)를 펼치기 시작했다. 당시 그의 상대는 신토류의 고수 아리마 기헤이였는데, 신토류는 가미이즈미 노부쓰나(上泉信綱, 1508~1577년)*와 같은 시대 사람인 쓰카하라 보쿠덴(1489~1571년)이 세운 검도 유파였다. 쓰카하라 보쿠덴의 히토쓰노타치(一の太刀)는 필살기로 아주 유명한데, 검을 빼는 동작과 상대를 베는 동작이 동시에 이루어지는 검술이다. 보쿠덴은 진정한 검객이란 검을 빼지 않고 이기는 사람이라며 함부로 자신의 검술을 뽐내지 않았다. 젊은 시절에 보쿠덴은 오우미(近江 : 지금의 시가 현(滋賀縣)에서 여덟 명과 함께 강을 건너는 나룻배를 탄 적이 있었다. 그중 한 명이 자신이 천하무적의 검객이라며 시종일관 무례하고 거친 언동으로 사람들을 괴롭혔다. 그런데 보쿠덴만이 겁을 먹지 않고 조용히 잠을 자고 있었다. 그 검객은 보쿠덴이 자신을 겁내지 않고 무시하자 화가 나서 비아냥거리는 투로 이렇게 말했다.

"네놈도 검을 찬 무사로구나. 어디 한 번 검을 얼마나 잘 다루는지 보자구

---

* 1560년 일본 역사상 최대의 검도 유파인 신카게류(新陰流)를 세운 병법가로서 원래 이름은 히데쓰나(秀綱)였고, 젊은 시절에 우에스기 겐신의 사범이었다.

미야모토 무사시의 일생

『오륜서』「자서」의 기록에 의하면 무사시는 열세 살 때 첫 번째 결투를 벌였고, 이 싸움에서 적수였던 기헤이는 무사시의 몽둥이에 맞아 목숨을 잃었다. 나중에 시바 료타로는 이렇게 평가했다. "무사시의 병법은 살육이 출발점이었다." 무사시의 일생을 돌이켜보면, 그는 매번 결투를 벌일 때마다 적수를 사지로 내몰았는데, 이는 '일격필살一擊必殺'을 따르는 것과 크게 관련이 있다고 할 수 있다. 다음은 무사시의 일생을 큰 사건에 따라 기록한 것이다.

① **출생** — 1584년(덴쇼天正 12년), 미야모토 무사시(본명 신멘 무사시)는 일본 오카야마 현 아이다 군에서 출생해 어린 시절부터 아버지 신멘 무니사이에게 병법을 배웠다.

② **1차 결투** — 열세 살 때 첫 번째 결투를 벌였다. 상대는 신토류의 무사 아리마 기헤이였고, 결과는 무사시의 일방적인 승리였다.

③ **2차 결투** — 열여섯 살 때 두 번째 결투를 벌였다. 결과는 무사시가 다지마국의 고수인 아키야마에게 승리했다.

④ **종군** — 열일곱 살 때 서군(西軍)의 하급 무사 신분으로 1600년 세키가하라 전투(關ヶ原合戰)*에 종군했다. 결과는 서군의 대패였고, 다행히 미야모토 무사시는 살아서 도망쳤다.

⑤ **엔메이류 창시** — 스무 살에서 스물여덟 살까지 교토로 가 전국 각지에서 모여든 유명한 무사들과 실력을 겨루었고, 단 한 번도 패하지 않았다. 뿐만 아니라 그는 전국 각지를 돌아다니며 각 유파의 무술 고수들과 결전을 벌여 패한 적이 없었다. 이 시기에 무사시는 '엔메이류'라는 검술을 창시하고 게이초 10년(1605년)에 병서 『병도경』을 저술했다.

⑥ **간류지마 결투** — 스물아홉 살 때 당시 명성이 천하를 울리던 천재 검객 사사키 고지로와 간류지마(巖流島)에서 결투를 벌였다. 결국 무사시가 목검으로 사사키 고지로를 죽이자 그의 명성은 순식간에 일본 열도를 뒤흔들었다.

⑦ **니텐이치류 병법 창시** — 서른 살부터 쉰 살까지 병법 연구를 계속한 끝에 1633년 마침내 저명한 니텐이치류 병법을 창시하였다.

⑧ **검술 사범** — 간에이 17년(1640년) 쉰일곱 살 때 구마모토 번의 번주인 호소카와의 초청으로 그곳에서 검술 사범이 되었다.

⑨ **『오륜서』 집필** — 간에이 20년(1643년)에는 구마모토 시 서쪽 교외의 긴보산(金峰山)에 있는 레이칸도(靈巖洞)**에 은거한 채 『오륜서』 집필에 들어가 그해 10월에 완성했다.

⑩ **사망** — 쇼호 2년(1645년) 예순두 살의 나이로 죽음을 맞았다.

* 도요토미 히데요시 측 다이묘인 이시다 미쓰나리(石田三成)를 수장으로 한 서군(西軍)과 도쿠가와 이에야스를 수장으로 한 동군(東軍)이 천하의 패권을 놓고 다툰 전쟁이다.
** 레이칸선사(靈巖禪寺)가 있는 산의 동굴. 간류지마에서 쓴 목검과 미야모토 무사시의 자화상이 전시되어 있다.

나."

보쿠덴은 자신은 아직 부족한 점이 많다며 겸손하게 대꾸했다. 거만한 검객이 다시 "네 놈은 무슨 유파냐?"라고 묻자, 보쿠덴은 무테카쓰류(無手勝流 : 손 없이 이기는 유파. 즉 칼 없이도 이기는 유파)라고 대답했다. 그때서야 검객은 자신이 젊은이에게 조롱당하고 있다는 것을 깨닫고 결투를 청했다. 하지만 보쿠덴은 응전하지 않고 이렇게 말할 뿐이었다.

"검은 상대를 베기 위한 것이 아니라 내 마음속에서 생기는 자만심과 잡념을 베기 위한 것이오. 결투를 원한다면 맞서겠으나 저의 유파는 착한 사람에게는 활인검(活人劍)이 되고, 나쁜 사람에게는 살인검(殺人劍)이 된다는 것을 명심하시오."

배가 작은 섬에 닿자 두 사람은 배에서 뛰어내렸고, 그 검객이 곧바로 검을 빼어들었다. 하지만 보쿠덴은 출발하는 배에 재빨리 올라타고는 이렇게 말했다. "이것이 무테카쓰류의 오묘한 이치랍니다! 칼을 쓰지 않고도 이기지 않았습니까?"

이소룡이 자신의 영화에서 재연한 에피소드로도 유명한 이야기인데, 보쿠덴은 진정한 검객은 가능한 검을 빼지 않는다는 것을 가르쳐 주고 있다.

보쿠덴은 자신의 후계자를 고를 때도 세 아들에게 엉뚱한 시험을 치른 것으로도 유명하다. 어느 날 문 위에 베개를 올려놓아 문을 여는 사람의 머리 위로 떨어지게 해놓은 다음 세 아들을 한 사람씩 불렀다.

장남은 문을 열려고 하는 순간 눈치를 채고 조심스럽게 문 위를 살펴본 후 베개를 내려놓고 방으로 들어왔다. 차남은 문을 열 때 베개가 떨어지자 재빨리 피한 후 칼 자루에 손을 대며 방으로 들어왔다. 삼남은 베개가 떨어지자 이를 단칼에 베고 들어왔다. 당연히 후계자는 장남으로 정해졌다.

검객은 검술이 늘수록 자만과 자신감이 생기게 마련이다. 그래서 보쿠덴은 오만하지 않고 신중한 장남을 후계자로 택한 것이다.

『오륜서』「자서」에 아키야마는 성씨만 나오는 데 반해 아리마 기헤이는 성과 이름이 모두 나오는 것으로 보아 그는 당시 쓰카하라 보쿠덴의 검술 비법을 터득한 아주 유명한 검객이었다는 것을 알 수 있다. 일본의 국민작가 시바 료타로(司馬遼太郎)는 『진설(眞說) 미야모토 무사시』에서 아리마 기헤이에 대해 다음과 같이

묘사했다.

"신토류는 도쿠가와 이에야스(德川家康)가 미카와국(三河國 : 아이치 현 동부)의 주군으로 있던 시절, 인근 여러 나라에서 유행하던 검술 유파였다. 신토류는 에도 시대 중엽까지 기슈 부근 검술 유파의 주류를 이루었고, 아리마 기헤이는 아마도 그 일족의 한 사람이었을 것이다."

이처럼 아리마 기헤이가 도쿠가와 이에야스의 신임을 받았던 아리마 일족이었다면 결코 서투른 검객이었을 리는 없다.

열세 살 소년의 첫 결투

일본의 민간 전기에 따르면, 열세 살 때 미야모토 무사시는 생김새는 못생겼지만 체구가 크고 우람한 데다 건장하였고, 적수를 만날 때는 손에 장곤(長棍 : 긴 떡갈나무 몽둥이)을 들고 맞섰다고 하였다. 결투 당시 너무나 젊은 무사시를 만난 아리마 기헤이는 사방을 둘러보며 분위기가 심상치 않다는 것을 느끼고는 몹시 긴장했고, 더욱 뜻밖의 일은 아직 상투도 틀지 않은 어린 소년과 결투를 해야 한다는 것에 기가 막혔다. 무사시는 아무런 대꾸도 하지 않은 채 날카로운 눈으로 기헤이를 노려보았다. 하지만 기헤이는 코흘리개 소년과 싸운다는 것이 못마땅해서 빨리 이 애송이가 무릎을 꿇고 살려달라고 빌기만을 내심 바라고 있었다. 그러나 무사시는 다짜고짜 몽둥이를 휘두르며 다가왔고, 격노한 기헤이도 장도를 뽑아들고 응전할 태세를 갖추었다. 그때 무사시가 몽둥이를 냅다 집어던지며 큰소리로 외쳤다.

"맨손으로 붙어 보자!"

너무나 뜻밖의 말에 기헤이는 순간 어리둥절했다. 하지만 곧 두 사람은 맨주먹으로 격투를 시작하고는 하나로 엉켜 붙었다. 무사시는 나이에 걸맞지 않은 큰 키와 천부적인 근력으로 기헤이를 높이 치켜들었다가 냅다 땅에 메어꽂더니, 숨 돌릴 틈도 주지 않고 엉덩이로 기헤이의 몸을 누르고는 이내 장곤을 다시 집어들어 마늘을 찧듯 기헤이의 이마를 내리쳤다. 기헤이의 깨진 머리에서 희멀건 점액이 흘러나왔지만 무사시는 멈추지 않고 연신 몽둥이로 내리쳤다. 이윽고 허리를 굽혀 기헤이가 자신의 가랑이 밑에서 사지를 뻗은 채 절명했다는 것을 확인한 뒤에야 겨우 진정되었다. 그야말로 잔인한 살인이었다. 이 일이 있고 난 뒤 무사시는 더 이상 마을에 머물 수 없게 되어 곧장 암자를 떠나 로닌(浪人 : 번에서 탈퇴를 한 떠돌이 무사) 생활을 시작하였다.

시바 료타로는 무사시가 몽둥이로 기헤이를 죽인 이 결투에 대해 "무사시의 병법은 살육이 출발점이었다"라고 평가했다.

한편『오륜서』의 '지의 권'에서는 검술 연마에 필요한 마음 자세에 대해 "몸에 지닌 무기의 장점을 최대한 발휘하라"라고 하였다. 이렇게 본다면 무사시의 타고난 거구와 비범한 완력은 무사시가 말한 '몸에 지닌 무기' 중 하나일 것이다.

03 | 검객 시기 ①
세키가하라 전투 종군

>>> 무사시가 살던 시기는 센고쿠 시대 말기부터 에도 시대 초기였다. 그가 열다섯 살이 되던 해에는 천하의 패권을 쥐고 있던 도요토미 히데요시가 어린 아들 도요토미 히데요리豊臣秀頼를 후계자로 남긴 채 세상을 떠나고, 어느덧 시대는 평화와 보수의 에도 막부, 즉 '에도 시대'로 바뀌고 있었다.

열일곱 살에 참전한 세키가하라 전투

만약 무사시가 20년만 일찍 태어났다면 천지사방이 전란에 휩싸였던 센고쿠 시대에 큰 공을 세워 다이묘의 지위까지 올라섰을지도 모른다. 하지만 공교롭게도 무사시가 열다섯 살이 되던 1598년에는 전란의 센고쿠 시대를 통일한 도요토미 히데요시가 아들 히데요리를 훗날의 화근으로 남긴 채 세상을 떠났고, 이후 무사시가 기력이 가장 왕성했던 20대에는 에도 시대가 완숙기로 치닫던 시기였다.

무사시는 열여섯 살 때 효고 현(兵庫縣) 북부에서 '아키야마'라는 검객과 실력을 겨루었는데, 그것은 무사시의 두 번째 결투였다. 첫 번째 결투와 마찬가지로 무사시는 특유의 우람한 체구와 괴력으로 상대를 단숨에 제압했다. 그런데 당시 적수였던 검객 아키야마는 정확한 이름과 나이, 유파에 관한 기록이 없다. 단지 『오륜서』「서문」에 '강하고 힘센 병법가'로만 간단하게 적혀 있을 뿐이다.

그 후 메이지 시대 이전 일본 최대 규모의 내전인 세키가하라 전투가 발발했다. 이 전대미문의 전쟁이 터진 시기는 바로 아즈치모모야마(安土桃山) 시대였다. 이 시대를 쇼쿠호(織豊) 시대라고도 하는데 흔히 오다 노부나가가 무로마치 막부의 마지막 쇼군인 아시카가 요시아키(足利義昭)를 추방한 1573년부터 도쿠가와 이에야스가 에도 막부를 수립한 1603년까지라고 한다. 오다 노부나가의 본거지가 아즈치성(安土城)*이고, 도요토미 히데요시의 만년의 거처지가 교토 모모야마(桃山)의 후시미성(伏見城)이었으므로 그러한 명칭이 붙었다. 이 시대는 중세에서 근세로 이행하는 전환기로서 오다 노부나가와 도요토미 히데요시를 정점으로 하는 신흥 센고쿠 다이묘와 그 가신들, 그리고 무역으로 부를 축적한 교토, 사카이, 나가사키 등의 거상들이 중심 세력이었다. 이 시대에는 불교의 예속에서 벗어나 인간 중심의 문화가 융성하고, 현세를 즐기려는 풍조가 생기면서 다도 등 생활과 연관된 문화를 꽃피웠다. 지방에는 성하 도시가 생겨나고 중앙과 지방의 교통이 편리해지면서 문화가 지방으로 확산되었고, 도시 상공업자의 세력이 대두되며 신분이 더욱 다양화되었다. 아울러 유럽인의 도래와 일본인의 해외 진출로 기독교와 남만(南蠻) 문화가 전해져서 이 시대의 풍속이나 생활을 이채롭게 만들었다.

이러한 시대에 터진 세키가하라 전투는 일본 전국의 다이묘가 동군과 서군으로 나뉘어 대규모 병력을 동원해 싸움을 일으켰고, 전쟁의 여파는 일본 전국으로 영향을 미치며 전혀 새로운 시대의 도래를 예고했다. 두 세력을 살펴보면, 간토(關東)의 에도 지방을 통치하는 도쿠가와 가문의 다이묘들이 동군이었고, 지휘관은 도쿠가와 이에야스였다. 반면 서군의 지휘관은 도요토미 히데요리(도요토미 히데요시의 차남)의 가신인 이시다 미쓰나리였다. 도쿠가와 측을 동군, 이시다 측을 서군이라고 불렀는데 이 명칭은 후세에 붙여진 것이다. 반나절 만에 끝난 이 최대 규모의 전투 한 판으로 천하의 주인 자리는 도쿠가와 이에야스가 차지하게 되었고, 센고쿠 시대는 사실상 막을 내렸다. 그로부터 3년 뒤인 1603년에 이에야스는 에도(지금의 도쿄)에 도쿠가와 막부를 세웠다.

---

* 교토 주변 지역인 오미·이세·미노·오와리·와카사·에치젠을 지배하게 된 오다 노부나가는 1575년 나가시노 전투에서 동쪽의 위협 세력을 제거한 후 전국 통일의 거점으로 1576년부터 3년 동안 오미의 아즈치산에 새로 성을 쌓았다. 외관은 5층이고 내부는 7층으로 추정되는 화려한 천수각이 있는 아즈치성은 근세 일본의 성을 대표하지만, 1582년 혼노지(本能寺)의 정변으로 불타고 말았다. 성 주위에는 가신단의 저택을 지었으며, 상인과 직인들의 자유 시장인 라쿠이치(樂市)도 열게 하였다.

미야모토 무사시와 세키가하라 전투

1600년 도쿠가와 이에야스를 수장으로 하는 동군과 이시다 미쓰나리를 수장으로 하는 서군이 세키가하라 평원에서 일대 격전을 벌인 세키가하라 전투가 발발했다. 당시 무사시의 나이는 고작 열일곱 살이었다.

끝나지 않은 무사시의 종군 논쟁

무사시는 아시가루 신분으로 세키가하라 전투에 종군하였다. 그림은 당시 하급무사인 아시가루 복장이다.

무사시는 스스로 우키타 히데이에에 배속된 신멘씨 무사라고 하면서 서군의 하급무사 신분으로 종군하였다.

구로다 가문의 문서인 『게이초 7년, 9년 구로다 번 공무첩』에 근거해 무사시의 아버지 신멘 무니사이가 세키가하라 전투 이전에 동군의 구로다 가문에서 벼슬살이를 했기 때문에 무사시도 동군의 무사로 참전했을 것이다.

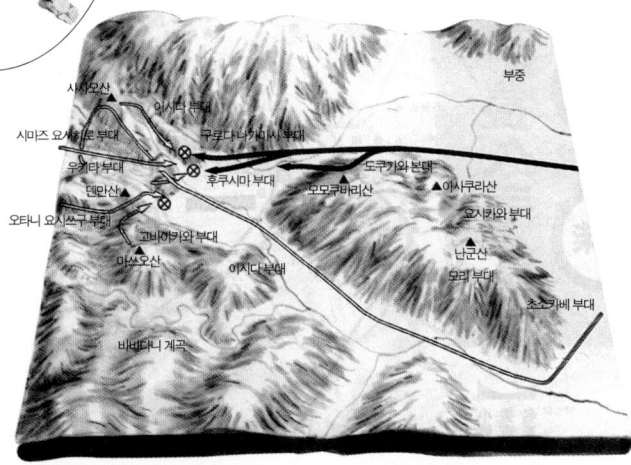

동군	VS	서군
10만 1천 명	병력	8만 2천 명
도쿠가와 이에야스, 후쿠시마 마사노리, 구로다 나가마사(黒田長政), 호소카와 다다오키(細川忠興), 도도 다카토라(藤堂高虎), 가토 요시아키라(加藤嘉明)	주요 참전 다이묘	이시다 미쓰나리, 우키타 히데이에, 고니시 유키나가(小西行長), 시마즈 요시히로(島津義弘), 오타니 요시쓰구(大穀吉継)
간토 지방을 통치하던 도쿠가와 이에야스는 당시 주나곤(中納言, 차관급 직위)이던 우에스기 가게카쓰(上杉景勝)를 토벌하는 포고령을 전국 각지의 다이묘들에게 내렸다. 우에스기 가게카쓰가 아이즈(會津)에서 군량과 마초를 조달하고 낭인을 모집하면서 역모를 꾸몄기 때문이다.	전쟁 배경	도요토미 히데요리의 가신인 이시다 미쓰나리는 도쿠가와 이에야스가 우에스기 가게카쓰를 정벌하기 위해 거병한 것을 알고 오타니 요시쓰구, 마시다 나가모리(増田長盛), 안코쿠지 에케이(安國寺恵瓊) 등과 사와야마성(佐和山城, 지금의 시가 현(滋賀縣) 히네네 시(彦根市)의 사와야마산에서 도쿠가와 이에야스를 토벌하기로 은밀히 모의했다.

세키가하라 전투 종군의 진위

게이초 5년(1600년), 열일곱 살의 무사시는 서군의 아시가루(足輕 : 보졸, 하급 무사) 신분으로 세키가하라 전투에 참전했다가 서군의 대패로 죽을 고비를 넘기고는 겨우 도망쳤다고 한다. 애초에 무사시는 자기 스스로 우키타 히데이에(宇喜多秀家)*에게 배속된 신멘씨 무사라고 하여 서군의 병사로 세키가하라 전투에 참가했지만, 구로다(黑田) 가문의 문서인 『게이초 7년, 9년 구로다 번 공무첩(慶長 7年, 同9年黑田藩分限帖)』에는 무사시의 아버지 신멘 무니사이가 세키가하라 전투 이전에 동군의 구로다 가문에서 벼슬살이를 한 것으로 기재되어 있다. 이를 근거로 추측해 보면 무사시 역시 아버지와 함께 동군으로 참가했을 가능성이 높다.

그러나 무사시가 실제로 세키가하라 전투에 참가했는지 여부는 아직도 논쟁 중이다. 요시카와 에이지(吉川英治, 1892~1962년)**의 소설 『미야모토 무사시』에는 무사시와 그의 죽마고우 마타하치(又八)가 시체가 가득 널린 세키가하라 평원에 누워 멍하니 창공을 바라보는 장면으로부터 서막을 장식한다. 하지만 요시카와 에이지는 수필 「미야모토 무사시」에서 이 묘사는 단지 창작일 뿐이지 결코 역사적 사실이 아니라고 하였다. 또한 그는 무사시가 세키가하라 전투에 종군하였더라도 당연히 잡병으로 참가했을 것이라는 보충 설명을 붙였다. 무사시는 자신의 입으로 "여섯 차례의 전쟁에 종군했다"라고 말했지만, 그 여섯 차례의 전쟁이 과연 무엇인지는 400여 년이 지난 지금까지 밝혀진 바가 없다. 단지 시마바라의 난(島原の亂, 1637~1638년)이 증거 자료로 남아 있다는 것 외에 나머지는 모두 미스터리에 쌓여 있다.

---

* 도요토미 히데요시가 죽기 전에 아들 도요토미 히데요리에게 충성을 서약하게 한 뒤 정무에 참여시켰던 다섯 명의 다이묘인 고다이로(五大老) 중 한 명이다. 그 외 네 명은 도쿠가와 이에야스, 마에다 도시이에(前田利家), 모리 데루모토(毛利輝元), 고바야카와 다카카게(小早川隆景)다.

** 박진감 넘치는 스토리와 구도정신(求道精神)을 추구하는 메시지로 뛰어난 역사소설을 쓴 일본의 대표적인 역사소설가다. 1960년 문화훈장을 받았고, 사후 그의 유지에 따라 요시카와 에이지상(賞) 및 요시카와 에이지 문학상이 제정되었다.

04 | 검객 시기 ②
쌍칼로 천하를 주름잡다

>>> 미야모토 무사시는 『오륜서』 「자서」에 다음과 같이 썼다. "스물한 살에 교토로 가서 각지에서 온 병법가들과 겨루어 단 한 번도 패한 적이 없었다." 덴쇼 12년(1584년)에 태어난 무사시가 교토에 간 시기는 당연히 게이초 9년(1604년)이었을 것이다. 실제로 스무 살부터 스물여덟 살 때까지 교토에 머무른 동안 무사시는 각지에서 온 저명한 무사들과 결투를 벌여 단 한 번도 패배하지 않은 천하무적이었다. 또한 그는 일본 각지를 떠돌며 여러 유파의 검객들과 겨루어서 결코 져 본 적이 없었다. 바로 이 시기에 무사시는 '엔메이류'라는 자신의 고유한 검술을 창시하였고, 게이초 10년(1605년)에는 병서인 『병도경』을 저술하였다.

검객의 이름을 드높인 시대

스무 살 이후 무사시의 행적은 다행스럽게도 눈이 녹은 진흙 위의 기러기 발자국처럼 뚜렷하다. 그는 교토로 가서 일본 각지에서 온 저명한 무사들과 실력을 겨루어 결코 패배란 것을 몰랐고, 동시에 일본 각지를 유랑하며 각 유파의 무술 고수들과 겨루어 결코 져 본 적이 없었다. 센고쿠 시대 말기부터 에도 시대 초기까지, 당시 무예에 정통한 대부분의 검객들은 천하에 자신의 이름을 떨치기 위해 전국을 돌아다니며 무술을 연마하는 고되고 힘든 여정을 견디었다. 오히려 그들은 검술의 달인이 되고자 그러한 고통을 스스로 달갑게 여기기까지 했다. 그렇게 결투를 벌여 적수를 무너뜨리려는 목적은 사람들의 칭송(稱頌)이 곳곳에서 자자하도록 만들어 영광스러운 벼슬자리를 얻고 가문을 빛내기 위해서였다. 이 시기의 무사들이 애용한 무기는 검이나 도, 철창(鐵槍), 장모(長矛 : 긴 자루 끝에 쌍날의 칼을 단 창과 비슷한 무기), 자루가 긴 대도(大刀) 등 종류가 매우 다양했는데, 대개 검객들 스스로 발명하고 개량한 것이었다.

쌍칼로 시시도 바이켄을 이기다

당시 이가국(伊賀國 : 지금의 미에 현三重縣)에는 시시도 바이켄(宍戸梅軒)이라는 쇠련염도(鎖鍊鎌刀 : 사슬낫)의 고수가 살고 있었다. 쇄련염도는 본래 농기구인 염도(낫)의 자루에 3미터 길이의 기다란 쇄련(쇠사슬)을 묶고 그 날카로운 끝에 다시 저울추를 단 무기였다. 결투를 벌일 때 그는 왼손으로 낫자루를 쥐고 오른손으로는 저울추가 달린 쇠사슬을 던져 적의 무기를 옭아매거나 저울추로 직접 상대를 가격하는 등 무기의 쓰임새는 실로 변화무쌍했다.

무사시는 바이켄을 만나기 전까지는 이러한 '비행 무기'를 가진 자와 대적해 본 적이 없었다. 쇄련염도가 '쉭쉭'대며 마치 뱀처럼 늘어났다 줄어들었다 하면서 공격해 오자 무사시도 긴장하지 않을 수 없었다. 무사시는 하마터면 몸에 가격을 당할 뻔했지만 가까스로 피한 뒤 마침내 왼손에는 다치, 오른손에는 와키자시를 뽑아들었다. 그때 무사시의 양도(이도二刀라고도 함)를 본 바이켄은 의아해했다. '아니, 도대체 어느 유파의 검술이란 말인가?'

바이켄은 이가국에서 스스로 무예의 일가를 이룬 다음 각종 문파의 고수들과 겨루어 왔지만 무사시가 사용하는 양도 검술은 너무나 생소했다. 그렇게 무사시는 바이켄의 쇄련염도를 연이어 피하더니 몸을 번개처럼 날리고는 오른손의 와키자시를 바이켄의 가슴을 향해 쏜살같이 던졌다. 곧이어 바이켄의 저울추가 '쿵' 하며 땅에 떨어지고 바이켄도 지푸라기처럼 쓰러졌다. 이 결투는 무사시는 물론 바이켄의 이름도 후세에 길이 남겼지만, 사실 '시시도(宍戶)'라는 그의 성씨와 '바이켄'이라는 이름은 훗날 요시카와 에이지가 지어준 것이다. 시바 료타로는 '덴젠(典膳)'이라는 이름을 지어주기도 하였다.

쌍칼과 쇄련염도

무사시는 쇄련염도에 정통한 검객 시시도 바이켄과 결투를 벌였다. 이 대결은 결국 무사시의 양도가 승리의 달콤함을 맛보는 것으로 끝을 맺었다.

쇄련염도 : 농기구인 낫자루에 3미터 길이의 기다란 쇠사슬을 묶고 그 날카로운 끝에 다시 저울추를 달았다. 결투를 벌일 때는 대개 왼손으로 낫자루를 쥐고 오른손으로는 저울추가 달린 쇠사슬을 던져 적의 무기를 옭아매거나 저울추로 직접 상대를 가격하였다.

무사시는 바이켄이 휘두른 쇄련염도를 피하며 번개같이 오른손의 와키자시를 바이켄의 가슴팍에 꽂았다.

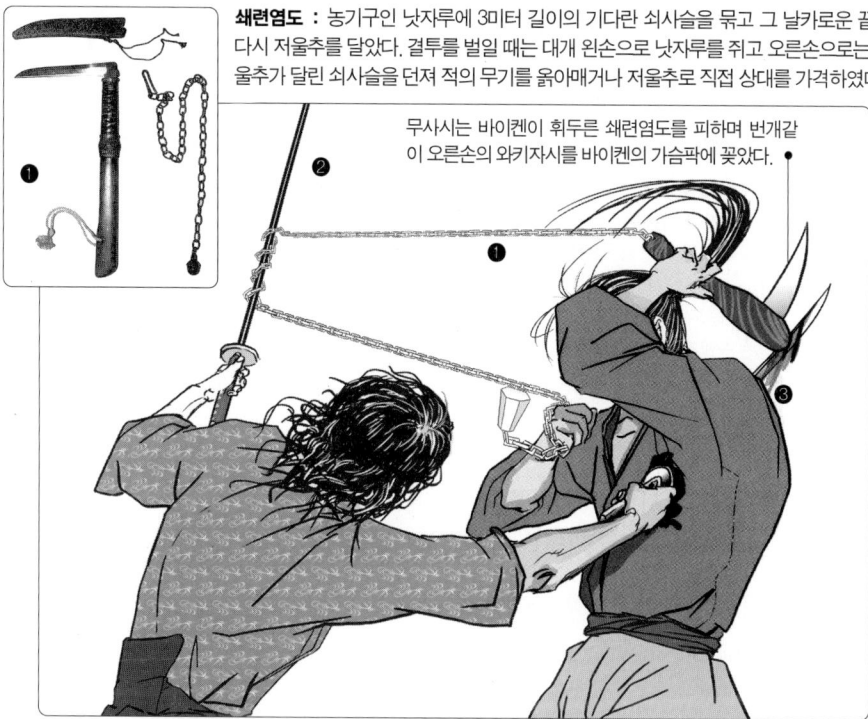

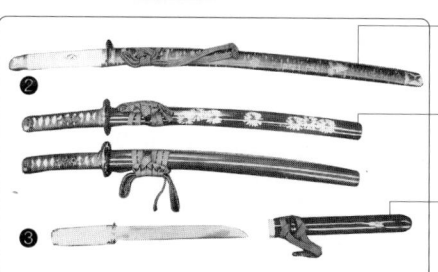

- **다치** : 허리에 차는 긴 칼. 비교적 크게 휘어지고 칼의 길이는 66~100센티미터 정도였다. 말을 탈 때나 땅 위에서 모두 사용 가능하며, 일반적으로는 탁 트인 전장에서 이 칼로 적을 상대했다.
- **우치가타나(打刀)** : 외날이고, 칼집 입구 양쪽에 작은 자루나 비녀를 꽂는 것이 다치와 다르다. 이 칼은 칼날이 위를 향하도록 하여 허리 속에 찬다.*
- **와키자시** : 할복 할 때 외에도 늘 몸에 지니고 다니면서 가까운 거리나 좁은 장소에서 찌르기 등을 할 수 있는 위협적인 칼이다. 특히 실내나 골목길 싸움, 암살에 용이하다. 전체 길이는 30~60센티미터 정도였다.

고대 일본의 무사들은 허리에 두 자루의 칼을 찼다. 무사시가 살던 시대에는 '다치'와 '와키자시'로 불렀는데, 니텐이치류는 바로 이 두 자루의 칼을 동시에 사용하는 검법이다. 이러한 검법을 쓰는 이유는 두 가지인데, 첫째는 몸에 지닌 모든 무기를 충분히 사용할 수 있고, 둘째는 한 무리의 적과 마주쳤을 때 그 쓰임새가 칼 한 자루를 사용하는 것보다 훨씬 유용하고 파괴력이 컸기 때문이다.

* 우치가타나는 도신이 두껍고 직도에 가까울 만큼 적게 휘었다. 기마 무사가 전투의 주역을 차지한 헤이안, 남북조 시대까지는 크게 휘고 칼이 길었다. 하지만 기마 무사가 몰락하고 지상전이 전투의 대세가 된 무로마치 후기에는 우치가타나가 대세를 이루면서 두 손으로 칼을 잡고 상대를 베거나 찌르는 방식이 정형화되었다.

05 가장 유명한 결투 ①
요시오카 일족과의 결투

>>>> 무사시의 일생에서 가장 유명한 싸움은 바로 요시오카吉岡 형제와의 결투, 그리고 사사키 고지로와의 간류지마 혈투다. 무사시의 양자인 미야모토 이오리宮本伊織는 무사시가 죽은 지 4년째 되던 해인 1649년에 기념비 '고쿠라비문小倉碑文'을 세우고 무사시의 결투에 대한 전고(典故 : 전례典例와 고사故事를 아울러 이르는 말)를 기록했는데, 이 비문에 등장하는 '후소(扶桑 : 일본을 가리킴) 제일의 병술 요시오카'가 바로 요시오카 가문을 뜻한다. 지금도 무사시와 요시오카 형제의 결투 이야기는 수많은 문예작품에서 감상할 수 있다.

분기탱천한 요시오카 세이주로

요시오카 가문은 240년 동안 지속된 무로마치 막부의 아시카가(足利) 쇼군 가문에서 대대로 검술 사범을 맡았다. 하지만 1604년 당시에는 무로마치 막부가 오다 노부나가에게 멸망한 지 이미 30년이 지났고, 도쿠가와 막부가 세워질 무렵이었다. 따라서 요시오카 가문은 검술 명가의 명예를 누리고는 있었지만 실제로는 이미 유명무실한 상태였다. 그때 요시오카 가문은 검술 도장을 하면서 한편으로는 염색 공장도 운영하고 있었는데, 요시오카 염색천은 칼을 막을 만큼 질겨 당시 무사들에게 널리 애용되었다고 한다. 요시오카 도장은 교토에서 매우 유명하여 문하생이 수백 명에 달했다.

무사시는 이가국에서 쇄련염도의 고수 바이켄을 격파한 뒤, 궁벽한 지방의 무사들과 겨루는 데 염증을 느끼고 무대를 교토로 옮기기로 결심하였다. 예로부터 교토는 각종 무술에 능한 고수들의 집결지였기 때문이다. 사람을 쏘려면 먼저 말을 쏘고, 도적을 잡으려면 먼저 두목을 잡으라는 말처럼 무사시도 교토라는 큰 물에 가서 자신의 운명을 시험해 보기로 한 것이다. 이제 갓 약관을 넘긴 스물한 살의 무사시는 교토에 도착하자마자 요시오카 도장에 들러 장문인(掌門人)인 요시오카 세이주로(吉岡清十郎)에게 결투를 청했다. 둘은 논의를 거쳐 교토 교외의

센고쿠 시대의 검도장과 노가쿠

요시오카 검도장의 상황

무사시와 요시오카 형제들이 겨룰 때는 도쿠가와 막부가 세워진 지 얼마 지나지 않은 때였다. 요시오카 가문은 검술 명가의 명예를 누리고는 있었지만 실제로는 검술 도장과 염색 공장을 함께 운영하고 있었다. 무사 가문은 검만 다룬다는 일반적인 상식과는 달리 대개 다른 가업으로 생계를 꾸려 나갔다.

검도 사범

검도 수련자

검객들은 평소 하비키(刃引き : 대련 연습을 할 때 쓰는 칼날을 새겨 넣지 않은 칼)나 목도 등으로 대련 연습을 했다. 실제로 결투를 할 때와 규칙은 같지만 상대를 벨 수는 없었다.

황궁에서 거행한 노가쿠

노가쿠(能樂 : 가면 음악극)는 14~15세기 일본에서 발전한 희극의 일종이었다. 나라 시대에 견당사(遣唐使)를 통해 당나라에서 들어온 산락(散樂)*에서 연원하며 가부키, 교겐(狂言) 등과 더불어 일본 희극에서 중요한 위치를 차지한다. 가면, 복장, 각종 도구로 치장하고 무대 위에서 하야시(囃子 : 반주 연주)에 맞추어 요쿄쿠(謠曲)를 부르고 춤을 추면서 곡예나 재주부리기, 흉내 내기 등의 연기를 한다.

가면은 노가쿠의 특징으로 흔히 귀신, 부녀, 어린이, 노인들로 분장한다.

주인공은 대개 초자연적인 인물이지만 평범한 사람으로 꾸며 이야기를 풀어놓는다.

* 잡기, 무술, 환술(幻術), 골계, 가무, 참군희(參軍戲) 등을 하는 수당 시대의 가무 잡기예술을 말한다.

후나오카 산(船岡山) 서쪽 렌다이 들판을 결투 장소로 정했다. 결투가 벌어지던 날, 세이주로는 몇 명의 수하들을 데리고 와서 멀리서 지켜보도록 했고, 그보다 더 먼 곳에는 수많은 구경꾼들이 몰려와 있었다.

이 장면을 묘사한 일본의 소설 대부분은 무사시가 일부러 늦게 도착하여 세이주로를 화나게 해서 그가 냉정함을 잃게 만들었다고 표현하였다. 그러나 천하에 이름 높은 명문 도장 장문인과의 대결 기회를 가까스로 잡은 무사시가 비겁한 사람으로 낙인찍힐 위험을 무릅쓰고 그처럼 무례를 범하지는 않았을 것이다. 당시 무사시는 자신의 이름을 천하에 드높일 기회가 왔다는 것을 직감하고는 오로지 일격에 세이주로를 쓰러뜨렸다. 뜻밖의 결과에 모두들 어안이 벙벙한 채 눈만 휘둥그레 뜨고 있었다. 인사불성이 된 세이주로는 제자들의 극진한 간호 덕분에 겨우 정신을 차리고 목숨은 건졌지만 불구가 되어 더 이상 장문인의 중책을 감당할 수 없게 되었고, 실의에 빠진 나날을 보내다가 결국 머리를 깎고 중이 되었다고 한다.

이치조지 소나무 아래에서의 결투

세이주로의 동생 요시오카 덴시치로(吉岡傳七郎)는 분노에 휩싸인 채 치욕을 씻기 위해 무사시에게 결투장을 보냈다. 그러나 결투 당일 다섯 자 길이의 기다란 목도를 준비한 덴시치로 또한 순식간에 무사시에게 목도를 빼앗기고는 단 한 번의 초식에 목숨을 잃고 말았다. 온 교토가 시끌시끌했다. 찰나에 양대 기둥을 잃은 요시오카 일족은 그대로 물러날 수 없었다. 세이주로의 열세 살 된 적자(嫡子) 마타시치로(又七郎)를 내세웠는데, 이것이 그 유명한 '이치조지(一乘寺) 소나무 아래'에서의 결투다.

물론 무사시는 검술 명가 요시오카 도장의 장문인을 쓰러뜨린 데 만족하고 나이 어린 신임 장문인까지 해치고 싶지는 않았다. 또한 결투를 받아들인다 하더라도 요시오카 도장의 제자들이 총출동하여 갖가지 무기로 자신을 협공할 것이 분명했다. 그러나 받아들이지 않는 경우에도 어디를 가든 자객의 위협이 따라다닐 것이었다. 이리저리 따져본 끝에 결국 무사시는 결투를 받아들였다. 결투 당

센고쿠 시대의 비행 무기

이치조지 소나무 아래에서의 결투를 두고 다음과 같은 기록이 있다. "사원의 소나무 아래 수백 명의 제자들이 모였다. 그들은 활과 화살 등 여러 가지 비행 무기로 무사시를 쓰러뜨리려 했지만 모두 실패했다. 그 후 요시오카 가문은 절멸했다." 다음에 보이는 것은 센고쿠 시대 일본에서 통상적으로 쓰인 비행 무기 수리검手理劍이다.

수리검

수리검(일본어로는 슈리켄しゅりけん)은 암살이나 포위를 당했을 때 탈출을 목적으로 사용하는 무기였다. 흔히 네다섯 개를 한꺼번에 던져 명중률을 높이며, 무게는 40~60그램이다.

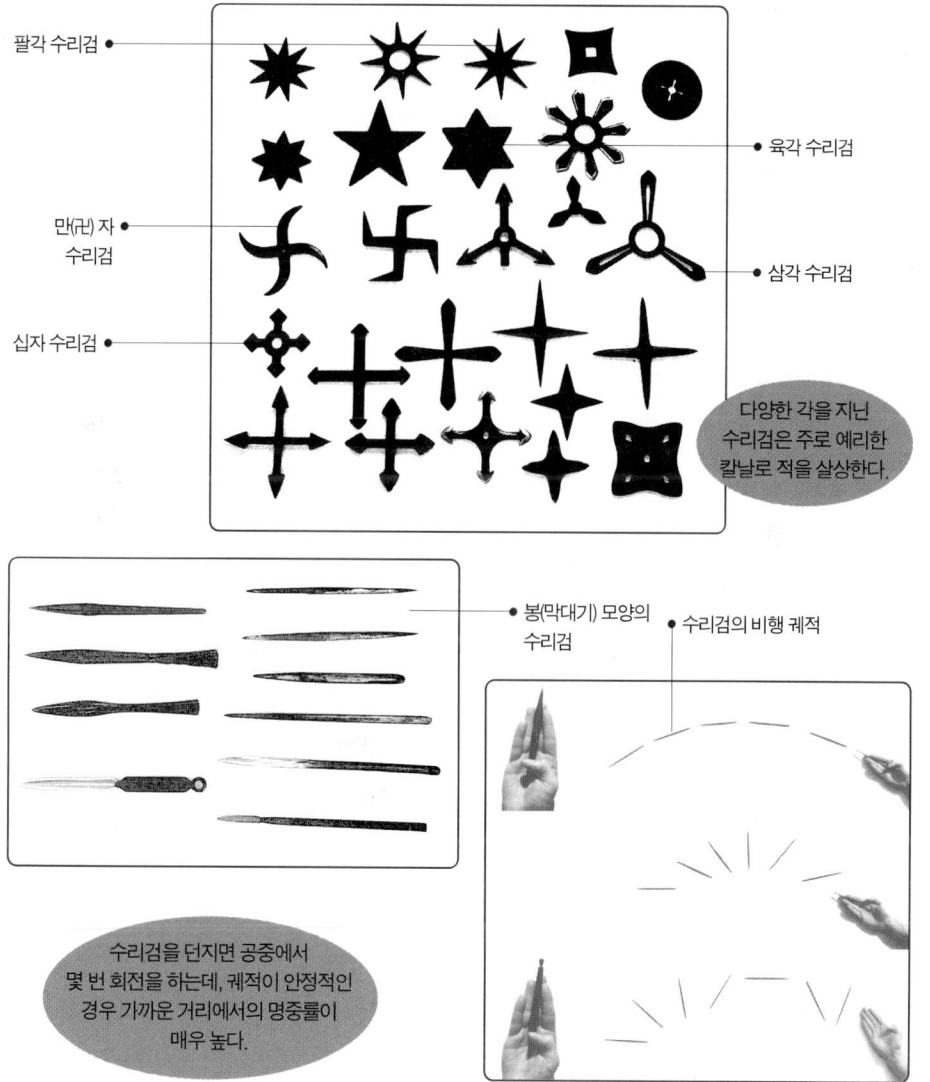

일, 아직 날이 채 밝기도 전에 요시오카 도장의 제자 수백 명은 이치조지 소나무 아래에 모여 있었다. 마타시치로는 이마에 하얀 두건을 질끈 동여매고 제 한 목숨 따위에 구차하게 연연하지 않겠다며 비장한 표정을 하고 있었다. 그들은 잠시 상의한 뒤 사방팔방으로 흩어져 각자 요지를 차지하고 있었는데, 마타시치로는 명색이 장문인이었기 때문에 소나무 밑에 자리를 잡고 몇 명의 수하가 그의 곁을 지켰다.

동녘 하늘이 점점 밝아오자 무사시도 소나무 아래 결투장에 다다랐다. 불천지 원수인 무사시를 보고는 마타시치로의 부하들이 잇달아 검을 뽑고 어린 장문인의 앞을 지켰다. 하지만 무사시의 비호같은 동작이 훨씬 더 빨랐다. 눈 깜짝할 사이에 호위 수하들을 전부 처치하고 맨주먹인 어린 장문인을 단 칼에 쓰러뜨린 것이다. 다른 제자들이 허둥지둥 달려왔을 때는 이미 무사시가 휘두른 검에 마타시치로의 목이 떨어진 뒤였다.

고쿠라 비문 논쟁

무사시의 양자 미야모토 이오리는 무사시가 죽고 나서 4년 뒤에 기념비를 세웠는데, 총 1천 여 자의 고쿠라 비문 중 4분의 1이 이 사건을 묘사하고 있다. 그러나 역사학자, 소설가, 민간 전승연구자들의 말과는 달리 이 비문에는 다음과 같은 말이 기록되어 있을 뿐이다.

"사원의 소나무 아래 수백 명의 제자들이 모였다. 그들은 활과 화살 등 여러 가지 비행 무기로 무사시를 쓰러뜨리려 했지만 모두 실패했다. 그 후 요시오카 가문은 절멸했다."

비문에는 무사시가 어린 장문인을 죽였다는 내용이 없는 것이다. 게다가 요시오카 가문은 그 결투의 패배로 맥이 바로 끊어진 것도 아니었다. 다음과 같은 사료도 있다.

"이치조지 소나무 아래에서의 결투 후에도 요시오카 도장은 구차하게나마 10년을 더 이어갔다. 10년 뒤 어느 날 교토 황궁에서 연회가 열렸을 때 요시오카 마타시치로도 장문인의 신분으로 참석했다. 그런데 제자가 궁정 호위병과 다툼을 벌여 황궁 안에서 칼을 뽑는 사고를 치는 바람에 요시오카 마타시치로는 할 수 없이 도장 문을 닫고 교토를 떠나야 했다. 3년 후 교토로 돌아오기는 했지만 다시 검술 도장을 열지는 못하고 오직 염색업에 전념했다."

또한 '이치조지 소나무 아래 수백 명의 제자들이 모였다'라는 기록도 아마 미야모토 이오리의 과장일 것이라고 주장하는 이도 있다. 당시 규정에 따르면 봉록 200석의 무장은 병사 다섯 명을 양성해 위기에 대비할 수 있었는데, 계산해 보면 병사 한 명당 40석에 해당한다. 따라서 봉록 4천 석 이상의 무장이 아니면 100명의 병력을 동원할 수 없었다. 그리고 교토의 행정관이 황궁이 위치한 곳에서 무수한 사람들이 집단 결투를 벌이는 것을 허락하지는 않았을 것이다. 게다가 그 목적이 복수라 하더라도 매우 복잡한 절차를 거쳐야 막부의 허가를 받아낼 수 있었다. 이러한 사정을 고려했을 때 생명의 위험을 무릅쓰고 이치조지 소나무 아래에 모인 요시오카 가문의 제자들은 기껏해야 이삼십 명을 넘지 않았을 것이다.

06 가장 유명한 결투 ②
호조인에서의 결투

>>>> 무사시는 요시오카 일족과의 결투에서 승리한 후 곧바로 교토를 떠나 나라奈良로 향했다. 나라의 호조인寶藏院은 역사적으로 그 명성이 자자한 창술사원槍術寺院이었다. 호조인의 1대 사부인 인에이(胤榮, 1521~1607년)는 검성 가미이즈미 노부쓰나의 제자일 뿐만 아니라 야규 신카게류柳生新陰流의 시조인 야규 무네요시(柳生宗嚴, 1527~1606년)*와 막역한 친구 사이였다.

호조인

나라 현의 옛 국호는 야마토국(大和國)이었다. 12세기 말 일본 최초의 무인정권인 가마쿠라 막부 시대가 도래했는데, 이 시대는 슈고 다이묘(守護大名)**나 센고쿠 다이묘(戰國大名)***가 없었던 특수한 국가였다. 당시 권력 기관은 고후쿠지(興福寺)였고, 일본의 모든 승려가 곧 승병이었는데 호조인도 그중 한 곳이었다.

고후쿠지에 딸린 호조인 선방의 인에이는 고후쿠지의 승려로서 무예를 좋아해 일찍이 야규 무네요시와 함께 가미이즈미 노부쓰나 밑에서 신카게류 검술을 배웠다. 또한 도처에서 수행하는 창술의 고수들을 받아들여 끊임없이 창술을 연마했다. 전설에 따르면 그는 사루사와이케(猿澤池)에서 초승달의 그림자를 보고 영감을 얻은 뒤 소창(素槍 : 직창直鎗이라고도 함) 중심의 창술과는 다른 겸창(鎌槍 : 창

---

* 본명은 '신스케(新介)'이다. 나중에 '신사에몬(身左衛門)'이라고도 불렸으나 다시 '미타자에몬(又左衛門)'으로 개명하였다. 관직은 타지마노카미(但馬守)이고, 에도 시대 가장 큰 검술 유파인 신카게류를 창시하였다. 젊은 시절에 먼저 이토 잇토사이에게 검술을 배웠고, 후에 다시 가미이즈미 노부쓰나를 스승으로 모셨다. 도쿠가 이에야스의 부름을 받고 관리가 되었으며, 이후 야규 가문은 대대로 도쿠가와 가문의 검술 사범이 되었다.
** 14세기에 세워진 무로마치(室町) 막부 시대에 쇼군의 부하로서 각국에 대한 법률적 권한을 갖고 경비와 치안을 유지하는 지방관이었다.
*** 슈고 다이묘와 달리 완전히 독립된 지위를 누렸으며, 작지만 통합된 영토를 갖고 자신의 나라에서 모든 통수권을 행사하던 센고쿠 시대의 다이묘였다.

호조인의 승병

1755년의 문헌 『이천기二天記』는 무사시가 호조인의 승병僧兵과 겨루었다고 기록하고 있다. 일본의 승병 현상은 매우 특이한데, 두건을 두른 승병은 헤이안 시대 초중기인 9~10세기 후반에 등장했다. 헤이안 후기부터 센고쿠 시대를 거쳐 1568년 이후에는 특수한 승려 무사가 존재했다. 에도 시대 이후에도 이러한 승려 무사들을 승병('훗시 무사法師武者'라고도 부름)이라 불렀고, 신사에 소속된 무장 집단은 '지닌神人'이라고 불렀다.

- 아마 삭발을 하지 않은 채 두건을 쓴 것으로 보인다.
- 손에는 체도(剃刀)를 쥐었다.
- 굽이 높은 나막신을 신었다.

이 같은 승병의 모습은 그림에서 흔히 볼 수 있다.

일본 센고쿠 시대(1493~1573년)의 유명한 승병 집단

절 이름	현재 위치	주요 사건
엔랴쿠지(延曆寺)	시가 현(滋賀縣) 오오쓰 시(大津市) 사카모토 정(阪本町) 히에이 산(比睿山)	호조인류 창술을 창시한 인에이가 가장 유명하며, 훗날 오다 노부나가와 싸움을 벌여 격퇴당했다.
네고로지(根來寺)	와카야마 현(和歌山縣) 이와데 시(岩出市) 신의진언종(新義眞言宗)의 총본산 사원	산호(山號: 절 이름 앞에 곁들이는 산의 칭호)는 이치조이고, 절의 본 이름은 '이치조산다이덴보인네고로지(乘山大傳法院根來寺)'다. 조총 부대가 천하에 이름을 떨쳤고, 그중 쓰다 가즈나가(津田算長, 1499~1568년, 센고쿠 시대 무장)의 '쓰다류 조총술'이 유명했다. 나중에 도요토미 히데요시에게 진압당했다.
이야마혼간지(石山本願寺)	오사카 시 추오 구(中央區)	정토진종(淨土眞宗)의 본산으로 1만여 명에 이르는 승병 집단을 보유하고 있었다. 각지의 무사들과 서민 신도들을 동원해 '잇코 잇키(一向一揆)'라는 농민 무장 봉기를 일으켰지만 오다 노부나가와의 이야마(石山) 전투에서 패한 뒤 쇠락하였다.
스와타이샤(諏訪大社)	나가노 현(長野縣) 스와호(諏訪湖) 주변의 신사	오나 노부나가에게 진압당했다.
우사(宇佐) 신궁	오이타 현(大分縣) 우사 시(宇佐市)에 있는 신사	센고쿠 시대의 다이묘인 오토모 소린(大友宗麟, 1530~1587년)에게 진압당했다.
닛코산(日光山) 린노지(輪王寺)	도치기 현(栃木縣) 닛코 시 천태종(天台宗) 사원	수많은 승병을 보유하고 있었지만 도요토미 히데요시에게 진압된 후 영지를 몰수당했다. 훗날 도쿠가와 이에야스의 비호 아래 세력을 회복했다.
도우노미네(多武峰) 묘라쿠지(妙樂寺)	나라 현 사쿠라이 시(櫻市市) 도우노미네	고후쿠사와 무장 충돌을 벌였고, 1585년에 도요토미 히데요시가 무장 해제를 요구하자 그에 응했다.
하쿠산(白山) 헤이센지(平泉寺)	후쿠이 현(福井縣) 가쓰야마 시(勝山市)	정식 명칭은 하쿠산신사(白山神社)로 승병이 가장 많았을 때는 8천 명에 달했다. 1547년 농민 봉기가 실패한 후 쇠약해졌다.

끝 옆쪽으로 낫이 달린 창), 즉 십자창(十字槍)을 사용하는 독특한 '호조인류 창술'을 창시했다고 한다. 소창에 비해 공격 기술이 다양한 십자창의 창시는 당시에는 획기적이었고, 지금까지도 전해져 내려오고 있다.

원한을 남기지 않은 결투

1755년의 문헌 『이천기(二天記)』에는 다음과 같은 역사적 사실이 기록되어 있다. "호조인의 승려들은 모두 비범한 무사시의 검술을 칭찬했다. 무사시에게 연회를 베풀고 날이 밝도록 담소를 나누었다."

무사시의 흉흉하고 살벌했던 다른 결투와 비교했을 때 호조인에서의 결투는 살기등등한 분위기가 없었고, 이후에도 아무런 원한을 남기지 않았다.

실제로 무사시가 호조인을 방문했을 때 모든 승려가 무사시의 탁월한 검술 실력을 극찬했으며, 극진한 연회를 베풀면서 밤새 담소를 나누었다. 당시 호조인의 1대 사부였던 인에이는 이미 여든네 살의 고령으로 은거 생활을 하고 있었다. 인에이 사부를 이어 2대 사부가 된 이는 인슌(胤舜)이었다. 후세의 문학이나 예술 작품에서는 무사시와 인슌의 대결을 묘사하면서 사방으로 불꽃이 튀고 세상이 마치 먹구름에 휩싸인 것 같았다며 피 냄새가 흥건한 형용사를 동원해 격렬하게 표현하였다. 만화가 이노우에 다케히코(井上雄彦)의 경우는, 요시카와 에이지의 원작을 각색한 만화 『베가본드』에서 무사시와 인슌이 불꽃 튀는 치열한 접전을 벌인 것으로 그렸다. 하지만 당시 인슌은 열 살 안팎의 소년에 불과했다. 이렇게 어린 소년과 목숨을 건 결투를 벌였다는 것은 불가능하다. 실제 무사시의 상대는 인에이의 제자였던 오쿠조인(奧藏院)이었고, 두 번의 결투를 벌여 두 번 모두 무사시가 승리했다.

07 | 가장 유명한 결투 ③
무소 곤노스케를 이기다

>>>> '신도무소류 장도神道夢想流杖道'는 지금으로부터 약 300여 년 전, 무로마치 시대 중기에 창시된 덴신쇼덴카토리신토류天眞正傳香取神道流* 무술의 시조인 이이자사 이에나오(飯篠家直, 1387~1488년)로부터 7대째인 무소 곤노스케夢想權之助가 창시하였다. 무소 곤노스케는 니텐이치류의 기묘한 십자당十字撞 기술에 제압당했는데, 이것 역시 신도무소류 장도를 창시한 이유 중 하나였다.

십자당으로 무소 곤노스케를 이기다

무사시가 스물다섯 살 되던 해, 장술(杖術 : 지팡이나 몽둥이를 무기로 하는 무술)의 고수이자 6척 장신에 체구가 호랑이처럼 건장한 무소 곤노스케가 무사시에게 도전장을 보내왔다. 처음에는 완곡하게 거절했지만 곤노스케의 간청에 못 이겨 결국 서양 활 하나만 손에 들고 대결 장소로 나갔다. 당시 건장한 체구의 무소 곤노스케는 선홍색 태양기(일본 국기) 도안이 그려진 하얀 옷을 입고 있었는데, 이 옷 앞자락에는 '병법천하제일, 일본개산, 무소 곤노스케(兵法天下第一, 日本開山, 夢想權之助)'라는 글자가 새겨져 있었다. 그리고 체구가 건장한 제자들이 그의 곁을 따라다녔다. 장술이 특기였던 곤노스케의 무기는 130센티미터 정도의 몽둥이였고, 그는 무사시에게 기세등등한 자세를 취하고 있었다. 하지만 무사시는 상대가 전혀 안중에 없다는 듯 무신경한 표정을 지은 채 건성건성 그를 대했다.

곤노스케는 잇달아 몽둥이로 무사시를 찌르며 장술을 펼쳤다. 힘차고 빠른 초식이 계속 이어졌다. 이에 무사시는 번개처럼 왼쪽, 오른쪽으로 번갈아 피하다가 순식간에 손에 들고 있던 서양 활을 길게 뻗어 이 거한의 미간을 찔렀다. 거한

---

* 일본 무도의 원류 중 하나로 검술, 봉술, 창술, 유도, 중국의 언월도와 비슷한 체도(薙刀 : 긴 자루 끝에 휘어진 칼이 달린 무기), 수리검술 등에 건축과 풍수, 인술 등을 결합한 종합무술을 말한다.

은 그대로 땅바닥에 쓰러져 인사불성이 되었다. 그러고는 얼마 뒤 깨어나 자신이 땅에 널브러져 있다는 것을 알았다. 그는 너무나 부끄러워 그길로 규슈 치쿠젠(築前, 후쿠오카 현) 다자이부(太宰府)의 호만산(寶滿山)에 들어가 장술 연마에 전념하였다. 현재 후쿠오카 현 치쿠시 군(築紫郡) 호만산에는 '무소 곤노스케 신사'가 있다.

곤노스케와 신도무소류 장도

무소 곤노스케는 무사시의 니텐이치류 십자당의 기묘한 기술에 빠져 결투에서 패하고 말았다. 이후 그는 무사시의 니텐이치류 십자당 기술을 격파하기 위한 연구에 몰두하기 시작했다. 그는 단단한 나무로 3척 2촌(三尺二寸 : 약 100센티미터)의 도검과 비교해 1척(尺 : 1장丈의 10분의 1로 약 33.3센티미터)이나 더 긴 4척 2촌 1푼(약 128센티미터), 직경 8푼(약 2.4센티미터)의 몽둥이를 제작했다. 또한 창술, 체도, 검술 등의 무술을 종합하여 '신도무소류 장도'를 창시하기도 했다. 이 모두가 오로지 니텐이치류 십자당에 맞서기 위해서였다. 그 후 곤노스케는 구로다 번(黑田藩 : 후쿠오카 현)에서 신도무소류 장도를 널리 퍼트려 지금도 전해지는 구로다 번의 '오토메 무술(禦留武術)'을 등장시켰다. 훗날 곤노스케는 도쿠가와 막부의 수도인 에도에서 수많은 검객과 무술을 겨루어 단 한 번도 패하지 않았다.

신도무소류장도

무사시는 스물다섯 살 때 무소 곤노스케와 대결하였다. 곤노스케는 무사시의 니텐이치류 쌍찰 십자 당이라는 기묘한 기술에 빠져 패배하고 말았는데, 훗날 지독한 연구 끝에 마침내 견고한 나무로 길이가 약 128센티미터이고 직경이 약 2.4센티미터인 무기를 제작했다. 그리고 창술, 체도, 검술, 봉술을 종합한 신도무소류라는 무술을 탄생시켰다. 오로지 무사시의 십자당 기술을 격파하기 위한 것이었다.

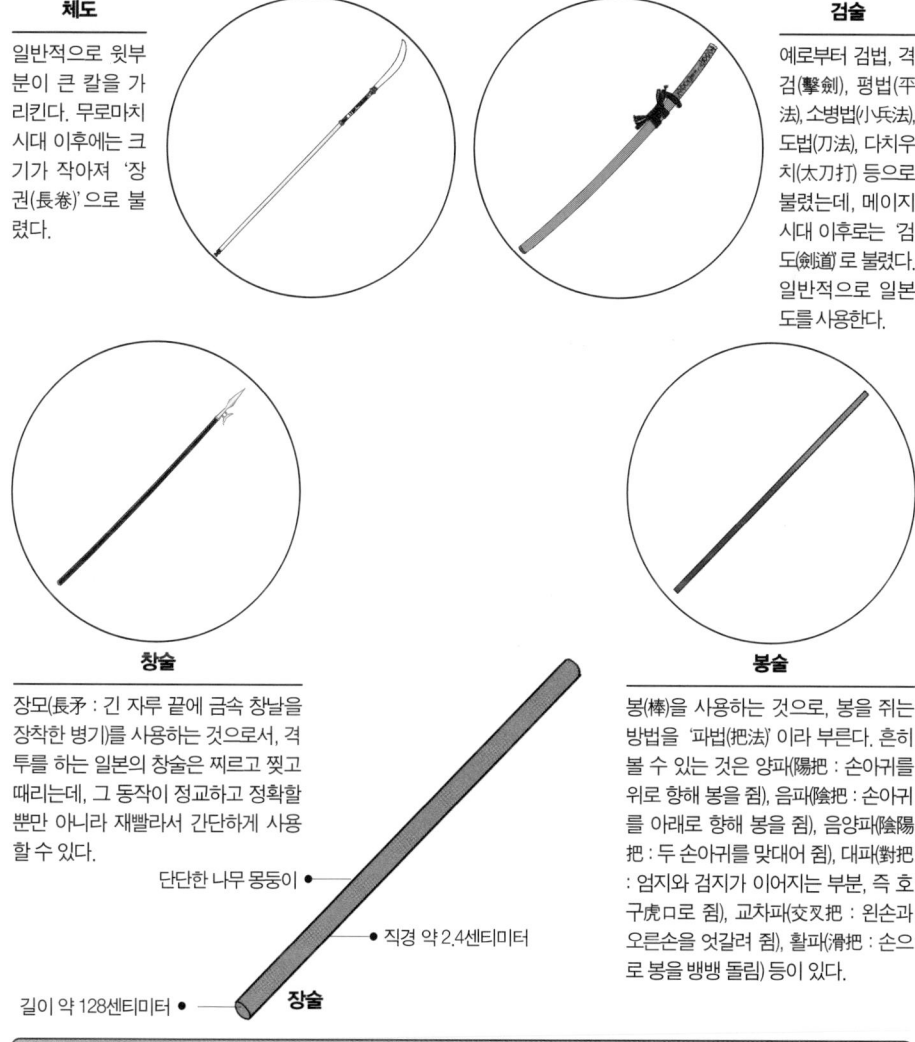

체도
일반적으로 윗부분이 큰 칼을 가리킨다. 무로마치 시대 이후에는 크기가 작아져 '장권(長卷)'으로 불렸다.

검술
예로부터 검법, 격검(擊劍), 평법(平法), 소병법(小兵法), 도법(刀法), 다치우치(太刀打) 등으로 불렸는데, 메이지 시대 이후로는 검도(劍道)로 불렸다. 일반적으로 일본도를 사용한다.

창술
장모(長矛 : 긴 자루 끝에 금속 창날을 장착한 병기)를 사용하는 것으로서, 격투를 하는 일본의 창술은 찌르고 찢고 때리는데, 그 동작이 정교하고 정확할 뿐만 아니라 재빨라서 간단하게 사용할 수 있다.

봉술
봉(棒)을 사용하는 것으로, 봉을 쥐는 방법을 '파법(把法)'이라 부른다. 흔히 볼 수 있는 것은 양파(陽把 : 손아귀를 위로 향해 봉을 쥠), 음파(陰把 : 손아귀를 아래로 향해 봉을 쥠), 음양파(陰陽把 : 두 손아귀를 맞대어 쥠), 대파(對把 : 엄지와 검지가 이어지는 부분, 즉 호구虎口로 쥠), 교차파(交叉把 : 왼손과 오른손을 엇갈려 쥠), 활파(滑把 : 손으로 봉을 뱅뱅 돌림) 등이 있다.

단단한 나무 몽둥이
직경 약 2.4센티미터
길이 약 128센티미터
장술

장술(杖術)은 나무 몽둥이를 무기로 쓰는데, 이것을 창술, 체도, 검술, 봉술 등과 결합한 무술이 신도무소류 장도다. 무사시에게 패한 곤노스케가 치쿠젠으로 가서 호만산 레이미네봉(靈峰)에 올라 다자이부의 덴만구(天滿宮) 신사에서 21일 동안 기도를 했는데, 꿈에서 어린 동자가 '둥근 나무로 물에 비치는 달을 알 수 있다'는 계시를 주어 장술을 연구 개발한 끝에 신도무소류 장도를 창시했다고 전해진다.

08 가장 유명한 결투 ④
일본을 뒤흔든 후나지마 결투

>>>> 무사시의 60여 차례 결투 중에서 가장 유명한 것은 간류嚴流 검도의 고수인 사사키 고지로와의 결투였다. 이 한 판의 결투로 미야모토 무사시라는 전 일본에 이름을 크게 떨쳤고, 검성의 지위를 다졌다.

사사키 고지로

사사키 고지로는 일본 센고쿠 시대의 유명한 검객으로, 분로쿠(文祿) 4년(1595년) 부젠국(豊前國 : 후쿠오카 현 동부와 오이타 현大分縣 북부) 다카와 군(田川郡 : 후쿠오카 현 다카와 군)의 유력한 호족 집안에서 태어났다는 설과 에치젠국(越前國 : 후쿠이 현福井縣) 후쿠이 시(福井市)에서 태어났다는 설이 있다. 일찍이 추조류(中條流) 검술 유파인 가네마키 지자이(鐘捲自齎)에게 검술을 배웠는데, 추조류는 일본의 아주 오래된 검술 유파로서 무로마치 시대 초기 추조 나가히데(中條長秀, ?~1384년)가 창시하였다. 사사키 고지로의 스승인 가네마키 지자이는 나중에 가네마키류(鐘捲流)라는 독자적인 검술 유파를 창시하였다.

전하는 바에 따르면 그의 생김새는 영특하고 민첩한 데다 준수했고, 3척(약 1미터)이나 되는 장검(長劍)을 쓰는 데에 정통했다고 한다. 그가 쓰는 검은 길고 공격 범위가 넓었는데, 하늘을 나는 제비도 그의 장검을 피하지 못할 만큼 빠르고도 살상 범위가 넓었다. 그래서 그의 검법을 일명 '쓰바메가에시(燕返)'라고 불렀다.

후나지마 결투

무사시의 60여 차례 결투 중에서 가장 유명한 것은 간류검도의 고수인 사사키 고지로와의 결투다. 당시 사사키 고지로의 명성은 하늘을 찌를 정도로 높았고

후나지마 결투

시기:
게이초 17년(1612년) 4월 10일

인물:
미야모토 무사시와 사사키 고지로

장소:
고쿠라 후나지마(小倉舟島, 지금의 간류지마)

● 배에서 간류지마로 향하는 무사시

● 무사시를 기다리는 고지로

경과

미야모토 무사시 승	VS	사사키 고지로 패
무시시가 일부러 늦게 도착함		사사키 고지로의 마음과 정신이 초조하고 산란해짐
좀 더 긴 칼을 손에 쥔 무사시		검신이 비교적 길고 공격 범위가 넓은 3척 장도를 쥔 고지로
태양을 등진 위치를 선택한 무사시		쏟아지는 햇살에 시선이 혼미한 고지로
이일대로 전술을 사용해 목검으로 고지로를 일격에 죽임		칼을 뽑아들고 해변의 무사시에게 잔걸음으로 다가선 고지로

보충 해설

후나지마 결투 논쟁

- **무사시는 정말로 늦게 도착했나?** : 무사시의 양자 미야모토 이오리는 고쿠라 비문에서 무사시가 늦었다는 기록을 남기지 않았다. 간류지마 결투를 직접 지켜보고 45년 뒤에 출간한 누마타 집안의 『누마타가의 기록(沼田家記)』,「후나지마 결투 견문록(船島決鬪見聞錄)」에도 그런 기록이 없다. 69년 뒤 무사시의 제3대 제자의 구술을 바탕으로 기록된 『무사시 소전(武藏小傳)』을 보아도 무사시가 늦었다는 내용은 찾아볼 수 없고, 단지 110년 뒤의 『이천기』에 와서야 그 같은 내용이 보일 뿐이다.
- **바다를 건너며 목검을 깎았을까?** : 고증에 따르면 무사시의 배는 시모노세키 항(下關港)에서 출발했다. 시모노세키 항에서 후나지마까지는 겨우 2킬로미터에 불과하다. 설령 그날 날씨가 나빠 바람이 거세고 파도가 높았다 하더라도 항해는 30분 정도밖에 걸리지 않았을 것이다. 겨우 30분 동안 무슨 수로 무사시가 노를 깎아 126센티미터에 달하는 목검을 만들 수 있단 말인가.

패배를 모르는 절정의 천하무적이었다.

1612년 4월 초, 규슈 부젠국 고쿠라 성(小倉城 : 기타큐슈 시北九州島市 중부) 읍내 곳곳에는 다음과 같은 포고문이 붙었다.

"13일 진시(辰時 : 오전 7시부터 9시까지), 본 번의 병법 사범 사사키 고지로가 부젠국과 나가토국(長門國 : 야마구치 현 서북부) 사이 간몬(關門) 해협에 있는 외딴 후나지마(船島 : 간류지마라고도 함)에서 로닌 미야모토 무사시와 대결을 벌인다. 그날은 양측의 친구나 조력자가 바다를 건너는 것을 금하며, 모든 유람선과 거룻배, 어선의 해협 왕래도 불허한다."

다이묘가 인정한 정식 결투였기 때문에 결투 당일 새벽, 수많은 번사(藩士 : 다이묘 휘하의 무사)들이 해안가를 삼엄하게 경비했다. 사사키 고지로는 약속한 시간에 맞추어 결투 장소에 나타났는데, 무사시는 두 시간이 지나도 오지 않았다. 그러다가 마침내 무사시는 작은 배를 타고 유유히 등장하였다. 오랫동안 적수를 기다리느라 약이 올랐던 사사키 고지로는 곧바로 칼집에서 3척에 달하는 노다치(野太刀 : 무사가 야외에 나갈 때 찼던 날밑 없는 칼)를 뽑아 해변으로 내달렸다. 이때 무사시도 배에서 몸을 곧추 일으키더니 "고지로 너는 반드시 패할 것이다!"라고 외치고는 바닷물을 박차며 모래톱으로 달려왔다. 당시 태양을 정면으로 보고 선 고지로는 정오의 햇빛이 수면에 반사되었기 때문에 위치상 상당히 불리한 조건이었다. 고지로는 잔걸음으로 재빠르게 이동했고, 무사시도 느릿느릿 앞으로 발을 옮겼다. 그러다가 갑자기 무사시가 두 발을 굴러 공중제비를 돌았다. 고지로는 급히 허공에 검을 그었고 한 줄기 붉은 핏자국이 튀었다. 고지로가 무사시로부터 열 걸음 떨어진 모래톱 위에 누워 있었다. 무사시는 묵묵히 고지로에게 다가가 무릎을 꿇고 그의 코에 손가락을 댔다. 이미 목숨이 끊어진 상태였다. 무사시는 땅에 엎드려 장막 쪽을 향해 예를 표한 뒤, 피 한 방울 묻지 않은 목검을 들고 북쪽 해안으로 달려가 배에 몸을 싣고 유유히 사라졌다. 전하는 바에 따르면 결투 전 무사시는 이렇게 말했다고 한다.

"칼과 칼집은 본래 하나의 몸이다. 너는 칼집을 떨어뜨렸기 때문에 영원히 최고의 경지에 오를 수 없을 것이다."

결과는 이일대로(以逸待勞)* 작전을 쓴 무사시가 단지 목검 하나로 고지로를 죽이는 것으로 결투의 종지부를 찍었다. 이 결투를 통해 미야모토 무사시는 전 일본에 자신의 이름을 크게 떨쳤고, '검성'이라는 지위를 확고하게 다졌다. 무사시는 간류지마 결투 이후로는 살인을 자제했다. 사실 엄격하게 말하자면 스물다섯 살 이후부터 결투의 방식을 바꾸어 상대방의 생명을 빼앗지 않고 찰나의 순간에 간단히 상대방을 쓰러뜨리는 데 그쳤다. 혹은 상대방에게 공격의 기회조차 주지 않았다고 한다.

간류지마 결투의 또 한 가지 원인

규슈 부젠국의 번주는 호소카와 다다오키(細川忠興)였다. 그와 그의 부친 호소카와 유사이(細川幽齋)는 모두 오다 노부나가에게 중용된 다이묘였다. 그리고 호소카와 다다오키는 아케치 미쓰히데(明智光秀)의 사위인 동시에 일본 역사에 유명한 여인 중 하나인 호소카와 가라샤(細川拉莎)**를 아내로 두었다. 아케치 미쓰히데가 의부인 오다 노부나가를 시해한 혼노지의 변(本能寺の變, 1582년) 이후 호소카와 다다오키는 장인의 회유를 거절하고 도요토미 히데요시 편에 섰다. 하지만 도요토미 히데요시가 죽자 곧 마음을 바꿔 도쿠가와 이에야스에게 접근했고, 나중에 세키가하라 전투에서 공을 세워 부젠국을 하사받았다. 호소카와 다다오키는 또한 일본 다도(茶道)의 창시자인 센노 리큐(千利休)의 일곱 제자 중 한 사람이기도 하다. 호소카와 가문은 단고국(丹後國, 교토 북부)과 나베성(田込城)에서 부젠국으로 영지가 바뀐 뒤 봉록이 40만 석에 이르는 거대한 번이 되어 대외 전쟁은 뜸해졌지만 내부 분쟁이 빈번했다.

---

* 쉬면서 힘을 비축했다가 피로한 적군을 맞아 싸우는 방법이다. 『손자병법』 「군쟁(君爭)」에 나오는 다음 구절에서 유래하였다. "아군이 가까운 곳에서 전쟁터에 먼저 도착하여 요충지를 점령한 다음에 적이 먼 거리에서 강행군하여 도착하기를 기다리고, 아군은 충분히 쉬면서 정비를 마친 다음에 적이 피로해지기를 기다리면서 넉넉하게 먹고 마신 상태에서 적이 굶주리기를 기다린다(以近待遠 以佚待勞 以飽待饑 此治力者也)."

** 세례명이며, 본명은 다마코(玉子, 1563년~1600년). 세키가하라 전투 때 적의 포위에 둘러싸이자 천주교인의 자살을 금지한 규율 때문에 가신으로 하여금 자신의 가슴을 찌르게 하는 방법으로 목숨을 끊었다.

내부 분쟁은 번주 일파와 번주의 셋째 아들 호소카와 다다토시(細川忠利) 간의 대립을 말하는데, 번주는 천주교 예수회 신자들을 박해했던 반면 아들은 그들을 보호하려고 했기 때문이다. 사사키 고지로는 번주가 총애하는 무술 사범이었고, 미야모토 무사시는 호소카와 다다토시의 최고 가신과 오랜 인연이 있었다(호소카와 다다토시의 최고 가신은 무사시의 아버지, 신멘 무니사이의 제자임). 평생 뜻을 이루지 못한 무사시는 말년에 구마모토 번(熊本藩) 번주에게 몸을 의탁해 분에 넘치는 후대를 받았는데, 이때의 구마모토 번 번주가 바로 호소카와 다다토시였다. 이러한 사실을 종합해 보면 간류지마 결투는 '대리 전쟁'이었을 가능성이 크다. 그래서 결투를 마친 후 무사시는 번주 일파의 추격을 피해 또다시 방랑의 길을 떠나야만 했다.

09 | 객장 시기
시마바라의 난

>>> 객장客將 시기는 무사시가 전쟁에 참전한 때를 말한다. 비록 무사시가 오사카 전투에 참여했다는 것을 증명하는 사료는 없지만 시마바라의 난에 참가한 것은 기정사실이다. 그러나 시마바라의 난 때 무사시는 초반에 반란군이 던진 돌에 맞아 아무런 전공도 세우지 못하고 후방으로 물러나 상처를 치료해야만 했다. 시마바라의 난 이후 무사시는 『오륜서』를 쓰기 시작했다.

잘못 전해진 오사카 전투

오사카 전투(大阪の役, 1614~1615년)*는 에도 시대 초기에 도쿠가와 막부가 도요토미 집안을 섬멸하기 위해 벌인 최후의 대권 전쟁으로, 주요 전쟁터는 오사카성(大阪城) 부근(지금의 오사카 부 오사카 시 추오 구)이었다. 전하는 바에 따르면 서른한 살이었던 무사시가 당시 도요토미 편에 서서 참전했다고 하지만 그 어떤 역사적 사료도 남아 있지 않고, 실제로 당시 무사시는 미즈노 가즈시게(水野勝成, 1564~1651년, 지금의 히로시마인 후쿠야마 번福山藩의 초대 번주)의 객장 신분으로 도쿠가와 군으로 참전했다.

미즈노 가즈시게의 적장자인 미즈노 가쓰토시(水野勝俊 : 후쿠야마 번의 2대 번주)와 함께 참전했다는 전사와 관련된 역사적 문헌에서 이를 찾아볼 수 있다. 또한 무사시의 양자인 미키노스케(三木之助, 1604년~1626년)가 오사카 전투 발발 4년 뒤, 혼다(本多) 가에 고용된 것으로 봐서는 설혹 무사시가 오사카 전투에 참전했다손 치더라도 도요토미 군의 일원이었을 가능성은 거의 없다. 혼다 가는 대대로 도쿠가와 막부를 신봉한 제후 가문이며, 미키노스케가 모신 주군은 히메지성(姬路城)의 성주 혼다 다다토키(本多忠刻)였다. 그리고 다다토키의 정실은 도요토미 히데

---

* 1614년의 오사카 겨울 전투와 1615년의 오사카 여름 전투를 합한 말이다.

성곽 : 센고쿠 시대의 건축 특색 ①

오사카 전투는 에도 막부가 도요토미 가(家)를 멸문(滅門)시킨 전쟁이다. 전하는 바에 따르면 무사시도 참전했지만 어떤 신분이었는지는 알 수 없다. 이 전쟁이 끝난 뒤 무사시는 히메지성의 성주인 혼다 다다토키의 주도 아래 아카시와 히메지에 도시와 사원을 세우는 일에 관여했는데, 당시 도시의 건축 규모는 아래 그림으로 추측해 볼 수 있다.

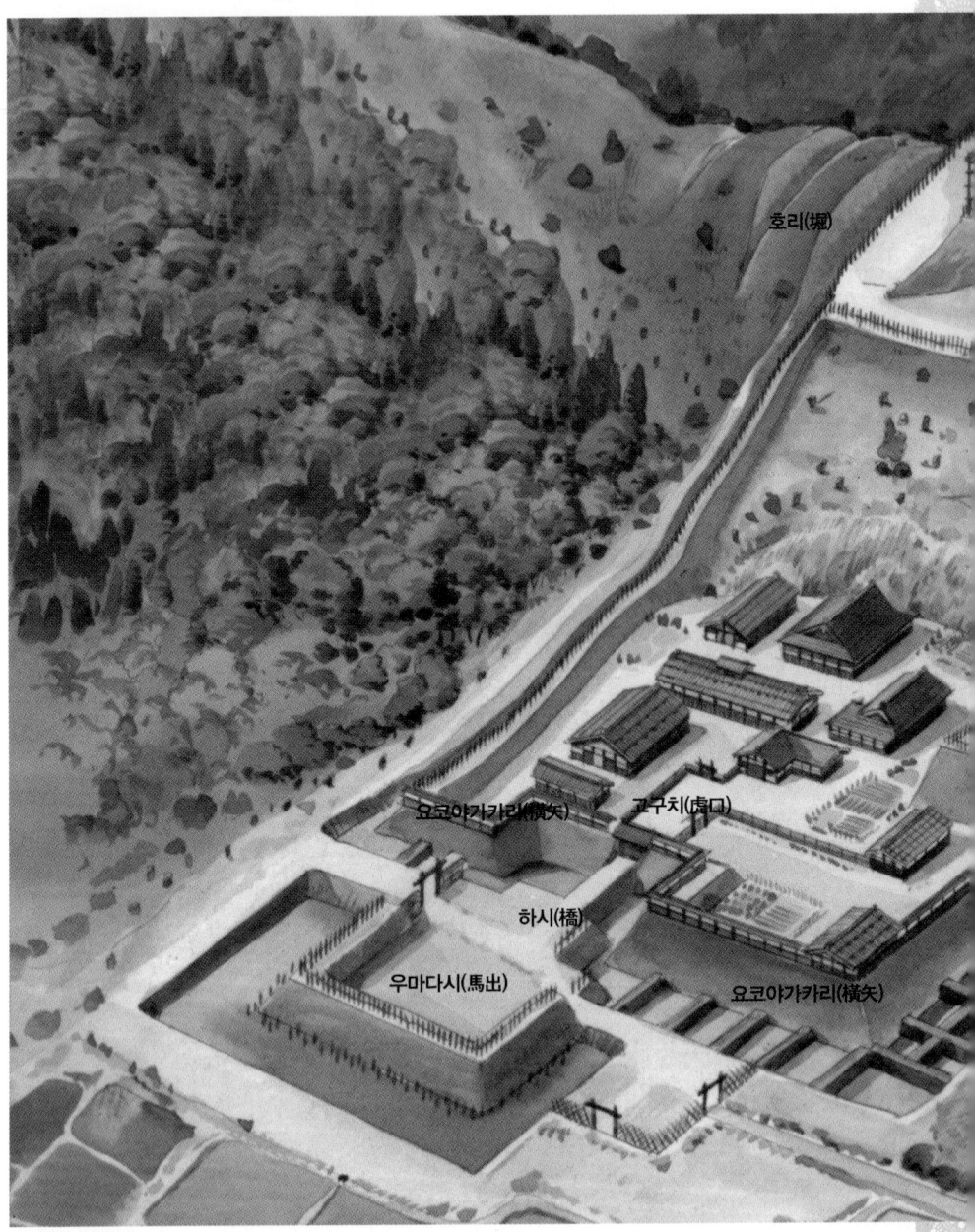

호리(堀)
요코야가카리(橫矢)
고구치(虎口)
하시(橋)
우마다시(馬出)
요코야가카리(橫矢)

센고쿠 시대는 일본 성곽 건축의 최전성기로, 성곽 건축은 주로 군사적, 정치적 목적을 달성하기 위한 것이었다. 전란의 도가니에서 천하통일이라는 야망을 위해 전쟁터로 숨이 가쁘게 내달리던 일본의 군웅들이 연이어 흥기하던 당시에는 성곽을 세우고자 하는 열기가 드높았다. 더구나 축성 기술의 발달과 화포 무기의 사용 등은 성곽 건축을 활발하게 만드는 밑거름이 되었다. 성곽은 대개 호리(堀), 고구치(虎口), 우마다시(馬出), 요코야가카리(橫矢), 하시(橋), 야구라(櫓), 울타리(柵), 이시가키(石垣 : 돌담) 등 여덟 곳으로 구분된다.

성곽 : 센고쿠 시대의 건축 특색 ②

호리(堀 : 못) : 적을 막기 위하여 성 둘레에 판 해자(垓字)로서 요코보리(橫堀)와 다테보리(竪堀)로 나누어진다. 들쭉날쭉하거나 직각의 모습으로 대규모의 장벽을 이루면서 성곽 밖을 둘러싼다. 적이 침입하면 병사들을 두어 성곽을 보호하거나 적을 호리 안으로 끌어들여 격파함으로써 적군이 주요 요충지로 침입하지 못하도록 한다. 근세의 성곽은 거의 물 못이다.

고구치(虎口) : 성곽의 출입구로서 쌍방이 교전할 때 가장 격렬하게 대치하는 지점이므로 매우 견고한 재료로 세우는데, 사방에 흙벽(土牆)과 이시가키(石垣 : 석벽)를 쌓는다. 적이 침입하면 고구치까지 진입하도록 기다렸다가 매복한 궁수들이 고구치의 사방에서 적을 향해 화살을 날릴 수 있다.

우마다시(馬出) : 고구치 앞에 있는 작은 제방 형태의 성곽으로서 고구치의 방어를 더욱 강화시키고 아군 병사의 출입을 도와준다. 흔히 성 밖의 흙담인데, 이곳에 궁수를 배치해 성 밖에 있는 적을 향해 화살을 쏠 수 있다.

요코야가카리(橫矢) : 고구치의 밖을 둘러싼 견고한 흙담으로서 하자마(狹間 : 활이나 철포를 쏘기 위한 작은 창)가 있으며, 이곳에서 고구치 안으로 침입하는 적을 화살로 쏘아 죽일 수 있다. 출입구나 흙담 혹은 돌담으로 접근하는 적을 측면에서 공격하기 위해 설치된 굴곡이기도 하다.

성곽 : 센고쿠 시대의 건축 특색 ③

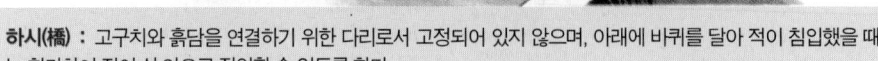

하시(橋) : 고구치와 흙담을 연결하기 위한 다리로서 고정되어 있지 않으며, 아래에 바퀴를 달아 적이 침입했을 때는 철거하여 적이 성 안으로 진입할 수 없도록 한다.

야구라(櫓) : 적을 관찰하거나 적을 사격하기 위해 성문 혹은 성벽 위에 설치한 높은 누각으로 센고쿠 시대에 만들어졌다. 무기나 식료품을 저장하기 위해 만든 것이기도 하다. 적이 사다리로 침입할 때 즉각 그 상황을 관찰하고 대응할 수 있다. 야구라는 후에 점점 더 높은 산의 성보(城堡 : 보루堡壘 형식으로 둘러싸인 작은 성)로 바뀌었다.

담(塀)과 책(柵) : 담과 책은 적을 막기 위한 울타리로서 설치하는 데 매우 정성을 들였다. 주로 성벽을 타고 진입하는 적을 방어하기 위한 것이기 때문에 담 위쪽에 수많은 함정을 파놓는다. 성의 칸막이로서의 의미도 있는데, 나무판자는 불에 약하기 때문에 옻칠을 하거나 흙으로 만든 담을 쌓기도 했다.

토장(土牆 : 흙담)과 이시가키(石垣) : 이시가키는 돌을 쌓아 만든 거대한 장벽으로 산성부의 본성과 산기슭의 지성(枝城)이나 부속 시설을 하나로 연결한 일본식 성의 특징이다. 윗부분을 경사지게 만들어 성을 지키는 병사들이 경사면 아래로 돌을 굴리고 장창으로 적을 찔러 밑으로 굴러 떨어지게 하였다.

요리의 본처였던 센히메(千姬)인데, 그녀는 본래 도쿠가와 이에야스의 손녀였다. 오사카성 함락 전에 구출된 센히메를 도쿠가와 이에야스가 다시 혼다 다다토키와 짝을 지어준 것이다.

세키가하라 전투 후 도요토미 히데요시 편에 섰던 무장들은 그나마 아직 관직에 오를 가능성이 있었다. 그러나 오사카 전투 때는 상황이 이미 바뀌어 난세를 끝내려는 의지가 강했던 도쿠가와 이에야스가 도요토미 히데요시의 잔당을 맹렬하게 색출하며 철저하게 토벌하고 있었다. 만약 무사시가 도요토미 파의 일원이었다면 혼다 가문도 결코 그의 양자를 고용하지 않았을 것이다. 따라서 무사시는 오사카 전투에 참전하지 않았을 가능성이 훨씬 크다. 그리고 훗날 미야모토 무사시는 히메지성의 성주 혼다 다다토키의 교섭으로 아카시(明石, 효고 현兵庫顯 남부)와 히메지(효고 현 서남부) 두 곳의 도시와 사원을 건축하는 데 참여했다. 『해상이야기(海上物語)』에 따르면 무사시는 이 시기에 무소 곤노스케(신도무소류의 시조)와 아카시에서 결투를 벌였다고 한다.

시마바라의 난

겐나(元和) 원년(1615년), 무사시의 첫 번째 양자인 미즈노 가문의 가신 나카가와 시마노스케(中川志摩助)의 셋째 아들 미키노스케가 관직을 얻어 히메지성의 성주인 혼다 다다토키를 모시기 시작했다. 그러다가 간에이 3년(1626년)에 혼다 다다토키가 죽자 그를 따라 죽고 말았다. 그러자 미야모토 가는 미키노스케의 동생에게 미키 가의 후사를 잇게 했다. 같은 해 하리마국(播磨國)의 무사 다바루 히사미쓰(田原久光)의 차남 이오리(伊織, 1612~1678년)는 무사시의 양자가 되었다. 그의 시호는 사다쓰구(貞次)였는데, 나중에 아카시성에서 벼슬살이를 하며 성주인 오가사와라 다다자네(小笠原忠眞, 1596~1667년 부젠국 고쿠라 번의 초대 번주)를 모셨다.

간에이 14년(1638년)에 에도 막부 시대의 첫 번째 항쟁인 시마바라의 난이 터졌다. 이 난은 일본 규슈 북부의 시마바라에서 농민과 가톨릭 신도가 연합하여 일으킨 반란이었다. 이는 도쿠가와 막부 말기 전에 일어난 마지막 내전이기도 했는데, 반란의 원인은 시마바라의 영주인 마쓰쿠라씨가 백성을 혹사시키고 조세를 과중하게 거두어들이는 데다가 조세를 체납한 사람에게는 도롱이를 입히고 그 위에 불을 붙여 태워 죽이는 잔혹한 처벌을 가하는 등 학정이 극에 이르렀기 때문이다. 또한 이 지역은 원래 기독교로 개종한 다이묘 고니시 유키나가(小西行長)·아리마 하루노부(有馬晴信)의 영지였기 때문에 기독교도가 많았는데, 새 영주로 온 이타쿠라씨가 신자를 화산의 유황굴에 던져 죽이는 등의 탄압을 가했던 것도 반란을 일으킨 원인이 되었다. 봉기의 중심 인물은 아마쿠사 시로(天草四郎)라는 열여섯 살의 소년인데, 하나님의 대리인으로서 여러 가지 신통력을 발휘했다고 한다. 이 난은 고쿠라성 성주 오가사와라 다다자네와 시종인 미야모토 이오리가 출병하여 진압하였다.

그 후 바쿠후는 다시 마쓰다이라 노부쓰나(松平信綱)를 파견하여 12만 명의 대군으로 성을 포위하여 식량 보급을 차단하고, 네덜란드선으로부터 원조 사격을 요구하는 등 모든 작전을 동원한 끝에 1638년 2월 반란 세력을 물리쳤다. 이때 살아남은 사람은 거의 없었다. 이렇게 12만 명의 진압군에 의해서 농민 4만 명이 가담한 대형 농민 반란인 시마바라의 난은 4개월 만에 진압되었으며, 가톨릭 신자에 대한 탄압이 더욱 가혹해졌다. 시마바라의 난은 종교적 성격과 민중 저항적인 성격을 모두 갖고 있다. 그 이유는 봉기의 원인이 가톨릭 탄압이라는 종교적 성격과 세금 착취라는 민중들의 생존이 걸린 문제가 모두 포함되었기 때문이다. 그래서 에도 막부에서는 기독교를 금지하였으며, 기독교도를 확인하기 위해 사람들에게 예수 마리아 등이 새겨져 있거나 그려져 있는 성화상을 짓밟게 하는 에후미(繪踏)를 실시하는 등 예수교 신자를 극심하게 탄압하는 정책을 폈다.

시마바라의 난이 일어났을 때 무사시는 기타큐슈(北九州) 고쿠라성에서 객장(客將 : 초빙 무장)을 맡고 있었다. 그러나 무사시는 시마바라의 난을 진압하는 도중 무슨 이유에선지 최전선에 나갔다가 반란군의 투석 공격에 다리를 다치고 말았다. 그래서 전공도 세우지 못하고 부랴부랴 후방으로 물러나 상처를 치료하며 요양할 수밖에 없었다.

사료에 따르면 나중에 무사시는 이 일에 관해 다이묘인 아리마 나오즈미(有馬直純)에게 "저는 다시는 돌에 맞아 부상을 당하지 않을 것입니다"라는 내용의 편지를 보냈다고 한다. 이처럼 다이묘에게 직접 편지를 보내 부상 때문에 공을 세우지 못한 것을 푸념할 수 있을 정도였다면, 당시의 무사시는 이미 사회적 명사로서 상당한 위치에 있었을 것이다. 하지만 무사시는 왜 야규 신카게류 일족처럼 쇼군의 휘하에 들어가 검술 사범이 되지 않았을까? 혹은 왜 검성 가미이즈미 노부쓰나처럼 우수한 제자들을 키워내 역사에 길이 남을 검술 유파를 창시하지 않은 것일까? 그 까닭을 정확하게 아는 사람은 아직까지 아무도 없다.

교토예술대학 교수인 오노 히데타카(大野俶嵩, 1922~2002년)는 무사시가 남긴 수묵화의 선(線)을 분석한 결과 그가 '왼손잡이'였다는 것을 알아냈다. 즉 무사시는 왼손잡이였기 때문에 자신의 검술을 널리 전파할 수 없었다는 것이다. 그의 양자 미야모토 이오리조차 "사실 나는 양부께서 전수하신 검술을 배우지 못했다"라고 말한 적이 있다고 한다. 대부분의 사람들은 보통 오른손잡이인데, 오른손잡이들이 왼손잡이 검객의 비결을 전수받기란 거의 불가능하다. 따라서 무사시는 보통 사람들과는 다른 왼손잡이라는 특징 때문에 검술을 널리 전수할 수가 없었을 것이다.

시마바라의 난 이후

시마바라의 난 이후 무사시의 행적은 거의 알려져 있지 않다. 역사학자들도 단지 무사시가 마흔일곱 되던 해인 1630년에 도쿠가와 이에야스의 아홉째 아들인 나고야성(名古屋城)의 성주 앞에서 그의 가신과 결투를 벌였음을 고증했을 뿐이다. 쉰다섯 살이 되던 해에는 도쿠가와 이에야스의 손자인 마쓰에 번(松江藩 : 시마네 현島根縣) 번주와 검을 겨루기도 했고, 중년 이후의 무사시는 이미 천하에 널리 이름이 알려졌던 것으로 보인다.

간에이 17년(1640년) 쉰일곱 살의 무사시는 구마모토의 성주인 호소카와 다다토시의 초청을 받아들여 17인 분에 해당하는 300석의 봉록을 받고 구마모토성 동부와 인접한 치바성(千葉城)에 무사의 저택을 하사받아 살기 시작했다. 또한 가로(家老 : 가신의 우두머리 혹은 총집사)만이 참여할 수 있는 매사냥에 번주와 함께 나가는 파격적인 대우를 받았다. 게다가 호소카와 다다토시는 아시카가 요시테루

(足利義輝, 1546~1565년, 무로마치 13대 정이대장군)의 아들인 아시카가 도칸(足利道鑒)을 무사시와 함께 객인 신분으로 야마가 온천(山鹿溫泉 : 구마모토 야마가 시에 있는 온천)에 초청하기도 했다.

말년의 무사시는 비록 벼슬살이를 하지 않았지만 그렇다고 생활이 궁핍한 것은 아니었다. 무사시의 양자 미야모토 이오리는 아카시 번 번주의 최고 가신으로 봉록이 4천 석에 이를 정도로 신분이 높았다. 무사시는 원래 편안하게 양자의 집에 기거할 수도 있었다. 그런데도 멀리 바다를 넘어 규슈 중부의 구마모토 번까지 간 까닭은 무엇일까?

호소카와 다다토시는 무사시보다 두 살 아래였다. 그럼에도 호소카와 다다토시는 유일하게 무사시를 공경한 다이묘였다. 무사시의 거처를 그럴싸하게 개조하여 머물게 해주었을 뿐만 아니라 매사냥을 나갈 때면 무사시를 불러 함께 즐겼다. 무사시가 말년에 가장 좋아한 문구는 사마천의 『사기』「자객열전」에 나오는 '사나이 대장부는 자신을 알아주는 사람을 위해 목숨을 바친다(士爲知己者死)'였다. 자신을 알아주는 사람이 바로 호소카와 다다토시였다.

하지만 1년 뒤 다다토시가 갑자기 죽어버렸다. 그러나 제2대 번주 호소카와 미쓰나오(細川光尙, 1619~1650년)도 무사시를 300석의 봉록으로 대우해 주었다.

무사시의 수제자이자 『무공전(武公傳)』*의 저자인 시스이(야마모토 겐고자에몬山本源五左衛門)는 이렇게 기록하고 있다.

"시스이가 전해 기록하는 바 무공(武公 : 미야모토 무사시)은 히고(後後)에 문하생으로 번주를 비롯해 나가오카 시키부요리유키(長岡式部寄之), 사와무라 우에몬 도모스키(澤村宇右衛門友好)가 있다. 그 밖에 집안 식구, 주변 사람, 도자마(쇼군이나 세습 귀족이 아닌 다이묘와 사무라이) 및 바이신(陪臣)**, 아시가루 등에 이르는 천여 명이 있었다. 이 무렵 무사시는 병법을 가르치는 것 외에 짬을 내 그림을 그리고 공예품을 제작했는데 지금도 그것이 전해진다."

* 1755년에 쓰인 미야모토 무사시의 전기
** 에도 막부의 직속 신하인 지키신(直參)이 아닌 다이묘들의 신하

간에이 20년(1643년), 미야모토 무사시는 규슈 구마모토 시 서쪽 교외의 긴보산(金峰山)에 2년 동안 칩거하며 『오륜서』를 완성했다. 그리고 자기 수양의 글인 「독행도(獨行道)」를 지었다. 이 외에도 담담한 풍격의 수묵화와 소박하고 우아한 도검 소도구 등을 남겼다. 무사시는 숨을 거두기 며칠 전에 『독행도』와 『오륜서』를 합쳐 『자서서(自誓書)』라 부르면서 두 권의 책을 제자인 데라 마고노조(寺尾孫之允, 1611~1672년)에게 전수하였다.

쇼호(正保) 2년 5월 19일(1645년 6월 13일) 미야모토 무사시는 치바성의 거처에서 생을 마감했다. 마지막 숨을 거두기 전, 그는 겨우 일어나 앉아 의관을 단정히 하고 검을 챙겼다. 그리고 난 뒤 한쪽 다리를 세우고 긴 검으로 몸을 지탱한 채 엄숙히 죽음을 맞았다. 향년 예순두 살이었다. 무사시의 유언대로 입관할 때 갑옷을 입혔고, 장지는 구마모토 시내의 유게(弓削)로, 흔히 '무사시총(武藏塚)'으로 부른다. 양자 이오리가 기타큐슈 시 다무케(手向)산에 '신멘무사시겐신니텐거사비(新免武藏玄信二天居士碑)'를 세웠는데, 이 비는 이오리와 무사시의 관계에 대한 가장 오래된 비문으로 흔히 '고쿠라 비문'으로 불린다.

10 예술가로서의 검성
무사시의 문예 작품

>>> 미야모토 무사시는 에도 시대 초기의 병법가이자 검술가로서 그가 지은 『오륜서』는 전 세계 각지에서 큰 반향을 불러일으켰다. 또한 그는 서화에도 정통한 예술가로서 불세출의 작품을 후세에 남겼다. 이 외에도 무사시는 전기傳奇의 색채가 강한 검객으로서, 수많은 소설가와 예술가들이 그를 원형으로 한 작품을 창작하였다.

미야모토 무사시를 원형으로 한 작품

20세기 중반의 일본 작가 요시카와 에이지(吉川英治)*는 미야모토 무사시를 원형으로 하여 일본인이 숭배하는 참된 무사의 형상으로서, 검과 도를 융합하여 내면적인 모순을 극복하고 결국에는 검도의 진실한 이치를 깨닫는 미야모토 무사시를 창조해냈다. 무사시가 교토에서 병법가 집안인 요시오카 가문과 대결하고, 간류지마에서 사사키 고지로와 결투를 벌인 이야기는 지금도 수많은 소설, 영화, 드라마의 소재로 이용되고 있다.

소설 『미야모토 무사시』는 일본뿐만 아니라 세계문학에도 깊은 영향을 미쳤다. 그중에서도 검과 관련된 이야기를 창작하는 중국 무협소설가들은 빼어난 묘사와 심오한 속뜻을 지닌 적지 않은 무협소설이 이 작품을 거울로 삼고 있다고 말한다. 일본의 영화감독 우치다 도무(內田吐夢)는 이 소설을 바탕으로 '미야모토 무사시 영화 시리즈'를 제작하였다.** 무사시가 살았던 센고쿠 시대부터 에도 시

---

* 저명한 일본의 대중 역사소설가다. 1935년부터 1939년까지 신문에 연재한 「미야모토 무사시」는 미야모토 무사시에 대한 사실적 전기가 아니라 '검과 구도(求道)는 하나'라는 검선일여(劍禪一如)의 정신을 추구하는 구도자로서의 미야모토 무사시를 형상화하는 데 초점을 맞추어 큰 성공을 거두고 대중 역사소설의 대표작으로 우뚝 올라섰다.

** 1961년 요시카와 에이지의 소설 『미야모토 무사시』를 원작으로 하여 영화 「미야모토 무사시」 5부작을 제작해 크게 성공했다.

대 초기까지의 역사를 스크린에 옮긴 그의 작품은 20세기 10대 시대극이자 일본 영화사상 100대 명작에 들어가는 기염을 토했다.

2006년 미국 방송사인 NBC의 드라마무비 「히어로즈(Heroes)」에 나오는 검성 다케조 겐세이(竹添健精)도 바로 미야모토 무사시를 원형으로 창작된 인물이다. 이 같은 영화는 수많은 일본 시대극에서는 보기 드문 큰 규모의 명장면을 담고 있다. 생사가 달려 있는 고도의 긴장감이 관객들의 숨을 멈추게 만드는 격렬한 결투 장면은 아주 볼 만한데, 그해 일본에서는 최고의 흥행 수입을 기록했을 뿐만 아니라 예술적인 면에서도 지금까지 평론가들에게 큰 호평을 받고 있다.

미야모토 무사시의 문예 작품

미야모토 무사시가 쓴 『오륜서』는 현대의 일본인들에게도 철학, 병법, 상업 등의 영역에서 훌륭한 참고서로 활용되고 있다. 더불어 '일본 유사 이래 최고의 베스트셀러'라는 칭송을 받으며 세계 각지에서 여러 언어로 번역 출간되었고, 다양한 유형의 많은 독자를 확보하고 있다.

미야모토 무사시는 일본에서 니텐이치류 검법의 시조일 뿐만 아니라 매우 유명한 수묵화가이자 공예가로도 명망이 높다. 「제도(鵜圖)」, 「고목명격도(枯木鳴鵙圖)」, 「홍매구도(紅梅鳩圖)」, 「정면달마도(正面達磨圖)」, 「노엽도(蘆葉圖)」, 「노안도병풍(蘆雁圖屛風)」, 「야마도(野馬圖)」 등의 수묵화 및 「마안(馬鞍)」, 「목도(木刀)」 등의 공예 작품은 일본 정부에 의해 중요 문화유산으로 지정되어 있다. 특히 일본 미술계에서는 무사시를 특별한 화가로 구분하면서 '니텐(二天)'이라는 호로 부르고 있다.

미야모토 무사시를 원형으로 한 예술 작품

미야모토 무사시의 첫 번째 결투를 묘사한 그림이다. 일본의 민간 전기(傳奇)에 의하면, 당시 그 명성이 자자하던 신토류의 검객 아리마 기헤이와 열세 살의 소년 무사시가 맨주먹으로 싸웠는데, 무사시가 천부적인 근력으로 기헤이를 높이 치켜들었다가 냅다 땅에 메다꽂더니 긴 몽둥이로 기헤이의 이마를 호되게 내리찍어 머리를 깨뜨려 죽였다고 한다. 이 결투는 바로 무사시의 검객 인생의 출발점이었다.

일본 효고 현 가사이 시(加西市)에 위치한 이치조지는 650년에 세워진 것으로 전해진다. 절 입구에 미야모토 무사시의 동상(銅像)이 서 있는데, 이는 무사시가 요시오카 가문의 당주(黨主)인 요시오카 세이주로와 그의 동생 덴시치로와의 결투에서 승리한 것을 기념하기 위해 세웠다고 한다.

야마구치 현 시모노세키 시(下關市)에 속하는 간류지마에 있는 이 동상은 1612년에 있었던 유명한 간류지마 결투를 기념한 것이다. 왼쪽이 사사키 고지로이고 오른쪽이 미야모토 무사시다.

3장 지의 권

'병법의 묘'를 설명하다

'지의 권地之卷'은 『오륜서』의 제1권으로서 병법에 관한 무사시의 총론에 해당한다. '지의 권'이란 이름을 얻게 된 까닭은 병법의 도가 끝없이 텅 비고 매우 넓은 아득한 대지 위에 있는 사람들에게 접입가경漸入佳境의 장소로 가는 또렷한 방향을 알려 주는 길과 같기 때문이다. 즉 병법을 아는 것이 승리의 지름길과 통한다는 것이다. '지의 권'에서 무사시는 '니텐이치류란 무엇인가?'에 대해 상세하게 설명하면서 병법이란 검술처럼 그렇게 간단한 이치가 아니라고 역설하였다.

3장 그림 목록

진정한 병법이란? · 101 | 생존을 위한 도의 엄수 · 105 | 병법의 도는 목수의 도 · 108 | 니텐이치류의 강점 · 113 | 센고쿠 시대에 유행한 일곱 가지 무기 · 115 | 일곱 가지 무기의 특성 · 116 | 화승총의 구조 · 117 | 장창의 전법 · 118 | 전투마를 이용한 전술 · 119 | 승패를 결정하는 흐름 · 123

01 병법의 도
모든 영역에 적용되는 규율

>>> '지의 권'은 『오륜서』의 제1권으로 병법에 관한 무사시의 총론이다. '지의 권' 첫머리에서 무사시는 '자신의 병법'을 직접적으로 상세하게 이야기하지 않고, '도道'라는 더욱더 높은 관점으로 병법을 논하고 있다. 이러한 관점에서 보편적인 규율, 즉 '도道로서의 병법'을 수준 높게 개괄하였다.

무사의 도는 문무를 겸비하는 것

무사시가 제기한 '병법'은 무사가 당연히 지켜야 할 법칙이며, 또한 무사가 입신처세를 하기 위한 생존의 도이기도 하다. 부하 병사들을 통솔하는 무장(장수)은 특히 병법에 따라 명령을 내려야 하고, 일반 병사들도 병법을 잘 이해해야 무장이 이끄는 방향을 잘 알 수 있다. 하지만 당시 병법의 진정한 도를 깨달은 무사는 너무나도 적었다.

무사시는 가장 먼저 세상에는 서로 다른 영역에서 서로 다른 수많은 '도'가 존재한다고 보았다. 예를 들어, 불교의 도는 중생을 구제하는 것이요, 유학의 도는 백성을 교화(敎化)하는 것이며, 의학의 도는 아픈 사람을 치료하는 것이다. 이 외에도 시인의 도는 시의 아름다움을 가르치는 것이고, 차도와 궁술 그 밖의 여러 가지 기예들도 그들 각각이 품은 정수(精髓)를 전하는 것이다. 기예의 경우 수단은 같지 않지만 원리는 '도'라고 하는 똑같은 목적지로 가는 것이다. 이처럼 사람들은 각자 무수히 많은 도 가운데 자신의 특성에 가장 알맞은 도를 선택해 살아간다고 하지만, 병법의 도를 숙지한 사람은 역시나 매우 적다.

무릇 '무사의 도'란 당연히 문(文)과 무(武)라는 두 가지 도에 정통한, 즉 문무

진정한 병법이란?

『오륜서』를 쓴 미야모토 무사시는 일본 에도 시대에 매우 유명한 무사였다. 그는 자신이 창시한 '니텐이치류' 검법으로 천하를 주름잡았는데, 그에 대적할 만한 적수가 없었기에 사람들은 그를 '검성'이라 불렀다.

'도'는 모든 영역에 존재한다

불교의 도	중생 구제
유교의 도	백성 교화
의학의 도	환자 치료
시의 도	시의 미감을 향수하도록 함
차도	차예(茶藝)의 도야로 정서 함양
궁술	활쏘기로 개인의 특기를 살림
……	……

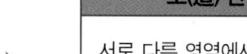

'도(道)'란?
서로 다른 영역에서 자신의 특징을 발전시키는 방법이자 수단이다.

병법의 도 : 무사가 당연히 지켜야 할 법칙이자 입신처세의 방법이다. 무장은 반드시 병법의 수칙을 준수해야 하고, 일반 병사도 그 병법의 도리를 이해해야 한다.

병법의 도는 승리의 도

미야모토 무사시가 살던 시대의 사람들은 병법의 요체가 살신성인을 하는 정신이자 할복을 할 수 있는 용기라고 생각했다. 하지만 미야모토 무사시는 도리어 병법 수련의 유일한 목적은 적을 쓰러뜨려 영예와 이득을 얻는 것에 있다고 생각했다.

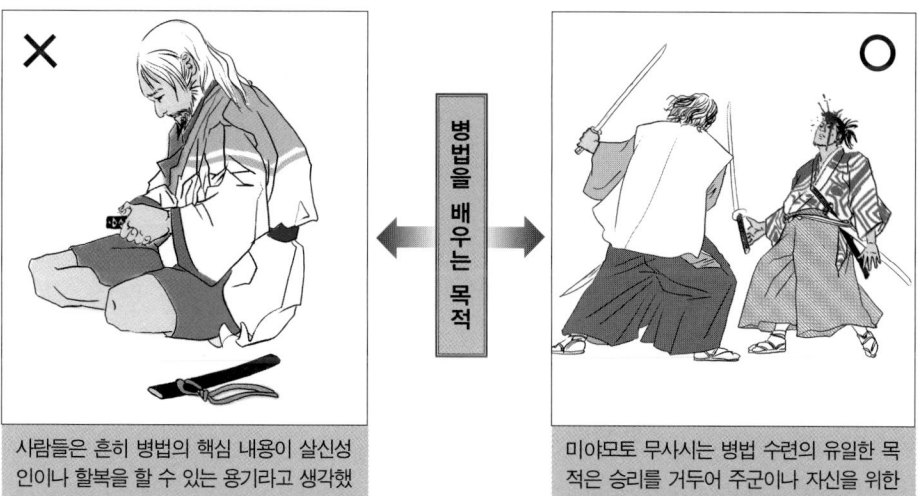

사람들은 흔히 병법의 핵심 내용이 살신성인이나 할복을 할 수 있는 용기라고 생각했지만, 무사시가 보기에 이는 큰 오해였다.

미야모토 무사시는 병법 수련의 유일한 목적은 승리를 거두어 주군이나 자신을 위한 영예와 이득을 얻는 것이라고 보았다.

를 겸비하는 것이 무사의 참된 도다. 한 사람의 무사로서 천부적인 자질을 갖추지는 못했다 하더라도 스스로 문무를 겸비하기 위해 분발하여 꾸준히 노력한다면 어느 누구라도 제대로 된 무사가 될 수 있다.

병법은 승리의 도

흔히 사람들은 무사들이 사지(死地)의 도를 수련한다고 생각하기 일쑤다. 하지만 죽음을 두려워하지 않는 부류는 무사만이 아니다. 승려, 부녀자, 농부 그 밖의 비루한 사람일지라도 책임을 다하고 치욕을 씻기 위해서는 담대하게 죽음을 불사하기도 한다. 그들에게 각자 차이는 없지만 무사가 실행하는 병법의 도는 근본적으로 어떤 일에 대해서도 승리를 얻는 데 있다. 일대일의 대결이든 혹은 동시에 여러 명과 벌이는 싸움이든 무사는 반드시 승리를 거두어야만 한다. 주군을 위한 싸움이든 개인의 영예를 위한 싸움이든 무사라면 누구라도 승리를 거두어 명예를 얻고자 한다. 따라서 '병법의 도'는 곧 '승리의 도'다. 무사는 오직 한 가지, 즉 '승리'에 의존해야 목적을 이룰 수 있다.

병법의 가치

세상 사람들은 병법의 도를 수련한 것이 현실 생활에서는 전혀 쓸모가 없다고 생각한다. 하지만 진정한 병법의 도는 그 어떤 종류의 경쟁이나 대결, 그리고 언제라도 적용이 가능한 도다. 그것은 무사에게만 필요한 것이 아니라 세상의 모든 사람들에게 유용한 것이다. 병법의 심오한 도는 세상의 모든 어려움을 능히 헤쳐 나갈 수 있도록 해준다.

02 병법론
화를 부르는 얼치기 병법

>>>> 예로부터 중국과 일본에서는 병법의 도를 행하는 사람을 '병법가'라고 불렀다. 그들은 바로 무사로서 반드시 병법에 정통해야 했는데, 그렇다면 무사시의 눈에는 무엇이 진정한 병법의 도였을까?

병법은 결코 간단한 검술이 아니다

무사시는 그가 살았던 시대에 자칭 '병법가'라고 하는 사람들에게 비판적이었다. 그들은 단순히 검술만을 연마할 뿐 병법의 심오한 이치는 전혀 모르고 있었기 때문이다. 당시 히타치국(常陸國, 이바라키 현茨城縣) 가시마(鹿島) 지방에 위치한 가토리신사(香取神社)의 간누시(神主 : 신사의 신관神官)들이 도장을 몇 군데 세우고 신으로부터 전수받았다는 교의를 각지의 사람들에게 가르치고 있었지만, 근본적으로 그들이 병법가는 아니었다.

예로부터 이른바 병법이라 함은 늘 승리를 얻기 위한 도라고 불리어져 왔는데, 이러한 관점에서 무사시는 병법도 일종의 무예라고 생각했다. 하지만 병법은 '승리의 도'이기 때문에 기술 위주의 검술에만 국한되어서는 안 되었다. 병법을 단지 검술의 하나로 본다면 검술을 이해할 수 없을 뿐만 아니라 진정한 병법과의 거리도 더욱더 멀어진다고 본 것이다. 더구나 가능한 빠른 시간 내에 무예를 습득하고자 하는 성급한 풍조가 만연했는데, 이는 진정한 병법의 도와는 한참이나 동떨어진 세태였다.

또한 당시 사람들은 화려한 기교만 추구하거나 이익만을 지나치게 강조하는 것이 병법인 양 했는데, 이는 병법의 참뜻에 대한 크나큰 오해이자 반드시 엄중한 결과를 초래하고 만다. 옛말에 "선무당이 사람을 잡는다"라고 했는데, 병법에서 이 말은 곧 '얼치기 병법이 화의 근원'이라는 뜻이다.

일본 사회의 네 가지 생존의 도

무사시는 '지의 권'에서 일본 사회의 네 계층인 사농공상(士農工商)을 소개하며 각 직업에서 지켜야 할 생존의 도를 언급하고 있다.

첫 번째는 '농민의 도'다. 여러 가지 농기구를 구비하고 날씨와 절기(사계절)의 변화를 유심히 관찰하며 논밭을 경작하여 풍성한 수확을 하는 것을 말한다.

두 번째는 '상인의 도'다. 어떤 장사를 하더라도 상인은 결국 이득이 목적인데, 그러한 이윤 추구에 의지해서 생존을 도모하는 것이 상인의 도다.

세 번째는 '무사의 도'다. 무사의 생활은 바로 다양한 병기의 특징을 이해하고, 그 제작 방법과 사용법에 익숙해야 한다. 이는 무사에게 가장 절실하다. 만약 이러한 능력이 없다면 무사의 도를 망각한 것이다.

네 번째는 '수공업자(직인職人)의 도'다. 목수의 예를 들어 보자. 목수는 다양한 공구를 갖추고 있으면서 그것의 쓰임새에 능수능란하고, 자와 각도기로 적합한 건축 도안을 설계하는 데 전혀 하자가 없어야 한다. 이것이 바로 '목수의 도'다.

이와 같은 네 가지 생존의 도를 소개한 다음 무사시는 병법의 수련 과정을 다음과 같이 비유했다.

"선생은 바늘이고 학생은 실인데, 선생은 제자가 분발하여 도대체 얼마나 잘 배우고 있는지 항상 주의 깊게 지켜보면서 수련을 시켜야 한다."

생존을 위한 도의 엄수

사농공상은 고대 일본 사회의 네 가지 기본 직업이었다. 무사시는 이 네 직업의 생존의 도를 분석하면서 각각의 직업에는 반드시 지켜야 할 도가 있으며, 만약 이를 지키지 않으면 업적을 쌓을 수 없다고 하였다.

1. 무사의 도는 각종 무기의 특성을 익혀 정교한 무기를 만들어내고 그것을 능숙하게 다룰 줄 알아야 한다.

2. 농민의 도는 여러 가지 농기구를 구비하는 것이며, 날씨와 사계절의 변화를 유심히 관찰하면서 봄에는 씨앗을 뿌리고 가을에는 수확을 하는 것이다.

3. 수공업자의 도는 장인으로서 지켜야 할 도다. 목수의 예를 들어 보면, 목수는 다양한 공구를 갖추고 그것의 쓰임새에 능수능란하면서 자와 각도기로 적합한 건축 도안을 설계하는 데 전혀 하자가 없어야 한다. 이것이 바로 '목수의 도'다.

4. 상인의 도는 어떤 장사를 하더라도 상인으로서 지켜야 할 도, 즉 이윤을 추구하여 생존하는 것이다. 예를 들어, 술을 파는 장사꾼은 술을 빚는 재료를 구해 미주(美酒)를 숙성시킴으로써 그 맛의 질에 따라 이윤을 얻고 생존을 도모할 수 있다.

03 도편수
병법에 비유한 목수의 도

>>>> 도편수는 집을 지을 때 책임을 지고 일을 지휘하는 우두머리 목수다. 그는 건축물의 설계를 잘하고 목재를 고르는 안목이 탁월해야 한다. 이러한 재능은 무사의 우두머리에게도 필요한 것이다. 따라서 '지의 권'에서는 목수의 도를 병법의 도에 비유하여 도편수와 무장의 직업적 유사함을 소개하고 있다.

목수들과 건축 현장을 총지휘하는 도편수는 자연의 법칙, 국가의 법규, 건축업의 규범을 잘 숙지하고 있어야 한다. 이 밖에도 그들은 건축물의 설계 원리, 건축물의 구조, 건축 과정도 잘 알고 있어야 한다. 이러한 도편수의 직업적 책임은 무사들을 통솔하는 무장과 비슷한데, 도편수와 무장의 유사점을 몇 가지 방면에서 자세하게 소개하면 다음과 같다. 병법의 도를 공부하고 싶다면 우선 도편수가 목수들을 배치하는 기교를 배워야 할 것이다.

목재를 적재적소에 써야 한다

건축물을 짓기 전에 도편수는 목재를 선택해야 하는데, 이러한 선택 과정은 매우 중요하다. 각각의 목재는 서로 다른 용도로 쓰이는데 곧고 옹이(나무의 몸에 박힌 가지의 밑부분)가 없어 보기 좋은 목재는 집 앞쪽의 기둥으로 삼을 수 있고, 곧고 튼튼하지만 옹이가 있는 목재는 집 안에 사용한다. 튼튼하지는 않지만 보기 좋고 부드러운 목재는 문이나 문미(門楣 : 문틀 위에 가로로 대는 나무), 병풍의 재료로 사용하며, 튼튼하지도 않고 휘고 옹이까지 있어 아무 쓸모가 없어 보이는 목재도 유심히 관찰해 보면 분명히 사용할 데가 있다. 아무리 보아도 쓸 데가 없다면 땔감이나 지팡이로 사용하면 된다. 결국 훌륭한 도편수는 어떤 목재라도 그에 알맞은 용도를 찾아낼 수 있는 것이다.

부하 목수들의 재능을 간파해야 한다

도편수는 부하 목수들의 재능을 파악해 그에 따라 적재적소에 활용해야 한다. 어떤 목수는 바닥을 잘 깔고, 어떤 목수는 병풍을 잘 만들며, 어떤 목수는 문을 잘 만들 것이다. 따라서 힘은 좋은데 기술이 없는 목수라면 높은 곳에 올라가 대들보를 맞추게 하고, 이제 갓 일을 배우기 시작한 목수라면 쐐기를 깎는 것과 같은 허드렛일을 시키면 된다. 이처럼 한 사람의 목수를 알맞은 일에 배치하는 것은 적은 노력으로 능률을 올리는 일이 된다.

목수의 가치관을 이해해야 한다

도편수가 목수들의 생활 속으로 들어가지 못하면 그들의 생각과 욕구를 이해할 수 없다. 따라서 도편수는 늘 목수들과 자주 어울리며 그들의 고통과 욕구와 기쁨을 함께 나누어야 한다. 이처럼 도편수는 목수들의 가치관을 잘 이해하면서 그들과 함께하며, 자신을 대하듯 목수들에게 정성을 다해야 한다. 또한 상황에 맞는 상벌도 분명해야 한다.

간단하게 말해 도편수는 우선 본인이 훌륭한 목수여야 하고, 도편수로서의 책임은 그다음 문제다. 만약 도편수가 목수 일에 능숙하지 못하면 절대로 자신과 다른 목수들을 이해할 수 없으며, 그들을 능란하게 부릴 수도 없다. 그런 도편수는 도편수로서의 자질을 갖추었다고 할 수 없으며, 병법의 도 역시 이와 마찬가지다.

연장을 잘 다루어야 한다

중국 속담 중에 "장인(匠人)이 일을 능숙하게 하려면 먼저 연장을 잘 다듬어야 한다(工欲善其事공욕선기사, 必先利其器필선이기기)"라는 말이 있다. 이처럼 장인이라면 늘 자신의 연장을 잘 갈고 다듬어 완벽한 상태로 연장통에 보관해 두어야 한다.

목수는 일을 하면서 수많은 연장을 사용한다. 기둥과 대들보를 만드는 데는 도끼가 필요하고, 마루와 가구를 손질하는 데는 대패가 필요하다. 또한 각종 무늬를 조각하고 광을 내고 칠을 하는 데도 많은 도구가 필요하다. 여기서 연장을

병법의 도는 목수의 도

각각의 목재는 그 쓰임새가 서로 다르기 마련이므로 도편수는 어떤 목재라도 적재적소에 사용할 수 있어야 한다. — 능숙

목수들마다 정통한 기술이 다르기 때문에 도편수는 가능한 한 그들 각자의 장점을 최대한으로 살릴 수 있는 일을 맡겨야 한다. — 지인(知人)

도편수는 항상 목수들의 일상으로 들어가 그들의 애환과 기호를 파악함으로써 적절한 방식으로 부하 목수들을 격려할 줄 알아야 능률을 올릴 수 있다. — 능률

목수는 수많은 종류의 도구를 갖추고 있으면서 맡은 일에 알맞게 사용해야 한다. 연장을 잘 다룰 줄 알아야 최고의 성과를 발휘할 수 있다. — 활용

도편수는 반드시 주도면밀한 계획을 세워야 재료의 불완전함을 피할 수 있다. 원래의 설계와 생각을 적절하게 실현하기 위해서는 맡은 일에 적당한 목수들을 잘 배치해야 한다. — 계획

고대 일본의 목공

| 선재(選材) | 하나의 부대(部隊) 안에도 병사들의 상태가 모두 다르듯이 좋은 재목과 나쁜 재목은 뒤섞여 있기 마련이다. 훌륭한 장수는 모든 사병을 받아들이고, 그들을 적재적소에 배치해 병사들이 각자 자신의 재능을 충분히 발휘하도록 해야 한다. |

| 선용(善用) | 부대의 모든 사병은 자신에게 알맞은 작전 방식이 있다. 훌륭한 장수는 모든 병사에게 가장 잘할 수 있는 임무를 맡기려고 최선을 다해야 한다. |

| 격려 | 같은 부대에 속한 병사들이더라도 각자의 특성을 잘 이해하는 것이 사기를 높일 수 있는 가장 좋은 방법이다. |

| 공구 | 같은 부대의 장수와 사병이라도 각자 잘 쓰는 무기가 따로 있기 마련이다. 따라서 각자 장점을 발휘하도록 해주어야 부대의 전투력을 높일 수 있다. |

| 주도면밀 | 장수는 전투를 시작하기 전에 작전을 치밀하게 짜야 하는데, 적의 특성에 따라 전략과 전술을 세우고 가장 우수한 부대를 배치해야 전투에서의 손실을 최소화할 수 있다. |

일본 센고쿠 시대의 행군 포진

잘 다루면 목수의 기예가 충분히 발휘될 것이고, 그렇지 못하면 목수의 기예는 엉망이 되어버리고 말 것이다.

계획은 알맞게, 재료는 적재적소에 쓴다

계획을 알맞게 세우고, 목재를 적재적소에 사용할 줄 아는 것은 목수로서 반드시 갖추어야 할 덕목이다. 현실에서 완벽한 재료란 존재하지 않기 때문에 도편수는 재료의 단점을 피하고 장점만을 살리면서, 가지고 있는 자원의 결점이 드러나지 않도록 적절한 계획을 세워 불필요한 손실을 줄일 수 있어야 한다. 이는 도편수로서 반드시 갖추어야 할 경험이자 지혜다.

04 | 니텐이치류
두 자루의 검을 쓰는 유파

>>> '니텐이치류'는 '양도(兩刀 : 쌍검)'를 쓰는 데 능수능란한 유파다. 미야모토 무사시는 양도를 쓰는 것이 단도(單刀)를 쓰는 것보다 훨씬 더 많은 이점이 있다고 생각했다. 니텐이치류의 관건은 한 손으로 다치를 얼마나 잘 다루느냐 하는 것이었다.

쌍검을 쓰는 니텐이치류

고대 일본에서 무사들은 무장이든 사병이든 허리에 두 자루의 검을 찼다. 이전에는 이 두 자루의 검을 '다치'와 '가타나'*라고 불렀는데, 무사시가 살던 시대에는 '다치'와 '와키자시'라고 불렀다. 무사시가 창시한 유파는 바로 이 두 자루의 검을 잘 다룰 수 있는 기예를 가르쳤기 때문에 '니텐이치류(니토이치류二刀一流라고도 함)'라고 이름 지었다. 즉 니텐이치류는 '두 자루 검의 이치를 깨닫는다'는 의미다.

쌍검의 장점

일본의 무사들은 두 자루의 검을 찼지만 실제로는 그 쓰임새가 같지 않았다. 때문에 미야모토 무사시는 두 자루의 검을 동시에 사용하는 검법을 창시하였다. 미야모토 무사시는 동시에 쌍검을 쓰면 적어도 두 가지의 장점을 살릴 수 있다고 생각했다. 첫째는 생사의 갈림길에 섰을 때 자신의 몸에 쥔 모든 무기를 충분히 활용할 수 있다. 둘째는 한 사람이 많은 적군을 일시에 맞닥뜨렸을 때 쌍검은 한

---

* 가타나(일본어 : 刀)는 10세기 이후 일본에서 만들어진 '일본도(日本刀)'를 일컫는 말이며, 일반적으로 가타나라고 하면 우치가타나(打刀)를 의미하는 경우가 많다. 가타나는 주로 곡선형이고 외날이며, 주로 사무라이 계층이 사용했다.

자루의 검보다 그 쓰임새가 훨씬 많다. 게다가 달아나는 적군을 포로로 잡을 때도 쌍검은 여러 가지 이점이 있다. 따라서 무사시는 쌍검을 사용하는 것의 관건은 한 손으로 다치를 능수능란하게 다루는 것이라고 하였다.

한 손으로 검을 다루는 방법

무사시는 일본 무사들이 양손으로 한 자루의 다치를 잡고 사용하는 것보다는 한 손으로 다치를 다루는 것이 훨씬 더 많은 장점이 있다고 보았다. 첫째는 행동이 훨씬 민첩하고 자유롭다는 점이다. 빠른 속도로 달리는 말 위에서나 습지, 택지, 가파른 산, 수많은 인파 속에서 양손으로 검 한 자루를 드는 것은 불편하기 그지없다는 것이다. 둘째는 더 많은 무기를 동시에 사용할 수 있다는 점이다. 한 손으로만 검을 쥔다면 다른 손으로 긴 창이나 활 같은 무기를 한꺼번에 들 수 있다.

무사시는 한 손으로 검을 다루는 것이 처음에는 검이 너무 날카롭고 무겁게 느껴지지만 부지런히 훈련을 계속하면 충분히 익힐 수 있다고 생각했다. 처음에는 모든 일이 어렵게 느껴지듯이 한 손으로 검을 다루는 것도 마찬가지다. 하지만 그 방법을 숙지하고 훈련을 통해 익숙해진다면 한 손으로 검을 다루는 것이 그다지 어려운 일이 아니라는 사실을 깨달을 수 있다고 하였다.

니텐이치류의 정신

무사시는 니텐이치류의 수련자는 긴 다치를 사용하거나 짧은 다치를 사용해서도 승리할 수 있다고 생각했다. 그렇기 때문에 다치는 반드시 일정한 길이를 고집할 필요가 없었다. 다시 말해 니텐이치류의 정신은 필승의 정신인데, 어떤 무기를 사용하더라도 혹은 어떤 수단을 이용하더라도 승리를 얻는 것이 가장 중요하다는 것이다.

니텐이치류의 강점

양 손을 쓸 때의 장점

행동이 더욱 민첩하다. 말을 타고 있는 경우, 한 손으로는 검을 쥐고 다른 한 손으로는 말고삐를 쥐거나 다른 동작을 취할 수 있다.

더 많은 무기를 사용할 수 있다. 한 손으로 검을 쥐면 다른 한 손은 긴 창이나 다른 무기를 쓸 수 있다.

공격 범위를 좀 더 넓힐 수 있다. 양 손으로 두 자루의 검을 쥐는 경우 공격 범위는 두 개의 동심원(부시도俯視圖)인 데 반해, 한 자루의 검을 양손으로 쥐면 단지 하나의 동심원을 공격 범위로 할 수 있을 뿐이다.

장검(長劍)의 공격 범위 · 단검(短劍)의 공격 범위

일본 다치의 구조

다치는 일본도 중에서 가장 중요하면서도 가장 보편적으로 쓰이는데, 니텐이치류는 다치와 와키자시를 동시에 사용하는 쌍검 검법이다. 아래 그림은 다치의 구조다.

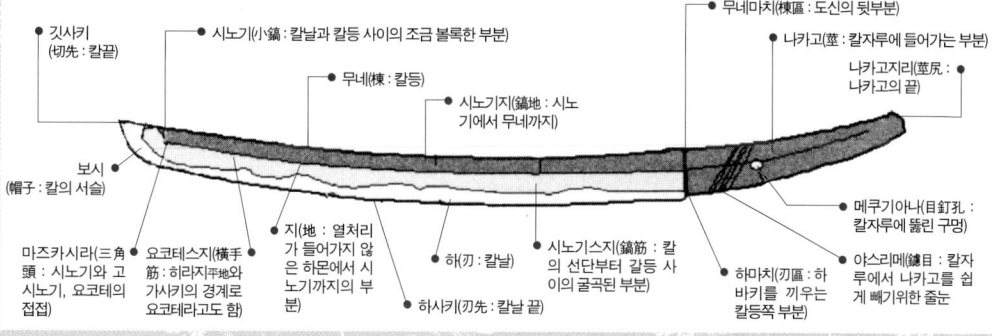

3장 | 지의 권 : '병법의 묘'를 설명하다 | 113

05 병기의 속성
시의적절한 효과의 중요성

>>>> 무사시는 어떤 무기라도 각각의 장점과 단점이 있다고 생각했기 때문에 무사라면 서로 다른 시간과 장소에 따라 그에 알맞은 병기를 선택할 줄 알아야 한다고 강조했다.

와키자시와 다치

좁은 장소나 가까운 거리에서의 결투라면 와키자시나 단도가 유리하다. 이에 반해 다치는 좀 더 넓은 지역에서 사용할 수 있으며, 일반적으로 모든 상황에서 두루 사용할 수 있다.

장창과 나기나타

장창(長槍)과 나기나타(長刀)*는 형체가 비교적 크고 길기 때문에 밀치락달치락하는 좁은 장소에서는 사용하기에 불편하다. 하지만 드넓은 전투지에서는 매우 중요한 무기로서, 넓은 전투지에서는 나기나타보다 장창의 사용을 권하기도 한다. 장창은 끝이 예리하고 나기나타는 배후를 지키기에 좋은데, 포로를 사로잡는 데는 적합하지 않고 야전처럼 현장에서 큰 움직임 없이 적을 제압할 때 쓸모가 있다. 같은 강도로 훈련을 받았다면 장창을 가진 사람이 조금 더 우세하다. 결과적으로 실내에서 장창과 나기나타를 사용한다는 것은 무기의 속성조차 제대로 파악하지 못했다는 것이고, 그 유용성도 증명할 수 없다.

---

* 긴 자루 끝에 휘어진 칼이 달린 병기로서 고대 중국의 언월도와 비슷하다.

센고쿠 시대에 유행한 일곱 가지 무기

아래에 있는 두 그림은 고대 일본의 전장에서 흔히 볼 수 있었던 일곱 가지 병기를 보여 준다. 무사시는 각종 병기의 장점을 설명한 뒤 다음과 같은 결론을 내렸다. 무사는 어떤 무기 하나를 편애하는 마음이 없어야 하고, 맹목적으로 다른 무사를 모방해서도 안 된다. 또한 가능한 한 자신에게 가장 적합한 무기를 선택할 수 있어야 한다. 사병이든 장수이든 간에 특정 무기에 대해 호불호를 지나치게 따지는 것은 좋지 않고, 각각의 무기에 모두 장점이 있다는 것을 아는 것이 중요하다. 관건은 이러한 무기들의 실용성을 분석하여 완벽하게 다룰 줄 알아야 한다는 것이다.

● 화살(箭) : 예리함   ● 활 : 튼튼함   ● 나기나타 : 날카로움   ● 와키자시 : 작고 정교함

● 전투마 : 나는 듯 재빠름   ● 다치 : 베어 죽이는 데 효과적임

결론

무사는 상황에 따라 적합한 무기를 선택할 수 있어야 한다.

● 장창 : 찔러 죽이는 데 효과적임   ● 화승총 : 사격이 정확함

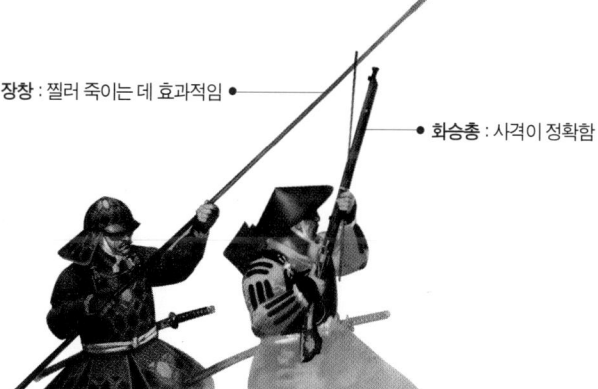

일곱 가지 무기의 특성

미야모토 무사시는 무사로서 다양한 무기의 특징을 정확하게 숙지하는 것이 전투에서 승리할 수 있는 관건이라고 생각했다. 다음은 각종 무기의 특성을 분석한 자료다.

명 칭	특 징	올바른 적용 상황	사용이 부적당한 상황
다치	휴대가 간편함	모든 상황에서 사용이 가능하다. 특히 접근전과 마상 전투에 적합하다.	없다.
와키자시	길이가 짧고 민첩함	협소한 지역이나 근거리 전투에 적합하다.	상대가 장병기(長兵器)를 소지했을 때는 불리하다.
활과 화살	빠름	맹공을 퍼부을 때나 퇴각할 때 엄호용으로 좋고, 특히 개활지에서 교전을 벌일 때 매우 효과적이다.	접근전에 불리하다. 성을 공격할 때나 적과의 거리가 40장(丈, 120미터)을 넘으면 위력을 발휘하지 못한다.
화승총*	신속함	맹공을 퍼부을 때나 퇴각할 때 엄호용으로 좋고, 특히 개활지에서 교전을 벌일 때 매우 효과적이다.	탄알의 궤적을 볼 수 없고, 근거리 전투에는 불리하다. 특히 비가 오거나 바람이 많이 부는 날은 적합하지 않다.
장창	형태가 비교적 길고 큼	야전에서 선봉에 서는 병사들에게 효과적이다. 전투력이 나기나타보다 강하다.	복잡하거나 좁은 장소에서는 불리하다.
나기나타	형체가 비교적 길고 큼	야전에서 후위를 보호하는 데 중요한 무기다.	복잡하거나 좁은 장소에서는 불리하다.

* 화승총은 총구로부터 흑색 화약과 탄환을 총신 내에 장전한 다음 불이 붙어 있는 화승을 총신의 후부 및 상부, 측방에 있는 점화구에 가져다 대면 총신 내의 화약(발사약)이 점화되어 탄환이 발사된다.

화승총의 구조

1543년에 포르투갈의 화승총(일본어로는 히나와주火繩銃라고 함)이 일본에 전래되었는데, 구조와 형식은 비교적 단순하여 총신(총열), 개머리판, 화승기火繩機로 구성되었다. 일본의 화승총은 총신이 전당식(前膛式 : 약실이 앞쪽에 있음) 구조였다. 일반적으로 겉모양은 팔각형이나 원형이고, 개머리판은 원추형이다.

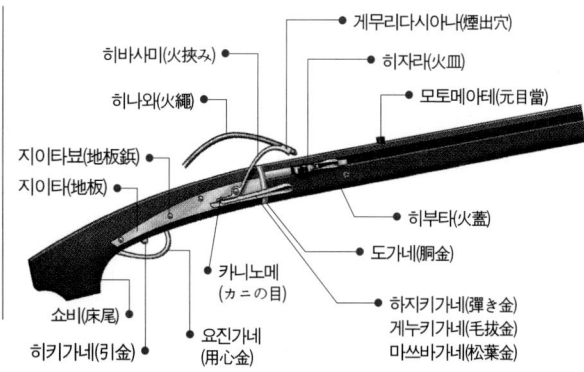

화승총 구조의 특징

① 총신의 두께와 탄도 압력 곡선의 변화가 대응한다.
② 총의 약실(탄창부) 꼬리 부분 안에 있는 나사 무늬와 약실 아래 수나사가 이어져 약실 아래를 봉하고 있다.
③ 총신 가운데 위의 모토메아테(쇼몬照門)와 총구 위의 가늠쇠가 완전한 조준구를 형성한다.
④ 총신 가운데 아래쪽에 있는 몇 개의 핀과 개머리판을 연결해 고정시킨다.
⑤ 총신 꼬리 부분에서 개머리판과 총신을 도가네(胴金 : 쇠가락지)로 연결해 고정시킨다.
⑥ 약실에 있는 히자라(火乳 : 화공)와 뇌관을 서로 통하게 해 점화시킨다.
⑦ 병사들은 점화를 한 다음 한 손 혹은 두 손으로 화승총을 들고 목표를 조준한다.
⑧ 훈련이 잘된 사수는 3분마다 두 발의 탄알을 발사할 수 있고, 사정거리는 대략 100~200미터다.

화승총과 활, 화살의 비교

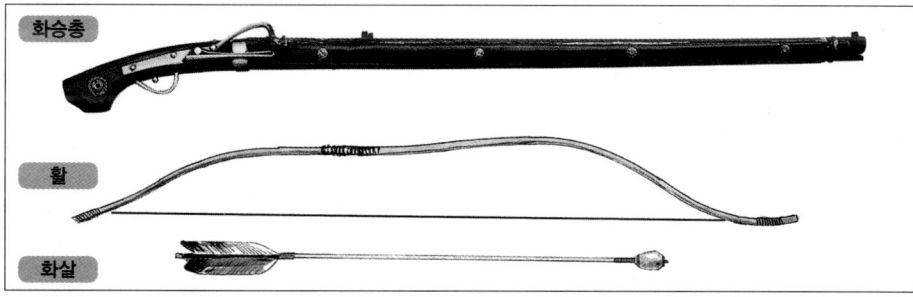

불화살

화살촉에 폭약 혼합물을 묶어 철포궁(鐵砲弓)으로 발사하는 화살로서, 흔히 건축물을 불태우는 데 사용한다.

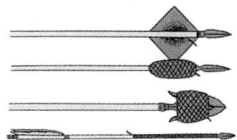

화승총과 활의 사정거리

① 정확한 사정거리 ② 사정거리 ③ 최대 사정거리

장창의 전법

장창은 상단이 날카롭고 뾰족한 첨자尖刺 모양이다. 금속 재질로 만들기 때문에 매우 예리하며, 곧바로 찌르기에 아주 적합하다. 특히 마상 전투에서는 상대의 갑옷을 뚫어버릴 만큼 그 위력이 대단하다. 그림은 교전 중 장창을 사용할 때 갑옷의 틈새를 노려 공격하는 목표위치다.

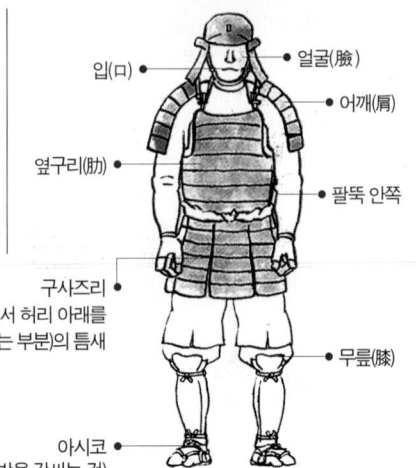

- 입(口)
- 얼굴(臉)
- 어깨(肩)
- 옆구리(肋)
- 팔뚝 안쪽
- 구사즈리 (草摺 : 갑옷에서 허리 아래를 가리는 부분)의 틈새
- 무릎(膝)
- 아시코 (足甲 : 종아리부터 발을 감싸는 것)

장창을 사용하는 세 가지 방법

앙(叩)
상대방이 찌르려고 할 때 ➡ 장창을 똑바로 세워 창신(槍身)의 중하부를 자신의 가슴 쪽에 가까이 붙이고 상대방의 창끝을 막아내면 공격할 기회가 생긴다.

소(掃)
상대방이 찌르려고 할 때 ➡ 만약 쌍방의 창이 함께 맞붙으면 손 안에 있는 창의 상단으로 상대방의 창을 옆으로 쓸어버리면 상대방의 창끝이 자신에게 접근할 수 없다.

자(刺)
방어를 공격으로 전환시킴 ➡ 상대방의 창두(槍頭)를 쓸어버린 다음 모든 공격 기회를 찾아 전력을 다해 상대방의 몸을 찌른다. 가장 치명적인 공격 부위는 가슴이다.

전투마를 이용한 전술

전투마를 고를 때 가장 중요하게 보는 것은 말의 인내력과 온순함이다. 이에 더해 전투마가 우세를 확보하기 위해서는 우수한 장비와 정확한 전법이 뒷받침되어야 한다.

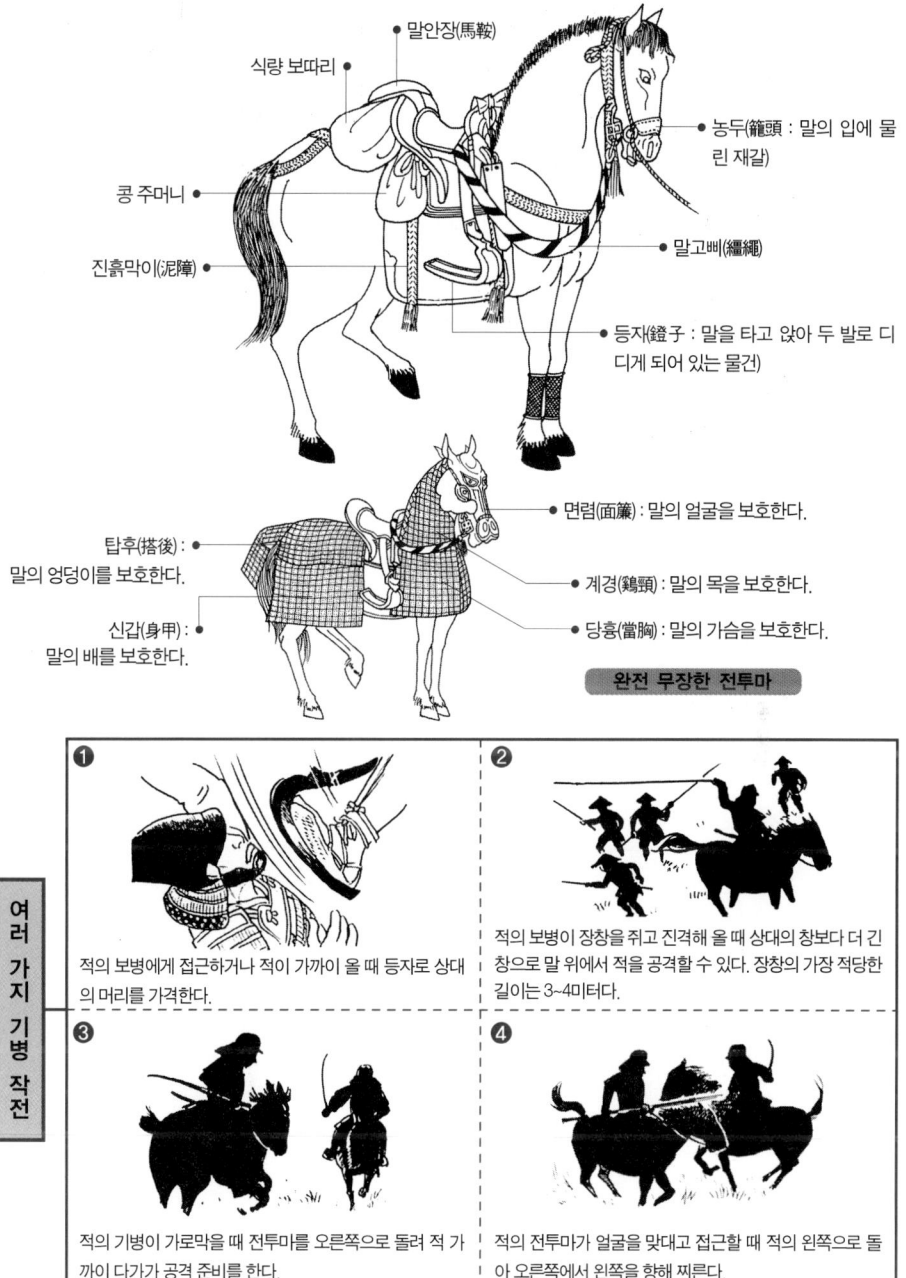

- 말안장(馬鞍)
- 식량 보따리
- 콩 주머니
- 진흙막이(泥障)
- 농두(籠頭) : 말의 입에 물린 재갈
- 말고삐(繮繩)
- 등자(鐙子) : 말을 타고 앉아 두 발로 디디게 되어 있는 물건
- 면렴(面簾) : 말의 얼굴을 보호한다.
- 계경(鷄頸) : 말의 목을 보호한다.
- 당흉(當胸) : 말의 가슴을 보호한다.
- 탑후(搭後) : 말의 엉덩이를 보호한다.
- 신갑(身甲) : 말의 배를 보호한다.

완전 무장한 전투마

여러 가지 기병 작전

❶ 적의 보병에게 접근하거나 적이 가까이 올 때 등자로 상대의 머리를 가격한다.

❷ 적의 보병이 장창을 쥐고 진격해 올 때 상대의 창보다 더 긴 창으로 말 위에서 적을 공격할 수 있다. 장창의 가장 적당한 길이는 3~4미터다.

❸ 적의 기병이 가로막을 때 전투마를 오른쪽으로 돌려 적 가까이 다가가 공격 준비를 한다.

❹ 적의 전투마가 얼굴을 맞대고 접근할 때 적의 왼쪽으로 돌아 오른쪽에서 왼쪽을 향해 찌른다.

활과 화승총

전장에서 활은 매우 효과적인 무기다. 매우 빠른 속도로 먼 거리의 적진까지 도달할 수 있기 때문에 맹공격을 퍼부을 때, 대규모로 철수하는 상황에서 엄호가 필요할 때, 달아나는 적군을 쫓을 때 매우 유리하다. 특히 탁 트인 개활지에서 교전을 벌일 때 활은 매우 효과적이다. 하지만 성을 공격할 때나 적과의 거리가 40장(丈, 약 120미터)이 넘어가면 활도 별다른 위력을 발휘하지 못한다.

화승총과 활은 같은 종류의 무기지만 성곽 내 전투에서는 화승총이 좀 더 위력적이다. 그러나 탁 트인 개활지에서 전투가 막 시작되어 아직 적군과의 거리에 여유가 있을 때는 화승총이 효과적인 무기지만, 만약 가까운 거리에서의 전투라면 화승총이든 활이든 단치에 비해 그 효용성이 크게 떨어진다.

화승총과 활을 비교하자면, 활은 날아가는 화살의 궤도를 예측할 수 있다는 장점이 있지만 반드시 세밀하게 고려해야 한다.

전투마

전투에 사용할 말은 힘이 세고 인내력이 좋아야 하며, 말의 성정이 변덕스럽지 않아야 한다.

06 | 전쟁의 흐름
병법의 규율

▶▶▶ 무사시는 모든 사물은 일정한 흐름을 갖추고 있으며, 병법 또한 마찬가지라고 생각했다. 중요한 것은 각고의 연마를 통해 병법의 특수한 흐름을 터득해야만 적을 물리치고 승리를 거머쥘 수 있다는 점이다.

모든 기예는 흐름이다

관악이든 현악이든 흐름이 정확해야 그 연주가 우아하고 아름다우며 조화를 이룬다. 뿐만 아니라 궁술, 유도, 마술 등 모든 무예도 저마다의 흐름이 있다. 하물며 장사를 하더라도 때로는 이익이 나는가 하면 때로는 파산을 하는데, 이는 모두 그 흐름을 좇는 것과 같다. 따라서 어느 영역이든지 모두 조화로운 흐름과 조화롭지 못한 흐름으로 나누어져 있다. 사물의 흥성과 쇠락의 흐름을 자세하게 판별하는 것은 매우 중요하다.

병법에도 흐름이 있다

병법의 흐름도 매우 다양한데, 우선 피아간의 균형적인 흐름은 반드시 알아야 하고, 불균형적인 흐름도 판별해 낼 줄 알아야 한다. 병법을 수련하는 무사는 큰 것과 작은 것의 흐름, 빠른 것과 느린 것의 흐름 및 뚜렷하게 겨루는 흐름, 짜임새의 흐름, 상대방의 흐름을 제압하는 흐름 등을 구별하는 능력을 키워야 한다. 그래야만 복잡한 사물 중에서 가장 적절한 흐름을 찾아낼 수 있다.

무사가 병법의 흐름을 안다는 것은 매우 중요한 일이다. 만약 상대방의 흐름을 제압하는 흐름을 이해하지 못하는 무사라면 그의 병법은 분명히 문제가 있다. 병법을 사용해 전투를 할 때 승리를 거두는 관건은 자신과 같지 않은 적의 엇박자를 꿰뚫어보는 것이다. 그래야 적이 예상하지 못하는 방법으로 적의 흐름에 혼란을 일으킬 수 있고, 자신의 흐름을 이용해 적을 적당하게 처리할 수 있다. 여기서 모략의 흐름은 형체가 없는 '공(空)의 흐름'으로서 승리를 거두는 것보다 더 못한 하수의 병법이다.

흐름은 곧 규율이다

여기서 무사시가 언급한 '흐름'은 현대인들이 늘 말하고 있는 '규율'이라 할 수 있다. 어떤 사물일지라도 자신만의 규율이 있듯이 병법에는 작전의 규율이 있다. 이러한 병법의 규율을 알아야 전쟁에서 승리할 수 있는 것이다. 무사시가 제시한 아홉 가지 원칙은 병법의 가장 기본적인 규율로서, 이것이 바로 무사시가 『오륜서』에서 우리들에게 가르쳐 주고자 하는 것이다.

승패를 결정하는 흐름

무사시는 삼라만상 그 어떤 것에도 자신만의 고유한 흐름이 있다고 생각했다. 음악도 그렇고 병법 역시 마찬가지다. 흐름을 장악해야 적을 이기고 승리를 거둘 수 있으며, 그렇지 않으면 실패만 있을 뿐이다.

거문고 소리는 낭랑하고 곡조는 높아졌다 낮아졌다 하면서 조화를 이룬다. 이런 흐름이어야 거문고로부터 흘러나오는 음악이 사람의 마음을 감동시킬 수 있다. 무사의 발걸음은 굳건하고 칼부림은 강력하고 위력적이어야 하는데, 이것이 바로 무사의 올바른 흐름이다.

거문고를 타는 악사가 다른 생각을 하고 있다면 그 소리는 단지 소음에 불과하다. 무사가 검을 휘두를 때 발걸음이 어정쩡하고 혼란스럽다면 이것은 잘못된 흐름이다.

니텐이치류의 아홉 가지 원칙

1. 의리가 있는 바른 도를 생각한다.
2. 충분히 발휘하는 것이 도다. 각고의 노력으로 자신의 능력을
3. 여러 가지 재능과 기예를 접해 부한 경험을 쌓아 수련해야만 어려움을 극복할 수 있다.
4. 다양한 직능의 도를 안다.
5. 세상 일의 이해득실을 안다.
6. 여러 가지 일에 대하여 현명한 판단력을 기른다.
7. 눈에 보이지 않는 곳까지 꿰뚫는 안목을 기른다.
8. 사소한 일에도 세심한 주의를 기울인다.
9. 도움이 되지 않는 일은 하지 않는다.

4장 수의 권

니텐이치류 검법의 기본

미야모토 무사시는 '수의 권水之卷'에서 니텐이치류 검술의 기본 요소에 대하여 설명하였다. 오단위五段位와 오도법五刀法 등 검법의 구체적인 요령을 포함해 검인일체劍人一體와 백전불패의 경지에 이르는 방법도 알려 준다. 무사시는 검술 수련을 게을리 하지 않고 꼼꼼하게 요령을 터득하는 동시에 실전에서 풍부한 경험을 쌓는다면 병법의 정수를 깨닫게 된다고 하였다.

4장 그림 목록

마음의 고요함과 서두름·127 | 니텐이치류의 기본 격투 자세·131 | 니텐이치류의 검 잡는 법과 걸음법·133 | 격투의 다섯 가지 기본자세·137 | 다치를 휘두르는 법·139 | 다치의 다섯 가지 검법·142 | 임기응변이 승리의 열쇠·147 | 빠름과 교묘함·151 | 다섯 가지 공격 기술·154 | 세 가지 몸동작 기술·159 | 여섯 가지 결투 기술·162 | 일대일에서 일대다(一對多)까지·167 | 인도합일의 경지에 이르는 법·169

01 마음가짐
평상심의 유지

>>>> 무사시는 적과 맞닥뜨렸을 때 마음가짐이 매우 중요하다고 하였다. 심적으로 자연스러운 평화를 유지하고 솔직함을 갖추면 앞으로 닥쳐올 변화를 냉정하게 관찰하여 대응 방법을 결정할 수 있기 때문에 승리할 수 있다는 것이다. 무사시는 '수의 권'에서 평소에 실천할 수 있는 마음 수련 방법을 몇 가지 알려 주고 있는데, 이는 무사가 적과의 대결에서 평상심을 유지하는 데 큰 도움을 준다.

결투에서는 마음가짐이 평화롭고 온화해야 한다

무사시는 병법에서 마음가짐이 매우 중요하다고 생각했다. 즉 평소에든 결투에서든 항상심(恒常心 : 항상 똑같은 마음)을 유지해야 한다고 보았다. 무사시가 말하는 이른바 마음가짐을 오늘날의 개념으로 이해하자면 '심리적 자질'이라고 할 수 있을 것이다. 그는 설령 결투를 벌일 때도 평상심(平常心 : 평소 그대로의 마음)을 유지하면 그 어떤 기복과 변화에도 능히 대처할 수 있다고 했다. 마음가짐이 아무 거리낌 없이 밝고 정직하면 이미 활시위를 떠난 화살 앞에 서더라도 털끝만큼의 흔들림이 없다는 말이다. 또한 마음이 평온하고 흔들리지 않으면 편견에 사로잡히지 않는다. 이렇게 평상심을 유지하면 조용한 곳에서도 마음은 조용하지 않을 수 있고, 주위가 빨리 움직일 때도 마음은 조금도 서두르지 않으며, 또한 마음은 몸에 끌려가지 않고 몸은 마음에 끌려가지 않으며, 몸은 긴장하지 않아도 마음은 긴장을 늦추지 않을 수 있다.

고요해도 마음은 고요하지 않고, 급해도 마음은 서두르지 않는다

무사시는 결투를 할 때 마음의 평상심을 유지해야 한다고 생각했다. 그렇다면 평상심이란 무엇이고, 어떻게 하면 평상심을 얻을 수 있을까? 무사시는 평상심을 이렇게 표현했다.

마음의 고요함과 서두름

고요해도 마음은 고요하지 않다

고요할 때도 마음은 고요하지 않다. 여기서 고요함이란 마음의 가지런함을 뜻한다. 달리 말해 무사의 마음은 외부 세계가 아무리 조용해도 정신을 집중해 느슨해질 수도, 가만히 있을 수도 없다. 또한 외부 환경의 변화에 따라 위험이 닥쳤을 때도 정신을 집중하여 평정심을 잃지 않아야 한다.

급해도 마음은 서두르지 않는다

급할 때도 마음은 서두르지 않는다. 여기서 서두르는 마음은 어쩔 줄 모르거나 초조해하는 마음을 뜻한다. 달리 말해 외부 환경이 갑자기 변해 설령 매우 긴박하고 엄중한 위험 상황에 처하더라도 무사의 마음은 허둥대지 않고 냉정하게 대처하면서 적당한 대책을 찾아낼 수 있어야 한다는 것이다.

"고요할 때 마음은 오히려 고요하지 않고, 급할 때 마음은 오히려 서두르지 않는다."

이 말의 뜻은 몸이 정지된 상태일지라도 마음은 고요하지 않아 오히려 전광석화 같은 움직임을 가져올 수 있으며, 또한 제멋대로 마음의 충동이 일어나지 않게 한다는 것이다. 다시 말해 마음이 편안하다고 몸이 따라서 편해질 수 없고, 몸이 편안하다고 마음까지 편안하게 두어서는 안 된다. 마음은 몸의 어지럽힘에 구애받지 않고, 몸은 마음의 움직임에 영향을 받지 않도록 마음과 몸이 서로를 구속하지 않아야 한다는 의미다. 마음에 주의를 기울일 때는 항상 몸에 구애받지 않아야 하고, 마음도 겉으로는 유약해 보여도 안으로는 강해야 한다. 이는 바로 자신의 행동과 마음을 적이 절대로 눈치 채지 못하게 하는 정신의 집중이다.

상대의 심리를 능히 간파해야 한다

무사시는 적과 마주칠 때 자신의 마음을 지켜야 할 뿐만 아니라 상대방의 심리를 파악하는 데도 능해야 한다고 생각했다. 그래야만 적을 알고 나를 알아 백전백승을 거둘 수 있다. 무사시는 다음과 같은 예를 들어 설명했다.

"몸이 왜소한 자는 몸이 큰 자의 입장을 잘 알아야 하고, 몸이 큰 자는 몸이 왜소한 자의 입장을 잘 알아야 한다. 몸이 왜소하든 거대하든 자신의 주관적 편견에서 벗어나야 그것으로부터 오는 잘못을 범하지 않을 수 있다."

항상 지혜를 닦아야 한다

무사시는 결투를 할 때 평상심을 갖기 위해서는 항상 자신의 마음을 청순하고 명랑하게 유지하면서 슬기롭게 사고하며 마음속 지혜를 닦아야 한다고 했다. 그렇게 함으로써 시비와 선악을 구별하고, 여러 가지 예능과 도를 체험하여 세상 사람들의 속임에 당하지 않을 정도가 되어야 비로소 병법의 오묘한 지혜를 꿰뚫을 수 있다고 보았다.

02 병법에서의 자세와 시야
곧은 자세와 먼 시야

≫ 미야모토 무사시는 수련을 할 때나 전투를 할 때 항상 자세가 온건하고 힘차며, 시선은 탁 트인 채 멀리 내다보아야 한다고 생각했다.

병법의 자세

무사시는 병법에서 올바른 몸의 자세에 대해 다음과 같이 말했다.

"얼굴은 쳐들지도 숙이지도 않아야 하고, 기울이지도 비틀지도 말아야 한다. 쓸데없는 표정을 지어서는 안 되며, 이마에 주름이 지도록 찌푸리지 말고 미간을 찡그리지도 말며, 눈은 가늘게 감고 깜박거리지 않으면서 눈동자는 강하면서도 평온해야 한다. 표정은 부드럽게 하고, 콧대는 똑바로 세우고, 아래턱은 앞쪽으로 조금 내민 듯해야 한다. 뒤쪽 목덜미에 힘을 주어 목이 아주 똑바르고 꼿꼿하게 서도록 하여 어깨 아래에서 전신에 걸쳐 고루 힘이 미치도록 해야 한다. 양 어깨를 느슨하게 내리고 등줄기를 곧추세운 채 엉덩이를 당겨 뒤로 내밀지 말며, 다리 아랫부분에 힘을 주어 그 힘이 무릎에서부터 발끝까지 가도록 해야 한다. 그리고 배에 힘을 주어 허리가 구부정해지지 않도록 한다. 와키자시의 칼집은 배에 밀착시켜 허리띠가 느슨해지지 않도록 해야 하는데, 이를 '쐐기를 박는다'고 말한다. 그래야 무사의 용모가 더욱더 엄숙하고 위엄이 있다."

평상시의 몸가짐을 전투 상황에서의 몸가짐과 같이 하고, 전투 상황에서는 평소와 다름없는 몸가짐을 하는 것이 바로 모든 병법의 기본 자세다.

병법의 시야

무사시는 무사의 시야는 넓고 멀어야 시선이 가능한 크고 넓어진다고 생각했다. 게다가 그는 시선을 강한 '관(觀)'과 약한 '견(見)'의 두 가지로 나누었다. 관은 눈을 강하게 해 깊이 꿰뚫어보는 것이고, 견은 눈을 약하게 해 살피는 것으로서 먼 곳에 있는 것을 가까이 있는 것처럼 자세하게 파악하고 가까운 곳을 먼 곳처럼 보는 눈의 힘은 병법의 기본이다. 무사의 시선에서 가장 중요한 것은 상대방의 칼을 보지 않고도 그 칼의 존재를 알아채는 것이다. 이는 병법의 핵심인데, 오랜 시간을 갈고닦아야 그러한 경지에 이를 수 있다. 일대일 대결이든 집단 간의 접전이든 무사의 시야는 똑같다. 눈동자를 움직이지 말고 사방을 보는 것이 중요하다. 이는 하루아침에 터득할 수 있는 것이 아니며, 특히 주변에 변화가 많고 혼란스러울 때는 더욱 그렇다. 이를 유념해 병법의 시야를 숙련하는 데 게을러서는 안 되고, 어떤 환경의 변화에도 주시하는 법을 견지해야 한다.

마루메 나가요시에 대한 도전

일본의 민간 전설에 따르면 무사시는 젊었을 때 유명한 검객인 마루메 나가요시(丸目長惠)에게 도전한 적이 있다고 한다. 당시의 나가요시는 이미 아흔 살이었고, 몇 명의 제자들과 함께 낙향하여 농사를 지으며 살고 있었다. 당시 두 사람의 대결은 서로 검을 빼들고 충돌하지 않았으므로 일대일 결투라고 할 수 없지만, 나가요시는 단지 검을 빼는 동작만으로 무사시를 물러나게 한 것으로 전해진다. 이 이야기는 병법에서 몸의 자세가 얼마나 중요한지를 말해 준다. 다시 말해 나가요시는 오랜 세월에 걸쳐 익힌 검술을 찰나에 보여 준 것으로서, 몸의 자세만으로도 자신의 공력을 보여 줄 수 있었기 때문에 무사시는 놀라 물러나고 말았다.

니텐이치류의 기본 격투 자세

미야모토 무사시는 병법의 자세와 시야를 이야기할 때 특히 수련이 중요하다는 것을 당부했다. 그는 젊을 시절에 유명한 검객인 마루메 나가요시에게 도전한 적이 있는데, 아흔 살의 나가요시는 검을 빼는 단 하나의 동작으로 무사시를 물러나게 했다. 이는 무사시가 나가요시의 동작 하나만을 보고도 오랜 세월 쌓아 온 그의 공력을 알아차릴 수 있었기 때문이다.

격투 자세 - 옆면

- 뒷목덜미를 똑바로 세운다.
- 양 어깨를 부드럽게 내린다.
- 등줄기를 곧추세워 허리가 구부정하지 않도록 한다.
- 엉덩이를 당겨 팽팽하게 한다.
- 배에 힘을 준다.

격투 자세 - 정면

- 얼굴은 쳐들지도 숙이지도 말고, 이마는 찌푸리지 않는다.
- 눈은 가늘게 감되 눈동자는 강하면서도 평온해야 한다.
- 미간을 찡그리지 말고 얼굴색이 평온해야 한다.
- 아래턱은 앞쪽으로 조금 내민 듯 해야 한다.
- 와키자시의 칼집은 배에 밀착시켜 허리띠가 느슨해지지 않도록 한다.
- 다리 아랫부분에 힘을 주어 무릎에서부터 발끝까지 힘이 미치도록 한다.

보충 해설

마루메 나가요시(1540~1629년) : 다이샤리류(體捨流) 검술 유파의 시조로서, 규슈 히고국(肥後國 : 구마모토 현)의 영주 가문이던 사가라씨(相良氏)의 가신으로 마루메 쿠란도노스케(丸目藏人佐)라고도 불린다. 그는 어릴 때부터 검술에 능해 열아홉 살 때 교토로 가서 당시 천하제일의 검객이던 가미이즈미 노부쓰나의 제자가 되었다. 1562년에는 아시카가 요시테루 앞에서 스승 가미이즈미 노부쓰나와 검술 대련 시범을 보여 요시테루를 감복시켰다. 그 후 노부쓰나의 후계자로 인정을 받아 신카게류 인가장을 받았다. 1569년에는 교토 시에 소재한 아타고산(愛宕山)과 기요미즈지(淸水寺)에 '병법천하제일'이라는 방을 세우고 신카게다이샤리류(新陰體舍流)를 창시했다. 이후 1573년에 규슈로 돌아가 그곳의 다이묘인 사가라 요리후사(相良賴房)의 검술 사범이 되었고, 만년에는 자칭 마루메 쿠란도노스케뎃사이(丸目藏人佐徹齋)라 부르며 몇 명의 제자와 함께 은거하여 농사를 지으며 살았다. 그는 병법뿐만 아니라 서예, 와카(일본 고유의 시), 피리 등에도 능했고, 법명은 운산춘룡거사(雲山春龍居士)다.

03 | 검을 잡는 법과 걸음법
허실의 결합

>>> 무사시는 다치를 잡는 법에는 허와 실이 있다고 생각했다. 즉 어느 손가락은 칼자루를 꽉 쥐는 반면에 어느 손가락은 칼자루를 가볍게 쥐어야 한다는 것이다. 또한 보법도 이와 같이 허실의 결합이 필요하다. 게다가 검을 잡는 법이든 보법이든 결투 때와 평소 수련할 때가 항상 일치해야 한다.

다치를 잡는 법

무사시는 다치를 잡는 정확한 방법에 대해 다음과 같이 설명했다.

엄지손가락과 집게손가락은 조금 벌어지게 어느 정도 여유를 두고, 가운뎃손가락은 조이지도 그렇다고 여유롭지도 않은 적정한 상태를 유지하며, 넷째손가락과 새끼손가락은 반드시 힘껏 쥔다. 대결할 때 일단 칼을 뽑아 들었다면 마음속으로는 오직 적을 어떻게 쓰러뜨릴 것인가만 생각해야 한다. 따라서 다치를 뽑아든 뒤에는 다시 잡는 법을 바꾸지 않아야 하고, 손동작이 어려운 각도에 놓이지 않도록 해야 한다. 적을 벨 때도 손에 변함이 없어야 하고, 손이 움츠러들어 움직임이 부자연스러워지면 안 된다. 적의 다치를 치거나 받거나 부딪치거나 누를 때도 엄지손가락과 집게손가락만 약간 바꾸는 정도로 해야 하고, 이러한 동작은 모두 가운뎃손가락과 집게손가락의 세밀한 동작으로 완성된다. 어떤 상황에서든 다치를 뽑아든다는 것은 곧 사람의 생명을 노리는 것으로서 시험 삼아 죄인이나 시체를 벨 때도 다치를 잡는 법은 실전과 같아야 하는 것이다. 그렇다고 다치에 손을 고정시켜 움직이지 못하도록 뻣뻣하게 해야 한다는 의미는 결코 아니다. 고정된 손은 죽음이며, 유연하고 민첩한 손이야말로 살아있는 손이라고 할 수 있다.

니텐이치류의 검 잡는 법과 걸음법

미야모토 무사시는 다치를 쥘 때는 너무 살살 쥐어도, 너무 꽉 쥐어도 안 된다고 말하면서 다섯 손가락의 역할이 각각 다르다고 했다. 또한 니텐이치류만의 독특한 걸음걸이로서 '음양보'를 말하고 있다.

다치를 잡는 법

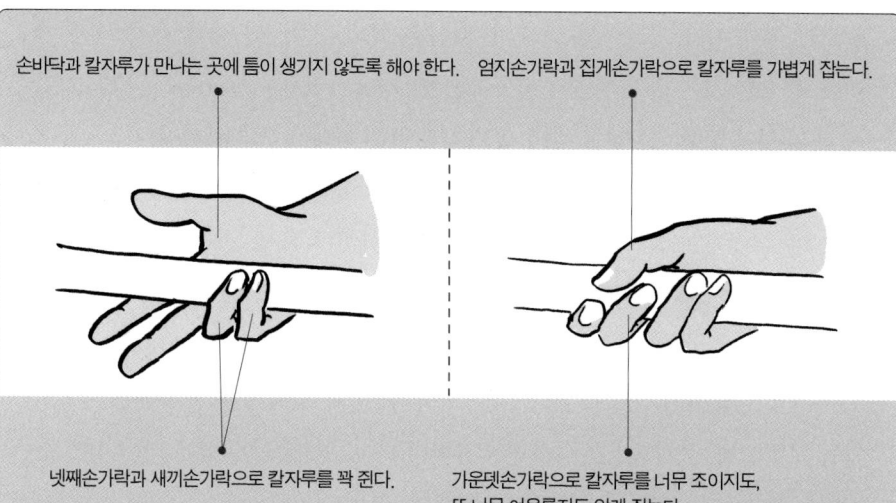

손바닥과 칼자루가 만나는 곳에 틈이 생기지 않도록 해야 한다.

엄지손가락과 집게손가락으로 칼자루를 가볍게 잡는다.

넷째손가락과 새끼손가락으로 칼자루를 꽉 쥔다.

가운뎃손가락으로 칼자루를 너무 조이지도, 또 너무 여유롭지도 않게 잡는다.

음양보

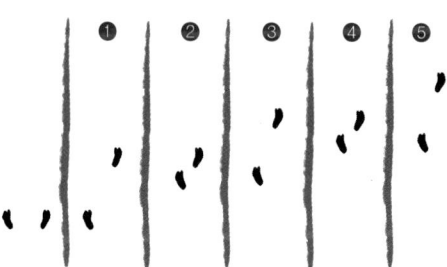

고대 일본인의 걸음법

무사 / 일반인

음양보(陰陽步)의 핵심 사상은 격투를 벌일 때 양발을 동시에 움직이는 것이다. 즉 한 발로만 움직이지 않는 것인데, 위에 보이는 그림이 구체적인 이동 보법으로서 번호 순서에 따라 이동하면 된다.

고대 일본 무사들의 보행 방식은 매우 특이했다. 대부분 팔꿈치와 허벅지를 뻣뻣하게 쳐들고 잘난 체하며 걷는 비퇴순행(臂腿巡行 : 속칭 일순변—順邊)식으로 걸었다. 반면 일반인은 정상적인 방식으로 걸었다.

무사의 걸음법

무사시는 병법에서의 보법(步法)을 다음과 같이 설명했다. 이동을 할 때 발가락은 땅에서 약간 떨어뜨리고, 발뒤꿈치는 지면을 강하게 밟아야 한다. 결투를 벌일 때는 당연히 정황에 따라 그에 맞는 보법을 행해야 하는데, 발걸음의 이동 속도는 때에 따라 크고 작음, 느리고 빠름은 있되 평상시와 같이 자연스러워야 한다. 중요한 것은 펄쩍 뛰면서 이동하는 발, 경박스럽게 떠서 이동하는 발, 지면에 붙여 질질 끌며 이동하는 발의 세 가지 보법은 피해야 한다는 점이다.

무사시는 니텐이치류 병법에서 아주 독특한 보법인 '음양보(陰陽步)'를 말하고 있다. 음양보의 핵심은 바로 위치를 이동할 때마다 항상 '한 발로만 이동하지 않는 것'이다. 적을 벨 때나 들어오는 상대를 검으로 받아칠 때 혹은 물러설 때나 갑작스럽게 앞이나 뒤로 움직일 때 등 모든 상황에서 음양보, 즉 고정된 한 발로만 움직이지 않아야 한다고 했다. 이는 좌와 우, 앞과 뒤의 모든 방향에 소홀하지 않는 보법인데, 구체적으로 말하면 오른발이 나아가면 왼발도 따라 나아가고, 오른발이 물러서면 왼발로 따라 물러서야 한다.

결론적으로 결투 중에 단지 한 발로만 움직이는 것은 병법의 가장 큰 금기 사항으로서 반드시 기억하고 있어야 한다.

04 | 오단위
격투의 다섯 가지 자세

▶▶▶ 무사시는 니텐이치류 병법에서 '오단위五段位'의 개념을 제기했다. 이른바 오단위란 다섯 가지 공격 자세를 일컫는 것으로서, 이 외에 다른 자세는 없다.

다섯 가지 공격 자세

무사시가 제기한 오단위(五段位)는 다섯 가지 공격 자세를 말하는데, 그것은 상단(上段), 중단(中段), 하단(下段), 좌수위(左手位, 좌협左脇), 우수위(右手位, 우협右脇)로 나누어진다. 무사시는 이 다섯 가지 공격 자세 외에는 다른 자세를 언급하지 않았으며, 비록 자세를 다섯 가지로 나누었다고 해도 목적은 오직 하나 바로 적을 죽이는 것이었다. 무사시는 다섯 가지 자세를 설명하고 나서 격투할 때의 심리 상태를 언급하며 이렇게 말했다.

"어떤 자세를 취하든 마음속으로 그것에 너무 얽매이지 말고 오로지 적을 베어야겠다는 생각만 하라."

상황에 따른 자세

다섯 가지 공격 자세는 실제로 결투를 벌일 때의 상황에 따라 매우 다양하게 응용할 수 있다. 어떤 자세를 취할 것인지 선택하는 것은 결투를 하는 중에 최대의 효과를 얻고자 하는 것에 달려 있다. 다섯 가지 자세 중 상단, 중단, 하단은 고정적이다. 다시 말해 이 세 가지 자세는 몸의 기본자세이고, 좌수위와 우수위는 자유로우면서도 민첩하게 움직이는 응용 자세라 할 수 있다. 좌수위와 우수위는 위쪽이 막히거나 양쪽 중 어느 한쪽이 막혔을 때 더욱 유리하게 사용할 수 있다.

좌우 어느 쪽을 선택할 것인가는 실제 상황과 장소에 따라 결정하면 된다.

가장 매력적인 중단

무사시는 다섯 가지 자세 중에서 '중단(中段)'을 이해하고 익히는 것에 중점을 두었다. 중단이 가장 좋으면서도 가장 기본이 되고 가장 합리적인 자세이자 가장 매력적인 자세이기 때문이다. 따라서 중단을 익히는 것은 모든 자세를 익히는 것과 같다고 했다. 만약 실제 전투, 즉 양군이 대치한 상황에 비유하자면 중단은 지휘관의 위치에 해당하며, 나머지 네 가지 자세는 지휘관의 명령에 따르는 사병이라 할 수 있다. 그러므로 사병은 지휘관의 의도를 잘 파악해서 반드시 지휘관의 지시를 따라야만 한다.

격투의 다섯 가지 기본자세

미야모토 무사시는 니텐이치류 병법에서 다섯 가지 공격 자세를 제기했다. '오구五構'라고도 부르는 이것은 상단, 중단, 하단, 좌수위, 우수위로 나누어진다.

상단, 중단, 하단은 고정적이며 기본자세에 해당한다.

중단 : 가장 합리적인 자세로서, 양군이 대치하고 있는 전쟁 상황에 비유하자면 중단은 지휘관에 해당한다. 다른 자세는 모두 중단을 따라야 한다.

상단

하단

중단

좌수위

좌수위 : 위쪽이 좁고 막힌 곳에서 사용하기에 알맞다.

우수위 : 좌수위처럼 위쪽이 좁고 막힌 곳에서 사용하기에 좋으며, 좌수위와 우수위 중 선택은 환경에 따라 적절하게 결정한다.

우수위

좌수위와 우수위는 민첩하게 이동할 수 있는 응용 자세다.

05 다치의 사용법
너무 빠르게 휘두르지 마라

>>> 무사시가 말한 '다치의 도太刀の道'는 다치를 실제로 정확하게 휘두르는 방법을 말한다.

다치를 휘두르는 방법

무사시는 어떤 초식(招式 : 품세)일지라도 가장 기본적인 요소가 있기 마련인데, 그것은 바로 정확하게 다치를 휘두르는 기교와 방법, 즉 '다치의 도'라고 보았다. 무사는 오로지 정확한 다치의 도만 익힌다면 비록 두 손가락만으로 가볍게 쥐더라도 민첩하고 경쾌하게 다치를 휘두를 수 있다고 한 것이다.

쇄도법은 다치의 도가 아니다

무사시는 다치의 도에서 쇄도법(碎刀法)은 금기라고 생각했다. 왜냐하면 쇄도법이란 이른바 무사가 손 안의 다치를 빠르게 휘두르는 것을 말하는 것으로, 다치는 비교적 무거워서 한 손으로 다치를 휘두르는 니텐이치류 유파는 다치를 빠르게 휘두를 때 반드시 체력을 소진하기 때문이다. 게다가 한 손으로 다치를 빠르게 휘두르면 너무 가볍게 보여 위협적이지도 않고, 상대를 공격하는 것도 불리하다. 따라서 쇄도법은 올바른 다치의 도가 아니다.

무사시는 쇄도법이 부채나 와키자시, 단도를 휘두를 때 사용하는 방법이라고 했다. 와카자시나 단도는 비교적 가벼워서 한 손으로 들기에 가뿐하기 때문에 빠르게 휘둘러도 체력 소모가 적다. 게다가 질풍노도와 같이 빠르고 매섭게 찌른다면 상대방은 너무 갑작스러워 방어할 틈도 갖지 못할 것이다.

다치를 휘두르는 법

다치를 정확하게 휘두르는 방법은 냉정하고 평온하게 손 안의 다치를 다루는 것이다. 특히 쇄도법은 다치의 도에서 금기 사항이다.

다치를 두 손으로 휘두를 때의 자세

먼저 민첩하게 다치를 머리꼭대기까지 치켜올린다.

연이어 다시 다치를 냉정하고 평온하게 아래로 휘둘러 내려친다.

다치를 한 손으로 휘두를 때는 너무 빠르지 않고 냉정하게

무사시는 쇄도법이야말로 다치의 도에서 금기라고 보았다. 쇄도법이란 손 안의 다치를 빠르게 휘두르는 방법으로서, 다치는 비교적 무거워서 빠르게 휘둘러 그 궤적의 시간이 길어지면 체력 소모가 크기 때문에 다치를 휘두르는 그 자체가 힘들어진다. 게다가 한 손으로 빠르게 휘두르는 다치는 너무 가벼워 보여서 위협적이지 않을 뿐만 아니라 상대를 공격하는 데도 효과적이지 않다.

진정한 다치의 도

그렇다면 진정한 다치의 도란 무엇인가? 섣불리 휘두른 다치는 힘이 고르게 분배되지 않고 정확하지도 않아서 살상력이 전혀 없다. 적에게 막대한 타격을 주려면 날쌔면서도 자유자재로 손 안의 다치를 조절하고, 반드시 냉정하고 평온하게 휘둘러야 한다. 예를 들어, 다치를 수직으로 내려치기 위해서는 먼저 민첩하게 다치를 위로 치켜들어야 한다. 또 다치를 옆으로 휘두를 때는 사선 방향으로 치켜올린 힘을 이용해 다시 옆으로 되돌리듯이 자연스럽게 휘둘러야 한다. 이때 중요한 것은 어떤 상황에서도 팔꿈치를 크게 뻗어 강하게 휘둘러야 한다는 것인데, 이것이 바로 다치의 도다.

06 다섯 가지 검법
다치의 실용적인 검법

>>>> 무사시가 제기한 다섯 가지 검법은 매우 실용적이기 때문에 반드시 반복해서 수련할 필요가 있다. 그리고 검법뿐만 아니라 공격 박자에 대한 깨달음, 상대방의 심리에 대한 통찰, 결투를 벌일 때 무궁무진하게 변화하는 형세에 대한 대처 능력 또한 고수가 되기 위한 필요충분조건이다. 따라서 기본적인 검법을 각고의 노력으로 터득한 다음 실전에서 민첩하게 응용할 수 있어야만 적을 제압하고 최후의 승리를 얻게 될 것이다.

검법 1 : 중단위

결투를 할 때 칼끝을 상대방의 얼굴에 대고 맞선다. 상대방과의 거리가 좁혀질 때 상대방의 검을 재빨리 오른쪽으로 쳐내고 움직이지 못하게 내리눌러 방어한다. 만약 상대방이 다시 공격하려고 하면 저지하고 있던 검을 위로 휘둘러 두 팔을 베어버린다.

검법 2 : 상단위

상대방의 상단을 겨누고 상대방이 공격하면 단숨에 머리꼭대기부터 내려친다. 이때 검이 빗나갔다면 아래로 내려친 검을 위로 들지 말고 적당한 위치에서 멈춰 있다가 상대방이 재차 공격을 감행하려고 할 때 검을 위로 깎아 올리듯이 올려친다. 다시 반복될 경우에도 마찬가지다. 이 검법은 보기에는 매우 간단한 듯하지만 실제로 적용하려면 매우 어렵다. 우선 이 자세는 심리 상태와 박자를 알아야 하며, 온화함 속에 변화무쌍함이 깃들어 있기 때문에 겉으로 보기에는 변하지 않는 듯해야 한다. 즉 평온한 겉모습 속에 감추어진 살기, 이것이 바로 두 번째 검법의 열쇠다.

이를 깨달은 후에야 니텐이치류의 경지에 이르러 좀 더 수준 높은 다른 기술을 한층 더 완벽하게 통달할 수 있고, 어떤 결투에서라도 상대방의 허를 찔러 승리

다치의 다섯 가지 검법

검법 1 : 중단위

결투할 때 칼끝을 상대방의 얼굴에 바로 대고 맞서면서 접근한다.

재빨리 상대방의 검을 오른쪽으로 쳐내고, 움직이지 못하도록 내리눌러 방어한다.

★ 반드시 칼을 신속하게 쓴다.

검법 2 : 상단위

상대방을 공격했을 때 검이 빗나갔다면 아래로 내려친 검을 다시 위로 들지 말고 적당한 위치에서 멈춘다.

상대방이 재차 공격을 감행하려고 할 때 검을 위로 깎아 올리듯이 올려치는 동작을 계속 반복한다.

★ 이 검법은 단지 시작 단계일 뿐이다.
① 변화가 없는 듯하면서도 박자는 평온함 속에서 변화되어야 한다.
② 평온한 겉모습 속에 살기를 지닌 마음 상태를 감춘다.
③ 이 검법을 터득하면 어떤 결투에서도 승리할 수 있다.

검법 3 : 하단위

상대방이 반격하면서 검을 아래로 누를 때 그 검을 위로 훑어 올리듯 쳐올리면서 상대방의 손목을 공격한다.

선수를 치고 주도권을 잡으려면 우선 상대방의 아래쪽을 공격해야 한다.

★ 공격할 때 상대방의 빈틈을 이용해 순간적으로 아래쪽부터 공격한다.

검법 4 : 좌수위

먼저 다치를 왼쪽 옆구리에서 빗겨 잡는다.

상대방이 공격해 올 때 검을 아래에서 위로 올려쳐 상대방의 손목을 공격한다.

★ 손을 공격함으로써 상대방의 공격을 무력화시키고 자신을 방어한다.

검법 5 : 우수위

먼저 검을 오른쪽 방향에 수평으로 둔다.

상대방이 공격해 오면 자신의 다치를 아래에서 위로 비스듬하게 쳐올린 다음 위에서 아래로 곧장 상대방을 내리친다.

★ 상대방의 손이 움직이는 위치에 각별히 주의하면서 신속하게 자신의 검법을 전환시켜야 한다.

할 수 있다. 기억해 두어야 할 것은 두 번째 검법을 터득한 이후에도 끊임없이 수련해야 한다는 것인데, 이렇게 해야만 병법의 최고 경지에 이를 수 있다.

검법 3 : 하단위

검의 하단을 사용할 때는 손 안의 검을 감각적으로 쓰는 데 심혈을 기울여야 한다. 선수를 쳐서 주도권을 잡기 위해서는 먼저 상대방의 아래쪽을 공격한다. 이러한 상황에서 상대방은 십중팔구 손을 공격해 검을 떨어뜨리려고 하는데, 그러면 검을 위로 훑어 올리듯 쳐올리면서 상대방의 손목을 공격한다. 손을 칠 때 상대방이 검을 쳐서 떨어뜨리려고 하면 한 박자 빨리 상대방의 팔을 옆에서 가로지르며 친다. 이 검법의 관건은 박자인데, 상대방이 긴 검을 휘둘러 공격해 올 때 빈틈을 노려 아래쪽 하단에서 단숨에 치는 것이다. 이때 속도가 매우 빨라야 하기 때문에, 이 검법은 초심자나 검법의 고수가 모두 사용하는 것이지만 끊임없는 수련이 필요하다.

검법 4 : 좌수위

다치를 왼쪽 옆구리에서 빗겨 잡는 검법으로서, 상대방이 공격해 올 때 검을 왼쪽 방향에 수평으로 두고 아래에서 위로 올려쳐 상대방의 손목을 공격하는 방법이다. 이 공격을 받으면 반드시 위에서 아래로 검을 내려치려 하는데, 이때 상대방 검의 움직임을 따라 함께 검을 움직이면서 상대방의 손을 공격한다. 만약 상대방의 검이 내 어깨를 향해 있다면 검을 비스듬하게 휘둘러 상대방의 팔목을 공격한다. 이는 상대방의 공격을 막아내는 동시에 상대방의 공격 자세를 무너뜨리고 자신을 방어하는 것으로서, 이것이야말로 검법의 도다. 이러한 묘수는 섬세한 깨달음이 필요하다.

검법 5 : 우수위

우수위 검법을 쓸 때는 우선 검을 오른쪽 방향에 수평으로 두었다가 상대방이 공격해 오면 긴 검을 아래에서 위로 비스듬하게 쳐올린다. 그런 다음 다시 위에서 아래로 일직선으로 상대방을 내리치는 검법이다. 이때 특히 주의할 점은 상대방의 손이 움직이는 위치다. 이 역시 반복적으로 연습해야 하는 검법으로서, 검법의 전환을 신속하게 하는 것이 중요하다. 만약 이 방법을 터득하면 아무리 무거운 검이라도 자유자재로 사용할 수 있게 된다.

총결

미야모토 무사시는 다섯 가지 검법이 실전에서 최대의 효과를 내기 위해서는 자신이 간략하게 소개한 이론만으로는 부족하다고 생각했다. 따라서 실제 결투에서 비록 자신이 니텐이치류 검법을 터득하고 있을지라도 상대방을 이기기 위해서는 상대방의 검법을 세밀하게 관찰해야 한다고 강조했다.

이 밖에도 무사시는 고수가 되려면 공격 박자에 대한 깨달음, 상대방의 심리에 대한 통찰, 결투에서의 다양한 형세에 대한 대처 능력이 필요하다고 보았다.

07 유구무구
한 가지 틀에 얽매이지 마라

>>>> 유구무구란 자세가 있으면서도 없고, 위치가 있으면서도 없다는 뜻으로, 병법에서 하나의 자세에 얽매이지 않고 융통성 있게 임기응변하며 적을 공격하는 방법이다. 결투에서 승리의 관건은 적절한 기회를 잡는 것인데, 만약 승기를 잡지 못하고 틀에 박힌 전법만 구사한다면 기회를 빼앗겨 패할 수밖에 없다.

유구무구란?

결투를 벌일 때 어느 한 가지 자세에 얽매이지 않고 융통성을 가지고 임기응변하는 것이 바로 유구무구(有構無構)다. 앞에서 소개한 다섯 가지 실용적인 다치 검법은 나름대로 정해진 자세지만, 실전에서는 얼마든지 변화가 가능한 것으로서 오로지 환경에 맞추어 결정해야 한다. 예를 들어, 상대방의 위치와 자신의 위치를 고려해서 자세를 결정하는 것이다. 또한 각각의 자세는 상황에 따라 유리함과 불리함을 면밀하게 따져 선택해야 한다. 오로지 적을 베겠다는 마음가짐으로 그것을 가능하게 만드는 자세와 위치만이 최고의 선택이라 할 수 있다.

변화 가능한 자세

결투를 하면서 각각의 자세는 고정불변의 것이 아니라 시간과 장소에 따라 얼마든지 변화시키고 조정할 수 있다. 상단으로 자세를 잡았더라도 검을 약간 숙이면 중단이 되고, 중단 자세에서도 약간 치켜들면 상단이 된다. 하단으로 잡았을 경우에도 역시 조금 올려 잡으면 중단이 된다. 좌우 수위에서도 조금만 가운데로 내밀면 중단이나 하단이 된다. 따라서 자세는 있지만 없는 것이 될 수 있다. 자세를 조절하는 기준은 오로지 '변화하는 상황에 맞는 유리한 자세인가' 하는 점이다.

임기응변이 승리의 열쇠

유구무구란 자세가 있으면서도 없고, 위치가 있으면서도 없다는 뜻이다. 결투를 할 때 자세는 고정불변의 것이 아니라 시간과 장소에 따라 얼마든지 변화시키고 조정하는 것이다. 상단 자세에서 검을 약간 숙이면 중단이 되고, 중단 자세에서 약간 치켜들면 상단이 된다. 하단인 경우에도 조금 올려 잡으면 중단이 된다. 좌우 수위에서도 조금만 가운데로 내밀면 중단이나 하단이 된다. 자세를 조절하는 유일한 기준은 '실전에 유리한가'이다.

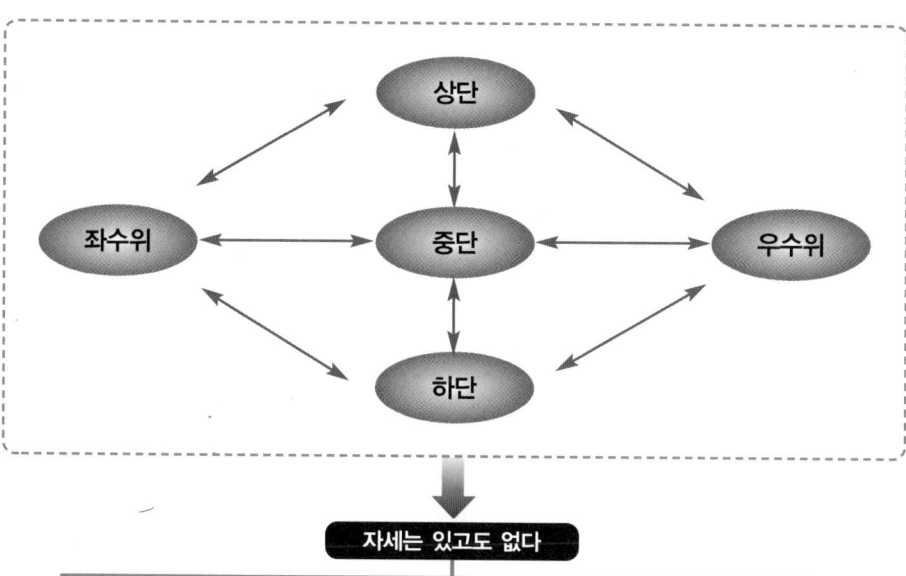

자세는 있고도 없다

자세와 동작을 지나치게 많이 생각한다.

승기를 놓침

오로지 적을 물리친다는 것만 생각한다.

승기를 잡음

차세는 있지만 없다

결투 중에 자세를 고정시키거나 하나의 위치만을 고집하지 않도록 한다. 검을 줄 때는 이미 긴박한 상황이므로 자세나 동작의 문제를 깊이 생각할 겨를이 없다. 게다가 생각이 너무 많으면 승기를 놓칠 위험이 크다. 이때 마음속에는 오로지 한 가지 생각, 즉 적을 죽이고 승리하겠다는 마음만 있어야 한다. 공격이든 방어든 어차피 적을 이기기 위한 전략이므로 승기를 잡는 것이 가장 중요하다. 찌르기, 베기, 내려치기, 스치기, 막기 모두 자연스럽게 응용할 줄 아는 것이 승기를 잡는 최고의 관건이다.

양측 부대가 교전을 벌일 때도 유구무구의 문제에 맞닥뜨린다. 이때 유구무구는 지휘관이 부대의 대열을 짜는 일이다. 따라서 승패의 관건은 적절한 승기를 잡는 것으로서, 만약 한 가지 전술이나 기존의 병법만 고수한다면 기선을 빼앗겨 패배하고 말 것이다.

08 빠른 초식과 교묘한 초식
한 박자 치기와 두 박자 치기

▶▶▶ 결투를 할 때 한 박자 치기는 매우 효과적이지만 빠르지 않으면 소용이 없는 초식이다. 반면에 두 박자 치기는 교묘한 초식으로서 먼저 거짓 공격으로 상대방을 긴장시킨 다음 다시 재빠르게 공격하는 방법이다.

한 박자 치기 – 선수를 쳐서 적을 제압한다

한 박자 치기(一拍子の打)는 어떤 교전 상황에서도 효과를 볼 수 있는 공격법이다. 이러한 공격법의 요점은 좋은 위치를 재빨리 찾아내서 단 한 번에 적을 내리쳐 쓰러뜨리는 것이다. 동작이 커서는 안 되며, 상대방이 다치를 빼서 겨누어 공격하려는 마음의 결정을 할 틈도 없이 먼저 재빠르게 선수를 쳐 내리치는 공격법이다. 이것이 바로 한 박자 치기, 즉 '일격(一擊)'이다.

무사시가 이치조지 소나무 아래에서 세이주로의 동생 덴시치로와 결투를 벌일 당시 덴시치로는 무사시와의 결전을 위해 5척(약 165센티미터)의 목도(木刀)를 준비했다. 하지만 목도를 빼앗기고 무사시의 갑작스러운 일격에 그 자리에서 절명하고 말았다. 이것이 바로 무사시가 번개처럼 덴시치로를 공격한 한 박자 치기 초식이다.

이 방법은 검의 속도가 매우 빨라야 하는데, 상대방이 결정을 못하고 머뭇거리는 사이에 재빨리 공격해야만 승리할 수 있다. 때문에 결투에서 찰나의 순간을 포착해 적을 제압하는 것이 무엇보다 중요하다. 한 박자 치기는 각고의 노력과 오랜 수련을 거쳐야만 날렵하면서도 순식간에 적을 제압할 수 있다.

두 박자 치기 - 거짓 공격으로 상대를 긴장시킨다

무사시는 한 박자 치기 다음으로 두 박자 치기(二の腰の拍子)를 언급했다. 한 박자 치기가 빠른 초식이라면 두 박자 치기는 교묘한 초식이라고 할 수 있는데, 그 요령은 다음과 같다.

우선 공격을 하면 상대방은 방어를 하기 마련이다. 그러면 다시 먼저 공격 자세를 취해 상대방을 긴장시킨 다음 집중력이 흐트러진 틈을 타 재차 공격하여 승리를 거두는 것이다.

무사시의 두 박자 치기는 시시도 바이켄(宍戸梅軒)과의 결투에서 볼 수 있다. 두 사람이 결투를 벌일 때 무사시가 쌍검을 쓰자 바이켄은 매우 의아해했다. 당시 바이켄은 양손에 검을 들고 싸우는 검법, 즉 니텐이치류에 대한 이해가 거의 없었기 때문이다. 그때 무사시는 왼손에 다치, 오른손에 와키자시를 들고 쇠사슬을 휘두르는 바이켄과 맞섰다. 그리고 마침내 오른손의 와키자시를 바이켄의 가슴에 던져 명중시킨 다음 승리를 거두었다. 먼저 쌍검을 쓰다가 갑자기 와키자시를 던진 방법은 두 박자 치기라 할 수 있다.

두 박자 치기 역시 속도가 빨라야 하며, 훈련을 거듭해야만 능수능란하게 구사할 수 있다.

빠름과 교묘함

빠름

- **한 박자 치기의 핵심**: 공격하기에 좋은 위치와 시점을 재빨리 선택해서 단 한 번에 적을 내리쳐 쓰러뜨린다. 상대방이 다치를 빼서 겨누어 공격하려는 마음의 결정을 할 틈도 없이 먼저 재빠르게 선수를 쳐 공격하는 것이 관건이다. 이것이 바로 한 박자 치기, 즉 '일격'이다.
- **사례**: 무사시와 요시오카 덴시치로의 결투

- 무사시는 덴시치로가 준비한 5척의 목도를 빼앗은 후 당황해하는 틈을 타서 번개처럼 목봉으로 공격했다.

교묘함

- **두 박자 치기의 핵심**: 먼저 공격 자세를 취해 상대방을 긴장시킨 다음 집중력이 흐트러진 틈을 타 재차 공격하는 것이 관건이다.
- **사례**: 무사시와 시시도 바이켄의 결투

- 무사시는 바이켄이 경험해 본 적이 없는 쌍검을 사용해서 그의 정신을 빼놓았다.
- 그런 다음 갑자기 오른손의 와키자시를 바이켄에게 던졌다.

09 | 베기
다섯 가지 베기 기술

>>> 적을 공격하는 방법 중 무념무상無念無想 치기, 유수 치기流水の打, 연속 타격線のあたり, 석화 타격石火のあたり, 낙엽 치기紅葉の打의 다섯 가지 벽살(劈殺 : 베어 죽이기) 방법을 소개한다. 이 방법들의 특징을 잘 터득하면 민첩하게 응용할 수 있다. 덧붙여 몸과 검이 일치한 상태 그리고 공攻과 격擊의 차이에 대해서도 설명한다.

무념무상 치기 – 곧바로 공격하기

격렬한 전투를 벌일 때 대부분의 상황은 쌍방이 모두 공격 위주로 하며, 개인의 본능에 의존한 채 어떠한 생각도 하지 않고 곧바로 공격한다. 이것이 바로 무념무상 치기다. 간단하게 말하면 세세하게 고려하지 않고 곧바로 전력을 다해 공격하는 완전히 퇴로가 없는 공격 기술이다. 이 기술은 병법에서 매우 중요한 공격 방법이며 아주 많이 사용한다. 따라서 수많은 연습을 통해 끊임없이 익혀야 한다.

유수 치기 – 내려치기에 가장 적당한 위치 찾기

공격할 때 한 걸음 한 걸음 압박해 들어가면 상대방은 전력을 다해 뒤로 물러서거나 날쌔게 비켜설 것이다. 이때 자신의 몸이 쭉 펴지는 틈을 타서 뒤에서부터 검을 휘두르는 기세가 마치 천천히 흐르는 물줄기가 고여 들어 일단 정지했다가 어느 순간 한꺼번에 터지는 것처럼, 크고 거세게 아무런 거리낌 없이 힘껏 적을 내려친다. 이것이 유수 치기로서 매우 효과적인 공격 기술이다. 이는 흐르는 물처럼 순조롭게 승리를 거둘 수 있지만, 관건은 상대방을 내려치기에 가장 적당한 위치를 찾아내는 것이다.

연속 타격 - 돌발적으로 습격하기

이 역시 공격할 때 사용하는 기술로서, 내가 치고 나가면 상대방은 반격을 가해 오거나 피하게 된다. 바로 이 순간을 놓치지 않고 한 동작으로 상대방의 머리와 손, 다리 등 칠 수 있는 곳을 가리지 않고 연속적으로 친다. 공격하는 중에도 계속해서 공격할 틈을 찾으면서 상대방을 끝까지 쓰러뜨리는 것이 중요하다. 매우 효과적인 초식이지만 때와 위치를 선택하는 데 매우 정확한 판단력이 필요하다.

석화 타격 - 전력을 다해 공격하기

이 기술은 구체적 조건이 있는데, 만약 쌍방이 교전하는 중에 도신(刀身)이 서로 팽팽하게 달라붙어 맞닿아 있어서 검의 위치를 변화시킬 여유가 없는 상황에서 유용하다. 검을 높이 들어 올리지 않은 채 두 다리와 두 팔 그리고 온 몸의 힘을 최대한 이용해 전광석화(電光石火)처럼 신속하게 상대방의 검을 치는 것이 가장 중요하다. 이 기술은 매우 어려운 동작으로서 오랫동안 연마해야 터득할 수 있다. 이 검법을 자유자재로 사용할 수 있게 되면 실전에서 큰 살상력(殺傷力)을 가질 수 있다.

낙엽 치기 - 상대방의 검을 떨어뜨리기

상대방의 검을 떨어뜨려 탈취하는 기술이다. 상대방이 바로 앞에서 다치를 들어 치거나 때리거나 맞받아치려고 할 때 먼저 무념무상 치기 혹은 석화 타격으로 상대방의 다치를 강하게 내려친 다음, 이어서 집중력을 발휘하여 힘차게 쓸어 내리듯이 검 끝을 매섭게 아래로 쳐 내리면 상대방은 반드시 검을 떨어뜨린다.

몸과 검의 일치 - 몸과 검으로 동시에 공격하기

일반적으로 공격을 할 때면 검과 몸이 분리되는데, 먼저 몸이 나가고 나중에 검을 휘두른다. 검이 먼저 나오는 경우 반드시 몸이 뒤를 따르는 것도 아니다. 하지만 상황에 따라서 먼저 움직이는 몸을 따라 검도 바로 움직일 수 있어야 한다.

다섯 가지 공격 기술

무념무상 치기, 유수 치기, 연속 타격, 석화 타격, 낙엽 치기 등 벽살 방법의 최종 목적은 몸과 검을 일치시키는 상태에 도달하는 것이다.

① 무념무상 치기 : 어떠한 생각도 하지 않고 곧바로 공격하는 기술
- 적용 상황 : 공격 위주의 격렬한 전투를 할 때
- 사용 방법 : 본능에 의존하여 세세한 생각 없이 전력을 다해 베고 또 벰
- 관건 : 자신의 퇴로조차 고려하지 않는 공격법임

無念無想打

紅葉の打

② 낙엽 치기 : 상대방의 검 떨어뜨리기
- 적용 상황 : 상대방이 바로 앞에서 응시하며 공격을 시도할 때
- 사용 방법 : 고도의 집중력으로 힘차게 상대의 검을 친 다음 한 걸음 나아가 다시 쓸어내리듯이 검 끝을 매섭게 내려침
- 관건 : 수많은 연습이 필요함

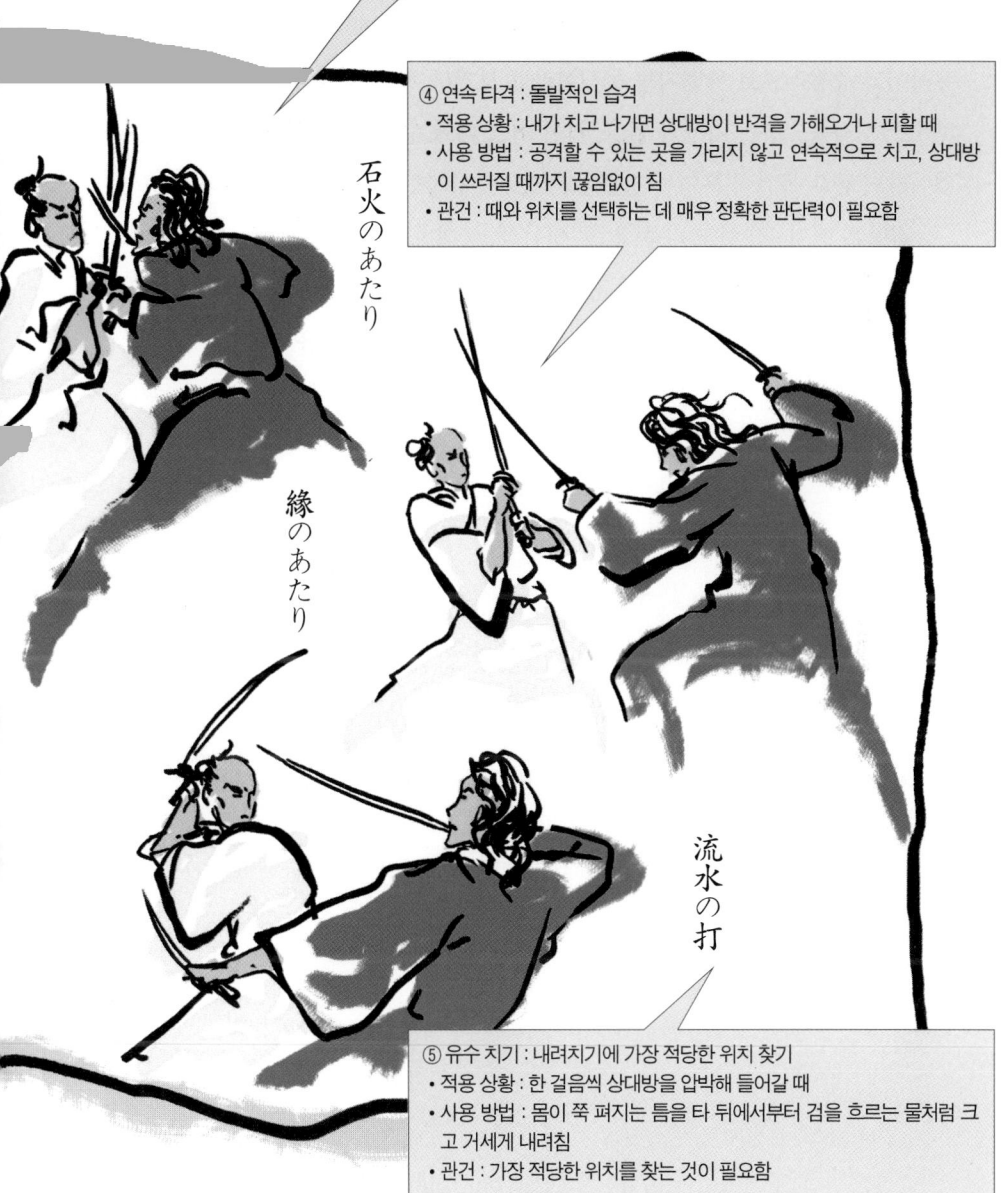

③ 석화 타격 : 전력을 다한 공격
- 적용 상황 : 교전 중 도신이 서로 팽팽하게 맞닿아 있어서 검의 위치를 변화시킬 여유가 없을 때
- 사용 방법 : 검을 높이 들지 말고 온 몸의 힘을 최대한 이용해 상대의 검을 침
- 관건 : 두 다리와 두 팔 등 온 몸의 힘을 최대한 이용해서 신속하게 내려침

④ 연속 타격 : 돌발적인 습격
- 적용 상황 : 내가 치고 나가면 상대방이 반격을 가해오거나 피할 때
- 사용 방법 : 공격할 수 있는 곳을 가리지 않고 연속적으로 치고, 상대방이 쓰러질 때까지 끊임없이 침
- 관건 : 때와 위치를 선택하는 데 매우 정확한 판단력이 필요함

⑤ 유수 치기 : 내려치기에 가장 적당한 위치 찾기
- 적용 상황 : 한 걸음씩 상대방을 압박해 들어갈 때
- 사용 방법 : 몸이 쭉 펴지는 틈을 타 뒤에서부터 검을 흐르는 물처럼 크고 거세게 내려침
- 관건 : 가장 적당한 위치를 찾는 것이 필요함

이처럼 몸과 검을 동시에 움직여서 공격하는 방법이 몸과 검의 일치다.

공과 격 - 양자를 구분하기

미야모토 무사시는 '공(攻 : 치기)'과 '격(擊 : 부딪치기)'이 구분되어야 한다고 생각했다. 공은 마음속으로 작정을 한 채 면밀하고 신중하게 치는 것이고, 격은 즉흥적이고 충동적으로 행해지는 돌격이라고 보았다. 격은 공과 비교해서 더 맹렬하지만 심사숙고하는 자세가 없다. 격이 어느 때에 순간적으로 상대방을 죽이는 것이라면 공은 목적이 분명한 진공(進攻)으로서 양자는 명확하게 구분된다.

검법은 먼저 '격'하고 나중에 '공'하는데, 상대방의 손이든 발이든 그것을 내 검에 '부딪치는(격)' 것은 나중에 강하게 '치기(공)' 위해서다. 이를 잘 터득하면 검술이 한 단계 더 발전할 것이며, 역시 각고의 노력을 통해 얻을 수 있다.

10 | 몸동작
세 가지 몸동작 기술

>>>> '짧은 팔 원숭이의 몸秋猴の身' 기술은 몸을 원숭이처럼 민첩하게 움직이는 것이고, '칠교의 몸漆膠の身' 기술은 아교阿膠처럼 몸을 상대방에게 붙이는 것이며, '키 재기丈比べ' 기술은 상대방과 서로 완전히 마주하는 것이다.

짧은 팔 원숭이의 몸 – 상대방과 팔 하나 길이만큼 떨어져라

이는 팔을 함부로 내뻗지 않는다는 뜻으로서, 손을 멀리 내뻗지 않고 몸을 민첩하게 움직여 상대방이 공격하기 전에 거리를 좁히는 동작을 말한다. 손을 내밀면 몸도 앞으로 쏠리기 마련이라서 만약 손을 너무 멀리 뻗으면 몸이 관성에 따라 앞으로 끌려가게 된다. 이러한 동작이 너무 크면 상대방에게 동작을 간파당하기 쉽다. 즉 모든 노림수를 상대방에게 알려 주는 꼴이다. 게다가 몸이 노출되면 힘을 집중시키기도 어렵다. 때문에 결투를 벌일 때는 상대방과 팔 하나 길이만큼 떨어져 있는 것이 공격하는 데 가장 유리하다.

칠교의 몸 – 상대방의 몸에 바짝 붙어라

마치 아교처럼 상대방에게 몸을 밀착시켜 떨어지지 않는 기술을 말한다. 머리와 몸, 다리를 모두 상대방에게 밀착시켜 움직일 틈을 주지 말아야 한다. 대개 얼굴과 발은 잘 달라붙어도 몸은 떨어지기 십상인데, 이처럼 조금이라도 빈틈이 생겨서는 안 된다. 이 기술은 결투를 할 때 상대방을 옴짝달싹 못하게 만들어 상대방이 나와 거리를 유지하지 못하도록 하는 것이 중요하다.

전력이 약한 쪽이 강한 적수를 상대할 때 유용한 기술로서, 권투 시합에서 실컷 얻어맞은 선수가 상대방을 일단 껴안고 보는 방어 기술과 엇비슷할 것이다.

이 기술은 실전에서 터득하는 것이 좋다.

키 재기 - 상대방을 제압하는 자신감을 가져라

이 기술은 하나의 비유인데, 결투를 할 때 상대방에게 접근하여 자신과 상대방의 몸이 마주보도록 만드는 것이다. 마치 키 재기 시합을 하며 자신의 키가 더 크다는 것을 증명이라도 하듯 몸을 곧게 펴야 하는데, 어떠한 경우라도 몸을 움츠려서는 안 된다. 다리, 허리, 목, 무릎 등 전신을 늘린다는 기분으로 몸을 최대한 곧게 펴는 기세로 상대방을 압도해야 한다. 이 기술은 부단한 훈련과 더불어 누구든 제압할 수 있다는 자신감을 기르는 것이 중요하다.

세 가지 몸동작 기술

짧은 팔 원숭이 몸 기술

손을 멀리 내뻗지 않고 몸을 민첩하게 움직여 상대방이 공격하기 전에 상대방과 거리를 좁히는 동작이다.

秋猴身形

짧은 팔 원숭이는 팔을 곧게 뻗지 못함

칠교의 몸 기술

상대방의 몸에 바짝 달라붙어 옴짝달싹 못하게 하는 것으로서 상대방이 나와의 거리를 유지하지 못하도록 한다.

漆膠身法

적의 그림자로 변함

敵
我

키 재기 기술

상대방에게 접근할 때 다리, 허리, 목, 무릎 등 전신을 늘린다는 기분으로 몸을 최대한 곧게 펴는 기세가 상대방을 압도해야 한다.

比身高法

키 재기 시합을 하듯이 몸을 곧게 폄

11 공격법과 피하기 방법
공격하기와 피하기

>>> 결투를 할 때 공격하는 방법은 승리를 거두는 데 매우 중요한 요소다. 그러나 피한 후의 공격도 매우 중요하다. 여기서는 점도술粘刀術, 당격술撞擊術, 자면법刺面法, 자심법刺心法, 카쓰토쓰喝咄법, 격섬법擊閃法 등 몇 가지 공격법과 피하기 방법을 소개한다.

점도술 – 자신의 검을 상대방의 검에 바짝 붙여라

양측이 동시에 검을 겨누고 공격하는 순간 상대방이 자신의 검을 막아설 때 사용할 수 있는 검법이다. 자신의 검을 상대방의 검에 바짝 붙인 상태에서 힘으로 눌러 상대방의 검이 움직일 수 있는 여지를 주지 않는 것이 점도술의 핵심이다. 두 검이 바짝 붙어 있어서 큰 힘이 들지 않을 것 같지만 사실 엄청난 힘이 필요하다. 이때는 자신의 검을 후려치는 것도, 상대방의 검을 밀어젖히는 것도 매우 어렵다. 검과 검을 '붙이는(粘)' 것과 '누르는(壓)' 것은 아주 크게 다른데, 붙이는 기술은 힘이 더 많이 들어가고 상대방의 검과 훨씬 밀착되어 있다. 붙이는 것과 누르는 것을 잘 구별해야 점도술을 터득할 수 있다.

당격술 – 몸을 상대방에게 힘껏 부딪쳐라

이 검법은 자신의 몸을 상대방에게 힘껏 부딪치는 것으로서, 그 요령은 다음과 같다. 얼굴을 약간 옆으로 돌리고 오른쪽 어깨를 앞으로 살짝 비튼 다음 맹렬한 기세로 달려 그 어깨로 상대방의 가슴을 가격한다. 옴 몸의 힘을 모두 쏟아야만 하며, 정신적으로도 바짝 긴장한 채 한 곳으로 힘을 모아 최대한 힘껏 치는 것이 승리의 관건이다. 상대방과의 거리가 아주 가까우면 최대의 효과를 볼 수 있어서, 상대방을 4~5미터 쯤 날려버려 목숨을 빼앗을 수도 있다. 격렬한 전투에서 많이 사용하는 기술이다.

자면법 – 상대방의 얼굴을 공격하라

상대방의 얼굴이 주요 공격 방향이라는 점을 기억해야 한다. 검이 얼굴을 향하면 상대방은 안면이 공격당할 것이라고 생각하고 얼굴과 몸을 피하기 마련이다. 이때 몸을 뒤로 젖히면 상대방을 제압할 수 있는 승기를 잡아 결투의 전반적인 형세를 주도할 수 있다. 싸우는 동안 이러한 상황이 벌어지면 이긴 것과 같다는 마음을 염두에 둔다. 병법을 연마하면서 이처럼 유리한 기술은 반드시 익혀두어야 한다.

자심법 – 상대방의 가슴을 찔러라

상대방의 방어가 철저해서 얼굴 쪽을 공격할 수 없을 때 과감하게 가슴 부분을 찌르는 기술이다. 이때는 상대방에게 오히려 역공을 당하지 않도록 조심해야 한다. 자심법의 요령은 검 끝을 흔들리지 않게 하고 상대방과 수평 상태를 유지한 다음 검의 끝이 빗나가지 않도록 일단 끌어당겼다가 맹렬한 기세로 상대방의 예기를 끊으면서 가슴을 찌르는 것이다. 이 초식은 결투 시간이 길어 몸이 피로하거나 공간이 좁아서 큰 동작을 할 수 없을 때 효과적이다.

카쓰토쓰법 – 기합 소리로 위력을 증가시켜라

결투 동작 하나 하나에는 큰 기합 소리가 따라야 한다. 기합 소리는 검을 쓰는 동작에 힘을 불어넣을 뿐만 아니라 살기를 더욱 강하게 느끼도록 해준다. 어떤 결투에서든지 공격할 때는 무조건 연속적으로 기합을 큰소리로 재빠르게 넣어야 한다. 검을 위로 들어 휘두를 때는 '카쓰(喝)', 아래로 내려쳐 벨 때는 '토쓰(咄)'라는 기합을 넣는다. 이때 주의할 점은 기합과 공격의 박자가 일치해야 한다는 것이다.

여섯 가지 결투기술

③ 자면법

검이 얼굴을 향했을 때 상대방이 검을 피하느라 얼굴이나 몸을 뒤로 젖히면 그때 승기를 잡아 싸움의 전반적인 형세를 주도할 수 있다.

② 당격술

얼굴을 약간 옆으로 돌리고 오른쪽 어깨를 앞으로 살짝 비튼 다음 맹렬한 기세로 달려가 상대방의 가슴을 친다. 전신의 힘을 쏟아내야 상대방을 사지로 몰 수 있다.

刺面法

撞擊術

粘刀術

① 점도술

자신의 검을 상대방의 검에 바짝 붙인 상태에서 힘으로 검을 억눌러 상대방이 검을 움직이지 못하도록 한다.

④ 자심법

자신의 검 끝을 흔들리지 않게 해서 상대방과 수평 상태를 유지한 다음 검의 끝이 빗나가지 않도록 일단 끌어당겼다가 맹렬한 기세로 상대방의 예기를 끊으면서 가슴을 찌른다.

⑤ 격섬법

상대방이 공격을 해올 때 검을 이용해 상대방의 검을 떨어뜨리는 기술로, 공격과 피하기가 통일되어야 한다.

刺心法

擊閃法

喝咄法

⑥ 카쓰토쓰법

동작마다 큰 기합 소리와 함께하는 것으로서, 기합 소리는 검을 쓰는 동작에 힘을 실어주고 살기를 강하게 내뿜으며 사기를 북돋아준다.

격섬법 – 상대방의 검을 떨어뜨려라

격섬법은 결투를 벌이는 과정에서 자신의 검으로 상대방의 검을 맞추어 떨어뜨리는 기술이다. 이는 검을 막아내는 것과는 다른, 비교적 특수한 기술로서 요령은 다음과 같다. 상대방이 공격해 들어오면 그 검을 맞받아 쳐내는 데 힘을 쓰지 말고 털어내듯이 막아낸 다음 곧장 상대방을 치는 것으로 '격(擊)'은 '공격'을, 섬(閃)은 '재빨리 몸을 피한다'는 뜻이다.

이 기술을 쓸 때는 적절한 힘과 리듬을 타는 것이 중요하다. 특히 공격의 리듬이 매우 중요한데, 만약 상대방의 공격에 일정한 리듬이 보이면 그것에 따르면서 몸을 재빨리 피하고 적절한 때를 잡아 공격해야 한다. 격섬법을 사용할 때는 공격에 얽매이거나 피하기에 얽매여서는 안 되며, 상대방의 리듬을 따르면서 허점을 노리는 것이 핵심이다. 이 기술을 터득하면 상대방의 힘이 아무리 강해도 밀리지 않는다.

방어법 – 상대방의 검을 피하라

상대방이 공격해 올 때는 검을 피하는 것이 중요한데, 다음 세 가지가 핵심이다.

첫째, 자신의 검을 상대방의 눈을 향해 겨누고 얼굴을 향해 휘둘러 검의 끝이 자신의 오른쪽으로 비켜 나가게 한다.

둘째, 상대방의 눈을 겨눈 척하면서 실제로는 목을 찌르기 위해 검을 휘두르면서 상대방의 공격을 피한다.

셋째, 단검을 사용하는 경우에는 공격이 오히려 최선의 방어다. 상대방의 큰 검을 막는 데 너무 신경 쓰지 말고 가능한 한 가까이 접근해서 왼 주먹으로 얼굴을 가격하는 자세를 취한다. 이렇게 하면 상대방으로 하여금 얼굴 부위를 공격당할 것이라는 착각을 하게 만들어 공격을 피할 수 있다.

이 세 가지는 공격을 피하는 데 매우 중요한 전략이다. 그중에서 왼손을 쥐고 상대방의 얼굴을 가격하는 듯한 자세는 실전에서 적용하기가 어려우므로 반복적인 연습을 통해서 터득해야 한다.

12 다수와의 싸움
다수의 적과 싸우는 방법

>>>> 적이 한 명이든, 두 명이든 혹은 스무 명이든 상관없이 일정한 검법과 기술을 터득하면 적을 쓰러뜨리는 이치는 항상 똑같다.

다수의 적과 싸우는 검법

이전까지는 일대일 결투에서의 기술을 설명했는데, 여기서는 일대일 결투뿐만 아니라 다수의 적과 싸우는 기술을 소개하고 있다. 교전 중 홀로 다수의 적과 맞닥뜨리게 되면 특수한 검법으로 상대해야만 한다. 이 검법은 다음과 같다.

왼손에는 짧은 칼인 와키자시를 오른손에는 긴 칼인 다치를 뽑아 들고 좌우로 넓게 충분히 벌려 두 팔의 수평을 유지한다. 적이 사방에서 덤벼도 물고기 떼를 몰아 한 줄로 꿰듯 한쪽으로 몰아가면서 싸운다.

다도법多刀法의 원칙

다수의 적을 상대할 때는 적의 숫자와 상관없이 자신에게 유리한 위치를 먼저 점한 뒤 위치를 변화시켜 가며 절대로 적들에게 포위당하지 말아야 한다. 적을 공격하는 순서에도 주의를 기울여야 한다. 대담하게 한 사람의 적과 싸우더라도 시야에 들어오는 나머지 적들까지 상대하기 위해서는 좌우로 끊임없이 검을 휘두르며 방어를 해야 한다. 다치로 앞쪽의 적을 베고 칼을 끌어당기면서 옆에서 공격하는 적을 벤다. 이때 소극적인 방어는 쓸모없다. 반드시 재빠르게 위치를 잡아가면서 양쪽을 제어하고 가까이 있는 적을 쓰러뜨리면서 적의 공세를 눌러놓아야 한다. 어느 상황에서든 한 사람씩 상대할 수 있도록 적들의 진영을 배열한 다음 하나씩 쓰러뜨려야 하는데, 결코 적들이 진영을 다시 정돈하는 시간과 공간을 주어서는 안 된다. 적들이 한꺼번에 달려들 때는 필사적으로 두 손을 쉴 새 없이 움직여야 허점이 노출되지 않는다.

다수의 적을 상대하는 마음가짐

다수의 적과 싸울 때는 마음가짐이 매우 중요하다. 다수의 적과 맞닥뜨렸을 때 우선 겁부터 먹는다면 절대로 이길 수 없다. 결투를 할 때는 적이 한 명이든, 두 명이든 혹은 스무 명이든 간에 그들을 쓰러뜨리는 방법은 같다. 실전 경험이 쌓이다 보면 적을 곤경에 빠뜨리는 방법을 터득할 수 있으며, 적의 숫자와 상관없이 평정심을 갖는 것이 중요하다.

가장 알맞은 공격 시기

공격 시점 역시 승리를 거두는 데 중요한 요소다. 검법을 터득하고 병법의 원칙을 이해한 후 실전에서 승리하기 위해서는 공격 시점에 주의를 기울여야 한다. 공격을 할 때 가장 알맞은 시점은 실전 중에 세심하게 살펴야 깨달을 수 있다. 기억해야 할 점은 결투 중에 쓰는 검법이야말로 진정한 병법이라는 것이다.

일대일에서 일대다(一對多)까지

다수의 적과 싸우기

교전 중 홀로 다수의 적과 맞닥뜨리면 그에 맞게 일대일 결투 방법뿐만 아니라 다수의 적과 싸우는 검법도 사용해야 한다. 다음은 이때 사용하는 특수한 검법을 묘사한 것이다.

- 좌우의 공간을 충분히 넓게 확보한다.
- 가능한 한 적들과 한 사람씩 상대할 수 있도록 적의 대열을 분산시킨 다음 일대일로 쓰러뜨린다.
- 한 손에는 와키자시, 다른 한 손에는 다치를 들고 두 칼의 평형을 유지한다.
- 양쪽을 주시하면서 가까이 있는 앞쪽의 적을 베며 적의 공세를 무너뜨린다.

다수의 적과 싸울 때의 원칙	적의 숫자는 상관없다
	① 우세한 위치를 유지하면서 시시각각 위치를 변화시킨다.
	② 적을 공격하는 순서를 명확하게 정해서 각개 격파한다.
	③ 눈앞에 보이는 목표를 소탕한다는 원칙을 엄밀하게 지킨다.
	④ 수많은 적과 맞닥뜨렸을 때 겁부터 먹지 않는다.
	⑤ 평정심을 잃지 않는다.
	⑥ 적절한 공격 시점을 놓치지 않는다.

13 검술의 오묘한 이치
니텐이치류 검법의 요소

>>> '수의 권'은 구체적인 검법 요령인 오단위, 오도법 등 니텐이치류 검법의 요소를 소개하고 있다. 천하무적이 되기 위해서는 부지런히 수련하면서 검법의 오묘한 이치를 터득해야 한다.

니텐이치류의 기본 - 오도법과 오단위

오도법(五刀法)과 오단위(五段位)는 니텐이치류의 첫 번째 학습 목표다. 이를 기본으로 해서 연마된 기술과 지혜, 경험이 더해져야 검법이 평범함을 넘어서 비범함 그리고 자연의 도를 깨닫는 경지에 이르게 된다. 일정한 경지에 다다르면 몸과 마음이 하나가 되어 일대일 결투든 다수와의 결투든 절대로 패하는 일이 없다.

니텐이치류의 핵심 - 일격필살과 인도합일

모든 초식 중에서 일격필살(一擊必殺)이 가장 중요하다. 이것은 장기간의 훈련을 통해서만 그 정수를 터득할 수 있다. 일격필살은 병법이 도달할 수 있는 최고의 경지로서, 일단 도달하면 자유자재로 여러 병법을 활용하여 적을 가볍게 제압할 수 있다. 니텐이치류를 향상시키는 관건은 인도합일(人刀合一), 즉 사람과 검이 하나가 되는 것이다. 사람과 검이 하나가 되면 몸이 곧 마음을 따르게 된다.

마음 수련이 반드시 필요하다

병법 공부는 순차적으로 진행해야 한다. '수의 권'은 말 한 마디마다의 세심한 터득을 강조하는데, 병법을 학습하고 터득하는 일은 끊임없는 수련과 실전 경험, 단계적인 공부 등이 모두 필요하다. 그래야 병법의 진수를 터득할 수 있다는

인도합일의 경지에 이르는 법

'어떻게 하면 니텐이치류 검법을 수련할 수 있을 것인가?' 이것은 마치 한 명의 검객이 '수의 권'이라는 배에 올라타고 천하무적의 피안彼岸으로 향하는 과정과 같다. '수의 권'에는 마음가짐, 검법, 몸동작, 초식 등 중요한 수련 방법이 들어 있기 때문이다.

4장 | 수의 권 : 니텐이치류 검법의 기본

것이다. 객관적인 조건을 무시하고 급히 목적을 달성하려고 하면 일을 그르칠 수 있다. 따라서 매일 조금씩 성실하게 노력해야만 성공할 수 있다.

모른다는 사실을 거듭 깨달아야 한다

병법을 학습하고 곰곰이 따져 보는 시간을 갖지 않으면 최종적인 깨달음을 얻을 수 없다. 끊임없이 경험을 쌓아 가는 과정에서 가장 이상적인 상태는 아직 내가 모르는 것이 더 있다는 사실을 인정하고 매일 새로운 기술을 계속해서 배워 나가는 것이다. 그래야 날마다 새로운 것을 터득할 수 있다.

자신에게 적합한 방법을 선택해야 한다

『오륜서』는 병법을 연마하는 데 필요한 일반적인 준칙을 가르쳐 주기도 하지만, 구체적인 상황은 개인마다 다르기 때문에 자신에게 가장 적합한 훈련 방법을 선택할 수 있도록 권하고 있다.

경험을 쌓아야 한다

수많은 적을 쓰러뜨린 경험이 있다 하더라도 원칙에 어긋난다면 결코 병법을 득도할 수는 없다. 오로지 병법의 정도를 학습해야만 심오한 경지에 이를 수 있고, 마침내 가장 실용적인 방법을 통달하게 된다.

5장 화의 권

병법 실천의 깨달음

미야모토 무사시는 니텐이치류 검법을 소개할 때 불火을 전투에 비유했다. '화의 권火之卷'에서는 주로 전투 승패에 관한 전략에 대하여 설명한다. 적을 살상하려는 강렬한 동기가 승리의 필수 요건이며, 작전은 원칙의 지도를 받아야 하지 결코 기교의 문제가 아니다.

5장 그림 목록

한층 더 병법의 도에 치중한 『오륜서』·175 | 위치를 선택하는 세 가지 요소·179 | 『손자병법』의 지형 분석·180 | 기선을 제압하는 세 가지 방법·184 | 실전에서의 공선, 수선, 쌍선·185 | 상대방이 공격하기 전에 제압하기·189 | 승리를 거두는 것과 같은 급류 건너기·191 | 센고쿠 시대의 스파이 '닌자'·195 | 닌자의 훈련 방법·196 | 닌자의 담장 파괴 도구·197 | 닌자의 비호 같은 담장 넘기·198 | 물 위를 걷는 닌자·199 | 닌자의 변장법·200 | 닌자의 암살법·201 | 적을 제압하는 법칙, '빠른 속도'·203 | 승리를 얻기 위한 상대방 파악하기·207 | 상적32법(相敵三十二法) 208 | 다섯 가지 방법의 응용·211 | 증조단추(增竈斷追)·213 | 전투 중에 필요한 세 가지 소리·217 | 거현진(車懸陣)·219 | 갈지자 공격·223 | 기묘한 전술로 승리한 이쓰쿠라시마 전투·225 | 센고쿠 시대의 수군·226 | 바다 위의 성, 아타케부네·228 | 적군을 자신의 바둑알로 삼기·231 | 큰 바위와 같은 몸이 최고의 경지·233

01 불의 비유
싸움에서의 승패 책략

>>>> 미야모토 무사시는 불火을 싸움에 비유하면서 사나운 불길과 약한 불길이 있듯이 싸움도 격렬한 싸움과 평온한 싸움이 있다고 했다. '화의 권火之卷'은 주로 싸움에서의 승패에 관한 전략에 대해 이야기하는데, 무사시는 강렬한 살상 동기야말로 승리의 필수 요건이라고 보았다.

강렬한 살상 동기가 승리의 관건

사람들은 싸움에서 승리하기 위해 늘 애를 써가며 소소한 기교를 부린다. 가령 양팔을 잡아당기는 동작을 통해 손가락의 힘을 가중시킨다. 그러면 상대방보다 더 강한 힘을 가질 수 있다고 믿기 때문이다. 또 어떤 사람은 부채를 이용해 팔꿈치로부터 손끝의 움직임으로 승부를 터득할 수 있다고 여긴다. 어떤 사람은 열심히 손과 다리의 민첩성을 길러 신속한 공격을 하려고 한다.

『오륜서』는 소소한 기교에 관해서는 비중을 두지 않고 오히려 생사의 큰 이치에 관해 힘을 주어 진술하고 있다. 생사의 큰 이치란 간단하게 말해서 '어떻게 하면 적의 목숨을 끊어놓을 수 있는가'다. 그러려면 신속하게 상대방을 물리칠 수 있도록 하는 단련이 중요하다. 또한 칼의 성질과 칼날, 칼등에 대한 다양한 용법도 숙지해야 한다. 이와 동시에 상대방의 심리와 공격 방식, 힘의 세기도 연구해야 한다. 이러한 것에 통달해야만 상대방을 사지(死地)로 내몰 수 있을 것이다.

무사시는 자신의 경험을 바탕으로 하나의 이치를 깨달았는데, 싸움에서 승리할 수 있는 관건은 강렬한 살상 동기의 유무에 달려 있다는 것이다.

한층 더 병법의 도에 치중한 『오륜서』

여타의 병법 싸움의 잔재주를 강조함	양팔을 끌어당기는 운동으로 손가락의 힘을 배가한다.	갑옷과 투구로 무장한 적을 만나면 잔재주는 아무런 효과를 발휘하지 못한다.
	손과 다리의 민첩성을 길러 공격력을 키운다.	
『오륜서』 잔재주를 배제하고 적을 사지로 내몰 수 있는 방법에 역점을 둠	부지런히 공부하고 애써 연마한다.	혼자 수련을 할 때도 마치 병법가처럼 마음속으로는 수천만 명의 적을 상상하며 병법을 연마한다.
	칼의 속성을 숙지하며 칼날과 칼등의 다양한 용도를 이해한다.	
	상대방의 심리, 공격의 초식, 힘의 세기 등을 연구한다.	

5장 | 화의 권 : 병법 실천의 깨달음 | 175

원칙에 따른 작전 구사

상대방이 갑옷, 투구, 방패, 칼, 창 등의 무구(武具)를 갖추고 있다면 소소한 잔재주만으로는 승리할 수 없다. 게다가 혼자서 다수의 적을 상대하는 경우라면 그때야말로 잔재주보다는 절대 흔들리지 않는 철칙이 필요하다. 만약 일당십(一當十)이 거뜬한 방법을 잘 알고 있다면 천 명이든, 만 명이든 혼자 맞서 싸워서 이기는 방법을 저절로 알 수 있는데, 이는 세심하게 단계적으로 체득한 자만이 가능한 일이다.

병법을 실천에 옮기라고 해서 매일 주구장창 천만 인을 지휘하며 전투를 하라는 것은 아니다. 그보다는 날마다 항상 세심하게 적의 심리를 곰곰이 따져 보고 그들의 전술을 연구하여 적을 격파하는 실질적인 책략을 도출해 내는 것이 중요하다는 말이다. 비록 혼자서 수련하는 경우라도 마음속으로 수천만 명의 적을 상상하면서 병법을 연마한다면 머지않아 병법의 대가로 우뚝 설 수 있을 것이다.

무사시의 경지에 도달하게 된다면 마치 지음(知音)*을 얻는 것과 같은 감동에 빠질 수 있는데, 이는 병법의 최고 경지라고 할 수 있다. 무사시는 이 최고 경지에 오르기 위해 분발(奮發)하여 밤낮을 가리지 않고 연구에 매달려 보기도 하고, 어둠 속에서 고통스럽게 병법에 매달리면서 신령스러운 기운이 자신을 구제해 주기를 바란 적도 있다. 무사시는 결국 간절한 마음으로 일로정진(一路精進)하여 병법의 광명정대(光明正大)한 최고 경지를 터득했고, 이 병법이야말로 천하의 대도(大道)였다.

---

* 마음이 서로 통하는 친한 벗을 비유적으로 이르는 말이다. 거문고의 명인 백아가 자기의 연주 소리를 잘 이해해 준 벗 종자기가 죽자 자신의 거문고 소리를 아는 자가 없다고 하여 거문고 줄을 끊었다는 것에서 유래한다.

02 | 위치
위치 선점하기

>>> 위치는 대규모 전투에서 매우 중요하다. 결전에 앞서 위치를 결정하는 것은 첫 번째로 해야 할 일이다. 만약 유리한 위치를 선점하면 지형의 우세를 충분히 살려 기선을 잡고 전투에서 승리할 수 있다.

가능한 한 불빛을 등져라

대규모 전투에서 지휘관이 가장 먼저 해야 할 일은 바로 태양을 등지는 위치를 잡는 것이다. 위치 선정의 기본 원칙은 다음과 같다. 반드시 태양빛이 자신의 뒤쪽에서 비추도록 해야 한다. 만약 이러한 조건을 만족시킬 수 없다면 되도록 태양 빛이 오른쪽으로부터 비치는 위치를 차지해야 한다.

이것이 위치를 정하는 기본 원칙이다. 방 안에서도 마찬가지로 실내의 조명이 등 뒤나 오른쪽에서 비치도록 해야 한다. 이때 등 뒤에는 아무런 위험 요소가 없어야 한다. 몸의 왼쪽에는 활동하기에 충분한 공간을 확보해야 한다. 이는 적의 공격을 제어할 수 있을 뿐만 아니라 적의 신체적 접근도 막을 수 있도록 하기 위해서다. 밤에도 같은 이치로 조명이 등과 마주보도록 하거나 오른쪽에 있도록 자리를 잡는다.

적보다 높은 자리를 차지해라

적보다 더 높은 자리를 차지해서 적을 내려다봐야 기세를 잡고 시야를 확보해 승기를 잡을 수 있다. 따라서 가능한 한 적보다 높은 곳을 선점해야 한다. 만약 방 안이라면 감실(龕室 : 신상이나 위패를 모셔 두는 장) 근처를 차지한다.

적을 사각지대로 몰아라

적을 자신의 왼편에 두고 벽이나 모서리 쪽으로 내몬 다음 전력을 다해 적이 옴짝달싹 못하는 사각지대에 완전히 가둬버린다.

적에게 지형 관찰의 기회를 주지 않기 위해서는 계속해서 공격을 가해 숨 돌릴 틈도 주지 않아야 한다. 문지방, 기둥, 대들보, 병풍, 테라스 등을 이용하는 것도 벽이나 모서리와 같은 효과를 낼 수 있는데, 이러한 곳에서 끊임없이 공격을 받으면 지형을 관찰할 여유 따위는 부릴 수가 없다.

적을 사각지대로 몰아넣는 것이 전투의 핵심이고, 그렇게 하기 위해서는 먼저 지형을 충분히 숙지한 후 유리한 곳을 이용할 줄 알아야 한다.

위치를 선택하는 세 가지 요소

빛, 자리, 사각지대 등 전투 중 유리한 위치를 선택하는 방법에 대해 소개하고 있다.

몸의 왼쪽에는 활동하기에 충분한 공간을 확보한다.

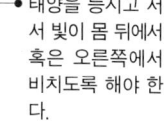

- 태양을 등지고 서서 빛이 몸 뒤에서 혹은 오른쪽에서 비치도록 해야 한다.
- 등 뒤에는 위험 요소가 전혀 없어야 한다.

빛의 이용 : 가능한 한 빛을 등진다.

최적 상황 : 빛이 내리쬐는 넓은 들, 빛이 있는 실내, 빛이 필요한 밤

적을 내려다볼 수 있어야 기선 제압이 가능하다.

고지 이용 : 적보다 높은(고지高地) 곳을 차지한다.

최적 상황 : 넓은 들의 고지, 실내의 감실 주변

사각지대 이용 : 적을 사각지대로 내몬다.

최적 상황 : 문지방, 기둥, 대들보, 병풍, 테라스, 큰 돌이 있는 곳 등을 이용한다.

적을 자신의 왼편에 두고 벽이나 모서리 등 사각지대에 가둔다.

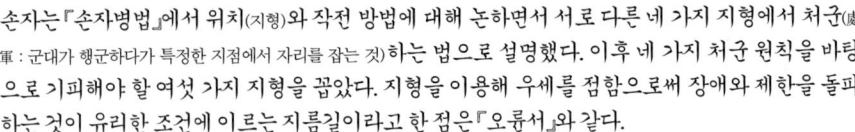

『손자병법』의 지형 분석

손자는 『손자병법』에서 위치(지형)와 작전 방법에 대해 논하면서 서로 다른 네 가지 지형에서 처군(處軍 : 군대가 행군하다가 특정한 지점에서 자리를 잡는 것)하는 법으로 설명했다. 이후 네 가지 처군 원칙을 바탕으로 기피해야 할 여섯 가지 지형을 꼽았다. 지형을 이용해 우세를 점함으로써 장애와 제한을 돌파하는 것이 유리한 조건에 이르는 지름길이라고 한 점은 『오륜서』와 같다.

■ 네 가지 지형에서의 처군

『손자병법』에서는 지리적 환경에 따라 '산지', '하천', '늪지(염분이 많은 소택지)', '평원'의 네 가지 지형으로 나누었다. 이에 따라 행군과 전투 원칙을 구분해 놓았다.

네 가지 지형	지역의 특징	행군	작전
산지(山地)	지세가 험준하고 길이 험난해서 방어는 쉽지만 공격은 어려운 지대다. 행군이든 작전이든 모두 엄청난 체력을 소모한다.	산지를 통과할 때는 물과 풀이 있는 계곡을 따라 행군한다. 시계가 탁 트이고 남향인 높은 곳에 주둔한다.	가능한 한 높고 남향이며 험준한 지대에 주둔한다. 이러한 곳을 먼저 점령해야 하며, 절대로 낮은 데서 올려다보는 공격을 하지 말아야 한다.
하천(河川)	지대가 평평하고 자연 식생이 무성하다. 물이 가로막고 있기 때문에 부대의 진퇴가 쉽지 않다.	강을 건널 때는 반드시 신속하게 건넌다. 냇가로부터 멀리 떨어진 곳에 시계가 탁 트이고 해가 비치는 높은 지대에 진을 치는데, 아군의 진퇴에 용이하고 군영이 물에 잠기는 위험을 피할 수 있다.	적이 강을 건너 싸움을 걸어오면 조급하게 물속에서 싸우지 않도록 한다. 아군의 피해가 커질 수 있기 때문이다. 적이 후퇴도 전진도 불가능한 중간 지점까지 건너왔을 때 공격하는 것이 가장 좋다. 적과 결전을 벌이는 경우에는 물가에 너무 가까이 붙지 말아야 하는데, 이렇게 하면 진퇴가 쉽지 않기 때문이다.
습지(濕地)	염분이 많은 소택지로서, 생태 환경이 열악해 사람이 살기에 적당하지 않다.	습지를 통과할 때는 머뭇거리지 말고 신속하게 지나간다. 장애물로 이용할 수 있도록 수초가 가까운 곳이나 나무숲을 등지고 진을 친다.	습지에서 적을 만나면 신속하게 수초 가까운 곳이나 나무숲을 등진 곳을 점령한다.
평원(平原)	지세가 평탄해서 행군과 전투에 적합하다.	자유롭게 진퇴하고 주둔한다.	평원 지대에서 적과 싸울 때는 넓고 탁 트인 지대를 우선 점령하고 주력 부대의 좌우 양익(兩翼)은 높은 곳에 위치하도록 한다. 앞쪽이 낮고 뒤쪽이 높은 곳이 적의 배후 기습이나 정면 공격에 대비하기 좋다.

여섯 가지 기피 지형

다음 그림은 손자가 열거했던 처군에 불리한 여섯 가지 지형을 나타내고 있다. 손자는 장수들에게 병사를 인솔하다가 이와 같은 여섯 지형을 만나면 반드시 피해갈 것을 경고했다. 여섯 지형은 천정(天井), 천간(天澗), 천뢰(天牢), 천함(天陷), 천극(天隙), 천라(天羅)다.

천정 사방이 고지에다 가운데가 움푹 꺼진 분지로 계곡 물이 고여 낮은 습지로 이루어진 우물 모양의 지형이다. 적군에게 포위당하기 쉬워 전투에는 매우 불리하다.

천간 길고 좁으며 양옆이 높은 산곡에다 그 사이로 물이 가로질러 흐르는 골짜기 지대다. 시선이 막혀 일단 전투가 벌어지면 나가려고 해도 나갈 수가 없고 공격하려고 해도 공격할 방법이 없다.

천뢰 '뢰(牢)' 자의 원래 뜻은 범죄자를 가두는 장소인데 여기서는 삼면이 모두 험준한 산악으로 둘러쳐진 곳을 가리킨다. 들어오기는 쉽지만 나가기는 어려운 짐승 우리 모양이다.

천함 '함(陷)' 자는 원래 짐승을 잡는 함정을 뜻한다. 이곳은 자연적으로 형성된 큰 구덩이 모양의 지형으로서 한번 들어오면 빠져나가기가 쉽지 않다.

천극 '극(隙)' 은 갈라진 틈을 뜻한다. 천극은 자연적으로 생긴 일종의 큰 틈으로서 조심하지 않아 이곳에 빠져들면 부대가 큰 피해를 볼 수 있다.

천라 '천리(天離)' 라고도 부르며, '라(羅)' 는 짐승을 잡는 그물을 뜻한다. 여기서 천라란 수풀이 무성하고 나무가 우거진 곳을 가리키는데, 일단 진입하면 빠져나가기가 쉽지 않고 적군이 복병을 숨겨놓기에 좋은 지역이다.

03 기선
기선을 제압하는 세 가지 방법

≫≫ 전투 과정에서 기선을 잡는 것은 승리를 거두는 데 매우 중요하다. 이 기선 제압을 언어로 명확하게 표현하는 것은 어렵지만 여기서는 기선을 잡는 세 가지 방법을 소개하고 있다. 이 방법들의 공통점은 '주동성主動性'이다. 기선을 잡기 위해서는 지혜로운 머리와 강력한 힘을 사용해야 한다. 그러려면 일상적인 수련에서도 자신이 어떤 상황에 처하든 주동적으로 움직이는 법을 터득하는 것이 중요하다.

기선 제압의 세 가지 방법

병법에서 기선을 제압하는 것은 매우 중요한 것으로서, 그 세 가지 방법은 다음과 같다.

첫째, 주동적으로 먼저 상대방을 공격해 기선을 잡는다. 이는 상대방이 움직이기 전에 선수를 치는 것으로서, 본격적으로 결투가 시작되지 않은 상황에서 기선을 잡는 방법이다.

둘째, 상대방이 먼저 공격했다면 가능한 한 모든 조건을 이용해서 기선을 잡아야 하는데, 이는 방어 중에 기선을 잡는 방법이다.

셋째, 쌍방이 함께 공격할 때 기선을 잡는 것으로서, 결투가 한창 진행 중일 때 기선을 잡는 방법이다.

이 세 가지가 기선을 잡는 모든 경우로서 결투에서 주도권을 잡으려면 세 가지 방법 모두에 정통해야 한다. 기선 제압은 결투를 승리로 이끄는 열쇠이자 병법의 가장 중요한 원칙이며, 여러 가지 세부 조건과 연관되어 있다. 따라서 매우 복잡한 교전 상황 중 몇 가지 요점만 짚고 넘어가도록 한다.

기선 제압의 관건은 시기 포착이다. 상대방의 생각을 읽어내고 병법의 책략에 정통하게 되면 기선 제압의 방법을 알 수 있다.

다음은 결투가 본격적으로 시작되지 않은 상황에서 기선을 제압하는 방법이다. 먼저 공격을 하기 전에 마음의 상태를 평온하게 유지한다. 침착하게 모든 준비를 마친 다음, 상대방이 주저하고 있는 틈을 타서 미처 반응을 보이기 전에 맹렬하게 진격하여 재빠르게 적극적인 공세를 펼친다. 이는 실전에서 여러 가지 형태로 나타날 수 있다. 예를 들어, 공격하기 전에 때를 기다리며 미동도 하지 않고 힘을 비축하고 있다가 아주 강하게 공격한다. 또한 상대방을 압도하겠다는 강한 투지를 불태우면서 연속 공격을 퍼부어 그 기세에 상대방이 완전히 압도당하게 만든다. 또 움직임을 최대한 자제하며 병법의 오묘한 기술과 심리전으로 승리를 거두는 사례도 있다. 요컨대 결투가 본격적으로 시작되기 전의 기선 제압은 조용히 준비하다가 신속하게 돌진하는 것이 핵심이다.

실전에서의 기선 제압

첫째, 상대방이 공격할 때 적극적으로 응전한다. 이때 응전하면서 상대방의 공격 흐름을 주도면밀하게 살펴야 한다. 그러고는 상대방의 공격이 조금 느슨해진 틈을 타서 방어에서 공격으로 전환한다. 순간적인 국면을 자신에게 유리한 형세로 바꿀 수도 있다. 때문에 상대방의 공격 박자를 면밀하게 관찰하는 것이 매우 중요하다.

둘째, 상대방이 맹렬하게 공격할 때 거짓으로 약한 척하며 전혀 대응하지 않는다. 이렇게 하면 상대방이 경계심을 늦추게 된다. 그러다가 상대방이 가까이 접근하면 전광석화처럼 재빨리 맹렬한 공격을 퍼붓는다.

셋째, 서로 대치하고 있는 상태에서 상대방이 맹렬하게 공격해 오면 오히려 침착하게 응전한다. 상대방이 가까이 접근해 올 때 긴장을 늦추지 말고 정신을 바짝 차리고 있다가 상대방이 조금이라도 방심하는 그 순간 재빨리 기회를 잡아 거침없이 반격을 가해 승리를 얻는다. 비교적 천천히 공격해 오는 경우에는 일부러 공격의 속도를 높여 상대방에게 가까이 다가간 다음 맹렬한 일격을 가한다. 그 후에도 긴장을 놓지 않고 있다가 기회가 오면 강하게 몰아쳐 쓰러뜨린다.

기선을 제압하는 세 가지 방법

결투에서 기선을 잡는 것은 승리의 관건이다. 다음은 기선을 잡는 세 가지 방법, 즉 공선攻先, 수선守先, 쌍선雙先을 설명하고 있다.

결투 과정에서의 삼선(三先)

공선 : 주동적으로 먼저 상대방을 공격해서 기선을 잡는 것으로서, 상대방이 움직이기 전에 선수를 치는 것이다. 본격적으로 결투가 시작되지 않은 상황에서 기선을 잡는 방법이다.

攻先

수선 : 상대방이 먼저 공격을 했다면 가능한 한 모든 조건을 이용해서 기선을 잡는다. 방어 중에 기선을 잡는 방법이다.

守先

쌍선 : 쌍방이 모두 공격할 때 기선을 잡는 것으로서, 결투가 한창 진행 중일 때 기선을 잡는 방법이다.

雙先

실전에서의 공선, 수선, 쌍선

공선의 응용

상대방이 점점 가까이 접근할 때 과단성 있고 신속하게 맹렬한 공격을 퍼붓는다. 그와 동시에 상대방의 공격 박자를 관찰하여 그 박자의 변화하는 틈을 노린다.

오로지 상대방을 격멸(擊滅)하겠다는 생각만 함

몸에 힘을 가할 때 다리는 평소보다 더 빨리 움직인다.

수선의 응용

상대방이 공격하면 그에 맞추어 응전한다. 그러다가 상대방의 공격 박자가 흐트러진 틈을 노려 방어에서 공격으로 전환하면 결투의 전세를 뒤집을 수 있다.

거짓으로 약한 척해 상대방의 경계심을 약화시킴

상대방이 가까이 오기를 기다렸다가 신속하게 반격을 가한다.

쌍선의 응용

대치한 상태에서 기선을 제압한 상대방이 맹렬한 공격을 가해 오면 침착하게 응전한다. 정신을 집중하고 있다가 상대방이 방심하는 틈을 타 재빨리 기회를 잡은 후 반격을 가해 승리를 거둔다.

상대방을 성가시게 하면 동작에 허점을 보인다.

적극적으로 응전하면서 상대방이 방심하는지 세심하게 관찰함

주동적인 훈련이 필요한 이유

실전에서 어떤 자세를 취해야 하는지를 글로 표현하는 것은 쉽지 않은 일이므로 여기서는 대략적인 요점만 소개한다. 다만 그 심오한 뜻을 터득하기 위해서는 반복적인 수련이 필요하다는 것을 명심해야 한다. 이미 말했듯이 기선을 잡는 세 가지 방법의 공통점은 주동성인데, 먼저 어떤 상황에서든 공격에 유리한 위치에 서야 한다. 물론 상대방은 방어에 급급할 수밖에 없는 위치에 있도록 해야 한다. 이때 중요한 것이 바로 선점 전략인데, 선점을 하기 위해서는 지혜로운 머리와 강력한 힘을 사용해야 한다. 그러려면 어떤 상황에서든 주동적으로 움직이는 법을 일상적인 수련을 통해 터득하는 것이 중요하다.

04 | 베개 누르기
상대방의 머리 제압하기

>>>> 압침결(壓枕訣 : 베개 누르기)에서 '압'은 압도壓倒를 뜻한다. 이는 결투를 하면서 상대방을 완전히 제압해 계속해서 속박하는 것이다. 이 원칙은 결투에서 가장 중요한 핵심이다.

'압'은 압도를 뜻한다

압침(壓枕)은 상대방이 머리를 들지 못하도록 누르는 것이다. 전략 중 '머리 누르기'는 상대를 대하는 기본 태도로서 상대방을 제압하면서도 자신은 공격당하지 않는 원칙이 이른바 '베개 누르기'다. '압'은 압도를 말하는데, 상대방을 압도하여 숨 쉴 틈도 주지 않는 것이다. 즉 상대방을 제압하는 동시에 속박한다는 말이다. 이 원칙은 결투에서 핵심이라고 할 수 있다. 압, 즉 누르기는 결투의 기본 원칙이므로 상대방 역시 나를 제압하려고 호시탐탐 기회를 노릴 것이다. 이럴 때 상대방의 심리를 읽어내고, 그의 행동을 예측할 수 있다면 절대로 압도당하지 않을 것이다.

상대방을 압도하는 구체적인 방법

결투 중에 상대방의 공격을 저지하고 병기를 막아낸다면 절대로 제압당하지 않을 것이다. 이와 동시에 결투 상황을 항상 자신에게 유리하게 만드는 방법을 찾아내야 한다. 어떻게 상대방을 압도할 수 있을 것인가? 상대방이 행동하기 전에 이미 그 실마리를 찾아 동작을 예측한다면 움직임을 미리 차단해 계획이 어긋나게 할 수 있다. 그럼 상대방은 피동적이 될 수밖에 없는데, 이것이 바로 상대방을 압도하는 전술이다. 상대방이 공격하려고 하면 그 움직임을 간파할 수 있으므로, 만약 상대방이 도약해서 내려치려고 하면 땅에서 떨어지지 못하도록 하면 된다. 죽이기 위해 공격을 가해도 여러 가지 방법으로 미리 막아낼 수 있는 것이다.

이렇게 되면 상대방은 공격하기 위해 수많은 무리수를 둘 것이다. 이때 집중력을 교란시키는 동작에 절대로 흔들려서는 안 된다. 살상력을 지닌 치명적인 공격을 분별하는 데 정신을 집중하면서 과감하게 실제 공격을 막고 역공을 펼쳐야 한다. 이것이 병법의 원칙이다.

기선을 빼앗겼을 때의 방법

상대방을 막지 못한 채 이미 공격이 시작되었다면 기선을 빼앗기고 수세에 몰렸다고 할 수 있다. 물론 상대방에게 공격할 틈을 주지 않는 것만큼 훌륭한 방어는 없다. 하지만 어쩔 수 없는 상황이라면 재빨리 상대방의 동작을 파악하여 그에 온당한 방어 조치를 취하는 것이 중요하다. 이때는 상대방이 앞으로 취할 공격 동작을 방어하는 것이 관건인데, 아주 미세한 동작으로 상대방의 속마음을 읽어내는 일은 끊임없는 수련과 풍부한 경험을 통해 얻을 수 있는 고난도의 기술이다. 일단 이 단계에 올라서면 이보다 더 높은 단계를 오르는 데는 그리 긴 시간이 필요하지 않다.

상대방이 공격하기 전에 제압하기

상대방의 움직임에 경계심을 갖고 마치 베개를 누르고 있듯이 상대방을 제압하면 제 아무리 미세한 변화일지라도 단번에 알아챌 수 있다. 따라서 상대방이 행동하기 전에 조그마한 실마리로도 그 동작을 예측하여 신속하고 과단성 있게 제압할 수 있다.

압침결의 응용

05 급류 건너기
긴급 상황에 대한 대처

>>>> 망망대해를 항해하다가 좁은 해협을 지나려고 하면 맹렬하고 위태로운 급류急流와 만날 위험이 크다. 이때 풍향을 잘 이용하여 항로를 조정하면 좌초하지 않고 목적지에 안전하게 도착할 수 있다. 전투를 지휘하는 것도 마찬가지다. 급류를 건너는 정신이 필요한데, 이 정신의 핵심은 객관적인 형세를 파악하고 지피지기知彼知己하는 것이다. 이렇게 함으로써 정확한 책략을 세워 험한 급류를 무사히 통과할 수 있다.

급류 건너기에 필요한 고도의 항해 능력

넓은 바다를 항해할 때면 어김없이 물길이 거센 파도를 만나고, 해협을 지날 때는 보기 드문 거센 급류에 휘말리기도 한다. 어떤 해협은 너비가 몇 십 장(丈)에 불과하지만 급류는 엄청나게 거세다. 이처럼 좁은 지역에는 수많은 급류가 도사리고 있어서 생각지 못한 위험과 맞닥뜨리기 쉽다. 급류를 건너는 것은 매우 어려운 일로, 사람의 인생도 급류를 건너야 하는 상황에 곧잘 처한다.

급류를 건너기 위해서는 우선 고도의 항해 능력이 필요하다. 구체적으로 지형에 익숙해야 하고 급류의 성질과 해당 지점, 급류를 통과하는 시간, 당시의 날씨와 배의 상태 등을 속속들이 파악하고 있어야 한다. 급류를 건널 때는 함께하는 배나 사람들의 도움이 없으면 조금만 잘못해도 배가 좌초될 수 있다.

이때 풍향을 잘 이용해야 한다. 풍향을 올바르게 이용하면 항로를 조정하기가 쉽다. 순풍이든 역풍이든 풍부한 경험과 지혜가 있어야만 배를 잘 조정해서 목적지에 안전하게 도착할 수 있다.

인생이라는 항로에서도 급류를 이겨내야겠다는 태도가 중요하다. 이는 인생에서 시시각각 불거지는 여러 가지 긴급한 상황에 현명하게 대처할 수 있도록 해 준다.

승리를 거두는 것과 같은 급류 건너기

급류를 건너기 위해서는 우선 고도의 항해 능력이 필요한데, 구체적 지형에 익숙해야 하고 급류의 성질과 지점, 급류를 통과하는 시간, 당시의 날씨와 배의 상태 등을 자세하게 알아야 한다. 병법에서도 급류를 건너는 정신이 필요한데, 이 정신의 핵심은 객관적인 형세를 명징하게 이해하고 지피지기하는 것이다. 그렇게 하면 가장 효과적이고 정확한 책략을 선택해 전투를 지휘할 수 있게 된다. 마치 훌륭한 조타수가 급류와 좌초를 두려워하지 않듯이 난관을 뚫고 전투에서 승리를 거둘 수 있다.

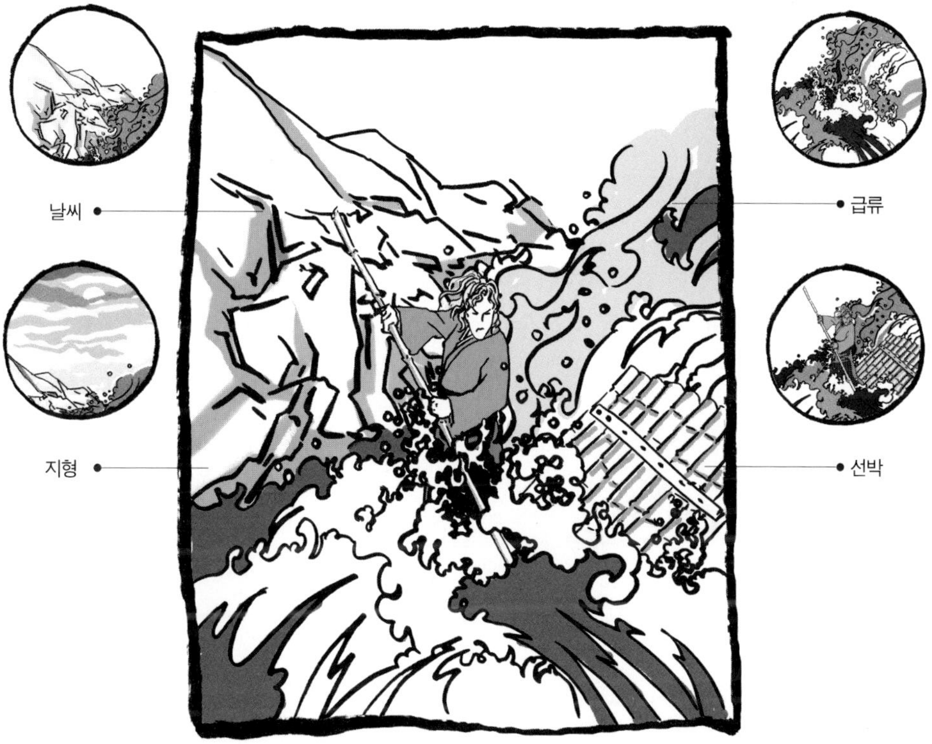

- 날씨
- 지형
- 급류
- 선박

형세 인식하기
- 지형의 위험도
- 급류의 성질
- 날씨 상황
- 선박의 특징
- ......

병법의 핵심
형세 인식,
지피지기,
정확한 대응

상대방 파악하기
- 잘 쓰는 무기
- 상용 초식
- 마음 상태와 품성
- 장점과 단점
- ......

5장 | 화의 권 : 병법 실천의 깨달음

급류 건너기에 내포된 병법의 정신

병법에서도 급류를 건너는 정신이 필요하다. 이 정신의 핵심은 객관적인 형세를 명징(明澄)하게 이해하고 지피지기하는 것이다. 이렇게 해서 가장 효과적이고 훌륭한 책략을 선택해 전투를 지휘해야 한다. 마치 훌륭한 조타수가 급류와 좌초를 두려워하지 않듯이 난관을 뚫고 전투에서 승리를 거둘 수 있는 것이다.

급류를 건너는 도중에는 평정심을 유지해야 한다. 그렇지 못하면 객관적인 형세를 고려할 수 없다. 이러한 급류 건너기 정신은 병법과 매우 비슷하다. 급류 건너기를 병법에 응용하면 상대방을 수동적인 위치에 몰아넣을 수 있다. 그렇게 되면 자신이 활용할 수 있는 전술의 선택 범위가 넓어지기 때문에 주동적인 공격이 가능하다.

전투의 주도권만 확보한다면 주동적으로 공격해서 승리를 거둘 수 있는 가능성은 매우 커진다. 이것은 매우 중요한 원칙으로서 절대로 잊어서는 안 된다.

06 형세의 인식 기세 파악하기

>>>> 결투를 벌일 때 상대방을 파악하는 것은 매우 중요하다. 만약 상대방의 개성, 결투 스타일, 일의 풍격, 장점과 단점, 재능의 고하高下, 의도 등을 미리 파악하고 있다면 이를 바탕으로 동작 방향을 쉽게 알 수 있을 것이다. 더 나아가 상대방이 의도하는 방향을 미리 짐작할 수 있다면 반대 방향으로 역공을 펼쳐서 그 계획을 무산시킬 수도 있다. 이것은 기선을 제압하는 것과 같다.

나를 알아야 하는 만큼 상대방도 알아야 한다

대규모 전투에서 상대방을 알고 나를 아는 지피지기는 매우 중요하다. 만약 상대방의 형세를 명확하게 알 수 없다면 그 의도 또한 도저히 알 길이 없다. 즉 형세의 파악은 상대방의 전력을 알 수 있는 중요한 전제가 된다. 상대방을 알기 위해서는 우선 그 실력을 알아야 한다. 그래야 실력을 분석해서 전략과 전술 의도를 파악할 수 있고 더 나아가 쌍방 간 각 방면의 역량을 따져볼 수 있다. 이렇게 상대방의 기세를 가늠하고 나서야 그것을 병법 지식에 대입시켜 전략을 세우고, 아군을 적절하게 배치함으로써 승리에 대한 확신을 가지고 전투에 나설 수 있다.

상대방의 정황 파악하기

결투 과정에서 상대방의 정황을 아는 것은 매우 중요한 일이다. 그렇다면 상대방의 어떤 정황을 알아야 할까? 그것은 바로 상대방의 개성, 결투 스타일, 일의 풍격, 강점과 약점, 재능의 고하, 의도 등이다. 이러한 기세를 알아야 상대방의 의표(意表)를 찔러 전혀 다른 박자로 공격하면서 상대방이 강하게 나오는 경우와 취약한 면, 그 변화의 간격과 찰나를 포착해 선수를 치고 나갈 수 있다.

이를 위해서는 예리한 관찰력과 세심함은 물론 세상 모든 사물의 변화를 이해하려는 적극적인 태도가 필요하다. 이렇게 상대방의 마음을 제 손금 보듯이 읽어낼 수 있는 능력을 기른다면 굳이 병법에 구애 받지 않고도 승리할 수 있는 방법을 터득해 자유자재로 구사할 수 있다.

정찰과 지피지기

『오륜서』와 더불어 '무예 2서'라 불리는 『병법가전서(兵法家傳書)』*에는 상대방을 아는 방법에 대해 이렇게 서술되어 있다.

"비록 백 가지 초식과 검이 있다 하더라도 영원한 승리를 얻는 열쇠는 오직 한 가지, 바로 '명찰적정(明察敵情 : 적의 동태를 명확하게 파악하는 것)'이다."

이는 상대방의 의도를 파악한다는 뜻과 같다. 중국의 고대 병서『손자병법』에는 이런 말이 있다.

"적을 알고 나를 알면 백번 싸워도 위태롭지 않다. 적을 모르고 나만 안다면 이기고 질 확률은 절반이 되며, 적도 모르고 나 자신도 모른다면 싸울 때마다 반드시 위험에 빠지게 된다(知彼知己, 百戰不殆 ; 不知彼知己, 一勝一負 ; 不知彼不知己, 每戰必殆)."

전투에서 승리하려면 상대방을 아는 것이 얼마나 중요한지를 여실히 보여주는 명언이다.

---

* 신카게류의 고수로서 에도 막부에서 검술 사범이라는 중책을 역임하며 오메쓰케(大目付)의 자리에 올라 전국의 정보망을 총괄 지휘한 야규 무네노리(柳生宗矩)가 지은 병법서다.

센고쿠 시대의 스파이 '닌자'

『오륜서』와 『손자병법』에서는 적정(敵情 : 전투 상황이나 대치 상태에 있는 적의 특별한 동향이나 실태)을 제대로 파악하는 것을 매우 강조한다. 여기서는 센고쿠 시대에 맹활약했던 정보 조직인 닌자(忍者) 집단에 대해 소개한다. 닌자는 무사이기도 하고 자객이기도 한데, 일본 인술(忍術 : 고가류(甲賀流)와 이가류(伊賀流)가 유명함)을 훈련받고 봉건 귀족(다이묘)들을 위해 비밀 임무를 맡아 전문적인 간첩 활동을 벌인 사람들이다. 다음 그림은 닌자들이 적의 상황을 정탐할 때 사용하던 장비들이다.

문건을 밀봉하는 용기다.

끝에 쇠갈고리를 단 밧줄인 가기나와(鉤繩)는 담장이나 옥상을 뛰어넘는 데 사용했다.

비를 막는 아미가사(編笠 : 골풀, 띠, 짚으로 만든 삿갓)로 얼굴을 가렸다.

복면 두건은 평상시에는 허리띠로 사용했다.

글을 쓸 때 사용하는 필통이다.

마키비시(撒菱 : 마름쇠. 끝이 송곳처럼 뾰족한 서너 개의 발을 가진 쇠못)는 도주할 때 뒤를 쫓는 추격자의 발에 상처를 입힐 수 있는 마름모형의 무기다.

물을 채워 다니는 데 사용하는 조롱박과 컵이다.

짙은 남색 혹은 짙은 자색의 옷은 밤하늘의 색깔과 비슷하기 때문에 야간 정탐을 할 때 눈에 띄지 않았다.

걸을 때 소리가 나지 않도록 소가죽 신발을 신었다.

다양한 모양의 수리검(手裏劍)은 닌자가 상용하는 암살 무기로서 날 끝에 독을 묻혔다.

닌자의 훈련 방법

일본의 인술忍術*은 실용성이 매우 뛰어나서 센고쿠 시대에는 널리 사용되었다. 닌자는 추격, 정찰, 호위, 암살 등을 위한 간첩 정보 기술 체계를 완전히 터득한 달인이라 할 수 있었는데, 이들의 기예는 보통 사람들의 상상을 초월했다. 각종 무기를 쓰는 데 정통했고, 추녀와 담벼락을 비호처럼 날아 넘나들 정도로 날렵했으며, 물속에서도 숨을 죽이고 정찰 활동을 할 수 있었다. 그러나 이는 비인적非人的인 단련을 통해서 습득할 수 있는 기술이었다.

1

평형 능력은 담장을 날 듯이 넘나드는 데 밑바탕이었다.

4

수리검 등을 던지는 훈련은 암살이 목적이었다.

2

잠수 훈련을 거듭해 물속에서도 정찰 활동이 가능했다.

5

적과 정면으로 맞닥뜨렸을 때를 대비해 검술 훈련을 했다.

3

각종 치료약과 독약의 제조는 유사시를 대비한 훈련이었다.

6

혼자서도 죽음과 고독에 맞설 수 있도록 정신 훈련을 했다.

보충 해설

닌자의 등급 : 닌자 조직은 위계질서가 엄격했는데, 일반적으로 '조닌(上忍)', '주닌(中忍)', '게닌(下忍)'의 세 등급으로 구분되었다. 조닌은 '꾀주머니 닌자(智囊忍)'로 불릴 만큼 전문적으로 작전 계획을 짜고 조직원을 이동 배치했다. 주닌은 작전을 지휘하는 행동대장으로서 명령을 내리고 실제 행동 시기를 결정했다. 게닌은 행동대원으로서 최전선에서 직접 임무를 수행했다. 세 등급 사이에는 위계질서가 분명해서 게닌은 주닌의 명령에, 주닌은 조닌의 명령에 절대 복종해야만 했다. 이 밖에 인술은 음인(陰忍)과 양인(陽忍)으로 나뉜다. 음인은 은밀하게 잠입해 적의 내부를 정찰하거나 파괴 활동을 벌이는 것이고, 양인은 공개된 상태에서 지모(智謀)로 승리를 거두는 것이다.

* 암살, 추격, 정보 수집, 방어 등을 위한 닌자의 모든 기술과 도구의 사용법을 말한다.

닌자의 담장 파괴 도구

• 담 안쪽에서 나는 소리를 듣는 도구다.

• 담장을 타고 올라가는 쇠갈고리로서, 흔히 이것에 새끼줄을 매단다.

• 돌에 구멍을 뚫을 수 있는 소형 삽이다. '구나이(苦無)'라고 부른다.

• 담장에 끼워 넣는 송곳의 일종으로서, 손잡이에 단단한 나무가 끼워져 있다. '쓰보키리(坪錐)'라고 부른다.

• 접을 수 있는 톱으로서, 나무로 된 담이나 문을 절단할 때 사용한다. '하마가리(刃曲)'라고 부른다.

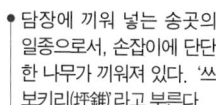

닌자의 비호 같은 담장 넘기

여러 명의 닌자가 서로 도와가며 담벼락을 날듯이 넘나들고 있는 모습이다.

❶ 담장을 넘는 닌자가 먼저 다른 닌자의 어깨 위를 밟고 올라선다. 뒤이어 아래쪽 닌자가 위쪽 닌자의 양발을 받쳐 주어 담을 넘을 수 있도록 해준다.

❷ 담장을 넘는 닌자가 양발로 다른 닌자의 손을 디디고 선다. 이어서 세 명의 도움을 받아 높은 담장을 뛰어넘는다.

❸ 적어도 세 명의 닌자가 인간다리를 만들면 다른 닌자가 그 다리를 밟고 담장을 넘는다.

닌자가 사용했던 암벽 타기 도구

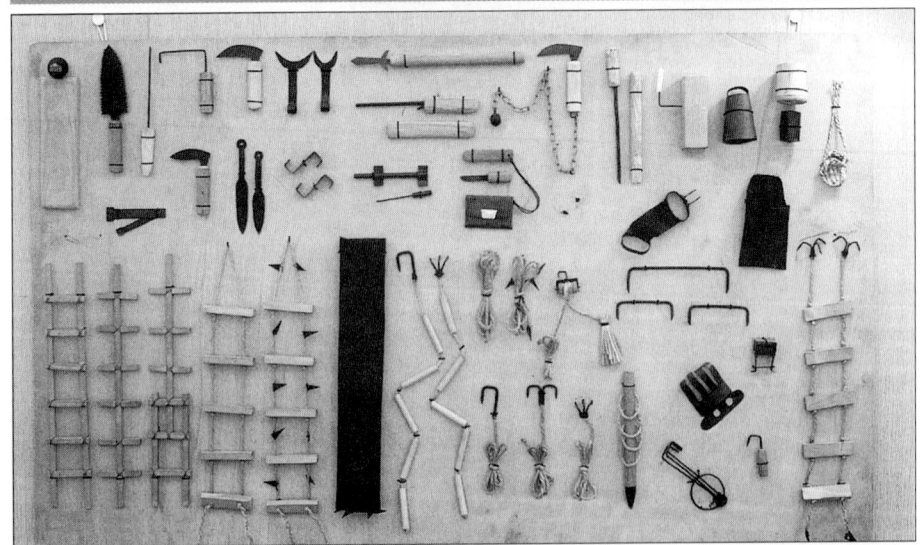

물 위를 걷는 닌자

아래 그림은 닌자가 해자를 통과해서 성 안으로 진입하고 있는 모습이다. 왼쪽 아래에 있는 닌자가 사용한 도하渡河 도구가 미즈구모水蜘蛛인데, 이것을 이용해서 물 위를 건널 수 있었고, 평상시에는 포개어 보따리 속에 숨기고 다녔다. 닌자의 인술은 은밀함을 중시하기 때문에 물방울 흔적도 남기지 않기 위해 몸이 물에 젖지 않도록 애썼다.

❶ 쇠사슬을 감고 다니면서 쇠갈고리나 긴 몽둥이로 사용했다.

❷ 물살을 헤치기 위한 도구다.

❺ 양발에 도구를 착용해서 발이 물에 젖는 것을 방지했다.

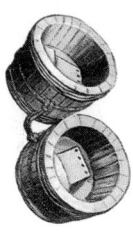

❸ 미즈구모의 모양은 마치 바닥이 평평한 한 쌍의 신발 같다.

❹ 물 위에 뜬 채 강을 건널 수 있는 도구다.

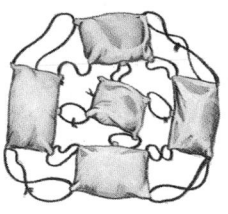

닌자의 변장법

닌자는 평상시에는 가능한 한 눈에 띄지 않는 복장을 하고 다녔다. 단지 은밀한 임무를 맡을 때만 신속하게 닌자 복장으로 갈아입고 장비를 구비했다. 그 복장은 우선 행동하기에 편하고 대낮에도 사람들의 주의를 끌지 않는 것이었다. 옷의 색깔은 검정색이 아닌 대부분 회색이나 차색(茶色)이었다. 붉은 옷을 입는 경우도 있었는데, 전투 때 피를 흘려도 적에게 상처를 내보이지 않기 위해서였다. 다음 그림은 승려로 변장한 닌자인데, 높은 곳에 올라가 근처에서 은밀하게 숨어 살고 있는 다른 닌자들을 부르고 있다. 그림 안에 ★ 표시된 곳이 닌자가 거주하는 곳이다.

닌자는 자신을 보호하기 위해 몸에 꽉 붙는 검은색 우와기(上著 : 겉옷)를 걸쳤다. 때로는 가슴을 보호하기 위해 동으로 만든 거울이나 부드러운 쇠사슬 갑옷인 구사리카타비라(鎖帷子)를 걸치기도 했다. 닌자의 복장은 무기를 숨기기에 좋았는데, 흔히 암살 무기와 약물을 담을 수 있는 안주머니가 있었다.

닌자들이 사용하는 닌토(忍刀)인데, 겉보기에는 보통 무사들이 사용하는 검과 비슷하지만 실제로는 매우 복잡하게 설계되었다. 닌토에는 약 3미터 길이의 새끼줄이 달려 있어서 담장을 넘을 때나 검을 회수하는 데 사용했다. 또한 칼집은 위급할 때 잠수용 통기관으로 사용했다.

닌자의 암살법

센고쿠 시대에는 매우 협소한 지역에 몇 십 명에 달하는 토호들이 있었던 탓에 서로 토지를 얻기 위해 부단히 싸웠다. 때문에 토호들 대부분은 닌자를 몇 십 명씩 육성하고 있었다. 무사와 비교했을 때 닌자도 다이묘를 위해 일하기는 했지만 무사의 신분과는 큰 차이가 있었다. 무사가 가신家臣이라면 닌자는 가노家奴였다. 닌자의 임무는 대부분 상층부의 권력 투쟁과 연관되었기 때문에 매우 은밀하면서도 위험했다. 다음 그림은 닌자가 거주했던 주택으로서, 임무를 은밀하게 수행하는 그들의 특성에 맞추어 비밀 장소를 많이 지었다.

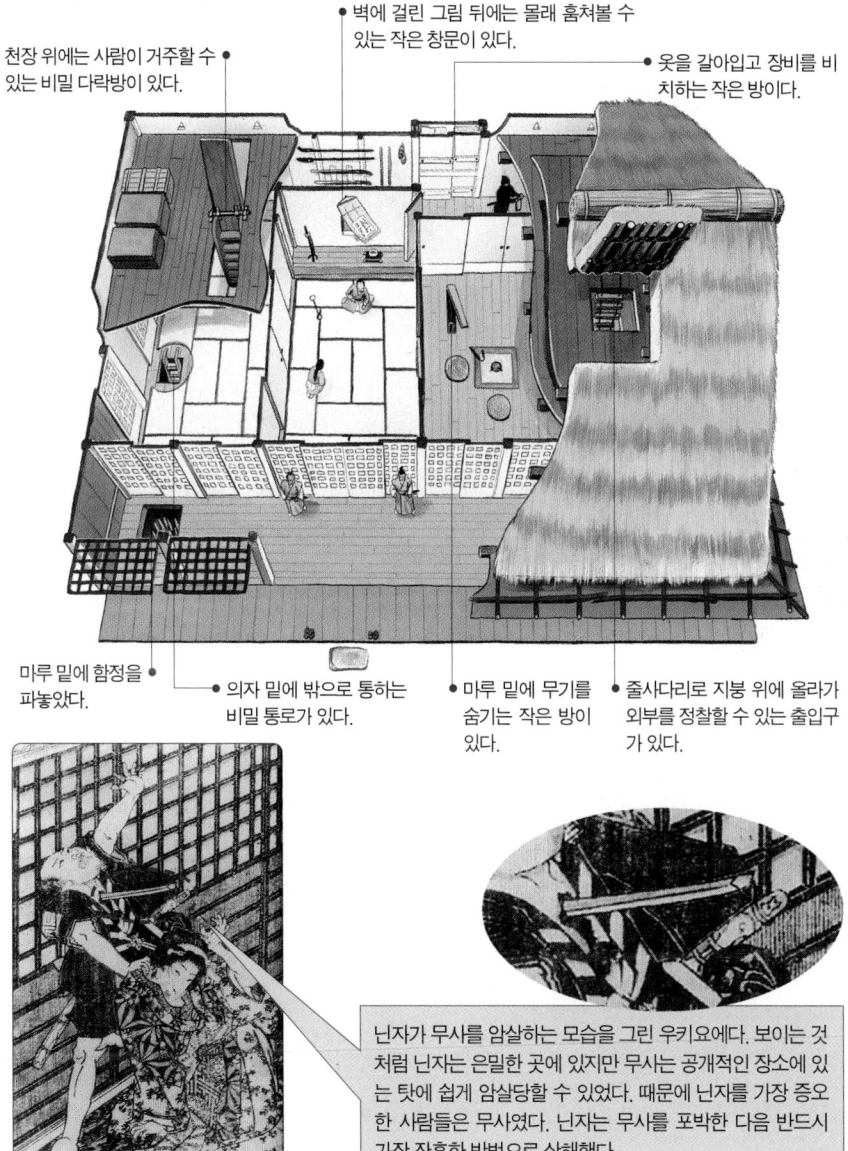

- 천장 위에는 사람이 거주할 수 있는 비밀 다락방이 있다.
- 벽에 걸린 그림 뒤에는 몰래 훔쳐볼 수 있는 작은 창문이 있다.
- 옷을 갈아입고 장비를 비치하는 작은 방이다.
- 마루 밑에 함정을 파놓았다.
- 의자 밑에 밖으로 통하는 비밀 통로가 있다.
- 마루 밑에 무기를 숨기는 작은 방이 있다.
- 줄사다리로 지붕 위에 올라가 외부를 정찰할 수 있는 출입구가 있다.

> 닌자가 무사를 암살하는 모습을 그린 우키요에다. 보이는 것처럼 닌자는 은밀한 곳에 있지만 무사는 공개적인 장소에 있는 탓에 쉽게 암살당할 수 있었다. 때문에 닌자를 가장 증오한 사람들은 무사였다. 닌자는 무사를 포박한 다음 반드시 가장 잔혹한 방법으로 살해했다

5장 | 화의 권 : 병법 실천의 깨달음 | 201

07 검 짓밟기
적에게 기회를 주지 마라

>>> 검 짓밟기는 일종의 비유로서, 말 그대로 발로 상대방의 무기를 짓밟는 행위를 뜻하는 것이 아니라 '상대방을 짓밟는 정신'을 일컫는다. 다시 말해 손이든 발이든 몸이든 혹은 화력이든 간에 어떤 수를 쓰더라도 상대방이 다시는 공격해 오지 못하도록 기세를 짓밟아 억누른 다음 치명적인 타격을 가해 가능한 한 빨리 결투를 승리로 장식하는 것이다.

적이 다시는 공격하지 못하도록 하라

검 짓밟기는 일종의 전술이다. 전쟁을 하다 보면 적이 활, 총포 등 어떤 무기로 무장하든지 간에 한 차례의 공격을 끝내고는 반드시 숨을 돌려 다시 화력을 갖출 때가 있기 마련이다. 이 순간 맹공을 퍼붓지 않으면 공격의 기선을 제압할 수 있는 기회를 잃고 만다. 때문에 적이 잠시 공격을 멈추는 그때 곧바로 맹렬한 공격을 퍼부어야만 한다.

공격에서 '빠른 속도'는 가장 효과적인 승리의 열쇠다. 빠른 속도를 지니면 적이 어떤 무기를 사용하더라도 꼼짝할 수 없게 만들 수 있다. 하지만 이를 성공시키기 위해서는 상대편의 전술과 급소를 정확하게 파악하고 있어야 한다.

일대일 결투도 마찬가지다. 짧은 시간에 승부를 가리기 어려운 상황에서 상대방이 검을 빼 공격하는 찰나에 그 검을 밟아버리고 제압하면 공격의 기세를 완전히 꺾을 수 있을 뿐만 아니라 연속 공격도 막을 수 있다.

검 짓밟기는 일종의 강력한 정신 무장으로서 손, 발, 온몸, 혹은 화력 등 어떤 수단을 쓰든지 간에 최종 목적은 바로 적이 다시는 공격하지 못하도록 만드는 것이다. 결국 가능한 한 빨리 적에게 치명적인 피해를 입혀 결투를 승리로 이끄는 것이다. 따라서 상대방의 검을 짓밟을 때는 단호하고 과감하게 공격해야 한다.

적을 제압하는 법칙, '빠른 속도'

공격에서 '빠른 속도'는 가장 효과적인 승리의 열쇠다. 공격 속도가 빨라야 적이 공격하기 전에 먼저 적을 제압할 수 있다. 적이 검을 들기 전에 다리로 적의 검을 짓밟아버리면 대단한 초식을 쓰는 상대라도 공격할 기회가 없어진다. 그러나 여기서 검 짓밟기는 발로 적의 무기를 실제로 짓밟는 행위를 뜻하는 것은 아니고, 일종의 강한 정신력을 말하는 것으로서 어떤 수단을 쓰든지 간에 최종 목적은 적이 다시는 공격하지 못하도록 기선을 제압하는 일이다.

검 짓밟기의 중층적 함의

상대방 무기 짓밟기 : 결투 중 상대방보다 먼저 검을 밟는다.

상대방이 검을 빼서 공격하려는 찰나에 그 검을 짓밟아버려 휘두르지 못하게 한다. 이로써 상대방은 공격의 기세를 놓쳐 연속 공격을 할 수 없게 된다.

상대방 정신 제압하기 : 결투 중 상대방보다 먼저 급소를 공격한다.

검 짓밟기는 일종의 정신력으로서 손, 발, 온몸, 혹은 화력 등 어떤 수단을 쓰든지 간에 최종 목적은 상대방이 다시는 공격하지 못하도록 만들어 가능한 한 빨리 치명적인 피해를 입히고 승리하는 것이다.

느린 승부의 위험성

『오륜서』에서는 신속한 공격만이 단시간에 승부를 결정지을 수 있다고 했다. 만약 시간을 질질 끌면서 적에게 틈을 주면 다시 힘을 가다듬어 공격해 올 수 있다. 교전이 너무 오래 지속되는 위험에 대해 손자(孫子)는 다음과 같은 네 가지로 설명했다.

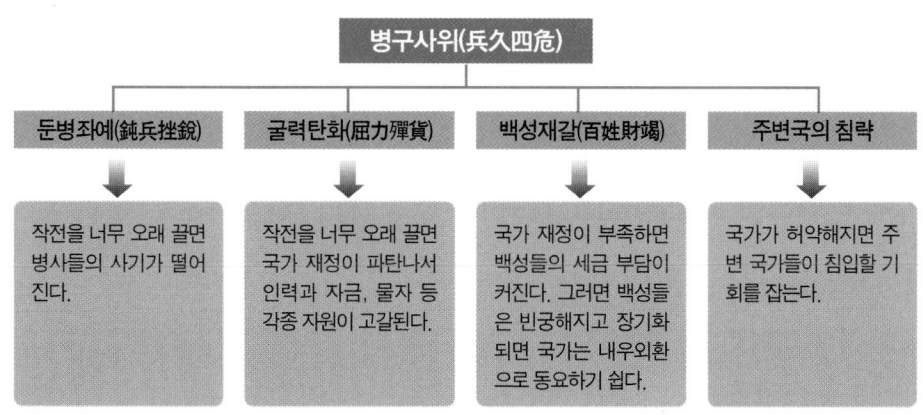

뿔뿔이 흩어진 적에게 수습할 시간을 주지 말라

연이어 힘없이 넘어지는 건물처럼 한번 수세에 몰린 적을 무너뜨리기란 손바닥 뒤집기처럼 쉽다. 이때의 적은 이미 뿔뿔이 흩어진 낙오병들이기 때문에 격퇴하기가 아주 쉬워서 그 기세를 몰아 끝까지 추격해 승리해야 한다. 만약 적이 수습할 시간을 갖는다면 권토중래(捲土重來)*의 기회를 잡을 수도 있기 때문이다.

결투에서는 반드시 유리한 기회를 잡아야 한다. 상대방의 공격 흐름이 깨져서 머지않아 패배할 기색이 엿보이면 조금의 틈도 주지 말고 완전히 무릎을 꿇을 때까지 맹공을 퍼부어야 한다. 이것이 바로 '승세를 타고 적을 궤멸'시키는 원칙이다. 이때는 당연히 강대한 역량과 과감한 행동이 뒷받침되어야 하는데, 최후의 공격이 치명적인 일격이 되어야 하기 때문이다. 그래서 추격의 역량은 엄청나게 맹렬해야 하며, 상대방의 행동을 예측하는 정확한 계산도 잊어서는 안 된다.

---

* 땅을 말아 일으킬 것 같은 기세로 다시 온다는 뜻으로, 한 번 실패했지만 힘을 회복하여 다시 쳐들어옴을 이르는 말이다. 중국 당나라 두목의 「오강정시(烏江亭詩)」에 나오는 말로, 항우가 유방과의 결전에서 패하여 오강(烏江) 근처에서 자결한 것을 탄식한 말에서 유래한다.

08 역지사지
상대방 입장에서 판단하기

≫≫ 설령 정통한 병법가일지라도 대규모 전투에서는 반드시 적군의 정황을 근거로 해서 승리의 전략을 짜야 한다. 만약 쌍방이 치열한 접전을 벌이며 전투가 교착 상태에 빠져 단시간에 승부가 나지 않을 상황이라면 과감하게 생각의 전환을 해야 한다. 이는 일대일 결투에서도 마찬가지다. 상대방과 승부를 내지 못할 때는 당연히 생각을 바꾸고 상대방의 입장에서 판단해 그 의도를 명징하게 파악해야 한다.

상대편 입장에서 전략을 수립하라

흔히 정통한 병법가라면 먼저 적의 정황을 파악해서 자신이 알고 있는 정보를 바탕으로 승리의 전략을 수립한다. 이것이 바로 상대편 입장이 되어 판단하는 것이다.

대규모 전투에서의 전략은 적을 결코 얕보지 않고 아는 것에서 출발해야 한다. 적을 경시하는 것이야말로 잘못된 판단을 하는 지름길이 된다. 따라서 정통한 병법가이고 강력한 부대의 지휘관이라 하더라도 상대편 입장에서 상황을 고려해 전략을 구사하는 것이 병법의 정석이라고 할 수 있다. 이 원칙은 일대일 결투에서도 마찬가지로 통용된다. 예를 들어, 상대방이 당신을 병법에 통달한 사람이라고 파악하고 있다면 그는 마음속에 두려움이 싹터 싸워보기도 전에 패배를 인정할 수도 있다. 이때 그러한 두려움을 최대한 이용해서 전략을 세운다면 승리는 따 놓은 당상이다.

생각의 전환을 꾀하라

단시간에 승부를 가리지 못하고 접전이 거듭될 때는 전략을 바꾸어야 전세의 국면을 반전시킬 수 있다. 이때 과감한 생각의 전환이 필요하다. 지금까지 고수하던 병법 대신 상대방이 생각하지 못한 의외의 전술로 기선을 제압하면 전세를 완전히 뒤바꿀 수 있다.

    대규모 전투에서 교착 상태에 빠지면 쉽게 결말이 나지 않은 채 애꿎은 병사만 잃게 된다. 그럴 때는 재빨리 전략을 바꾸어 완전히 새로운 방법을 구사해야 한다. 일대일 결투도 마찬가지다. 어느 쪽으로도 승부가 나지 않는 접전이 지속되면 과감하게 생각을 전환한다. 물론 전술을 바꿀 때는 상대방의 상황을 잘 고려해야 하는 것이 전제 조건이다. 앞서 말한 대로 상대방 입장에서 그가 앞으로 어떻게 나올 것인가, 즉 의도를 생각해 본 다음 새로운 전략을 수립해야 승리를 거둘 수 있다.

승리를 얻기 위한 상대방 파악하기

미리 적군을 간파하는 책략

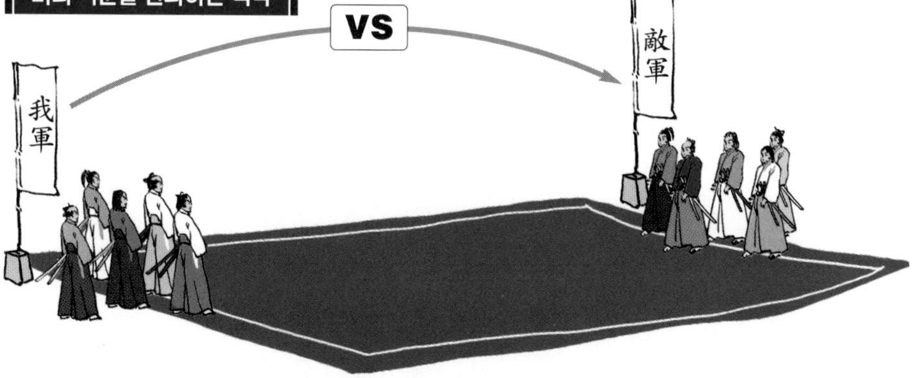

我軍 **VS** 敵軍

↓

적군의 입장에서 다음 책략을 가늠해 본다.

↓

적군의 전략을 미리 간파한다.

↓

적군의 의표를 찌르는 전략을 구사한다.

반드시 적군을 격파한다.

예견(豫見)에 필요한 요소

교전 중 적군의 전투력을 고려하는 일은 매우 중요하다. 다음 표는 전투력을 분석하는 구체적인 요소들이다.

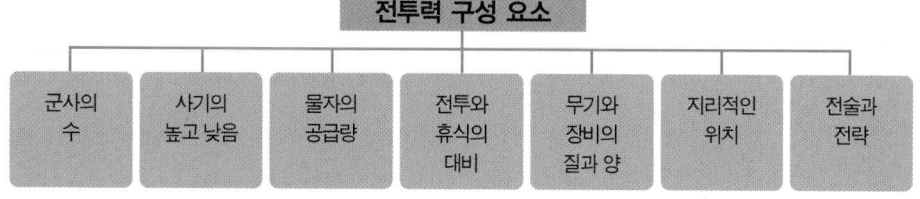

전투력 구성 요소

- 군사의 수
- 사기의 높고 낮음
- 물자의 공급량
- 전투와 휴식의 대비
- 무기와 장비의 질과 양
- 지리적인 위치
- 전술과 전략

5장 | 화의 권 : 병법 실천의 깨달음 | 207

상적32법(相敵三十二法)

손자는 『손자병법』 「행군行軍」 편에서 특별히 '상적(相敵 : 적군의 정세 관찰)', '요적(料敵 : 적군의 정세 판단)'에 관해 총괄하면서 모두 32종으로 구분했는데, 이를 '상적32법'이라 부른다. 이 서른두 가지 방법은 일정한 표준에 따라 다음 세 가지 유형으로 나눌 수 있다. 첫째, 외부 동태로 적군의 의도를 파악한다. 둘째, 객관적인 환경 변화에 근거해 적군의 행동을 판단한다. 셋째, 내부 동태로 적군이 처한 상황을 판단한다.

외부의 동태로 의도를 파악

적근이정자, 시기험야(敵近而靜者, 恃其險也)	적군에게 근접해도 안정되어 있다면 험한 지형의 이점을 활용하는 것이다.
원이도전자, 욕인지진야(遠而挑戰者, 欲人之進也)	적군이 먼 거리에서 도전하는 것은 아군을 유인해 끌어내기 위해서다.
기소거자, 역리야(其所居者, 易利也)	적군이 험준한 지형을 이용하지 않고 평지에 진을 쳤다면 유리한 조건을 갖고 있기 때문이다.
중초다장자, 의야(衆草多障者, 疑也)	풀숲에 장애물을 설치해 놓는 것은 아군의 판단을 흐리게 하기 위함이다.
사비이익자, 진야(辭卑而益備者, 進也)	적군 사신이 공손하지만 전투 태세를 강화한다면 공격 준비를 하는 것이다.
사강이강진누자, 퇴야(辭强而強進驅者, 退也)	적군 사신이 공격을 가하겠다고 큰소리치면 철수 준비를 하는 것이다.
경거선출거기측자, 진야(輕車先出居其側者, 陳也)	적의 전차 부대가 선두에 나서서 부대의 양옆에 자리를 잡았다면 전열戰列을 도모하겠다는 의도이다.
무약이청화자, 모야(無約而請和者, 謀也)	적군이 갑자기 강화를 요청하는 것은 다른 음모가 있다는 뜻이다.
분주이진병거자, 기야(奔走而陳兵車者, 期也)	적병들이 바쁘게 움직이고 전차가 지형을 갖춘다면 결전을 결심했다는 뜻이다.
반진반퇴자, 유야(半進半退者, 誘也)	적군이 전진과 후퇴를 반복하면 아군을 유인하려는 것이다.
내위사야, 욕휴식야(來委謝者, 欲休息也)	적군이 사신을 보내 겸손한 태도로 선물을 건네면 휴전을 원하는 것이다.
병노이상영, 구이불합, 필근찰지(兵怒而相迎, 久而不合, 又不相去, 必謹察之)	적군이 몹시 흉흉하게 기세등등하게 쳐들어와서도 오랫동안 전투를 하지 않거나 물러서지 않으면 그 의도가 무엇인지 면밀하게 살펴야 한다.
중수동자, 내야(衆樹動者, 來也)	숲에 바람이 없는데 나뭇가지가 흔들리면 적군이 습격해 오는 징후다.
조기자, 복야(鳥起者, 伏也)	새들이 갑자기 퍼드득 날면 적군의 복병이 있는 징후다.
수해자, 복야(獸駭者, 覆也)	짐승 무리가 놀라서 달아나면 적군의 대부대가 진격해 오는 징후다.
진고이려자, 거라야(塵高而銳者, 車來也)	먼지 구름이 높고 한줄기로 가늘게 일어나면 적군의 전차 부대가 몰려오는 징후다.

상적32법(相敵三十二法)

환경의 변화에 근거해 행동을 판단

- 비이광자, 도래야 (卑而廣者, 徒來也)
- 산이조달자, 초채야 (散而條達者, 樵採也)
- 소이왕래자, 역군야 (少而往來者, 營軍也)
- 조집자, 허야 (鳥集者, 虛也)
- 장이립자, 기야 (仗而立者, 飢也)
- 급이선음자, 갈야 (汲而先飮者, 渴也)
- 견리이부진자, 노야 (見利而不進者, 勞也)
- 야호자, 공야 (夜呼者, 恐也)
- 군요자, 장부중야 (軍擾者, 將不重也)
- 정기동자, 난야 (旌旗動者, 亂也)
- 이노자, 권야 (吏怒者, 倦也)
- 음마육식, 군무현추, 불반기사자, 궁구야 (粟馬肉食, 軍無懸甑, 不返其舍者, 窮寇也)
- 순순흡흡, 서어인입자, 실중야 (諄諄翕翕, 徐言入入者, 失衆也)
- 삭상자, 군야 (數賞者, 窘也)
- 삭벌자, 곤야 (數罰者, 困也)
- 선포이후외기중자, 부정지야 (先暴而後畏其衆者, 不精之至也)

내부의 동태로 상황을 판단

- 먼지 구름이 낮고 넓게 퍼지면 적군의 보병 부대가 진격해 오는 징후다.
- 먼지 구름이 흩어져서 일어나면 적군이 땔감나무를 모아 끌고 가는 징후다.
- 흙먼지가 적게 나고 짚었다 일었다 하면 적군이 막사를 설치하고 주둔하려는 의미다.
- 적군 진영의 막사 위에 새떼가 모여들면 그곳은 텅 비었다는 의미다.
- 적군이 병기를 땅에 짚고 서 있다면 식량이 떨어져 굶주리고 피로하다는 징후다.
- 적군이 물을 길어서 먼저 마시려고 다툰다면 목마름이 심하다는 징후다.
- 분명히 유리한데도 공격하지 않는다면 피로가 심하다는 징후다.
- 한밤중에 적군의 진지에서 서로 부르짖는 소리가 자주 들리면 공포에 떤다는 징후다.
- 적군의 막사가 소란스럽고 무질서하면 적장의 위엄이 없다는 의미다.
- 막사에 깃발이 혼란스럽게 휘날린다는 것은 적군 진영이 혼란스럽다는 징후다.
- 적장이 서두르거나 쉽게 화를 낸다면 적군이 지쳐 있다는 징후다.
- 적군이 전투마를 잡아먹는다면 식량이 떨어졌고, 걸어놓은 솥을 내버리고 막사로 돌아가지 않는다면 절박한 상황에 몰렸다는 징후다.
- 적병들이 자꾸 수군거리며 불평해하는데 적장의 낮고 부드러운 소리로 자신감 없이 훈시하면 통솔력을 잃었다는 징후다.
- 적장이 함부로 상을 내리면 지휘권이 약해져 속수무책이라는 징후다.
- 적장이 제멋대로 처벌하면 고경에 처했다는 징후다.
- 병사들을 포악스럽게 대하면서도 두려워하는 적장은 지혜롭지 못하고 소신이 없다는 징후다.

09 | 적을 이기는 다섯 가지 방법
탐색, 공갈, 마비, 균형 깨뜨리기, 혼란

>>> 탐색, 공갈, 마비, 균형 깨뜨리기, 혼란 등 적을 이기는 다섯 가지 방법에 대해 설명하고 있다. 적의 상황에 따라 각기 다른 대응 전략을 선택하면 된다.

탐색 : 맹렬하게 공격하는 체하며 적정을 살핀다

적의 의도를 예측하기 어려울 때는 탐색 방법을 사용한다. 탐색은 매우 중요한 방법으로서 '그림자 움직이기'라고 부른다. 대규모 전투에서 거짓으로 맹공을 퍼붓는 듯한 방법은 적군의 동태를 탐색하는 데 흔히 쓰이는 병법이다. 이때 적군은 반드시 방어를 하기 마련인데, 그 순간 전술과 관련된 모든 정보를 노출하게 된다. 이러한 정보 중에는 아군에게 필요한 것이 있기 마련이고, 그것을 이용해 전략을 세워 적을 무너뜨리는 것이다.

탐색은 일대일 결투에서도 적용 가능하다. 일부러 상대방을 뒤쪽이나 옆쪽에 두고 공격하게 하면 상대방은 의도를 노출할 수밖에 없다. 이렇게 얻은 정보를 바탕으로 그에 상응하는 책략을 세워 적절한 때에 과감하게 공격하면 승리를 거둘 수 있다. 이 순간을 놓친다면 승기를 잡을 수 없다.

공갈 : 엄포를 놓아 겁을 준다

적의 공격 의도가 명확하게 보일 때 그 기세를 눌러버리는 전술로서 공갈, 즉 '그림자 누르기'라고 부른다. 이 전술의 목적은 적군이 함부로 진격하지 못하도록 하는 데 있다.

대규모 전투에서 적군이 공격을 가해 오면 이 전쟁의 우위는 이미 아군이 장

다섯 가지 방법의 응용

승리 방법	적용 상황	일대일 결투	양군 교전
탐색	적군의 의도를 예측하기가 매우 힘들 때	상대방을 뒤쪽이나 옆쪽에 두고 공격하게 하면 상대방은 의도를 노출할 수밖에 없다.	거짓으로 맹공을 퍼부으면 적군은 전술을 노출하는데, 그렇게 얻은 정보로 적합한 공격 전략을 수립한다.
공갈	적군의 공격 의도가 명확하게 보일 때	상대방을 겁박(劫迫)하는 책략은 공포감을 주어 쉽게 공격해 오지 못하도록 한다.	적군이 먼저 공격을 가해 오면 전쟁의 우위를 아군이 이미 장악하고 있다고 강하게 표현함으로써 그 기세를 누른다. 그런 다음 겁을 먹고 머뭇거리는 사이에 결정적인 공격을 가해 승기를 잡는다.
마비	적군의 사기가 충천할 때	매우 피로하고 전투 의지를 상실한 것처럼 보이면 상대방 또한 바짝 긴장했던 공격 태세가 누그러져서 나태하고 산만해진다. 이때를 놓치지 않고 공격한다.	적군의 사기가 충천할 때 짐짓 나태하고 산만한 척하면 적군에게도 전염되어 경계 태세를 풀고 전투 의지가 약해진다. 바로 그 시점을 노려 몰래 공격 준비를 한다.
균형 깨뜨리기	적군의 마음이 혼란스러울 때	침착하고 느긋한 태도로 적군을 당황시킬 수도 있고, 격렬한 공격으로 상대방의 균형을 일거에 무너뜨릴 수도 있다.	극심한 스트레스, 과도한 피로와 긴장, 뜻밖의 상황에서의 놀람 등은 감정과 전술적 균형을 깨뜨리는데, 이것은 정신적으로 적군을 지치게 만든다.
혼란	강력한 적군을 미혹시켜야 할 때	상황에 따라 새로운 행동을 취하면서 상대방을 혼란스럽게 하여 심신을 피로하게 만든 다음 공격하면 쉽게 제압할 수 있다.	적군을 불안과 초조함에 몰아넣어 진정한 의도를 간파하지 못하도록 한다. 적군이 헤어나지 못할 만큼 혼란스러워지면 공격할 기회를 잡을 수 있다.

악하고 있다고 강하게 표현함으로써 분위기를 완전히 바꿀 수 있다. 순간 적군은 엄청난 기세에 눌려 전략을 바꾸는 등 갈팡질팡하게 되는데, 이렇게 겁을 먹고 머뭇거리는 사이에 결정적인 공격을 가하면 승리를 거둘 수 있다.

일대일 결투에서도 상대방이 맹렬하게 공격해 올 때 그 공격을 힘껏 저지하면서 기세를 꺾어버리면 머뭇거리는 틈을 이용해서 승기를 잡을 수 있다. 자신의 공격이 성공하리라는 상대방의 기세를 확실하게 꺾는 것이 핵심이다.

마비 : 불안한 정서로 사기를 떨어뜨린다

사람은 외부 상황에 쉽게 좌우된다. 특히 정서적으로는 더욱 심하며, 졸음이나 하품이 쉽게 전염되는 것도 마찬가지 이치다. 전투를 벌이는 과정에서의 정서 역시 쉽게 서로를 전염시킨다.

적군의 사기가 하늘을 찌를 듯 충천해 있고 공격 의지가 매우 강한 경우에는 의도적으로 지친 모습을 보이거나 전투 의지를 상실한 듯한 태도를 취할 필요가 있다. 그러면 적군도 바짝 긴장했던 공격 태세를 풀어버리고 나태하고 산만해진다. 이것이 바로 적군이 아군의 정서에 감염되어 마비되는 경우다. 이 순간 몰래 전열을 가다듬어 신속하고 맹렬하게 공격을 퍼부으면 전세(戰勢)는 완전히 뒤바뀐다.

이러한 전술은 일대일 결투에서도 적용된다. 겉으로는 느긋하고 긴장이 풀린 척하면서 실제로는 상대방의 감정 변화를 세심하게 관찰하다가 경계심을 완전히 풀고 나태한 모습을 보이면 전력을 다해 공격하는 것이다. 전투를 하면서 정서를 불안하게 만들면 공포, 슬픔, 위축, 싫증, 초조함 등을 불러와 치명적인 실수를 범하기 때문이다. 전투에서 정서를 잘 조절하는 것 역시 승리를 거두는 데 매우 중요한 요소로 작용한다.

균형 깨뜨리기 : 적군의 마음을 동요시킨 후 공격한다

사람의 마음을 혼란스럽게 만들어 감정의 균형을 깨뜨리는 전술이다. 극심한 스트레스, 과도한 피로와 긴장, 예상하지 못한 상황에서의 놀람 등은 감정과

증조단추(增竈斷追)

증조단추 고사

적군을 혼란에 빠뜨리는 병법은 자신의 진정한 의도를 숨기려는 것이다. 『후한서(後漢書)』 「우후열전(虞詡列傳)」에 따르면, 중국 동한(東漢) 시기 무도(武都) 태수인 우후(虞詡)가 바로 이 병법으로 110년에 중국을 침략한 농서(隴西) 강족(羌人)들을 무찔렀다.

풀어야 할 난제

① 우후의 부임을 저지하려고 수천 명의 강족 병사들이 농서로 통하는 길목에 주둔했다.

② 강족이 속은 줄 알고 뒤에서 바싹 추격하면서 우후의 부대를 전멸시키려고 했다.

③ 우후의 부대가 성 안으로 들어가자 뒤를 따르던 강족의 대부대가 성을 겹겹이 포위했다.

기만책으로 해결

원군이 도착하기를 기다렸다가 다시 출발하겠다는 거짓 소문을 퍼뜨림

이후 모든 병사들이 매일 솥단지 하나씩 더 늘려감

성 안에 있는 사람들에게 옷을 바꿔 입어 가면서 다른 성문으로 끊임없이 출입하게 함으로써 군사들의 수가 엄청나게 늘어나는 것처럼 꾸밈

결과: 강족은 거짓 소문을 듣고 우후가 적어도 잠시 동안은 전진하지 못한다고 판단해 철수했다. 우후는 이 틈을 타서 난관을 통과했다.

결과: 강족의 추격 병사들은 솥단지가 증가하자 한나라 원군이 이미 도착한 줄 알고 더 이상 공격하지 못하고 멀리서 추격해 올 뿐이었다.

결과: 이 광경을 본 강족은 한나라 군사들이 정말로 많은 것으로 착각해 결국 철군했다. 우후는 강족이 철군하는 길목에 복병을 두어 그들을 전멸시켰다.

적군을 혼란에 빠뜨리는 병법

손자(孫子)가 궤사20술(詭詐二十術)에서 제기한 것으로서 상황에 따라 적군을 혼란에 빠뜨리는 방법에 대해 설명하고 있다.

손자의 궤사20술

- 능이시불호능(能而示之不能) : 공격할 역량이 충분하지만 거짓으로 힘이 없는 것처럼 보임
- 용이시불용(用而示之不用) : 공격을 해야 하지만 할 필요가 없는 것처럼 보임
- 근이시지원(近而示之遠) : 가까운 곳에 진을 쳐야 하지만 거짓으로 먼 곳에 진을 침
- 원이시지근(遠而示之近) : 먼 곳에 진을 쳐야 하지만 거짓으로 가까운 곳에 진을 침
- 이이유지(利而誘之) : 탐욕스러운 적군일 경우 이익을 미끼로 유인함
- 난이취지(亂而取之) : 적군의 혼란을 틈타 공격함
- 실이비지(實而備之) : 적군의 힘이 탄탄하면 방비에 주의함
- 강이피지(强而避之) : 적군이 강하고 예리하면 잠시 피함
- 노이요지(怒而撓之) : 적군의 기세가 흉흉하면 순종하는 척함
- 비이교지(卑而驕之) : 적군이 겸손하게 말하면 우쭐함을 갖춤
- 일이노지(佚而勞之) : 적군이 충분한 휴식을 취하면 다시 피로하게 만듦
- 친이리지(親而離之) : 적군의 내부 관계가 화목하면 이간질함

전술적 균형을 깨뜨리기 때문이다. 이렇게 적군의 마음이 동요하는 틈을 타 허를 찌르는 불의의 공격을 가하면 승리를 거둘 수 있다.

일대일 결투에서도 어느 때는 침착하고 느긋한 태도에 상대방이 오히려 당황할 수도 있고, 또 어느 때는 격렬한 공격에 상대방이 균형을 잃어 완전히 무너질 수도 있다. 이처럼 그때그때 처한 상황에 따라 적절한 방법으로 상대방의 균형을 깨뜨리면서 그의 행동 하나하나에 주의를 기울인다.

혼란 : 아군의 의도를 모르게 한다

적군을 혼란스럽게 만드는 것은 마음을 동요시켜 불안감과 초조감에 휩싸이도록 하는 것이다. 먼저 적군의 심리 상태를 상세하게 살펴 아군의 진정한 의도를 알아채지 못하도록 마음을 교란시킨다. 이렇게 혼란스러워지면 적군은 점점 더 갈피를 잡지 못하게 되고, 이때 적절한 공격 시기를 잡아 승리를 거두는 것이다.

일대일 결투에서는 각각의 상황에 따라 새로운 행동을 취함으로써 상대방이 갈피를 못 잡고 허둥대도록 해야 한다. 순간순간 옮겨 다니면서 의도를 파악하지 못하도록 하면 상대방은 극도로 피로해진다. 이때 기회를 놓치지 않고 공격하면 쉽게 제압할 수 있다.

10 | 가척술과 후술
소리로 두려움을 유발하다

>>> 뜻밖의 큰소리는 순식간에 상대방을 놀라고 당황하게 만들어 주의력을 분산시키는 결과를 낳는다. 여기서는 불의의 호통과 큰소리로 상대방을 겁먹게 하는 방법을 소개하고 있다. 호통을 쳐서 머뭇거리는 틈을 타 유리한 국면으로 바꿀 수 있고, 힘이 넘쳐 귀청이 터지고 고막까지 쩌렁쩌렁 울릴 정도의 큰소리는 겁을 주는 데 최상의 효과를 낸다.

가척술 : 호통으로 상대방을 머뭇거리게 하다

가척술(呵斥術)은 불의의 호통으로 찰나에 까닭도 없이 상대방을 놀라고 당황하게 만드는 것이다. 이 호통은 주의력을 분산시키는 효과가 있다. 이때 주의할 점은 아군의 충만한 기세를 모두 담아 마치 폭탄이 터지듯 으름장을 놓아야 한다는 것이다. 위치를 갑자기 바꾸거나 뜻밖의 함성을 지르는 등 그 어떤 초식을 쓰더라도 여기서의 목적은 모두 상대방을 어리둥절하게 만들어 머뭇거리게 하는 것이다. 그로 인해 상대방이 당황한 순간을 놓치지 않고 정세를 자신에게 유리한 국면으로 전환시키는 것이 관건이다.

두 사람이 검으로 싸울 때는 몸의 자세를 바꾸면서 위협을 가할 수도 있고, 얼굴 앞에서 검을 휘둘러 겁을 줄 수도 있다. 이와 더불어 큰소리로 어리둥절하게 만들 수도 있는데, 이때는 상대방이 허둥지둥 어쩔 줄 몰라 하며 쩔쩔맬 수밖에 없다.

후술 : 큰소리로 상대방에게 겁을 주다

후술(吼術)은 포효(咆哮)함으로써 상대방을 두려움에 떨게 만드는 것이다. 후술은 흔히 처음 내는 소리, 중간에 내는 소리, 마지막에 내지르는 소리로 나뉜다.

후성(吼聲 : 큰소리)은 힘이 넘쳐 귀청이 터지고 고막까지 쩌렁쩌렁 울려야 한다. 마치 사나운 불을 뿜어내는 불꽃처럼 혹은 날카롭고 긴 소리를 내는 광풍처럼 상대방을 최대한 겁박해야 한다.

대규모 전투에서 공격을 시작할 때 내는 큰소리는 가능한 한 우렁차서 산이 무너지고 땅이 갈라질 만큼 힘이 잔뜩 들어간 것이어야 한다. 전투 중에 내는 소리는 낮게 깔리면서도 위력이 넘치는 사자후(獅子吼)가 좋고, 전투 후에 내는 소리는 우렁차면서도 승리의 희열이 가득해야 한다.

결투 중 큰소리를 내는 이유는 상대방의 정신을 산만하게 하기 위해서다. 따라서 성난 포효를 내지른 다음에는 조금도 멈칫하지 말고 곧바로 검을 휘둘러 베어야 한다. 그 후에 내는 소리는 승리를 상징한다. 그러나 검을 휘두를 때는 큰소리를 자제하는 것이 좋다. 힘이 약해질 수 있기 때문이다. 또한 전투 중에 내는 낮고 웅장한 소리는 몸의 움직임과 박자가 맞아야 좋다.

전투 중에 필요한 세 가지 소리

전투에서 큰소리는 상대방에게 겁을 주기 위한 것으로서 흔히 처음 내는 소리, 중간에 내는 소리, 마지막에 내지르는 소리의 세 가지로 나뉜다.

처음 내는 소리

전투가 시작될 때 내는 큰소리는 가능한 한 우렁차서 산이 무너지고 땅이 갈라질 정도로 힘을 가득 실어야 한다.

심리적으로 상대방을 위협한다.

중간에 내는 소리

전투 중에 내는 소리는 낮게 깔리면서도 위력이 넘치는 사자후가 좋다.

상대방의 정신을 어지럽힌다.

마지막에 내지르는 소리

전투 후의 소리는 우렁차면서도 승리의 희열이 가득 담겨야 한다.

승리의 소식을 전한다.

11 | 뒤엉키기 전술
상대방의 빈틈 찾기

▶▶▶ 뒤엉키기 전술은 대규모 전투와 일대일 결투에서 모두 활용할 수 있다. 이 전술은 쌍방 간에 승부가 나지 않고 전투가 치열해질수록 서로 뒤엉킨 가운데 자신의 통제 범위에 가두면서 상대방의 약점을 찾는 것이다. 여기서는 상대방의 약점을 찾아낸 후 그것부터 공략해서 결국에는 전체를 와해시키는 방법에 대해 소개하고 있다.

뒤엉키기 전술 : 뒤엉켜서 승기를 잡다

뒤엉키기 전술은 양측이 매우 가까운 거리에서 접전을 벌이면서 아주 치열하게 대적할 때 적극적으로 활용해야 한다. 이 전술은 가능한 한 상대방에게 바짝 붙어 있으면서 기회를 노리는 것이 핵심이다.

이 전술은 대규모 전투와 일대일 결투에서 모두 활용할 수 있는데, 승부가 잘 나지 않고 전투가 치열해질수록 서로 뒤엉킨 가운데 자신의 통제 범위에 가두면서 유리한 지점을 찾아야 한다. 그러한 과정에서 상대방이 점차 약점을 노출하면 기회를 잡아 공격함으로써 제압해 나가는 것이다. 이 전술은 병법에서 매우 중요하지만 그만큼 어려운 기술이기도 하다.

급소 치기 : 상대방의 약점부터 친다

때로는 상대방이 너무 강해서 곧바로 제압할 엄두가 나지 않을 수도 있다. 이럴 때는 약점을 찾아 그것부터 집중적으로 공략해야 한다. 약점을 무너뜨리다 보면 차츰 상대방의 전체를 무너뜨릴 수 있게 된다.

대규모 전투에서는 적군의 일거수일투족을 세밀하게 관찰하면서 선봉대의 공격을 피하는 동시에 약점을 찾아 집중 공략하는 전술을 활용해야 한다. 이렇게 전투를 효과적으로 시작하면 승리를 얻기 쉬운 호기(好機)가 찾아오는 법이다. 약

거현진(車懸陣)

뒤엉키기 전술은 양측이 매우 가까운 거리에서 접전을 벌이면서 아주 치열하게 대적하는 경우에 활용하는데, 거현진은 바로 이 같은 지구전에 유용한 진법이다.

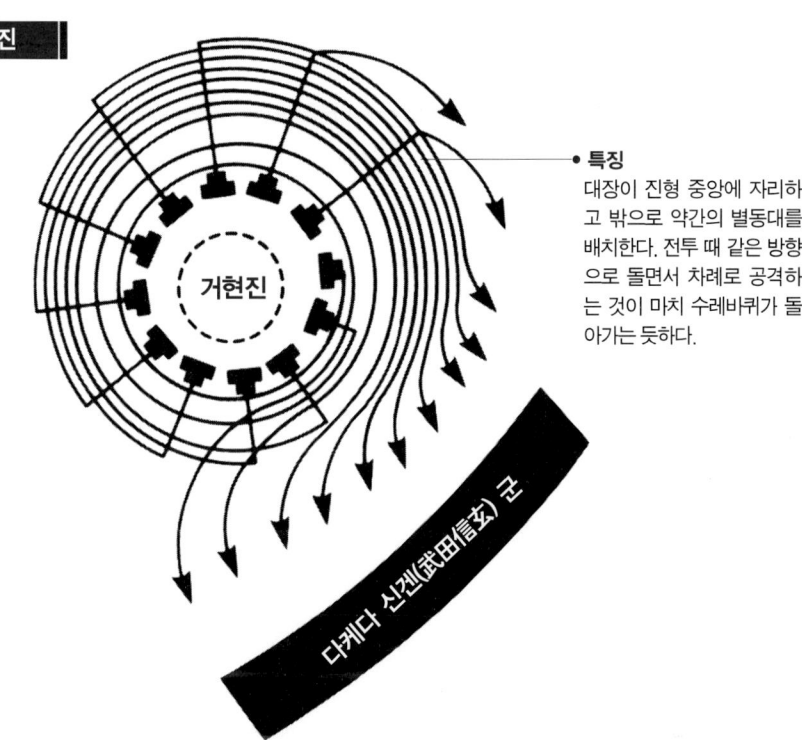

● 특징
대장이 진형 중앙에 자리하고 밖으로 약간의 별동대를 배치한다. 전투 때 같은 방향으로 돌면서 차례로 공격하는 것이 마치 수레바퀴가 돌아가는 듯하다.

다케다 신겐(武田信玄) 군

장 점	단 점
적군의 한편에만 계속해서 공격을 가해 그 한편의 피로감이 붕괴로 이어지게 한다. 수레바퀴처럼 아군이 계속해서 공격하기 때문에 먼저 공격한 부대는 재정비하여 전투력을 회복하는 여유가 생기므로 병력을 연이어 보충할 수 있다.	지형적인 제한을 많이 받기 때문에 지휘관의 지휘 능력이 아주 뛰어나야 기선을 제압할 수 있다. 동시에 계속해서 발생하는 전력 누수를 교대로 보충할 수 있기 때문에 지구전에는 강하지만 속도전에는 약하다.

보충 해설

거현진에 정통했던 우에스기 겐신 : 거현진에 관한 여러 논쟁이 있어 왔지만 아직까지도 명확하게 결론이 나지 않았다. 고증에 따르면, 거현진은 훈련이 매우 어렵고, 적어도 10년은 되어야 숙지할 수 있다. 거현진을 운용하기 위해서는 최상의 통솔력이 필요하며, 우에스기 겐신의 경우 거현진으로 다케다 신겐, 호조 우지야스(北條氏康) 등과의 교전에서 한 번도 패하지 않았다. 세키가하라 전투에서는 도요토미 정권의 고다이로 중 한 명이던 우에스기 가게카쓰(1556~1623년)가 거현진을 운용했다.

점을 공략하다 보면 전체를 무너뜨릴 수 있는 파괴력이 생기고, 이때 적군이 혼란에 빠지면 재차 급소를 공략해서 단번에 섬멸한다.

일대일 결투에서는 특별히 상대방의 약점을 연속적으로 공략하면서 신체의 일부를 손상시키는 것이 중요하다. 몇 차례 공격을 당하면 타격 부위의 상처가 악화되어 전투력이 급격하게 떨어진다. 바로 그때 결정타를 맞으면 다시는 일어설 수 없다.

12 갈지자 전술
양 측면을 교대로 공격하기

>>>> 혼자서 다수의 적을 상대해야 할 때는 갈지자 전술을 사용해야 한다. 우선 적군의 한쪽 측면을 집중 공격해 격파한 다음, 다시 다른 쪽 측면을 공격하는 것이다. 이를 반복해 갈지자를 그리면서 적군의 진영을 파고드는 것이 가장 효과적인 공격 방법이다. 만약 전투 중 한 가지 문제되는 것에 얽매였을 때는 상황을 재빨리 인식하고 신속하게 벗어날 방법을 도모해야 전체 국면을 고려하면서 책략을 짤 수 있다.

갈지자 전술

적군이 너무 강할 때는 화력을 집중해서 육박전을 하듯이 한쪽 측면만 공격한다. 이렇게 맹공을 퍼부어 한쪽을 무너뜨리면 곧바로 방향을 바꾸어 다른 한쪽 측면을 공격한다. 이러한 공격 전술의 동선이 갈지자를 그리기 때문에 '갈지(之)자 전술'이라고 부른다.

혼자서 혹은 소수의 병력으로 다수의 적과 싸울 때는 갈지자 전술이 유용하다. 먼저 상대편의 한 명을 공략해 쓰러뜨린 다음 바로 방향을 틀어 반대편에 있는 강한 적수를 공격하는 것이다. 이렇게 일정한 박자를 타고 갈지자 동선을 반복하면 비록 수적으로는 열세라도 적군 진영 깊숙이 진격할 수 있다.

이 전술은 효과도 좋을 뿐만 아니라 적군의 내부 배치를 분명하게 파악하는 데도 유리하다. 하지만 공격하기 전에 철저한 준비가 필요하며, 공격할 때는 절대로 머뭇거려서는 안 되고, 모든 화력을 모아 쉴 틈 없이 맹렬한 공격을 퍼부어야 승리할 수 있다.

전투 상황의 중시

전투를 하다 보면 여러 가지 상황에 처하게 되는데, 어떤 때는 아주 소소한 문제에 얽매일 수 있다. 이때는 우선 처한 상황을 명확하게 인식한 다음 그 문제로부터 신속하게 빠져나와 전체 국면을 중시하는 대책을 세워야 한다. 이는 '작은 것에서 큰 것으로의 전환'이라고 표현할 수 있는데, 다시 말해 지엽적인 문제에서 벗어나 대국(大局 : 전체적인 승부의 형세)을 중시한다는 의미다. 이 병법은 가장 중요한 책략이며 핵심적인 군사 사상이다. 물론 일상생활에서도, 그리고 일대일 결투나 대규모 전투 등 모든 경우에서 전체 국면을 고려하는 태도는 필요하다.

갈지자 공격

갈지자 전술의 진공법

적군의 진영을 갈지자를 그리며 공격해 와해시키는 전술로서 망설임 없이 모든 전력을 집중하여 쉴 틈 없이 맹공을 퍼부어야 한다. 이는 가장 효과적인 공격 방법이다.

갈지자를 그리면서 나아가기 때문에 '갈지자 전술'이라고 부른다.

한쪽 측면을 무너뜨린 다음 곧장 방향을 틀어 다른 한쪽을 공격한다.

막강한 상대와 싸울 때는 모든 화력을 집중해서 우선 한쪽 측면을 맹렬하게 공격한다.

죽음을 각오하다

무사시는 『오륜서』에서 싸움을 할 때는 반드시 쉬지 않고 전력을 다해 공격해야 한다는 점을 강조했다. 이는 무사도에서 '죽음을 각오한다'는 것과 같은 말이다. 무사로서 언제나 생명을 던질 수 있다고 하는 결심은 목숨을 걸고 교전을 벌이는 것과 같다.

5장 | 화의 권 : 병법 실천의 깨달음 | 223

13 | 변화의 원칙
새로운 국면으로 전환하기

>>>> 변화는 병법에서 가장 중요한 원칙으로서 전투 중에는 가능한 한 같은 전술을 반복하지 말아야 한다. 끊임없이 생각을 바꿔 가면서 적군을 예상치 못한 상황으로 밀어 넣어야 한다. 적군이 산이라고 생각하면 바다로, 적군이 바다라고 생각하면 도리어 산으로 몰듯 뜻밖의 상황을 만들어 허를 찌르는 것이다. 또한 양군이 교전 중 교착 상태에 빠지면 그 상태를 과감하게 정리하고 새로운 전술을 구사하여 전투를 새로운 국면으로 전환시켜야 한다.

허를 찌르기 : 계속된 변화로 뜻밖의 상황에 몰아넣어라

전투 중 같은 동작을 수차례 반복하는 것은 좋지 않은데, 피치 못할 상황일지라도 세 번 이상 반복하는 것은 피해야 한다. 적군에게 전술을 써서 예상한 만큼의 효과가 없다면 즉시 그 전술은 버려야 한다. 한 번 성공하지 못한 전술은 어떤 상황이어도 다시 사용했을 때 효과를 볼 수 없기 때문이다. 따라서 전투 상황에 따라 완전히 새로운 전술을 수립하는 것이 바람직하다. 그런데 완전히 다른 전술로 적군의 의표를 찔렀는데도 싸움이 끝나지 않는다면 또 다른 전술을 구사해야 한다. 요컨대 기존의 전술은 다시 사용할 수 없다. 변화야말로 병법에서 가장 중요한 원칙으로서 끊임없이 생각을 변화시키는 것, 바로 뜻밖의 허를 찌르는 것이다.

새로운 국면으로 전환하기 : 교착 상태에서는 과감하게 전술을 바꾸어라

싸움의 결과가 나지 않고 교착 상태에 빠졌을 때는 과감하게 새로운 대책을 세워야 한다. 다시 말해 거문고의 줄을 갈고 가던 길을 변경해야 한다는 뜻이다. 즉 지금의 전투를 새로운 국면으로 전환시키기 위해서는 원래의 전술을 철저하게 버려야 한다. 이처럼 주동적으로 전술을 바꾸어 긴장 국면을 깨뜨리고 새로운 국면을 형성한다면 유리한 기회를 선점할 수 있다. 교착 상태에서 과감하게 전술을 바꾸는 것은 효과적인 승리의 방법이자 매우 중요한 병법 사상이다.

기묘한 전술로 승리한 이쓰쿠라시마 전투

1551년, 스오노쿠니(周防國 : 야마구치 현 동남부)의 무장인 스에 하루카타陶晴賢와 모리 모토나리毛利元就가 아키노쿠니(安芸國 : 히로시마 현 서부) 이쓰쿠라시마嚴島에서 전투를 시작했다. 이후 1555년 초에 모리 모토나리는 스에 하루카타를 꾀어내서 공격하기 위해 이쓰쿠라시마에 미야오성宮尾城을 쌓았다.

이쓰쿠라시마 전투(嚴島の戰い)

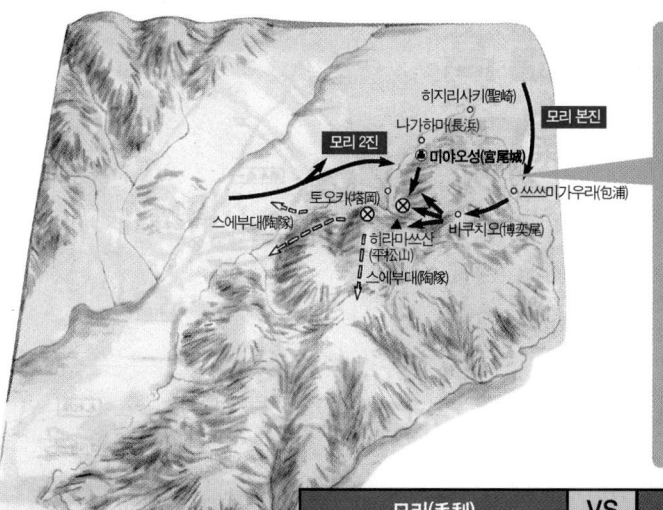

이쓰쿠라시마로 향하는 스에 하루카타를 유인하기 위해 모리 모토나리는 스에 하루카타를 배반하고 항복한 고이 나오유키(己斐直之)와 쓰보이 모토마사(坪井元政)에게 미야오성을 지키도록 했다. 그러고는 미야오성을 쌓은 것은 실수로서 만약 스에 하루카타가 미야오성으로 진격해 오면 패배하고 말 것이라는 거짓 소문을 퍼뜨렸다. 이와 함께 가신 가쓰라 모토즈미(桂元澄)에게는 거짓으로 스에 하루카타와 내통한 다음 함께 미야오성을 공격하도록 유도했다.

모리(毛利)	VS	스에(陶)
4천 명	병력	2만 명
모리 모토나리, 깃카와 모토하루(吉川元春), 고바야카와 다카카게	주요 참전 장수	스에 하루카타, 미우라 후사키요(三浦房淸), 히로나카 다카카네(弘中隆包)

전투 과정

9월 21일 ― ① 스에 하루카타는 전투에 앞서 해로(海路)를 통해 섬을 점령하자는 의견을 받아들여 2~3만 병력을 이끌고 이쓰쿠라시마에 상륙했다. 그리고 미야오성을 포위한 다음 대본영을 토오카(塔岡)에 세웠다. 모리 모토나리는 4천 명 정도의 병력을 이끌고 구사쓰성(草津城) 부근에 집결해서 이요(伊予) 수군의 지원을 받아 폭풍우가 몰아치는 밤을 틈타 상륙을 감행했다. 그때 모리 모토나리가 타고 있는 배 외에는 불을 켜지 못하도록 한 뒤 이쓰쿠라시마에 무사히 도착했다. 한편 고바야카와 다카카게가 이끄는 별동대는 미야오성을 포위한 스에 군을 돕기 위한 원군으로 위장하여 그곳을 통과한 다음 미야오성에 있는 아군과 합류하는 데 성공했다.

10월 1일 새벽 ― ② 모리 모토나리의 기습으로 스에군은 대혼란에 빠지고 말았다. 스에 하루카타는 이쓰쿠라시마를 빠져나갈 궁리를 했지만 해로가 이미 모리군에게 봉쇄된 탓에 단 한 척의 배도 구할 수 없었다. 결국 그는 혼전 중에 자결하고 말았다.

10월 4일 ― ③ 히로나카 다카카네는 고마가바야시(駒ヶ林)에서 항전을 계속하다가 마침내 패배하고 자결했다.

10월 5일 ― ④ 승리한 모리군은 이쓰쿠라시마를 떠나 사쿠라오성(櫻尾城 : 히로시마 현 하쓰카이치 시廿日市市)으로 개선했다.

센고쿠 시대의 수군

센고쿠 시대의 일본 배는 일반적으로 크기에 따라 아타케부네(安宅船), 세키부네(關船), 고바야부네(小早船)의 세 가지로 나뉜다. 세 가지 모두 외돛배로서 멀리 항해할 때는 돛을 올리고, 근거리 전투에서는 노를 사용했다. 선체는 상부, 중부, 저부(底部) 세 부분으로 구분해서 흘수선(吃水線 : 배가 물 위에 뜰 때 잠기는 부분) 이하를 저부로 보았다.

센고쿠 시대의 군선 유형

아타케부네

방어력이 가장 좋고 선체의 면적이 비교적 크다. 거북이 뼈로 짠 구조가 견고하지만 조선의 거북선과 명나라의 복선(福船)에 비하면 매우 약하다. 배 중앙의 후방에는 3층짜리 경계용 망루를 세웠고, 작은 노 160자루, 큰 노 80자루가 배치되어 있다. 선상에 배치하는 무기는 오오즈쓰(大筒 : 센고쿠 시대 후기부터 사용한 옛날식 대포)와 철포였는데, 정규 해군의 핵심 전력이었을 뿐만 아니라 수군 포진의 핵심적인 위치를 차지하고 있었다.

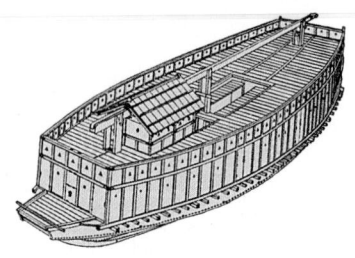

세키부네

중형 전선(戰船)에 속한다. 방어성과 기동성을 동시에 고려했지만 기동성이 다소 우세했다. 우현과 좌현 양쪽에 40자루에서 80자루까지의 노를 두었고, 주요 무기로는 수군의 필수품인 오오즈쓰와 철포를 배치했다.

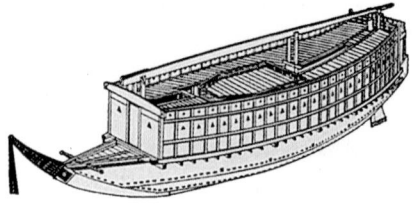

고바야부네

소형선에 해당하며 기동성이 강하고 방어력은 약했다. 양 현에 40자루 이하의 노를 두었고, 주로 정찰과 정보 수집 임무를 맡은 정규 해군이 탔다. 가볍고 정교하고 민첩해서 효능성이 높았지만 기술 수준이 떨어져 흔히 무리를 이루어 전투에 투입되었다. 고바야부네는 다시 철포선, 장병선(長柄船), 기선(奇船), 모노미선(物見船 : 척후선), 번선(番船), 병량선(兵糧船) 등으로 나뉜다.

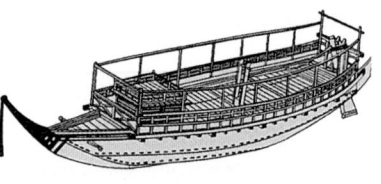

군선의 병력 비교

	수군(명)	선원(명)	대포(문)	철포(문)
아타케부네	60	80	3	30
세키부네	30	40	1	20
고바야부네	10	20	0	8

명나라의 복선

복선은 중국 명나라 수군의 주요 장비로서, 복건성 연안에서 만들어진 배를 통칭한다. 배의 밑바닥은 뾰족하고 위는 넓은 형태다. 또한 뱃머리는 뾰족하고 후미는 넓으며 양 머리를 위로 치켜들고 있다. 복건성에서 자라는 소나무, 삼나무, 녹나무로 건조(建造)했다.

1560년에 왜군과 싸워 수차례나 대승을 거둔 명나라의 명장 척계광(戚繼光, 1528~1588년)은 이렇게 말했다.
 "왜선(倭船)은 원래 왜소한데, 고바야부네의 경우는 명나라 복선 앞에서 마치 앞발을 들고 수레바퀴를 멈추려고 하는 사마귀 같다."
 명나라 모원의(茅元儀)가 편찬한 병서인 『무비지(武備志)』는 또 이렇게 서술했다.
 "고바야부네는 파도에 넘실대며 화기를 싣고 호호탕탕 들이닥치더라도 그다지 위력적이지는 않다. 설령 복선이 몇 척밖에 되지 않을지라도 적군의 간담을 서늘하게 만들기에 충분했다."
 이것으로 보아 명나라 수군의 배는 클 뿐만 아니라 전투력 또한 강했음을 알 수 있다.

복선(福船)

조선의 거북선

거북선은 16세기 조선의 전라좌도 수군절도사 이순신 장군이 수군과 장인들을 통솔해 제조한 철갑선으로, 배 모양이 거북이와 닮았다. 대형 전선인 거북선은 길이가 35미터, 너비가 11.8미터, 높이가 5.2미터였다. 배의 양 현에는 70여 개의 구멍이 뚫려 총, 대포, 화살을 쏠 수 있었다.

배의 좌우 현에는 각각 열 자루의 노가 있었고, 돛대는 세우거나 거둬들일 수 있었다.

양 현에는 각각 총구가 여섯 군데씩 뚫려 있고 그 아래 여섯 자루 내지 여덟 자루의 노가 있었다.

거북 뱃머리는 유황과 초석(硝石 : 질산칼륨)과 같은 독기를 지닌 화염을 내뿜었다.

배 앞쪽의 용머리와 입은 총구였다.

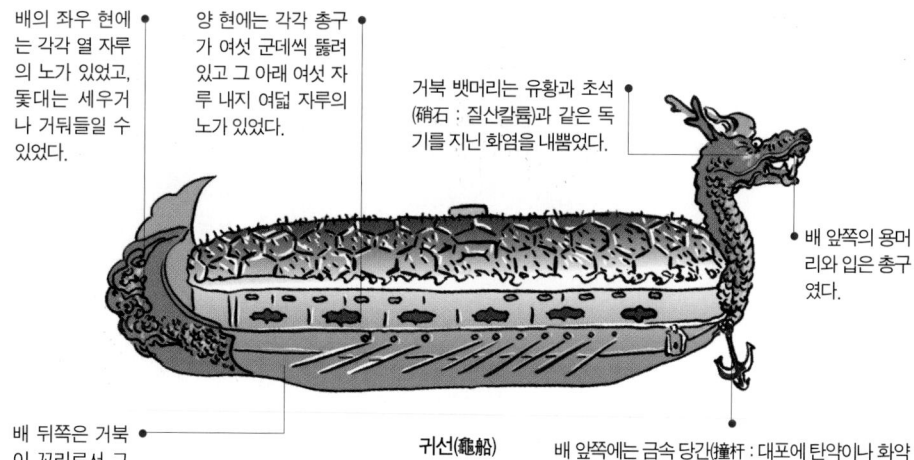

귀선(龜船)

배 뒤쪽은 거북이 꼬리로서 그 아래에도 총구가 뚫려 있었다.

배 앞쪽에는 금속 당간(撞竿 : 대포에 탄약이나 화약을 장전(裝塡)하기 위해 밀어 넣는 데 쓰던 막대 모양의 기구)이 있고, 위쪽은 널빤지로 뒤덮였다. 널빤지 갑판에는 십자형의 작은 노가 있었는데 예리한 칼날이나 송곳은 꽂혀 있지 않았다.

5장 | 화의 권 : 병법 실천의 깨달음 | 227

바다 위의 성, 아타케부네

아타케부네는 길이가 50미터, 너비가 10미터 이상되는 대형 전함으로, 몸집이 거대해 백 명 이상의 군사들을 실을 수 있었지만 속도는 빠르지 않았다. 하지만 전투 시에 단지 십 수 명의 선원만으로도 민첩하게 조작할 수 있었다. 철포와 오오즈쓰를 배치해 두어 방어력은 비교적 좋았다. 또한 '바다 위의 성城'이라고 불리면서 일본 센고쿠 시대 해전의 주력 전함으로 한 시대를 풍미했다. 이름은 갑판 위에 집 모양의 지휘소가 있는 데서 유래했다. 조선의 판옥선보다 길이는 길었고, 갑판은 2층 구조로 되어 있었다. 상갑판에 전투원이 탑승하고, 하갑판에 노잡이들이 탑승하는데, 상갑판에는 총포를 쏠 수 있는 구멍과 노 젓는 구멍이 있었다.

야구라(櫓 : 마을)

아타케부네는 세키부네를 기초로 건조했는데, 머리부터 꼬리까지 모두 널빤지로 둘러싸 방어 장갑(裝甲 : 적의 총포탄을 막기 위해 배나 차 따위에 특수한 강철판을 덧씌)으로 사용했다. 여기에는 총구가 뚫려 있어서 화살과 총포를 쏘는 데 유리했다. 배 밑바닥에는 방수구(防水區)를 만들어 놓아 선체가 부분적으로 파손되어도 안전했다.

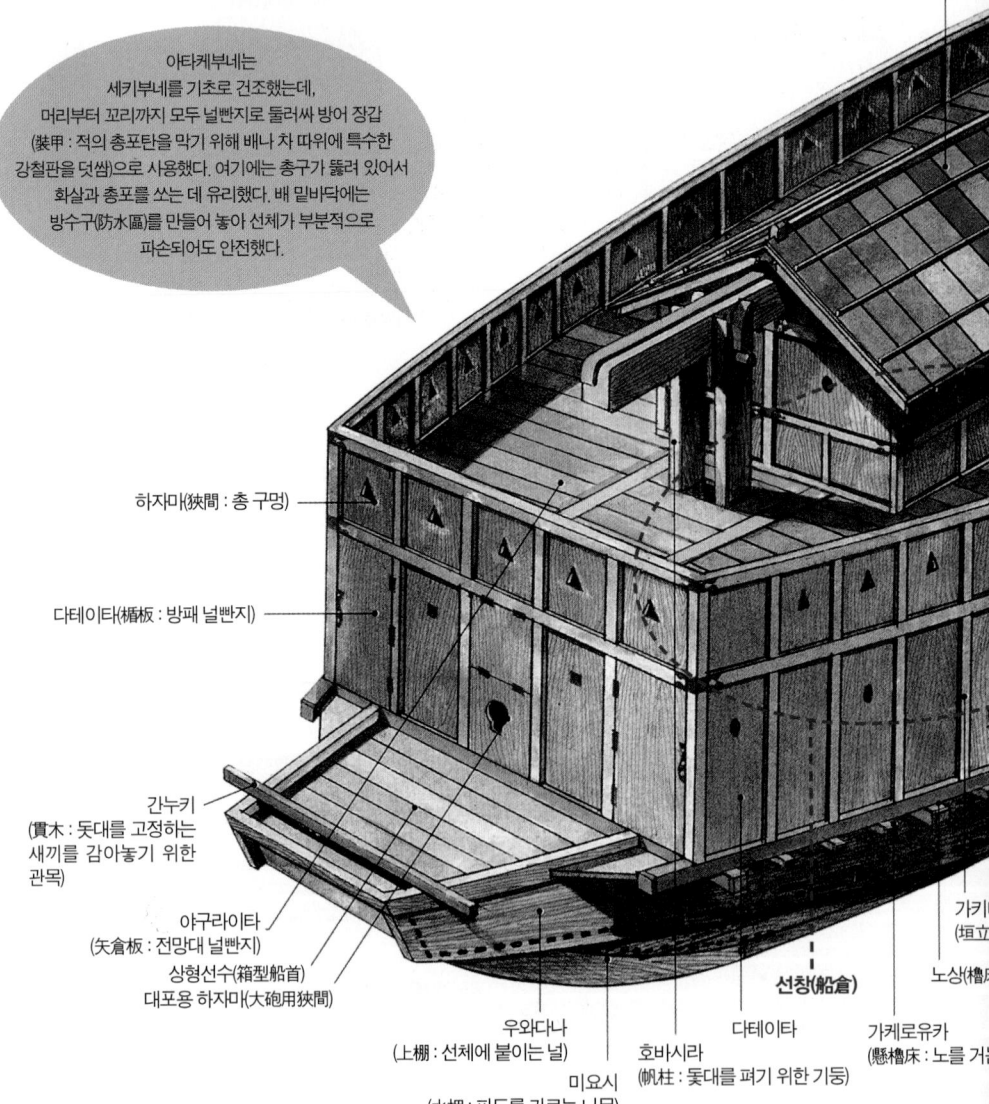

- 하자마(狹間 : 총 구멍)
- 다테이타(楯板 : 방패 널빤지)
- 간누키 (貫木 : 돛대를 고정하는 새끼를 감아놓기 위한 관목)
- 야구라이타 (矢倉板 : 전망대 널빤지)
- 상형선수(箱型船首)
- 대포용 하자마(大砲用狹間)
- 우와다나 (上棚 : 선체에 붙이는 널)
- 미요시 (水押 : 파도를 가르는 나무)
- 선창(船倉)
- 다테이타
- 호바시라 (帆柱 : 돛대를 펴기 위한 기둥)
- 가키 (垣立)
- 노상(櫓床)
- 가케로유카 (懸櫓床 : 노를 거는)

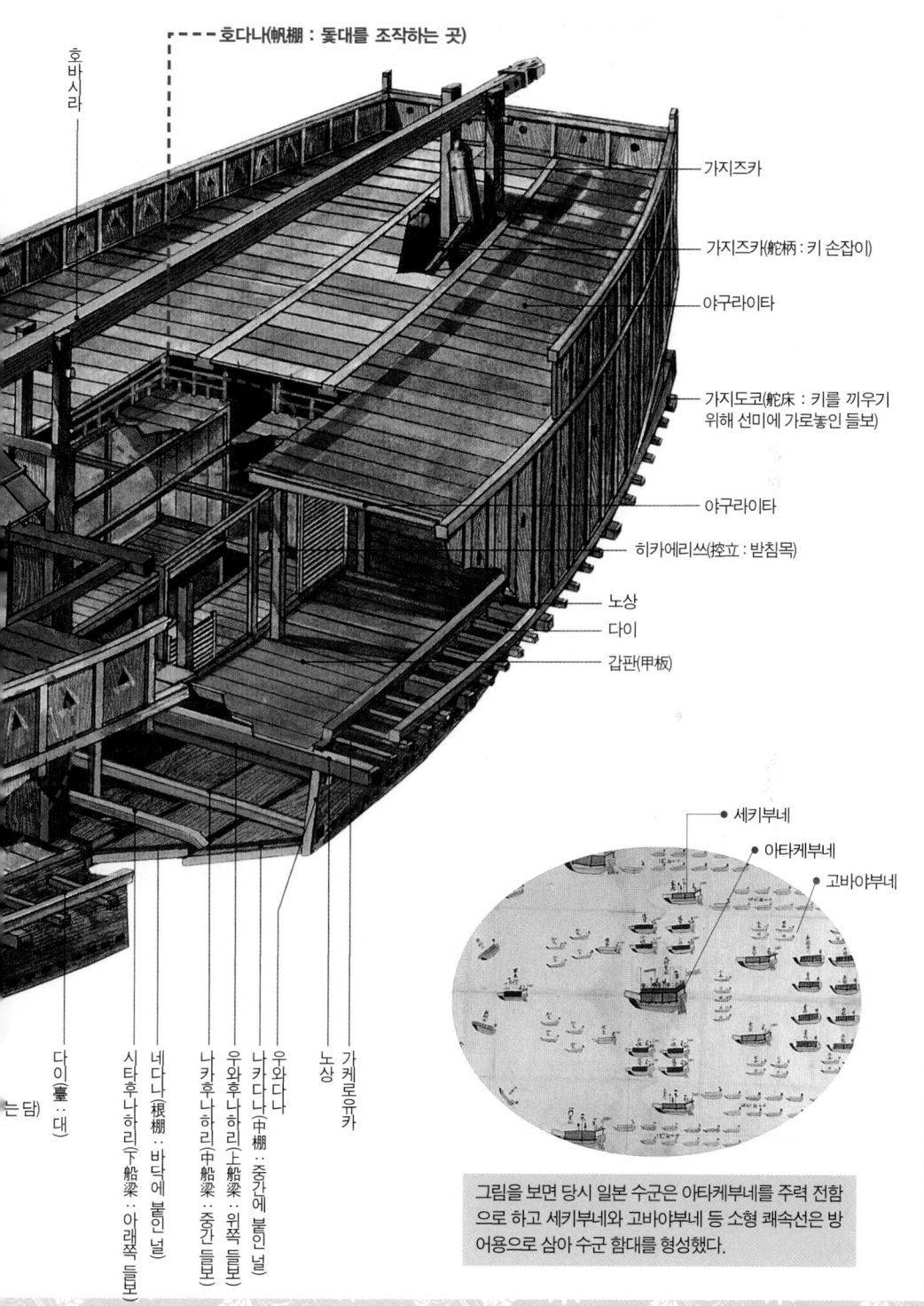

그림을 보면 당시 일본 수군은 아타케부네를 주력 전함으로 하고 세키부네와 고바야부네 등 소형 쾌속선은 방어용으로 삼아 수군 함대를 형성했다.

5장 | 화의 권 : 병법 실천의 깨달음 | 229

14 공심위상
승부의 관건이 되는 심리전

>>> 공심위상攻心爲上이란 심리전으로 상대방을 이기는 것이 상책이라는 말이다. 심리학 원리로 작전을 표현한 것인데, 전투를 할 때 정신과 의지 측면에서 철저하게 상대방을 와해시키는 것이다. 여기서는 공심위상, 단숨에 무찌르기, 적군을 부하처럼 지배하기, 큰 바위와 같은 몸 등 무사시가 제시한 심리전에 대해 설명하고 있다.

공심위상 : 적의 의지를 박살내라

결투를 하다 보면 이미 승세가 기울었음에도 불구하고 패배를 인정하지 않고 완강하게 저항할 때가 있다. 그럴 때는 상대방의 의지를 완전히 무너뜨려야 한다. 즉 태도를 바로잡아 상대방에게 더욱더 강한 기세를 내뿜으면서 요행을 바라는 심리를 뿌리째 없애는 것이다. 승리자로서의 태도를 강하게 내비치어 상대방이 마음속으로 이미 패배를 인정하고 일말의 회생 가능성이 없다는 사실을 자각하게 해야 한다.

무기를 이용해 상대방을 무너뜨리거나 손과 발로도 승리를 거둘 수 있지만 의지로도 상대방을 제압할 수 있다. 이처럼 이기는 방법은 하나에 국한된 것이 아니다. 그러나 진정한 승리라고 말할 수 있는 것은 바로 상대방이 마음속으로 자신의 패배를 인정하고 자신감을 완전히 상실한 상태다. 심리적으로 패배를 인정해야 싸움이 끝난다는 말이다.

만약 상대방이 패배를 인정하지 않고 내심 재기를 꿈꾸고 있다면 설령 아무리 큰 승리를 거두었다 하더라도 결코 경계심을 늦추어서는 안 된다. 상대방의 야심을 뿌리째 뽑아내야만 권토중래를 도모하지 못한다. 따라서 어떤 전투 혹은 결투에서든 심리적으로 격퇴시키는 공심위상의 병법이 최상의 원칙이라 할 수 있다.

적군을 자신의 바둑알로 삼기

장적여졸將敵如卒은 '적군을 내 부하처럼 지배한다'는 뜻인데, 우선 사고방식을 파악해야 수하 병졸인 듯 자유자재로 조종할 수 있게 된다. 어떤 상황에서든지 뛰어난 장수는 적군을 마치 손바닥에 올려놓고 내려다보듯이 자유자재로 부릴 수 있다. 이처럼 일단 병법의 최고 경지에 이르면 적군의 사고방식을 꿰뚫어볼 수 있으므로 그들의 입장에서 취할 행동을 예측함으로써 자기 통제 안에 가둘 수 있다.

적군을 내 부하처럼 부리는 방법

적군을 마치 자신의 손바닥에 올려놓고 내려다보듯 자유자재로 부린다.

將敵如卒

상대편의 의지를 박살내는 방법

- 심리전은 승부의 관건
- 정신적으로 상대편을 굴복시킴
- 상대편보다 한 수 앞선 생각
- 기세로 상대편을 압도함

단숨에 무찌르기 : 기세로 적을 압도하라

전투에서 승리를 거두기 위해서는 우선 상대편을 철저하게 궤멸시킬 만한 필승의 신념과 기세로 압도하는 사기가 있어야 한다. 그렇게 하기 위해서는 일단 상대편의 약점을 파악해야 하며, 그런 다음에는 스스로 기세가 한층 더 강해짐을 느낄 것이다.

전투를 벌이다 보면 상대편의 숫자가 그리 많지 않은 경우도 있고, 숫자는 많아도 사기가 땅에 떨어졌다거나 대다수가 노약자 혹은 병자여서 힘을 발휘하지 못하는 부대일 수도 있다. 이렇게 객관적으로 유리한 상황에서는 조금의 망설임도 없이 역량을 총집결해 단숨에, 그리고 단기간에 상대편을 무너뜨려야 한다. 하지만 단숨에 공격하기 위해서는 아군의 힘이 강하다는 것이 전제되어야 한다. 만약 아군이 무력하고 약하다면 섣부른 공격은 삼가야 한다. 오히려 상대편에게 반격의 빌미만 제공해 결과적으로 낭패를 볼 수 있기 때문이다.

일대일 결투에서도 마찬가지다. 상대방의 기술이 자신보다 못함이 분명하다면 지체 없이 단숨에 공격을 가해 제압해야 한다.

때로는 상대편의 대오(隊伍)가 산만해지면서 철수를 한다거나 혹은 사기가 떨어져 자진해서 후퇴하는 경우도 있다. 이때는 공격할 수 있는 절호의 기회로서 절대로 놓치지 말고 맹렬하게 공격을 퍼부어 상대편이 전열을 가다듬고 부대를 재정비할 수 있는 틈을 주지 않도록 한다.

적군을 부하처럼 지배하기 : 적군의 사고방식을 이해하라

적군을 내 부하처럼 지배하는 것도 병법의 원칙 중 하나로서 전투 중 어느 때라도 적용할 수 있다. 우선 적군의 의도를 파악해야 그들을 자유자재로 조종하고 동원할 수 있는 것인데, 이러한 경지에 도달하면 나는 장수가 되고 적군은 나의 사졸이 되는 것과 같다.

전투에서 뛰어난 장수는 적군을 마치 손바닥에 올려놓고 바라보듯 마음대로 부릴 수 있다. 적군의 사고방식을 꿰뚫어봄으로써 그들의 입장에서 모든 것을 고려하여 취할 행동을 예측할 수 있기 때문에 그에 상응하는 대책을 수립할 수 있

큰 바위와 같은 몸이 최고의 경지

큰 바위와 같은 몸은 돌발 상황에서도 암석처럼 동요하지 않는 확고한 의지를 가리킨다. 현묘한 이 치가 충만하고 변화무쌍한 병법의 세계에서 큰 바위와 같은 몸은 최고의 경지다.

심신이 모두 평온해야 명중시킬 수 있다

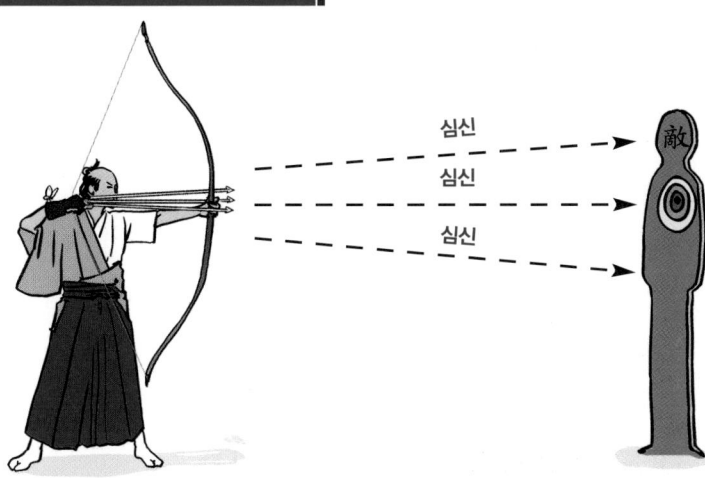

큰 바위와 같은 몸이 되기 위한 전제 조건은 상대편을 알아야 하는 것이다

중국의 고전소설인 나관중의 『삼국지』 제95회 '공성계(空城計)'를 보면 다음과 같은 내용이 있다. 삼국 시대 위나라는 사마의(司馬懿)를 파견하여 촉나라의 가정(街亭)을 공격하도록 했지만 실패하고 말았다. 이후 사마의는 제갈량을 추격하며 서성(西城)에 다다랐는데, 이때 양측의 병력은 큰 차이가 있었다. 당시 제갈량은 병력도 없이 적군을 맞이하는 것과 같았다. 하지만 그는 냉정을 잃지 않고 침착하게 성문을 연 채 적군을 맞이했다. 이에 사마의는 제갈량의 술수에 넘어가 싸워보지도 않고 퇴각했는데, 이것이 이른바 공성계다.

제갈량	제갈량은 사마의가 성 안에 매복이 있다고 판단하여 두려워한다는 것을 알고 있었다. 그래서 성문을 활짝 열고 성루에서 향을 피우며 느긋하게 거문고를 뜯었다. 사마의가 대군을 이끌고 눈앞에까지 와 있었지만 제갈량은 자신이 긴장하고 있음을 결코 노출시키지 않은 것이다.	승
사마의	성 안에 매복이 있다고 잘못 판단하여 병사를 이끌고 퇴각해 버렸다.	패

기 때문이다. 그렇게 되면 적군은 내가 세운 함정에 빠져 오로지 내 명령만을 기다리는 바둑알 신세로 전락한다.

큰 바위와 같은 몸 : 큰 바위와 같은 마음으로 절대 동요하지 마라

큰 바위와 같은 몸은 어떤 돌발 상황에서도 동요하지 않는 암석처럼 확고한 의지를 가리킨다. 어떤 힘이나 어떤 무기로도 암석처럼 단단한 의지와 꿋꿋한 신념을 흔들거나 바꿀 수 없다. 현묘(玄妙)한 이치가 충만하고 변화무쌍한 병법의 세계에서 큰 바위와 같은 몸은 최고의 경지를 말한다.

"동요하지 않는 '큰 바위와 같은 몸(의지)'은 그 어떤 것보다 위대하다"라는 말은 병법의 세계에서 대대로 전해져 내려오는 비결이다.

칼자루 놓기 : 승부를 결정짓는 것은 정신이다

칼자루 놓기에는 두 가지 의미가 있다. 하나는 검을 가지고 있지만 승리하지 못하는 것이고, 또 하나는 검이 없지만 승리하는 것이다. 이는 정신과 신념이 승리에 미치는 영향을 강조하는 말이다. 싸움을 할 때 검이 있더라도 필승의 신념이 없다면 반드시 패배한다. 반면에 검이 없는 것 마냥 열세일지라도 승리에 대한 강렬한 신념이 있다면 얼마든지 전세를 뒤집을 수 있다. 따라서 싸움의 승부는 검의 있고 없음에 달려 있는 것이 아니라 승리를 위해서라면 어떤 것도 불사하겠다는 정신에 따라 갈린다.

6장 풍의 권

검도 유파의 풍격

'풍의 권風之卷'에서 '풍'은 풍격風格을 의미하는 것으로서, 여타 병법 유파의 풍격에 대해 상세하게 설명하고 있다. 객관적으로 보면 발견할 수 있는 것으로, 긴 검 혹은 짧은 검을 선호하거나 완력腕力 혹은 병기兵器를 선호하거나 지나치게 검술의 기교를 탐닉하는 것 등은 모두가 편법이지 진정한 검법과는 거리가 멀다. 미야모토 무사시는 '풍의 권'에서 니텐이치류 외의 다른 유파의 특징을 분석해 놓음으로써 오히려 니텐이치류를 더욱 잘 이해하고 터득할 수 있도록 했다.

6장 그림 목록

각종 유파의 풍격 비교·239 | 다치의 사용 방법·243 | 강적 격파는 책략이지 완력이 아니다· 245 | 와키자시의 특징·249 | 최고의 기술·251 | 자세보다는 기세·255 | 교전에서의 시야·257 | 빠른 걸음을 맹신하지 마라·261 | 상황에 따라 속도를 조절하라·263 | 가장 우아하고 품위 있는 무기 '쥘부채'·264 | 무기로 사용한 쥘부채·266 | 공격이 중심이 되다·269

01 | 검도의 풍격
각 유파 특징의 이해

>>>> '풍의 권風之卷'은 주로 여타 검도 유파의 특징에 대해 이야기하는 것으로, 여기서 풍風이란 '풍격'을 뜻한다. 검도 유파를 살펴보면 각기 특장을 지니고 있는데, 어떤 유파는 검객의 힘을 기르는 데 치중하고 또 어떤 유파는 동작을 연구하는 데 몰두한다. 요컨대 모든 유파는 자신만의 고유한 특징이 있으며, 그것을 이해할 수 있다면 니텐이치류 유파의 장점을 한층 더 깊이 터득할 수 있다고 보았다.

각 유파가 지닌 특징

모든 유파의 병법에는 각각의 특징이 있기 마련인데, 그러한 특징을 이해할 수 있다면 니텐이치류의 장점을 한층 더 깊이 터득할 수 있다. 이에 미야모토 무사시는 '풍의 권'에서 여타 검도 유파의 특징에 대해 상세하게 설명하고 있다.

각각의 유파별로 검객의 물리적 힘을 기르는 데 치중하면서 오오다치(大太刀)*의 사용을 주장하는 유파도 있고, 반대로 고다치(小太刀)**의 사용을 주장하는 유파도 있다. 그런가 하면 다른 유파에서는 기교와 초식 연구에 몰두하여 늘 새로운 초식 개발과 전수에 여념이 없기도 하다.

하지만 솔직히 말해서 이러한 유파들은 모두 진정한 병법을 가졌다고 볼 수는 없다. 따라서 '풍의 권'에서 분석한 여타 유파들의 특징을 보면 어떤 유파가 쓸모없고 혹은 가치가 없는 것인지를 알게 될 것이다. 더불어 그러한 유파들이 마구잡이로 만들어 내는 병법이 오히려 혼란스럽게 만든다는 사실도 알게 될 것이다. 그러한 유파 중에는 복잡하고도 정묘(精妙)한 초식을 자랑하기에 바쁜 곳도 있고, 실속 없지만 청산유수로 사람들의 환심을 사는 곳도 있으며, 병법의 존엄

---
* '노다치(野太刀)'라고도 불리는 긴 검이다. 도신의 길이가 3척 이상이며, 10척(약 3.3미터)에 이르는 경우도 있다.
** 60센티미터 전후의 직선형 검으로서 단도(短刀)보다는 조금 길지만 와키자시와는 다른 짧은 검이다.

각종 유파의 풍격 비교

유파의 풍격

오오다치를 사용하는 유파 : 매우 긴 검을 사용하는 유파는 늘 책략과 기교가 없는 훈련을 하기 때문에 내적으로 나약하다. 이들은 오로지 검의 길이와 무게만으로 승리하려는 우매함을 보인다.

강한 힘을 강조하는 유파 : 단지 강한 완력에만 의지하는 부대는 항상 강경하게 맞서고 공격을 퍼붓기 때문에 반드시 적군의 강력한 저항을 불러오고, 쌍방이 막대한 타격을 입기 쉽다. 오로지 강력한 힘에만 의지한 타격은 승리와는 거리가 멀다.

고다치를 사용하는 유파 : 고다치는 짧고 가벼워서 다루기 편하기 때문에 상대방이 다치를 휘두르는 빈틈을 타 곧바로 가슴을 찌르거나 가슴을 향해 던질 수 있다고 생각한다. 하지만 상대방의 빈틈을 찾는 데만 주의력을 집중하다 보면 다른 상황을 보지 못하게 되고, 게다가 포위된 상태에서는 고다치가 별로 도움이 되지 않는다.

기술을 강조하는 유파 : 기술을 사용하는 목적은 상대방을 죽이는 것이므로 자질구레한 초식은 필요 없다. 기본자세 외에 복잡한 기술이 덧붙는 것은 상대방을 죽이는 데 하등의 도움을 주지 않기 때문이다.

자세를 강조하는 유파 : 사실 강적(强敵)을 만나면 그동안 배운 자세는 무용지물이 된다. 모든 실전에 통용되는 자세의 정석은 없으며, 어떤 자세를 취하더라도 상대방을 불리한 위치로 몰아넣는 것이 매우 중요하다. 자세보다는 기세가 더 중요하며, 유일한 준칙이라면 가장 안정된 자세로 공격하는 것이다.

기타 유파의 시야 : 각각의 유파에는 서로 다른 안법(眼法 : 시야)이 있는데, 상대방의 손과 얼굴을 주시하는 유파가 있는 반면 상대방의 발과 검을 보라고 하는 유파도 있다. 하지만 시야를 한 곳에 고정시키는 것은 좋지 않다. 주의력이 상대방의 한 부위나 한 초식에만 집중되기 때문이다.

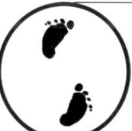
기타 유파의 보법 : 어떤 유파는 빠른 발걸음만 지나치게 강조한다. 그러나 보법이 지나치게 빠르면 안정감이 떨어지는데, 보법에서 가장 좋은 것은 힘차고 안정감이 있는 것이다.

기타 유파의 속도 : 진정한 병법은 오로지 속도만을 중시하지 않는다. 속도만 강조하면 승리를 놓치기 십상이다. 빠른 것만이 가장 좋은 속도는 아니다. 사물 고유의 리듬과 상황에 맞는 속도가 가장 좋다.

니텐이치류의 묘수 : 유파마다 절묘한 묘수가 있겠지만 획일적인 방법으로 제자들을 가르쳐서는 안 된다. 누구든지 근면과 실천이 있으면 병법의 진수를 터득할 수 있다는 진리를 중시한 무사시는 각각의 수준과 천부적 자질에 따라 맞춤별 수련을 순차적으로 진행했다.

을 깡그리 무시한 채 눈앞의 사리사욕만 챙기는 곳도 있다. 또한 예(藝)에 지나치게 치중하여 도검을 화려하게 장식하여 파는 곳도 있다.

진정한 병법의 도

니텐이치류의 병법은 앞서 이야기한 유파들과는 완전히 다른 진정한 병법이다. 전통적인 관점에서 보면 병법은 단지 검술일 뿐이다. 하지만 진정한 병법가는 건장한 신체와 빠른 속도, 화려한 초식으로만 승리를 거두는 것이 아니다. 진정한 병법가로서 승리하고 싶다면 우선 진정한 병법의 도리를 깨우쳐야 한다.

한편 '풍의 권'에서는 여타 유파의 폐해에 관해서도 이야기하고 있다. 각각의 유파들을 객관적으로 살펴보면 한 가지에 치중하는 편파성을 띤다. 어떤 유파는 병법을 검술에만 한정하여 큰 다치를 휘두르는 수련에 매진하고, 또 어떤 유파는 단도를 편애한다. 때로는 힘 혹은 이익, 기교, 초식 등을 지나치게 강조하기도 한다. 다시 말하지만 이것들은 절대로 진정한 병법의 도가 아니다. 이러한 폐해를 막기 위하여 무사시는 그러한 유파들의 특징과 기술을 상세하게 설명해 놓았다. 그리고 이와는 달리 니텐이치류는 절묘한 초식이나 특이한 기술도 없고, 초급이나 고급 등 병법의 구분이 없음을 알리고 있다. 오로지 순수한 병법의 도를 깨우쳐야 한다고 강조한다.

02 | 오오다치를 선호하는 유파
검의 길이로 승부를 내다

>>> 매우 긴 검을 사용하는 데 몰두하는 유파는 책략과 기교에 대한 훈련이 부족하다. 검의 길이와 무게에만 의지해 승리를 얻고자 하는 그들은 긴 검을 사용하면 먼 거리에서도 공격할 수 있다고 생각하기 때문이다. 하지만 가까운 거리에서의 교전에서는 검의 길이가 도리어 공격하는 데 장애가 된다. 때문에 검의 크기를 지나치게 맹신하는 것은 매우 편협한 생각에 불과하다.

오오다치

다치는 휨이 비교적 크고 도신의 길이가 2척(66센티미터) 이상 3척(약 1미터) 미만의 만도(彎刀: 휜 칼)를 가리킨다. 오오다치는 '노다치'라고 부르는데, 일종의 가장 긴 다치로 길이가 3척 이상이다. 가마쿠라 시대에 무가(武家)가 정권을 장악한 이후 무사들은 용맹성과 힘을 자랑하기 위해 전장에서 자신을 뽐낼 수 있는 무기인 기다란 다치를 애용했다.

오오다치에 대한 맹신은 나약함의 표현

무사시는 매우 큰 다치, 즉 오오다치만을 사용하는 데 매진하는 것은 나약함을 드러내는 데 지나지 않는다고 보았다. 오오다치를 사용하는 유파는 책략과 기교에 바탕을 둔 훈련이 부족했기 때문에 검의 길이와 무게로 승리를 얻고자 했다. 그들이 검을 길게 만드는 목적은 먼 거리에서도 상대방을 공격하기 위해서였는데, 그들은 결투에서 '한 치의 길이에 한 치의 강함이 더해지기에' 검의 길이를 길게 하는 것이 매우 중요하다고 생각했다. 하지만 이는 병법에 대한 무지의 소치로서, 마음이 허약해 두려움에 떨고 있기 때문에 검의 길이에만 의존하는 것이다. 다시 말해 내적으로 허약한 사람들이 검의 길이에 의존해 승리하고자 하는데, 이는 결코 병법의 도라고 할 수 없다.

상대방과 가까운 거리에서 결투를 벌이는 경우라면 긴 검은 오히려 공격하는 데 방해물이 될 뿐이다. 거리가 가까울수록 몸을 움직일 수 있는 공간이 줄어들고, 이렇게 되면 짧은 검을 사용하는 사람이 유리할 수밖에 없다.

　　장검을 선호하는 사람들은 개인적인 편애로 오오다치를 사용한다. 병법에서 병기의 선택은 개인적인 취향이지만 단검이 장검보다 우세한 점이 적지 않다는 것을 알아야 한다. 도처에 장애물이 많은 협소한 공간에서 과연 장검이 무기로서 제 기능을 발휘할 수 있을까? 만약 단검만 지니고 있다면 결투를 포기해야만 하는가? 오오다치만을 고집스럽게 맹신하는 것은 병법의 측면에서 보았을 때 전혀 소용없는 일이다. 죽어도 장검만을 고집한다면 장검이 병법 위에 있는 본말전도의 상황이 될 뿐이다. 게다가 힘이 약한 무사의 경우 장검을 휘두를 만한 힘이 없다면 그는 결투를 할 수 없다는 말인가? 길고 짧음은 단지 상대적인 개념일 뿐이다. 양자는 각각의 장점과 단점이 있으므로 오오다치를 사용하는 것 자체는 크게 비난할 일이 아니다. 하지만 오오다치만을 지나치게 의지하며 승리의 유일한 수단으로 삼는다면 그것은 단지 우매한 고집일 뿐이다.

　　결투에서는 작은 것이 큰 것을 이기는 경우도 있기 마련이다. 따라서 큰 것만을 맹신하는 것은 지나치게 짧은 식견일 뿐이며, 니텐이치류 병법에서는 이러한 편견을 절대로 허용하지 않는다.

다치의 사용 방법

다치를 사용하는 데 부적합한 상황

상대방과 가까운 거리에서 결투를 벌일 때 긴 검은 장애물이 될 뿐이다.

도처에 장애물이 있는 협소한 공간에서는 긴 검을 휘두를 여지가 없다.

천성적으로 힘이 약한 사람이 긴 검을 들면 움직임에만 너무 힘을 쓰기 때문에 작전을 펼칠 수 없다.

다치의 분류

- 다치
  - 오오다치: 휨이 비교적 크고, 도신의 길이가 2척(66센티미터) 이상 3척 미만인 만도
  - 고다치: 도신의 길이가 2척 미만인 만도

다치의 특징

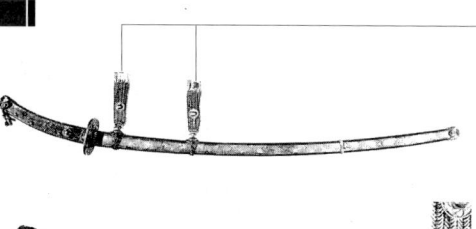

다치의 칼집 위에 매달려 있는 2개의 금속 고리를 '아시카나모노(足金物)'라고 부른다. 비단을 교차해서 짠 모양으로 칼집 입구 쪽에 있는 것이 '히토아시(一足)', 다른 하나가 '후타아시(二足)'인데, 검을 허리에 편리하게 찰 수 있도록 만든 것이다.

검을 뽑을 때는 반드시 칼집 입구의 '구치카나모노(口金物)' 아래쪽으로 힘을 준다.

칼집 끝 부분에 있는 금속 주머니를 '이시즈키(石突)'라고 부른다.

03 강한 힘을 편애하는 유파
완력은 승리의 근본이 아니다

▶▶▶ 병법에서는 결코 '강한 타격' 혹은 '약한 타격' 등의 구분을 언급하지 않는다. 바꾸어 말하면 근본적으로 이 세상에는 '매우 강력한 타격'이란 것이 없다. 전쟁에서의 승리는 결코 막강한 군대나 맹렬한 공격으로 얻어지는 것이 아니라 책략으로 얻어진다. 확실한 책략이 없으면 전쟁에서 승리하는 것은 불가능하다. 때문에 니텐이치류 병법에서는 우격다짐 같은 완력이 아니라 책략을 강조한다.

우격다짐은 치명적이지 못하다

병법에는 '강한 타격'과 '약한 타격'이 존재하지 않는다. 어떤 유파는 매우 강한 타격을 무척이나 강조하지만 사실 그들이 추구하는 것은 야만적이고 거친 행동에 지나지 않는다. 그리고 실제 전투에서도 강력한 물리적 힘에 의지해서 승리를 거두는 경우는 극히 드물다.

결투에서 상대방을 공격하기 위해 과도하게 힘을 사용한다면 도리어 행동이 느려진다. 또 적지 않은 힘을 쓴다고 해도 상대방에게 치명적인 손상을 입히기 어려울 뿐만 아니라 승리를 장담하기도 쉽지 않다. 연습을 할 때도 과도한 힘으로 검을 휘두르는 것은 피해야 한다.

정확한 책략이야말로 승리의 근본이다

생사를 건 전투에서 공격의 강약을 조절하는 문제는 매우 어렵다. 이때 유념해야 할 것은 '적군을 죽이는 것, 그리고 어떻게 죽일 것인가'이지 힘을 얼마만큼 주어야 하는지를 생각할 틈은 없다. 만약 과도한 힘을 사용해서 상대방을 공격한다면 도리어 자신에게 전달되는 진동이 너무 커져 검을 다시 휘두르기도 어렵고 행동도 굼떠진다. 따라서 '강한 일격'이란 결투의 세계에서는 존재하지 않으며, 전쟁에서도 찾아볼 수 없다. 양측 모두 강력한 군사력을 지니고 있는 경우, 한쪽

강적 격파는 책략이지 완력이 아니다

단순한 강경함은 금물

교전을 벌일 때 단순히 과도한 힘에만 의지하면 두 가지 좋지 않은 결과를 가져올 수 있다.

상대방의 맹렬한 저항을 불러일으켜 교전이 길어지면서 승부가 나지 않는다.

자신의 검에 손상을 입힐 뿐만 아니라 검을 손에서 떨어뜨릴 수 있다. 자신에게 전달되는 진동이 너무 커져 검을 다시 휘두르기가 어렵고 행동도 굼떠진다.

확실한 책략이 승리의 근본

생사를 건 전투에서 유념해야 할 한 가지 사실은 '적을 죽이는 것, 그리고 어떻게 죽일 것인가'이다. 책략을 중시하는 니텐이치류 병법에서는 강한 힘에만 의지하면 승리하기 어렵고, 확실한 책략을 사용해야만 '큰 일을 가볍게 처리하는' 효과를 낼 수 있다고 주장한다.

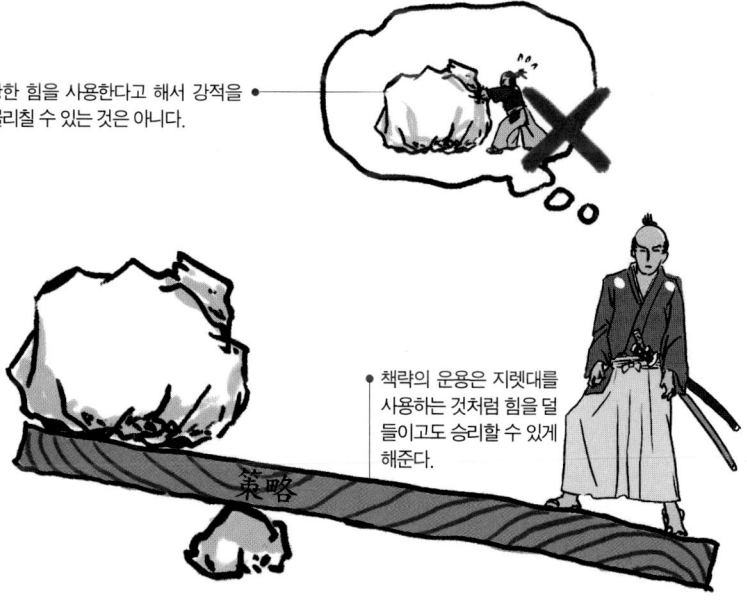

강한 힘을 사용한다고 해서 강적을 물리칠 수 있는 것은 아니다.

책략의 운용은 지렛대를 사용하는 것처럼 힘을 덜 들이고도 승리할 수 있게 해준다.

이 오로지 맹렬한 공세만 펼친다면 반드시 완강한 저항에 부딪칠 것이다. 또한 양측 모두 매우 큰 타격을 받을 것이다. 이처럼 강한 힘에만 의존하는 것은 승리와 거리가 멀고, 승리의 담보는 오직 확실한 책략에 있다.

강한 힘에만 의지하는 유파와 달리 니텐이치류 병법은 책략과 수단을 주로 사용하여 승리를 거둔다. 과도한 힘쓰기는 니텐이치류 병법의 범주를 완전히 벗어난 사례라고 할 수 있다.

04 | 와키자시를 선호하는 유파
주동적으로 응전할 수 없다

>>>> 어떤 유파는 와키자시가 가볍고 작으면서 휴대가 편리해 상대방이 검을 휘두르는 틈을 타 가슴을 찌르거나 던져 맞힐 수 있다고 한다. 하지만 잘못된 생각이다. 상대방이 빈틈을 보일 때를 포착하는 데 주의력을 집중하면 주변의 여러 상황을 파악하지 못하고, 적군에게 포위되었을 때는 단검이 별로 도움이 되지 않는다. 병법의 중요한 원칙 중 하나는 주동적인 공격이지 효과적으로 도망치는 것이나 피동적인 응전應戰이 아니다.

와키자시

와키자시는 칼날의 길이가 29.9~60센티미터에 이른다. 와키(脇)는 한자의 '옆구리 륵(肋)' 자를 잘못 쓴 것이고, 자시(差)는 '갈래 차(叉)' 자를 가리키는 것으로서, 옆구리 아래에서 어긋나게 교차시켜 차는 검이라는 뜻이다. 이것 역시 할복의 기본 동작으로서 와키자시는 할복할 때 사용하는 전문 무기이며, 야외에서의 생존 도구다. 와키자시는 평소에 다치 혹은 우치가타나와 함께 허리에 차는데, 보통 아시가루는 와키자시를 찰 자격이 없다.

단검은 승부의 관건이 아니다

어떤 유파는 '짧은 검'에 의지해야 승리할 수 있다고 생각하는데, 이는 병법 원칙에 부합하지 않는다. 예로부터 다치와 와키자시의 구별은 상대적이었다. 우선 다치의 길고 짧음에는 명확한 기준이 없다. 무사 각자의 힘과 구체적인 상황이 서로 다르기 때문에 힘이 좋은 사람은 장검을 사용하고 힘이 없는 사람은 단검을 활용하면 그만이다.

단검을 선호하는 사람들은 가볍고 작으면서 휴대가 편리하므로 상대방이 검을 휘두르는 틈을 타 가슴을 찌르거나 던져 맞힐 수 있다고 한다. 하지만 이러한 생각은 오해에 불과하다. 상대방의 빈틈을 찾는 것에만 주의력을 집중하다 보면 다른 상황을 살피는 것에 소홀하기 마련이고, 이것은 자신을 곤경에 빠뜨리는 결과를 낳는다. 또한 다수의 적에게 포위를 당하면 단검은 별로 도움이 되지 않는다.

병법의 중요한 원칙 중의 하나는 주동적으로 공격을 해서 승리를 거두고, 추격하는 상대방을 물고 늘어져 혼란에 빠지게 하는 것이다. 대규모 전투에서도 주도적으로 공세를 펼치고 속전속결로 해치워야 승리할 수 있는 것으로서, 다시 말해 공격이야말로 병법의 핵심이라는 뜻이다.

많은 사람들이 병법을 공부할 때 방어 기술을 익히는 데만 시간을 낭비한다. 대부분 피동적으로 결투에 임하거나 도망을 잘 치는 법 내지는 안전을 도모하는 방법 등이다. 이러한 마음가짐으로 상대방을 대한다면 제압당할 수밖에 없고, 먼저 기선을 잡는 것은 하늘의 별따기처럼 어렵다. 시쳇말로 전투의 주동성을 잃어버린 꼴이다. 주동적 공격이야말로 매우 중요한 병법의 도임을 잊지 말아야 한다.

와키자시의 특징

와키자시의 검신은 29.9~60센티미터로, 옆구리 아래에서 어긋나게 교차시켜 차는 검이다. 이것 역시 할복의 기본 동작이다.

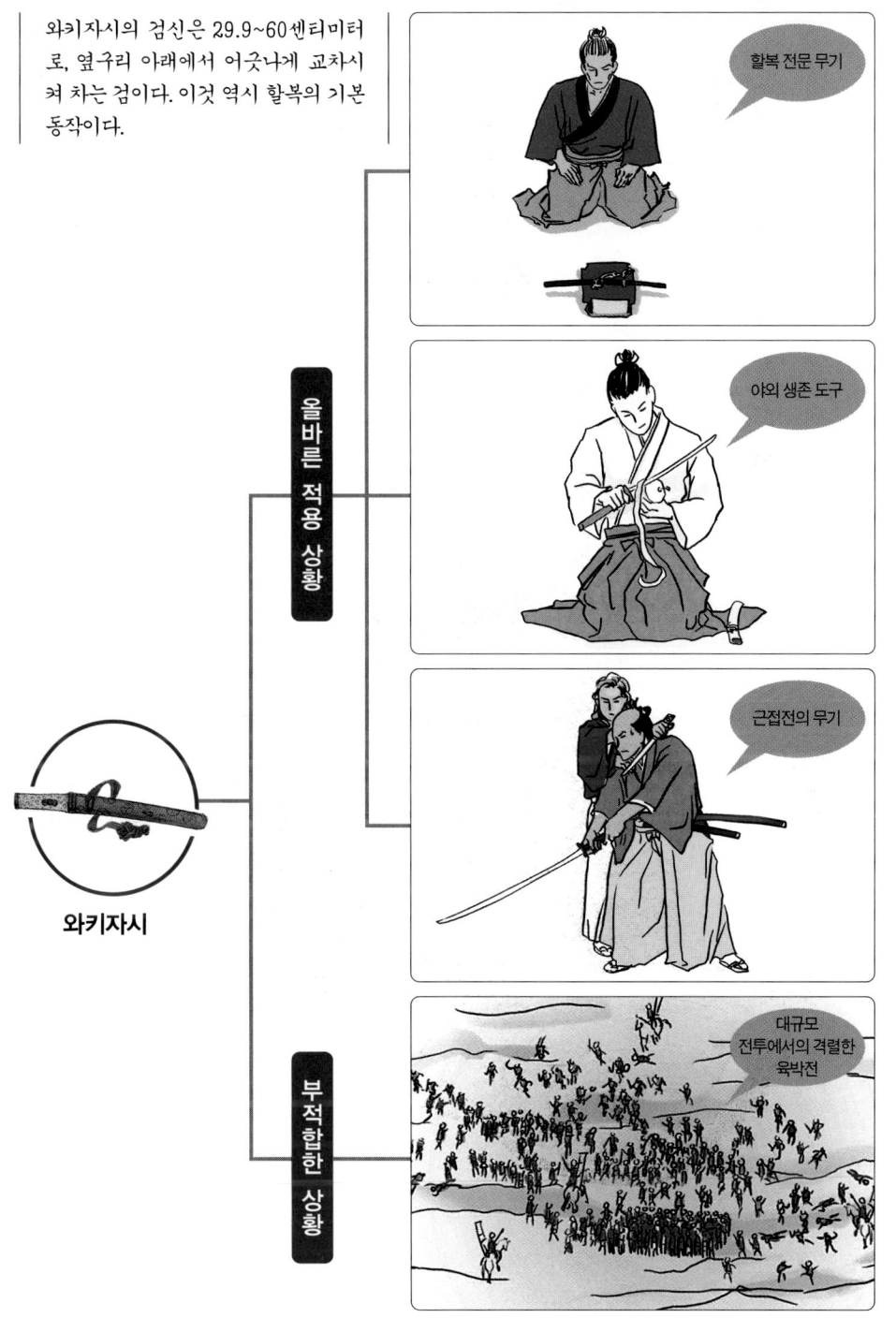

05 | 기술을 강조하는 유파
살인의 기술은 단순하다

>>>> 초보자에게 엄청나게 많은 기술을 가르치면서 여러 가지 다양한 동작의 변화를 강요하는 것은 잘못된 병법 교육이다. 병법에 대단히 많은 기술이 있다고 생각하는 것은 착각으로서, 사람을 죽이는 방법은 그렇게 다양하지도 않고 아주 복잡한 기술도 필요 없다. 설령 있다 하더라도 그것은 '찌르기'와 '베기'의 한 방법일 뿐이다.

특이한 기술은 병법이 아니다

어떤 유파는 각양각색의 독특하고도 새로운 초식을 창안하는 데 심취하여 초보자들이 마치 그것이 진짜 병법인 양 착각하게 만든다. 하지만 그것은 초보자들을 우롱하여 잘못된 길로 빠지게 하는 일이다. 다시 말해 다양한 기술로 사람들을 가르치거나 이길 수 있다고 생각하는 것은 처음부터 일종의 착각일 뿐이다.

본질적인 측면에서 사람을 죽이는 검법이 그다지 다양한 것은 아니다. 병법에 제아무리 정통한 사람일지라도 아이를 죽이든 부녀자를 죽이든 사람을 베는 자세가 다르지는 않다. 설령 있다 하더라도 각기 다른 방식의 찌르기거나 혹은 베기에 지나지 않는다.

살인은 복잡한 기술이 불필요하다

검술의 목적은 결국 사람을 죽이는 것으로서 너무 복잡한 초식은 불필요한 행위다. 그러나 당시 정황과 지세의 차이, 장애물과 같은 특수한 상황에 따라 기본적인 초식은 있다. 이것이 바로 니텐이치류가 오단위(다섯 가지 기본자세)와 다섯 가지 검법을 가르치는 이유다. 지형과 정황에 따라 그에 맞는 초식과 자세로 검을 휘둘러야 패하지 않는 것이다.

다섯 가지 자세 외에 손의 방향은 어느 각도에서 구부려야 하는지, 어떤 신체

최고의 기술

번잡한 초식은 지름길이 아니다

각양각색의 독특하고도 새로운 초식을 창안하는 데만 심취한 유파는 상대방을 격퇴할 수 있는 지름길을 찾지 못한다. 수많은 상황에서 진정으로 훌륭한 병법은 간단하고 직접적으로 최대한 빠르게 목적을 달성하도록 하는 것이다.

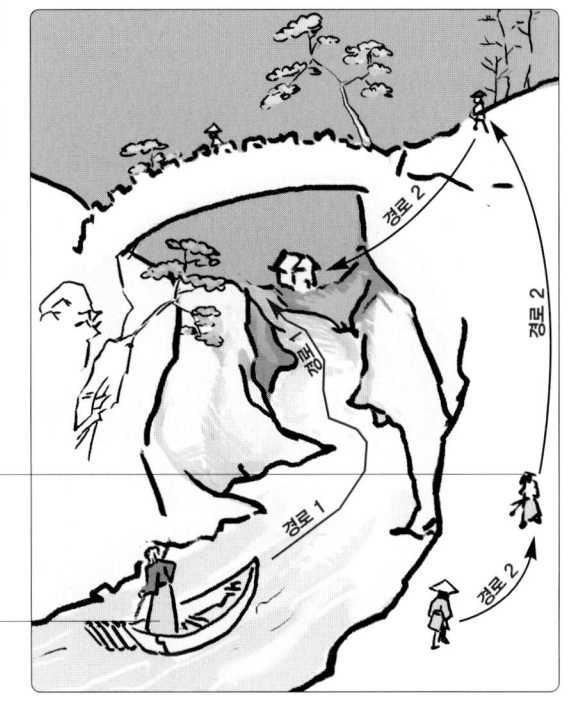

번잡한 초식은 승리의 지름길을 벗어나 승부의 시간과 힘만 낭비하게 만든다.

간단하고 직접적인 방식이야말로 최대한 빨리 목적을 달성하게 만든다.

속전속결이야말로 승리의 조건

기선 제압은 쌍방의 무기 쟁탈전과 같다.

누가 먼저 무기를 잡느냐에 따라 우세가 결정되고 승부가 판가름 난다.

부위를 재빨리 돌려야 하는지 등 아주 복잡한 기술을 강요한다면 상대방을 죽이는 데 도움이 되기는커녕 오히려 부담만 가중될 뿐이다.

니텐이치류 병법의 특징을 살펴보면 번잡한 기술은 절대적으로 피하고, 간단하면서도 직접적인 공격 방식을 추구한다. 그래야만 평정심을 유지할 수 있기 때문이다. 만약 상대방의 심신이 문란하고 긴장한 채 겉보기에만 화려하지 실속이 없는 번잡한 초식으로 기교를 부린다면 그때야말로 강력한 우세를 선보일 수 있는 절호의 기회다. 간단하고 직접적인 공격으로 속전속결의 승리를 얻는 것이야말로 니텐이치류의 장점이다.

06 자세를 강조하는 유파
실전에서 자세는 쓸모없다

▶▶▶ 검을 쥐는 자세만 강조하는 것은 잘못된 병법이다. 강적을 만나게 되면 아무리 다양한 자세가 있다 하더라도 모두 효과를 발휘할 수 없기 때문이다. 즉 어떤 자세일지라도 실전에서는 아무 소용이 없다. 상대방을 쓰러뜨리는 것이야말로 유일한 준칙일 뿐이다. 실제로 자세보다는 기세가 더 중요하다. 어떤 적을 만나더라도, 또 어떤 공격을 받더라도 우뚝 솟은 산과 같은 불굴의 기개만 있다면 그것이야말로 최상의 자세다. 이렇게 보면 가장 좋은 자세는 가장 안정감 있는 자세라고 할 수 있다.

자세에 집착하지 마라

오로지 검을 쥐는 자세만 중시하는 것은 병법에서의 착오다. 강적을 만났을 때는 모든 자세가 무용지물이기 때문이다. 어떤 근거에 따른 자세든지 실전에는 아무 소용이 없다. 오직 상대방을 불리한 위치로 몰아가는 자세와 쓰러뜨릴 수 있는 자세만이 유일무이한 병법의 준칙이다.

실전에서는 자세보다 기세가 중요하다. 누구와 대적하더라도, 어떤 타격을 받더라도 우뚝 솟은 산처럼 꿋꿋한 기개가 있으면 쉽게 패하지 않는다. 따라서 가장 좋은 자세란 바로 가장 안정감 있는 자세다.

방어적인 방어는 소용없다

주의력을 잃지 않고 정신을 집중하면서 기선을 제압해 주동적으로 선공을 취하는 것이 병법의 도다. 이에 맞추어 방어 자세도 공격의 필요에 의해 생긴 것이라 볼 수 있다. 방어 자세를 익혀야 하는 까닭은 적절한 시기를 엿보아 공격의 주도권을 찾기 위해서다. 또한 상대방이 생각지도 못하는 상황에서 어떻게 해서든 적군의 방어선을 뚫기 위해서다. 크게 소리를 질러 상대방을 겁먹게 할 수도 있고, 뜻밖의 행동을 취해 판단력을 흐리게 한다거나 격노하게 할 수도 있다. 이 모든 목적은 오로지 상대방의 심리적 불안감을 조성해 정신적으로 산만하게 만드는 것이다. 이것이 바로 승리를 얻기 위한 중요 법칙 중의 하나다.

앞에서 이야기한 무구지구(無構之構)도 '고정된 자세가 없는 자세'를 가리키는 말이다. 중요한 것은 적극적으로 공격의 기회를 잡는 것이지 자세를 잘 잡고 저항을 준비하는 것이 아니다.

대규모 전투에서는 적군의 병력, 전장(戰場)의 지형, 아군의 전투력 등 여러 가지 측면을 세심하게 고려해야 한다. 그렇게 여러 요소들을 명확하게 분석한 후 적극적으로 병력을 배치하고 작전에 돌입할 수 있다.

기선을 제압하는 것과 기선을 제압당하는 것은 천양지차(天壤之差)다. 우선 마음가짐부터 완전히 달라진다. 피동적인 방어로 일관하는 상황에서는 비록 전력을 다해 저항해도 손에 든 무기가 마치 울타리용으로 깊숙이 땅에 박힌 말뚝처럼 제 기능을 온전히 발휘하지 못한다. 하지만 적극적인 공격을 하면 사기가 하늘을 찌르고 투지가 불타올라 땅에 박힌 울타리나 말뚝까지도 훌륭한 창이 될 수 있다. 이것이 바로 공격과 방어가 근본적으로 다른 이유다.

자세보다는 기세

강적 앞에서 무용지물이 되는 자세

강적 앞에서는 제 아무리 다양한 자세라도 효과를 볼 수 없다. 강적의 간단한 초식이나 무기에 패하고 마는 것이다. 따라서 올바른 자세는 승리에 중요한 요소다.

- **기세** : 홀로 우뚝 서 기개를 보이면 설령 간단한 초식과 병기를 쓰더라도 상대방을 신속하게 제압할 수 있다. 마치 손안에 쥔 작은 칼로 화려하고 큰 병풍을 순식간에 꿰뚫는 것과 같다.

- **자세** : 여러 가지 다양한 자세는 승리에 큰 도움을 주지 못한다. 마치 화려하지만 연약한 병풍이 사소한 수리검 하나에 뚫리는 것처럼 말이다.

사기를 북돋는 기선 제압

공격과 방어의 기세
- 주동적인 공격: 적극적인 공격을 하면 사기가 하늘을 찌르고 투지가 불타올라 땅에 박힌 울타리나 말뚝까지도 훌륭한 창이 될 수 있다.
- 피동적인 공격: 수동적인 방어로 일관하는 상황에서는 전력을 다해 저항을 해도 손에 든 무기는 땅에 박힌 말뚝처럼 제 기능을 발휘하지 못한다.

07 | 다른 유파의 시야
시야를 넓혀야 한다

▶▶▶ 니텐이치류는 결투를 할 때 넓고 멀리 보는 시야를 가져야 한다고 강조한다. 관觀은 먼 곳을, 간見은 가까운 곳을 관찰하는 것인데, 두 가지 관찰법을 모두 응용해야 상대방의 정황을 전반적으로 살필 수 있다. 그 밖에 다른 유파들은 조금 다른 입장을 취하고 있는데, 어떤 유파는 상대방의 손과 얼굴을 주시하고, 또 어떤 유파는 상대방의 검과 발을 주시한다. 그러나 시선이 한 곳에 머무는 것은 금물이다. 상대방의 신체 일부분에 의해 자신의 마음이 동요될 수 있기 때문이다. 대규모 전투에서든 일대일 결투에서든 시야를 넓게 갖는 것은 매우 중요하다.

시야를 한 곳에 두지 마라

유파에 따라 중점을 두고 보는 곳이 있다. 어떤 유파는 상대방의 손과 얼굴을, 또 어떤 유파는 상대방의 검과 발을 주시한다. 하지만 시선을 한 곳에 두는 것은 잘못된 병법이다. 상대방의 신체 일부분에 의해 자신의 마음이 동요될 수 있기 때문이다.

이를테면 공을 잘 다루는 사람은 공을 뚫어져라 주시하지 않아도 갖가지 묘기를 부릴 수 있다. 마치 고도로 숙련된 곡예사가 몇 개의 검을 들고 기교를 부리면서도 그 검을 뚫어져라 쳐다보지 않고, 심지어 문짝을 자신의 코 위에 올려놓고 평형을 잡기까지 하는 것과 같다. 그렇다고 이들이 일반 사람과는 다른 특정한 감각기관을 사용하는 것은 아니다. 평소 끊임없이 노력하고 피나는 훈련을 거듭한 결과 사물의 움직임과 규칙에 대해 민감하게 느끼는 것뿐이다.

병법에도 같은 이치가 작용한다. 수차례의 전투를 거치면서 적군과의 싸움에 익숙해지면 그들의 마음과 행동을 자연스럽게 알게 된다. 따라서 병법에서도 세심한 관찰력과 민감한 통찰력이 필요하다.

전투 중에는 넓은 시야를 가져라

대규모 전투에서도 마찬가지로 적군의 동태를 파악하기 위해서는 세심하게

교전에서의 시야

시야를 한 곳에 두지 마라

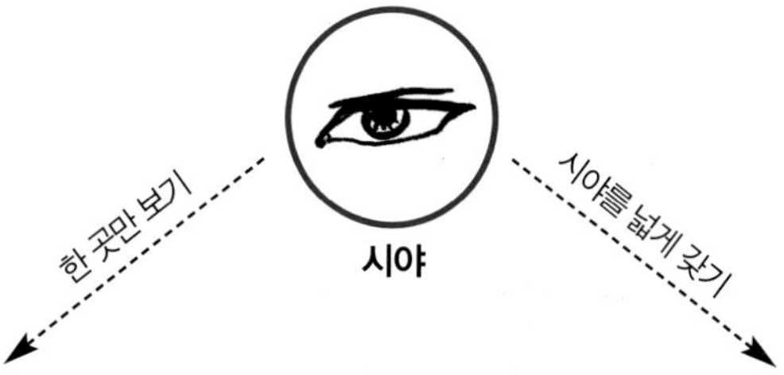

상대방의 손과 얼굴을 주시하는 유파, 또 상대방의 검과 발을 주시하는 유파가 있다. 하지만 시선을 한 곳에 두는 것은 상대방의 신체 일부분에 의해 마음이 동요될 수 있는 여지를 남기는 것이 된다.

시선을 한 곳에 머물 필요가 없다. 고도로 숙련된 곡예사가 동시에 몇 개의 검을 들고 기교를 부리면서도 그 검을 뚫어져라 쳐다보지 않는 것과 같다. 이는 특별한 감각이 아니라 부단히 연습하여 저절로 온몸이 익힌 것이다.

'관'과 '간'

대규모 전투에서 적군을 관찰하는 두 가지 방법은, '관'과 '간'이다. 관은 먼 곳을, 간은 가까운 곳을 관찰하는 것인데, 두 가지를 모두 운용해야 적군의 정황을 전체적으로 살필 수 있다.

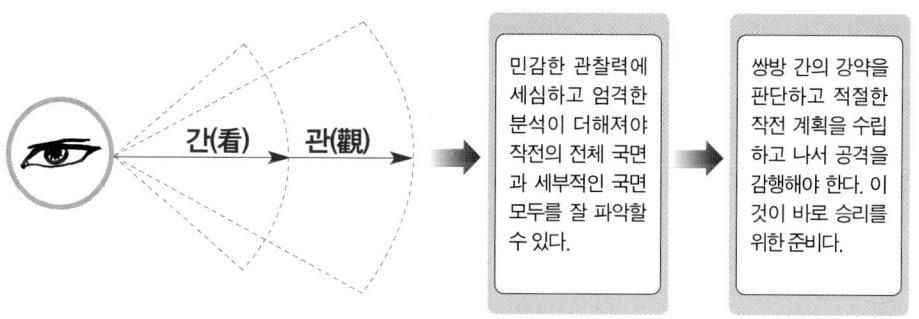

민감한 관찰력에 세심하고 엄격한 분석이 더해져야 작전의 전체 국면과 세부적인 국면 모두를 잘 파악할 수 있다.

쌍방 간의 강약을 판단하고 적절한 작전 계획을 수립하고 나서 공격을 감행해야 한다. 이것이 바로 승리를 위한 준비다.

살펴야 한다. 이때 두 가지 관찰법이 있다. 하나는 '관(觀)'이고, 나머지 하나는 '간(看)'이다. 관은 먼 곳을, 간은 가까운 곳을 관찰하는 것으로서 특히 관은 사물의 본질을 꿰뚫는 데 중점을 둔다. 상대방의 심리를 간파하고 전장의 상황을 판단해서 이로운 쪽을 헤아리고, 그때그때 적군과 아군의 강약까지 파악하는 것이다. 물론 두 가지 모두 예리한 관찰력을 가지고 넓게 볼 것을 요구한다. 결국 민감하게 관찰하여 세심하고 엄격한 분석이 행해져야 작전의 전체 국면과 부분적인 세세한 국면 모두를 잘 파악할 수 있다. 이어서 쌍방의 강약을 판단하고 적절한 작전 계획을 수립함으로써 공격을 감행할 수 있는 것이다. 이것이 바로 승리를 위한 준비 단계다.

대규모 전투든 일대일 결투든 시야를 넓게 갖는 것은 매우 중요하다. 만약 시야가 어느 한 곳에 국한되면 그곳의 작은 변화에 따라 흔들릴 수 있다. 때문에 작은 변화에 주의력이 분산되어 시선이 곳곳에 흩어지면 적에게 승리를 내주는 꼴이 되고 만다. 모든 일은 대세의 이익보다 앞설 수 없고, 가장 중요한 것은 승리로 향하는 대세라는 것을 잊어서는 안 된다.

08 다른 유파의 보법
빠른 보법은 안정감이 없다

>>>> 무사시는 이동을 할 때 발가락은 살짝 살짝 땅에서 떼고 지면을 확실하고 견고하게 밟아야 한다고 했다. 또한 격투를 벌일 때는 상황에 맞는 각각의 보법이 있다고 하지만 무엇이든지 평상시 보법과 같아야 한다고 강조했다. 어떤 유파는 빠르게 이동하는 것을 강조하지만, 무사시는 오히려 빠른 발걸음에는 많은 결함이 있다고 보았다. 따라서 빠른 발걸음은 불안감을 내비칠 수 있기 때문에 정확하고 힘찬 발걸음을 올바른 보법이라 했다.

혼란과 불안감을 조장하는 빠른 보법

어떤 유파는 빠르게 이동하는 것을 매우 강조하는데, 무사시는 이를 크게 문제삼았다. 빠른 발걸음은 오히려 불안감을 조성한다고 보았기 때문이다. 흔히 볼 수 있는 빠른 발걸음에는 우키아시(浮足 : 발끝만 땅에 닿는 까치발), 하네아시(躍步 : 뛰는 듯 걷기), 토비아시(飛足 : 나는 듯 걷기), 후미아시(踏足 : 눌러 걷기) 등이 있는데 모두 다 이동하는 데 혼란을 야기할 수 있고 불안감을 조성한다는 문제점이 있다. 따라서 올바른 보법은 당연히 정확하면서도 힘찬 발걸음이라고 규정할 수 있다. 무사시는 병법에서의 올바른 보법을 다음과 같이 정의했다.

"이동할 때는 발가락을 살짝 살짝 땅에서 떼고 지면을 확실하고 견고하게 밟아라."

격투를 벌일 때 무사는 상황에 따라 그에 적합한 발걸음을 내디뎌야 하고, 이동 속도와 보폭의 차이가 있음을 주의해야 한다. 하지만 그것이 빠르든 느리든, 크든 작든 기본적으로 평상시와 똑같아야 한다고 했다. 이에 더해 뛰는 듯 걷기, 경망스럽게 걷기, 어색하게 걷기 등은 보법의 3대 금기로 꼽았다.

무사시는 우키아시와 토비아시를 몹시 싫어했다. 뛰는 듯 걸으면 그 모양이 과격하고 맹목적이며 고집스럽게 보이기 때문이다. 나는 듯 걷는 것도 내심 불안해서 안절부절못하고 있음을 내비치는 듯하고, 눌러 걷는 후미아시 또한 소극적으로 방어만 하는 듯하기 때문에 선수를 빼앗기기 쉽다. 따라서 이러한 보법들은 니텐이치류와는 거리가 멀다.

무사시의 병법에는 보법의 변화가 없다. 평상시의 발걸음처럼 상대방의 박자를 맞추어 가며 상황에 따라 전진, 후퇴의 속도를 질서정연하게 조절하는 것이 니텐이치류의 보법이다.

보법은 리듬이 생명

빠른 발걸음도 전투 장소의 상황과 변화에 따라 결점을 나타낸다. 예를 들어 습지, 소택지, 계곡, 암석의 틈새, 좁은 장소에서는 오히려 빠른 발걸음이 불리한 것이다. 대규모 전투에서 발걸음에 주의하라는 것은 전투의 리듬에 주의하라는 말인데, 적군의 상황을 모르고 함부로 급하게 공격하면 리듬을 놓쳐 패할 수 있기 때문이다. 또한 발동작이 느려 적군이 허둥대며 흩어지는 틈을 놓쳐버리면 승리는 멀어진다. 따라서 맹목적으로 공격하면 안 되고, 적군을 확실히 이해한 다음 공격을 시작해야 한다. 이것이 바로 침착함이며, 빠른 발걸음만 중시할 필요가 없는 이유다.

빠른 걸음을 맹신하지 마라

교전을 벌일 때의 보법과 평상시의 보법은 같아야 한다

어떤 유파는 빠르게 이동하는 것만을 강조하는 데 반해, 무사시는 오히려 빠른 발걸음에는 많은 결함이 있다고 보았다. 빠른 발걸음은 쉽사리 혼란을 야기할 수 있고 불안함을 내비칠 수 있기 때문이다. 따라서 격투를 벌일 때는 평소의 보법과 동일한 것이 좋다.

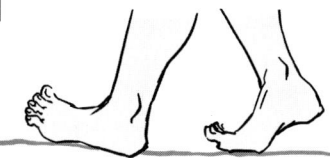

무사시는 이동할 때 발가락을 살짝 살짝 땅에서 떼는 방식으로 지면을 확실하고 견고하게 밟는 것이 올바른 보법이라고 생각했다.

빠른 보법의 문제점

빠른 발걸음의 유형

우키아시	토비아시	하네아시	후미아시
몸의 무게중심을 잃기 쉬워서 상대방에게 약점을 노출시킨다.	과격하고 맹목적이며 완고함을 내비친다.	내심 불안하여 안절부절못한다는 표식이다.	소극적인 방어의 상징이다.

다음과 같은 지형은 걷기에 불리하기 때문에 마음을 편안히 가지고 안정된 자세로 걸어야 한다.

빠른 보법이 불리한 지형

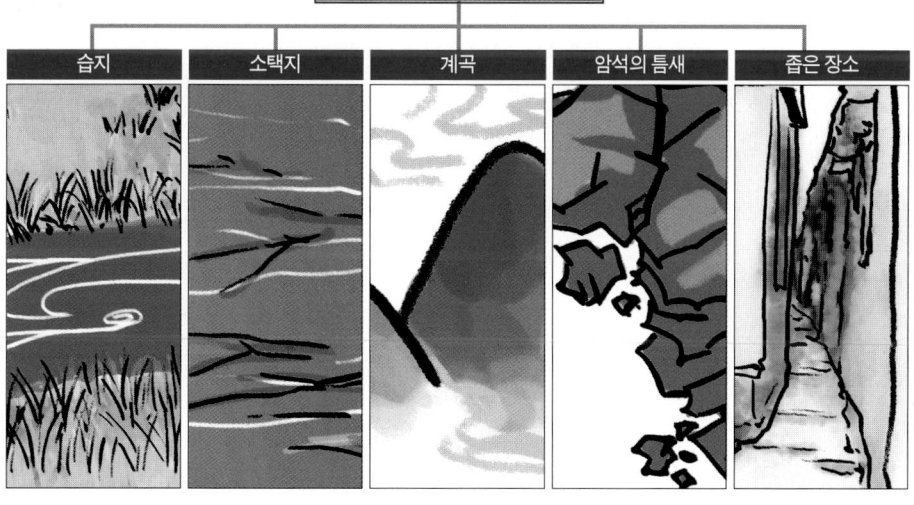

습지 | 소택지 | 계곡 | 암석의 틈새 | 좁은 장소

09 | 다른 유파의 속도
빠르기가 최선은 아니다

>>> 진정한 병법은 맹목적으로 빠르기만을 숭배하지 않는다. 빠르기에 대한 맹신이 전투에서 승리를 담보해 주는 것은 아니기 때문이다. 즉 빠르기만이 적절한 속도라고 단정할 수 없다는 것이다. 가장 알맞은 속도는 사물이 본래 가지고 있는 성질과 맞아떨어지는 속도다. 다시 말해 서로 박자가 어울려야 한다. 따라서 상황에 따라 그에 적합한 속도로 대응해야 하는 것이다. 만약 상대방이 서두른다면 조급해하지 않고 평온하고 침착하게 응전하면 유리한 상황을 만들 수 있다.

가장 알맞은 속도, 가장 바람직한 속도는 박자와 어울리는 속도다. 그러므로 병법에 정통한 사람은 맹목적으로 빠르기만을 추구하지 않는다. 우편배달부의 예를 들면, 아주 빠른 사람은 하루에 50~60리의 먼 길을 걸어다니면서 자주 쉴 틈을 낸다. 하지만 미숙한 사람은 하루 종일 바쁘게 걷는 듯 보이지만 성과는 별로 없다.

급하게 서두르면 오히려 이룰 수 없다는 것은 모두가 잘 알고 있는 이치다. 마찬가지로 병법의 고수도 급하게 승부를 내려고 하지 않는다. 그들은 침착한 자세와 넉넉한 짜임새로 병사들을 배치하면서도 공격당할 만한 허술한 곳은 없다.

병법은 빠름을 맹목적으로 강조하지 않는다. 상황에 따라 알맞게 속도를 조절하는 것이 중요한데 습지에서는 평지보다 느리게, 또 다치를 베는 속도는 단검이나 부채를 사용할 때보다 더 느리게 다룬다. 적당한 속도가 중요한 요소이며, 너무 빠르기만 강조하면 목표를 놓치기 쉽다.

양군이 교전을 벌일 때는 급하게 작전을 펼치는 것보다 적군을 압박하는 방법에 맞추어 전투의 속도를 조절할 줄 알아야 한다. 예를 들어, 적군이 매우 조급하게 승리를 거두고자 하면 그 리듬과는 상반되게 평온하고 침착하고 서두르지 않으면서 응전해야 한다. 절대로 적군의 리듬에 휘말려서는 안 된다.

상황에 따라 속도를 조절하라

장막 안에서 천리 밖의 승패를 결정하다

진정한 병법의 고수는 한때의 속도전으로 승부를 결정지으려고 하지 않는다. 대개 병법에 따라 침착한 자세와 넉넉한 짜임새로 병사들을 완벽하게 배치한 다음 공격을 시작한다.

- 작전의 속도를 제고(提高)한다.
- 적당한 속도로 작전을 구사한다.
- 전투에 앞서 적군의 전투력과 책략을 진지하게 연구한다.
- 최단시간 내에 적을 무너뜨린다.
- 가장 완벽한 책략을 이용한다.

맹목적으로 빠름을 추구하지 않는다

무사시는 진정으로 병법에 정통한 고수는 빠름을 맹신하지 않는다고 생각했다. '과속은 오히려 목표를 놓치기 쉽다'라는 이치를 모두 알고 있을 것이다. 리듬에 맞는 속도야말로 가장 좋은 속도이고, 승리할 수 있는 올바른 속도다.

❶
우편배달부가 적당한 간격을 두고 중간에 휴식을 취하면 배달의 리듬을 회복할 수 있는 체력이 비축되어 임무를 완수하는 데 도움이 된다.

❷
우편배달부가 하루 종일 바삐 걷는 데만 몰두하여 전혀 휴식을 취하지 않는다면 도리어 임무를 완수하는 데 어려움이 따른다.

가장 우아하고 품위 있는 무기 '쥘부채'

쥘부채의 구조

무사시는 쥘부채(摺扇 : 대나무로 틀을 만든 다음 그 위를 종이나 비단으로 덮어 접었다 폈다 할 수 있게 만든 부채)가 신속하게 공격할 수 있는 무기라고 생각했다. 쥘부채는 일본 무사들의 무기이기에 앞서 유구한 변천 과정을 겪었는데 겹선(摺扇), 접질선(摺迭扇), 살선(撒扇), 접첩선(摺疊扇), 취두선(聚頭扇), 취골선(聚骨扇), 선풍선(旋風扇) 등 여러 가지로 표기한다.

쥘부채는 선골(扇骨 : 부챗살, 즉 부채의 뼈대를 이루는 여러 개의 가늘고 긴 조각), 선혈(扇頁 : 부채의 머리 부분), 선면(扇面 : 부채의 거죽. 사紗나 종이를 바른 면) 등으로 나뉜다. 흔히 부챗살은 대나무로 만들고 부채의 거죽은 질긴 종이나 비단, 명주 등으로 만든다. 쥘부채를 바로 펴서 사용할 때는 꼬리가 흩어지고 머리는 모여 부채꼴 모양이 된다. 또한 부채의 거죽 위에 서화시(書畫詩)를 그려 넣는 것을 중시하는데, 고급 쥘부채는 부챗살과 선엽(扇葉)을 종종 상아로 만들며 위쪽에 무늬를 조각해 넣는다.

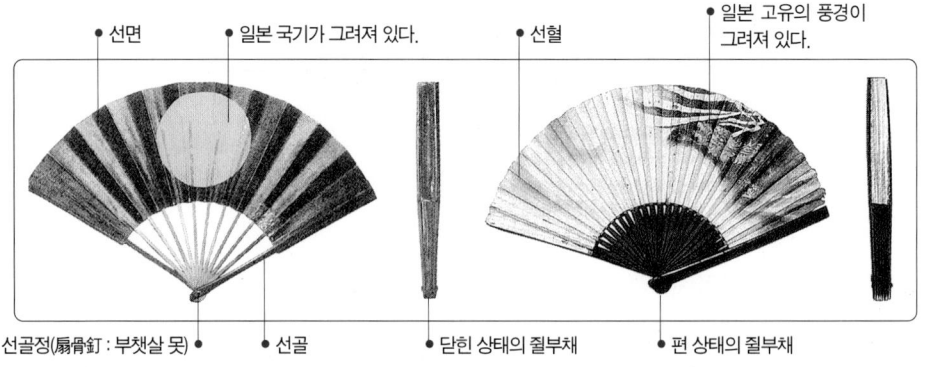

쥘부채 패용(佩用) 방법

고귀한 신분을 상징하는 것으로서 쥘부채를 차고 다니는 방법은 매우 까다롭다. 패용 방법은 다음 그림과 같으며, 상대방에게 도전하는 동작을 표현하고 있다.

서 있을 때 두 다리를 조금 벌린 채 왼손에 다치를 잡고 오른손을 자연스럽게 내려 쥘부채의 아랫부분을 잡으며 쥘부채와 지면을 수평으로 유지한다.

쥘부채로 상대방을 공격할 때 한쪽 다리는 앞으로, 다른 한쪽 다리는 뒤로 벌린다. 이때 쥘부채를 잡은 오른손을 들어올리고 쥘부채는 상대방을 향하도록 한다.

쥘부채를 손으로 잡을 필요가 없을 때는 쥘부채 아랫부분과 다치를 함께 허리의 왼쪽에 끼워 넣는다.

| 고귀한 신분을 나타내는 쥘부채 |

쥘부채는 일본인이 발명했기 때문에 고대에는 '왜선(倭扇)'이라고 불렀다. 일본은 견당사(遣唐使)*를 통해 쥘부채를 예품으로 보내기도 했다. 원래 쥘부채는 전나무 조각을 꿰매어 만들어 '회선(檜扇)'이라고 부르다가 훗날 종이로 거죽을 만들기 시작했다. 쥘부채가 출현한 것은 헤이안 시대 초기로서, 『서궁기(西宮記)』에 따르면 헤이안 시대 초기 궁정 귀족들은 매년 여름마다 근신(近臣)들에게 쥘부채를 하사했고, 근신들은 궁정에서 일을 볼 때 늘 소지했다고 한다. 나중에 궁궐의 여자들도 그 영향을 받아 쥘부채를 애용함으로써 일본 귀족 여인들의 장식품이 되었다.

그림의 주인공은 오노노 고마치(小野小町 : 9세기경 헤이안 시대의 아주 유명한 여류시인)로, 그녀가 들고 있는 쥘부채는 당시 일본 귀족 여인들 사이에서 유행한 장식품이었다.

그림 속 남자는 12세기의 무사로서, 화려한 투구와 갑옷을 보면 아주 고귀한 신분이었다는 것을 알 수 있다. 역시 오른손에 쥘부채를 쥐고 있는데, 부채 거죽 위에 일본 국기가 그려져 있다. 이것은 흔히 볼 수 있는 선면도안(扇面圖案)이다.

* 나라, 헤이안 시대에 일본 조정에서 당 왕조의 문물을 수입하기 위해 당나라에 파견한 일종의 사자(使者)다.

무기로 사용한 쥘부채

일본의 부채는 한동안 전쟁터에서 무기로도 쓰였다. 교전을 벌이는 중 진열을 배치할 때마다 부채로 군사들을 지휘한 것이다. 실제로 일본의 부채는 오늘날 수기 신호手旗信號와 유사한 지휘 도구였다. 무사시는 『오륜서』에서 쥘부채를 언급하며 일대일 결투에서 무기로 사용할 수 있다고 했는데, 쥘부채로 적을 격퇴하는 방법을 다음에 설명해 놓았다.

쥘부채로 상대방의 목 공격하기

다치를 들고 있는 적과 겨룬다면 쥘부채는 우선 상대방의 다치를 막는 방어용 무기로 쓰일 수 있다. 상대방의 다치가 자신의 신체에 가까이 오면 오른손에 쥔 쥘부채로 다치의 가운데 부분을 막은 다음 한 걸음 나아가서 공세를 취한다.

그렇게 하면 방어에서 공격으로 전환할 수 있는데, 다치 하단을 따라 쥘부채를 점점 내리 끌면서 상대방의 상반신을 공격한다. 연이어 상대방이 긴장하는 틈을 타 그의 오른쪽 몸 뒤로 돌아가면서 쥘부채를 목까지 미끄러지게 끌어올려 목을 조인다.

쥘부채로 상대방의 이마 공격하기

상대방이 다치의 상단으로 공격해 오면 오른손에 잡은 쥘부채로 다치의 상단을 막으면서 아래쪽으로 눌러 다치 아랫부분이 자신의 허리 높이에 이르도록 한다.

상대방의 다치를 누르면서 적당한 기회에 상대방이 방심하는 틈을 타 다가서면 그의 긴 병기는 우세를 잃는다. 이때 쥘부채로 곧장 상대방의 이마를 공격한다. 가장자리가 예리한 쥘부채인 경우 아주 적절한 방법이다.

고요해도 마음은 고요하지 않다

예리한 비수의 손잡이가 바로 쥘부채의 윗부분이다.

쥘부채의 선혈이 비수의 칼집에 해당한다.

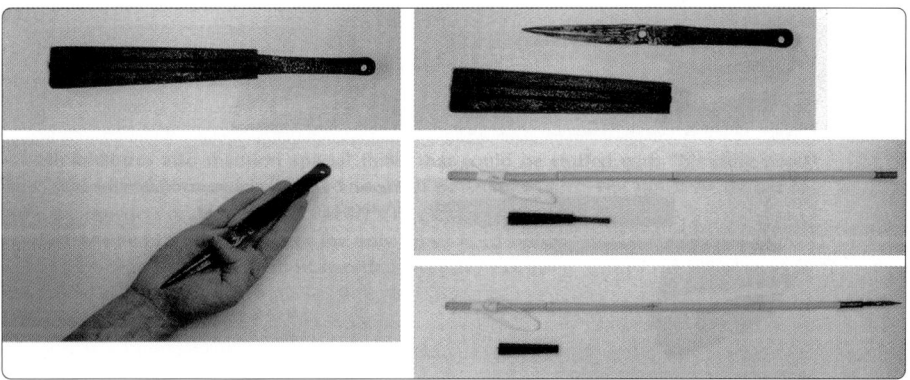

칼로 만들어진 쥘부채로, 부챗살이 아주 예리한 비수다. 비수를 죽간(竹竿 : 대나무로 만든 장대)의 앞쪽에 장착하면 긴 창이 된다.

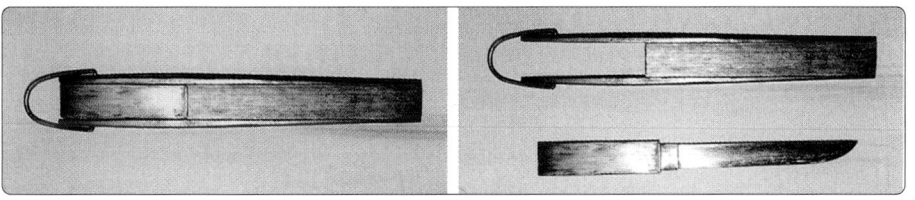

예리한 무기를 숨기는 또 다른 방법으로, 비수의 손잡이가 쥘부채의 부챗살 부분이 된다.

10 니텐이치류의 묘수
근면과 실천

>>>> 니텐이치류 병법에는 특별한 묘수가 없고 오로지 병법의 진수를 제대로 이해하려는 바른 정신과 체험으로 그것을 터득한다는 이치만 있을 뿐이다.

병법에 묘수란 없다

병법에서 어떤 것을 오쿠(奧 : 속)라 하고, 또 오모테(表 : 겉)라 할 수 있겠는가? 각각의 유파에는 나름대로 전해 내려오는 묘수가 있고, 그것은 함부로 다른 사람에게 전수하지 않을 것이다. 그렇다면 니텐이치류 병법에서는 과연 무엇이 묘수인가? 바로 공격 위주의 작전 원칙이다.

병법은 개인의 수준과 천부적 자질에 따라 각기 다른 방법으로 가르쳐야 한다. 이때 쉬운 것부터 어려운 것을 차례대로 가르치면서 조금씩 터득하도록 도와주어야 한다. 초보자 단계에는 그에 맞는 기본적이고 간단한 기술에 초점을 맞추고, 점점 심화될수록 심오한 내용을 전수하는 것이다.

근면과 실천은 수련의 핵심이다

각기 다른 방법으로 가르치는 것은 사람마다 수련 상황이 다르기 때문이지 결코 전수하지 못할 묘수가 있기 때문은 아니다.

예를 들면, 산 속 깊숙이 가기 위해 더욱 안으로 들어가다 보면 도리어 입구로 되돌아 나오는 경우가 있다. 이처럼 병법에서도 비책이 도움이 되는 경우도 있고, 초보적인 기량이 유효한 경우도 있다. 따라서 그때그때 상황에 맞추는 것이 중요하다.

공격이 중심이 되다

상대방에게 여지를 주지 마라

무사시는 수많은 유파들이 강조하는 묘수나 비책이 『오륜서』에는 없다고 하면서, 오로지 수련자들의 노력과 실천만을 중시했다. 그러나 무사시도 특히 중점을 둔 것이 있다. 바로 결투에서의 일격필살, 즉 먼저 공격해서 상대방에게 그 어떤 여지도 주지 말아야 한다는 것이다. 이렇게 간단하고도 직접적인 방식으로 상대방을 공격하는 것이야말로 최상의 수다.

주동적으로 공격해 상대방을 사지에 몰아넣고 반격할 여지를 주어서는 안 된다.

검도 수련의 편애에 빠지지 마라

교전 중 적군의 전투력을 고려하는 일은 매우 중요하다. 다음 표는 전투력을 분석하는 구체적인 요소들이다.

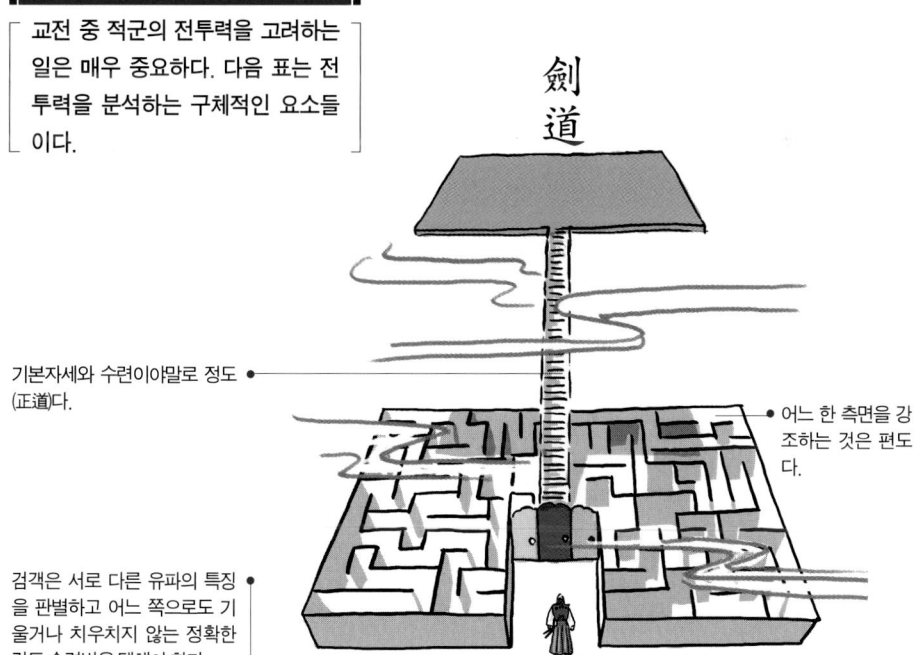

기본자세와 수련이야말로 정도(正道)다.

어느 한 측면을 강조하는 것은 편도다.

검객은 서로 다른 유파의 특징을 판별하고 어느 쪽으로도 기울거나 치우치지 않는 정확한 검도 수련법을 택해야 한다.

병법을 가르치는 데에도 공개를 해야 한다거나 전수하지 못하는 묘수 따위는 없다. 지식과 도를 모두 터득한 사람일지라도 오랜 시간 수련이 필요한 것이다. 때문에 『오륜서』에는 융통성 없이 틀에 박힌 대로 따라야 하는 획일적인 가르침이 없다. 각자의 상황에 맞는 수준별 맞춤 교육을 할 뿐이다. 오도(五道) 혹은 육도(六道) 등의 판에 박히고 기계적인 수행 방식은 버려야 한다. 수련자 스스로 지혜를 발휘하며 잠재력을 끌어낼 수 있도록 도와주면, 어느 순간 무사도의 진정한 의미를 깨달을 것이다. 오직 근면과 실천만이 미야모토 무사시가 요구하는 수련의 정석이다.

편애는 올바르지 않다

무사시는 대상의 편애와 경향에 따라 다른 유파를 아홉 가지로 구분했다. 사심 없이 객관적인 시각으로 보면 그들은 장검 혹은 단검을 편애하고, 오로지 힘과 이익만을 추구하고, 지나치게 검술의 기교에 안주하고 있다는 것을 알 수 있는데, 이렇게 다른 유파에 대해 언급하는 이유는 그들의 잘못된 점을 지적하기 위해서다.

니텐이치류는 초보 기술과 비검(秘劍)의 구별이 없고, 초급과 고급의 급수별 구분도 없다. 무사시가 수련자에게 요구하는 것은 오로지 하나, 바로 자신의 모든 것을 바치고 바른 정신으로 병법의 참뜻을 몸에 익히는 것이다.

7장 공의 권

니텐이치류 병법의 경지

'공의 권空之卷'은 공명空明의 경지이자 니텐이치류의 최고 경지다. 공의 도는 사물을 똑바로 보고 사람들과 자신을 바로 알며, 모든 것들을 올바로 아는 마음의 경지다. 무사시는 앞서 '지의 권', '수의 권', '화의 권', '풍의 권'에서는 병법을 가르치고, 마지막 '공의 권'에서는 병법을 잊어버리는 방법을 가르치고 있다. 그리고 이 장에서는 선학과 무사도의 상호관계에 대해 이야기하면서 선의禪意가 일본 무학武學이 추구하는 높은 경지에 어떻게 이르렀는지를 보여 준다.

7장 그림 목록

병법 안으로 들어가 병법 밖으로 나오다 · 275 | 선학과 독행도 · 279 | 일본 선종의 발전 과 · 281 | 근원이 같은 선(禪)과 무(武) · 284 | 일본에서 선종의 역할 · 287

01 '공空'의 경지
공명의 경지에 오르다

>>> '공의 권空之卷'은 니텐이치류 병법의 최종 결론으로서, 니텐이치류의 최고 경지는 공명空明의 경지라 할 수 있다. 무사시는 앞서 네 장에서는 병법을 가르치고 있지만 도리어 마지막 장인 '공의 권'에서는 병법을 잊는 방법에 대해 가르치고 있다.

니텐이치류의 최고 경지

병법에 대해 공부했다면 그것을 숙지해야 하지만 병법을 사용할 때는 병서에 구애받지 말아야 한다. 또한 규율을 잘 알아야 하되 그것에 의존하지 않고 자유자재로 응용하는 것이 병법의 최고 경지다. 이에 대하여 미야모토 무사시는 다음과 같이 말했다.

"병법의 도는 자연의 도다. '지의 권', '수의 권', '화의 권', '풍의 권'이 유법(有法)이라면 '공의 권'은 무법(無法)이다."

'공의 권'은 니텐이치류 병법의 총결(總結)로서 니텐이치류의 최고 경지, 즉 공명(空明)의 경지다. 공명은 어떤 것도 존재하지 않고, 어떤 것도 알 수 없는 경지를 말한다. 여기서 공은 없는 듯 있는 듯한 상태다. 세상 사람들은 자신이 알지 못하는 것을 공이라고 생각하지만 사실 그것은 공이 아니다. 공은 실제로 존재하지만 단지 안개처럼 모호해서 사람들이 자각하고 있지 못할 뿐이다. 병법도 마찬가지여서 병법을 모르는 상태가 공이 아니다. 이러한 상태는 단지 어리둥절하여 갈피를 못 잡고 병법을 알지 못하는 것이지 결코 진정한 '병법의 공'은 아니다.

무사라면 당연히 병법을 정확하게 이해하고 있어야 한다. 또한 끊임없이 사색해야 한다. 게다가 마음속의 어리둥절한 곤혹스러움은 버리고 맑고 깨끗한 공명의 경지에 도달해야 한다. 그렇게 되면, 다시 말해 무사의 의지와 지혜가 완벽

병법 안으로 들어가 병법 밖으로 나오다

공은 병법을 잊는 것

'공의 권'은 『오륜서』에 담겨 있는 핵심 사상의 총결이자 니텐이치류의 최고 경지다. 무사시는 공명의 경지야말로 검도의 최고 경지라고 하면서 앞서의 네 장에서는 니텐이치류 병법을 가르치고, '공의 권'에서는 그 병법을 잊는 방법을 가르친다.

무사시는 병법을 가르치면서 무사라면 당연히 병법 안으로 깊이 들어가 그것을 세세하게 깨닫고, 자신을 병법 공부에 흡수시켜야 입신의 경지에 도달할 수 있다고 했다.

병법 안으로 들어가다

⬇

병법 밖으로 나오다

'공의 권'에서는 앞서 공부한 병법을 잊어버려야 한다고 역설했다. 이는 정말로 잊어버리라는 것이 아니라 공부한 병법을 민첩하게 운용하라는 말이다. 실전에 임했을 때 배운 병법에 얽매이지 말고 병법을 '있기도 하고 없기도 한' 공과 융합시키라는 말이다.

'공'의 의미

- 자신이 모르는 것이 공은 아니다.
- 병법을 모르는 것이 공은 아니다.
- 마음속의 곤혹스러움과 무지가 공은 아니다.
- 공은 식견이 높고 원대하여 만물의 본질을 통찰한다.
- 마음속에 어두움과 그림자가 드리우지 않게 하는 대청명의 경지다.
- 공명정대의 도, 즉 솔직한 마음이야말로 공이다.
- 솔직한 마음은 공명의 경지에 오르게 한다.

하게 수련이 된 다음에는 높은 식견과 원대함을 품은 자로 변화하여 만사와 만물의 본질을 통찰할 수 있다. 그러면 마음속에 담고 있던 어두움과 그림자가 없어지는데, 이것이 바로 대청명(大淸明)의 경지, 즉 진정한 공이다.

공명정대의 도

불법을 수련하거나 일상생활에서 우리는 종종 자신의 경험과 지식만이 가장 좋고 가장 정확한 것이라고 생각한다. 하지만 객관적인 시각으로 자신의 영혼을 바라본다면 자신 안에 얼마나 많은 집착과 편파성이 존재하는지, 그것이 얼마나 진정한 도와 멀어져 있는지를 발견하게 될 것이다.

최대의 도는 '공명정대의 도', 다시 말해 '솔직한 마음'이다. 솔직함은 마음속의 무수한 그늘을 버리고 삼라만상을 정확하게 볼 수 있도록 해준다. 이러한 대청명의 경지에서 선(善)은 모든 악행과 사악한 생각을 내쫓는 힘을 지니고 있다. 지혜와 진리, 그리고 도 이 세 가지는 하나가 되어 맑고 깨끗한 마음속에 머문다.

02 | 독행도
선학과 검도의 융합

≫≫ 쇼호正保 2년(1645년) 5월 20일, 무사시는 자신의 인생 경험과 결투 경험을 완전히 마무리했다. 그는 선학禪學을 깨달아야만 검도의 최고 경지에 오를 수 있다고 하면서 「독행도獨行道」를 지었다.

「독행도」는 미야모토 무사시가 임종 전에 쓴 것으로서, 잘못을 저지르지 않도록 경계하기 위해 작성한 글이다. 인생을 되돌아본 사색의 총결로서 선학사상(禪學思想)이 짙게 배어 있다. 이로써 그는 한 사람의 검객일 뿐만 아니라 한 사람의 선자(禪者)라는 것을 보여 주었다.

1. 세상의 도리를 거스르지 않는다(世々の道をそむく事なし).
2. 평생 향락에 빠지지 않는다(身にたのしみをたくます).
3. 모든 일에 타인의 탓을 하지 않는다(よろずに依枯の心なし).
4. 자신은 가볍게, 다른 사람은 중요하게 생각한다(身をあさく思, 世をふかく思ふ).
5. 평생 욕심을 부리지 않는다(一生の間よくしん思わず).
6. 행한 일은 후회하지 않는다(我事におゐて後悔をせず).
7. 선이든 악이든 다른 사람을 시샘하지 않는다(善惡に他をねたむ心なし).
8. 이별을 슬퍼하지 않는다(いつれの道にもわかれをかなしま).
9. 모든 일에 원망하지 않는다(自他共にうらみかこつ心なし).
10. 연모의 정 때문에 흔들리지 않는다(戀慕の道思ひよるこころなし).
11. 모든 일에 특별히 좋고 싫음이 없다(物毎にすきこのむ事なし).
12. 사치를 탐하지 않는다(私宅におゐてのぞむ心なし).

13. 제 몸 하나를 위해 좋은 음식을 탐하지 않는다(身ひとつに美食をこのまず).

14. 소장품이 될 오래된 물건을 갖지 않는다(末々代物なる古き道具を所持せず).

15. 몸에 해로운 일을 하지 않는다(わか身にいたり物いみする事なし).

16. 병기 외에 특별히 도구를 즐기지 않는다(兵具ハ格別よの道具たしなまず).

17. 도를 위해서라면 목숨을 아끼지 않는다(道におゐてハ死をいとわず思ふ).

18. 늙은 몸에 재물은 필요 없다(老身に財寶所領もちゆる心なし).

19. 불신을 받들되 의존하지 않는다(佛神ハ貴し佛神をたのまず).

20. 죽더라도 명예는 버리지 않는다(身を捨ても名利はすてず).

21. 항상 병법의 도에서 벗어나지 않는다(常に兵法の道をはなれず).

선학과 독행도

1645년 5월 20일, 무사시는 살육의 결투로 가득했던 자신의 인생을 반성하면서 마침내 선학사상의 영향 아래 검도의 최고 경지는 검선합일劍禪合一임을 깨달았다. 이러한 깨달음을 바탕으로 「독행도」를 지었다.

獨行道

① 세상의 도리를 거스르지 않는다.
② 평생 향락에 빠지지 않는다.
③ 모든 일에 타인의 탓을 하지 않는다.
④ 자신은 가볍게, 다른 사람은 중요하게 생각한다.
⑤ 평생 욕심을 부리지 않는다.
⑥ 행한 일은 후회하지 않는다.
⑦ 선이든 악이든 다른 사람을 시샘하지 않는다.
⑧ 이별을 슬퍼하지 않는다.
⑨ 모든 일에 원망하지 않는다.
⑩ 연모의 정 때문에 흔들리지 않는다.
⑪ 모든 일에 특별히 좋고 싫음이 없다.
⑫ 사치를 탐하지 않는다.
⑬ 제 몸 하나를 위해 특별히 좋은 음식을 탐하지 않는다.
⑭ 소장품이 될 오래된 물건을 갖지 않는다.
⑮ 몸에 해로운 일을 하지 않는다.
⑯ 병기 외에 특별히 도구를 아끼지 않는다.
⑰ 도를 위해서라면 목숨을 즐기지 않는다.
⑱ 늙은 몸에 재물은 필요 없다.
⑲ 불신을 받들되 의존하지 않는다.
⑳ 죽더라도 명예는 버리지 않는다.
㉑ 항상 병법의 도에서 벗어나지 않는다.

03 무사 계층의 선학
무사의 지지로 성행한 선학

▶▶▶ 막부 시대 일본의 무사들은 선종을 숭배하는 마음이 깊었다. 에도 막부가 낳은 양대 검객인 미야모토 무사시와 야규 무네노리가 대표적인 예다. 그들은 각각 『오륜서』와 『병법가전서』를 지었는데, 두 권 모두 선禪을 추구하는 것이 무학武學의 최고의 경지라고 강조했다.

막부의 지지로 발전한 선학

일본 역사를 보면 선학의 발전과 무사 계층의 선학 지지가 불가분의 관계임을 알 수 있다. 여기서는 무사 계층에서 성행한 선학과 그들의 선학 숭배에 관해 소개하고 있다.

나라 시대인 735년, 선종이 중국으로부터 일본에 전해졌다. 가마쿠라 막부(鎌倉幕府)* 초기에 일본 승려 다이니치보 노닌(大日房能忍)이 중국에서 선학을 배운 후 귀국하여 선종을 전파한 것이다. 그러나 정치적, 역사적 측면 등 여러 가지 원인으로 선종은 일본에서 광범위하게 퍼져나가지 못했다. 이후 승려 민난 에이사이(明菴榮西)**가 중국에서 선을 공부하고 돌아와 선학을 선양한 후에야 일정한 위치를 차지하고 가마쿠라 막부의 육성 아래 급속하게 널리 퍼져나갔다. 선학이 일본에 유입된 초기에는 교토의 일본 귀족들이 못마땅하게 여기고는 권력을 이용

---

* 미나모토노 요리토모(源賴朝)가 창시한 일본 최초의 무인 정권으로 호조 다카토키(北條高時)가 멸망할 때까지의 기간이다. 1185년부터 1333년까지 약 150년이다.
** 1141~1215년, 교토의 겐닌지(建仁寺)를 세운 일본 임제종(臨濟宗)의 개조다. 끽다(喫茶)의 습관을 일본에 전한 것으로 유명하다.

일본 선종의 발전 과정

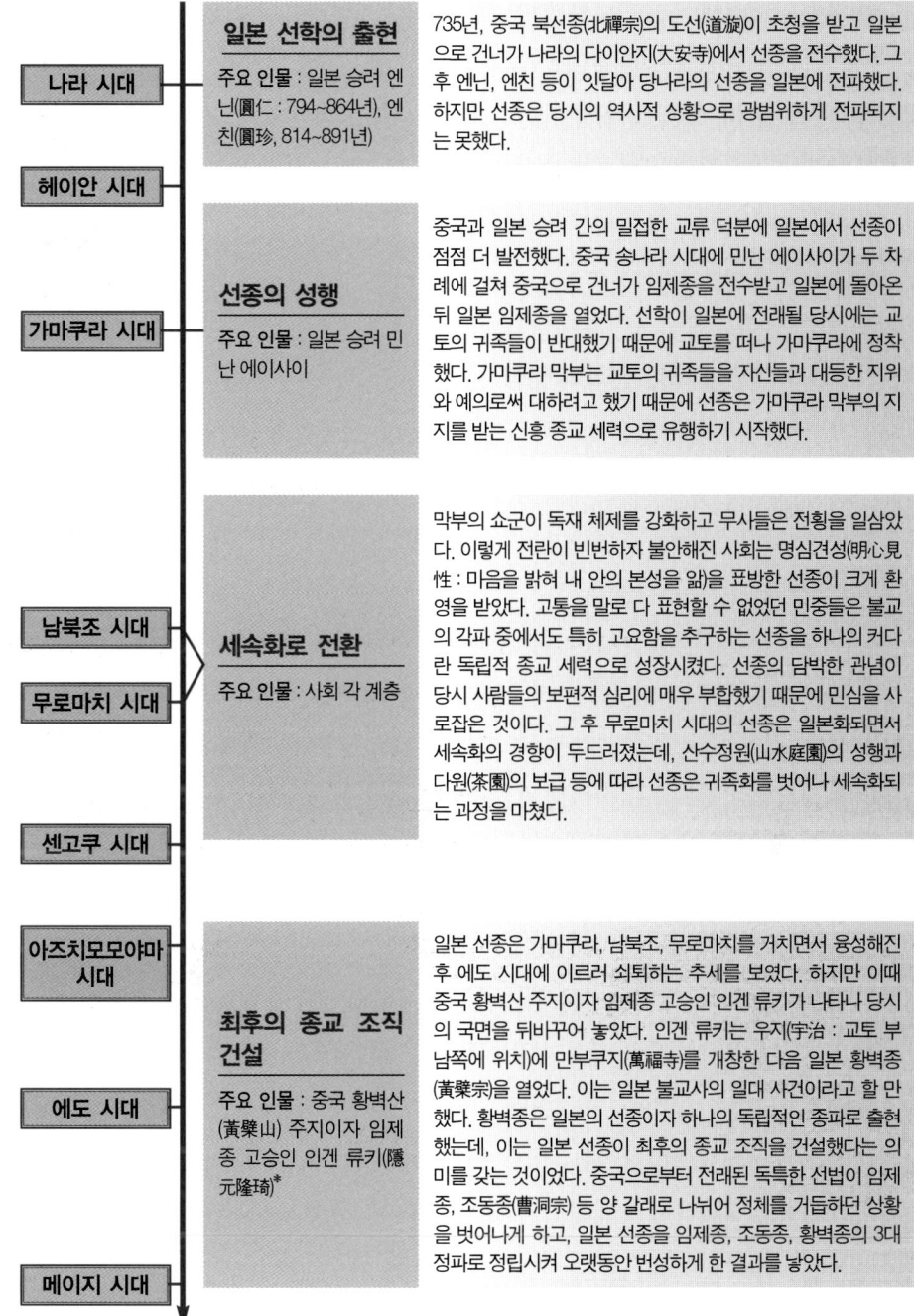

나라 시대 / 헤이안 시대 — 일본 선학의 출현
주요 인물: 일본 승려 엔닌(圓仁: 794~864년), 엔친(圓珍, 814~891년)

735년, 중국 북선종(北禪宗)의 도선(道璿)이 초청을 받고 일본으로 건너가 나라의 다이안지(大安寺)에서 선종을 전수했다. 그 후 엔닌, 엔친 등이 잇달아 당나라의 선종을 일본에 전파했다. 하지만 선종은 당시의 역사적 상황으로 광범위하게 전파되지는 못했다.

가마쿠라 시대 — 선종의 성행
주요 인물: 일본 승려 민난 에이사이

중국과 일본 승려 간의 밀접한 교류 덕분에 일본에서 선종이 점점 더 발전했다. 중국 송나라 시대에 민난 에이사이가 두 차례에 걸쳐 중국으로 건너가 임제종을 전수받고 일본에 돌아온 뒤 일본 임제종을 열었다. 선학이 일본에 전래될 당시에는 교토의 귀족들이 반대했기 때문에 교토를 떠나 가마쿠라에 정착했다. 가마쿠라 막부는 교토의 귀족들을 자신들과 대등한 지위와 예의로써 대하려고 했기 때문에 선종은 가마쿠라 막부의 지지를 받는 신흥 종교 세력으로 유행하기 시작했다.

남북조 시대 / 무로마치 시대 — 세속화로 전환
주요 인물: 사회 각 계층

막부의 쇼군이 독재 체제를 강화하고 무사들은 전횡을 일삼았다. 이렇게 전란이 빈번하자 불안해진 사회는 명심견성(明心見性: 마음을 밝혀 내 안의 본성을 앎)을 표방한 선종이 크게 환영을 받았다. 고통을 말로 다 표현할 수 없었던 민중들은 불교의 각파 중에서도 특히 고요함을 추구하는 선종을 하나의 커다란 독립적 종교 세력으로 성장시켰다. 선종의 담박한 관념이 당시 사람들의 보편적 심리에 매우 부합했기 때문에 민심을 사로잡은 것이다. 그 후 무로마치 시대의 선종은 일본화되면서 세속화의 경향이 두드러졌는데, 산수정원(山水庭園)의 성행과 다원(茶園)의 보급 등에 따라 선종은 귀족화를 벗어나 세속화되는 과정을 마쳤다.

센고쿠 시대 / 아즈치모모야마 시대 / 에도 시대 / 메이지 시대 — 최후의 종교 조직 건설
주요 인물: 중국 황벽산(黃檗山) 주지이자 임제종 고승인 인겐 류키(隱元隆琦)*

일본 선종은 가마쿠라, 남북조, 무로마치를 거치면서 융성해진 후 에도 시대에 이르러 쇠퇴하는 추세를 보였다. 하지만 이때 중국 황벽산 주지이자 임제종 고승인 인겐 류키가 나타나 당시의 국면을 뒤바꾸어 놓았다. 인겐 류키는 우지(宇治: 교토 부 남쪽에 위치)에 만부쿠지(萬福寺)를 개창한 다음 일본 황벽종(黃檗宗)을 열었다. 이는 일본 불교사의 일대 사건이라고 할 만했다. 황벽종은 일본의 선종이자 하나의 독립적인 종파로 출현했는데, 이는 일본 선종이 최후의 종교 조직을 건설했다는 의미를 갖는 것이었다. 중국으로부터 전래된 독특한 선법이 임제종, 조동종(曹洞宗) 등 양 갈래로 나뉘어 정체를 거듭하던 상황을 벗어나게 하고, 일본 선종을 임제종, 조동종, 황벽종의 3대 정파로 정립시켜 오랫동안 번성하게 한 결과를 낳았다.

* 1592~1673년, 복건성(福建省) 복주(福州) 복청현(福清縣)에서 태어나 1654년 정성공(鄭成功)의 배를 타고 일본으로 건너갔다.

해 선학을 억제했다. 그러다가 훗날 교토를 떠나 가마쿠라(鎌倉 : 지금의 가나가와 현 神奈川縣 사가미만相模灣 동북안의 시로 가마쿠라 막부가 있던 곳)에 정착하게 되었다. 당시 가마쿠라 막부는 교토의 귀족들을 자신들과 대등한 지위와 예의로 대하려고 했기 때문에, 선종은 가마쿠라 막부의 지지를 얻어 독립적인 종교 세력으로 자리를 잡았다. 이후 안방(安邦 : 나라를 평안하게 다스림), 공적(空寂)* 등의 사상을 포함한 선종이 유행하기 시작했다.

무사 계층에 대한 선학의 영향

일본 막부의 무사들도 선학의 영향 아래 점점 선종의 불립문자(不立文字 : 문자로써 가르침을 세우는 것이 아니라 이심전심以心傳心으로 진리가 전해짐), 직지인심(直指人心 : 눈을 외계로 돌리지 말고 자기 마음을 곧바로 잡아서 자기 자신이 본래 부처였음을 파악함), 견성성불(見性成佛 : 인간이 본성을 깨치면 누구나 부처가 됨), 생사일여(生死一如 : 나고 죽는 것이 똑같다는 말로 삶과 죽음은 서로 다른 것이 아니라 원처럼 하나로 연결되어 구별할 수 없음), 만물개공(萬物皆空 : 환경과 사물에 접촉하여 생기는 법에 집착하지 않고 마음을 비우는 것), 망아(忘我 : 어떤 사물에 마음을 빼앗겨 자기 자신을 잊어버림) 등의 사상을 받아들였고, 선학은 막부의 지도층인 무사들의 지지가 있었기에 발전할 수 있었다. 그래서 '무가불교(武家佛敎)'라고 불린다. 막부 세도가들의 선학 숭배는 무사들이 집단적으로 참선을 하는 풍조를 가져왔다. 또한 선학의 성행이 백성에게까지 퍼져 마침내 중국의 선학은 일본선(日本禪)으로 변모했다.

선종은 자신의 주군에게 충성을 바치는 무사의 행동에 대한 정신적 표현이었다. 주군을 위해 목숨을 아끼지 않는 무사의 자기희생과 충성심 수행의 지평을 재는 바로미터가 선종이었던 것이다. 그래서 선의(禪意) 역시 일본 무학이 추구하는 최고의 경지가 되었다. 검도 수련 과정에서도 잡념을 버리고 맑고 깨끗한 평정심을 찾는 방법이 선학이었다. 이 점은 '공의 권'에 잘 설명되어 있다. 즉 검객

---

* 만물은 모두 실체가 없고 상주(常住)가 없다. '공(空)'은 그 어느 것도 형상이 없음을 이르고, '적(寂)'은 일어나거나 스러짐이 없음을 이른다. 불교에서 공적으로 돌아가라 한 것은 집착과 탐욕에서 해탈하라는 것이다.

이 검도를 수련하는 것은 자신을 더 높은 경지로 이끌어 가는 자아실현의 과정이었기 때문에 무사시의 삶처럼 수많은 검객들이 선학의 대사들로부터 가르침을 받았다.

근원이 같은 선(禪)과 무(武)

센고쿠 시대에 등장한 '무사도'라는 말은 일본 무사의 행위규범, 도덕 수양, 정신적 정조 등을 뜻한다. 유교, 도교, 불교 등이 융합한 일종의 복합형 의식 형태로서 일본 문화의 특징을 두드러지게 보여 주는 말이다. 가마쿠라 시대에는 선종 사상과 무사도가 서로 결합하여 무사도의 내용이 대단히 풍부해지고 완벽해졌으며, 그 정신 또한 한층 더 깊어졌다. 철학 관념과 수양 방법 등의 방면에서 무사의 정신 도야와 무예 단련을 도와준 선종 사상은 일본의 무사도 정신을 떠받치는 주춧돌이 되었다.

무사 정신

충효와 용맹 : 무사도는 무사가 죽는 것을 집으로 돌아가는 것처럼 여기도록 함으로써 전쟁터에서 주군을 위해 사력을 다해 싸우도록 고무시켰다.

자비 : 무사는 보통사람과 약자를 인자한 마음으로 대해야 한다.

예법 : 일본의 무사에게는 매우 엄격한 예법과 준칙이 있어 이를 위반하면 명예를 훼손한 것으로 여겼다.

철학 : 사치, 잡념, 욕망을 버리는 극기 정신을 무사의 인생 철학으로 삼도록 했다.

전투 정신 : 무사도는 무사의 남성성을 매우 강조하며 특별한 의지력을 지니도록 했다.

검도선(劍道禪) : 무사의 기예로 흡수되어 검법, 도법, 창법 및 각종 무예에 영향을 주어 수많은 무예 유파를 생성시켰다.

선종 사상

생사관은 참선오도(參禪悟道)의 첫 번째 요지다. 선종의 생사일여(生死一如) 사상은 자연스럽게 무사의 '무외이사(無畏而死 : 죽음을 두려워하지 않음)'와 어울려 무사들이 주군을 위해 목숨을 초개와 같이 여기는 풍조를 만들었다. 선종이 무사들에게 미친 실로 막대한 영향이라 할 수 있다.

선종은 자비와 선(善)을 강조하지만 일본 무사도 정신의 핵심은 충성이기 때문에 일본 무사는 '충(忠)'을 내세워 반인도적인 행동을 할 수 있었다.

엄정한 선종은 선승들이 일체의 잡념을 떨쳐버리고 오직 정진만을 할 수 있도록 수많은 계율을 제정했는데, 이러한 계율을 무사들이 받아들였다.

선종이 주장하는 청심과욕(淸心寡欲 : 마음을 평정시키고 욕심을 줄임), 본심청정(本心淸淨 : 본래 마음은 깨끗함) 사상은 무사의 일상생활에도 영향을 미쳤다.

선종의 수행 방식은 매우 단순하고 단호하면서 자긍과 극기를 요구하기 때문에 대단한 의지력이 필요하다. 이는 무사의 전투 정신에 상당히 부합되었다.

무사는 생과 사를 넘어서야만 진정한 용맹을 발휘할 수 있다.

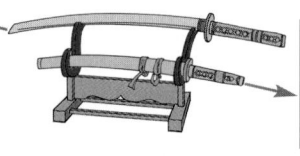

일본의 무사도는 여러 가지 선종 사상을 받아들여 무예 단련과 수신 양성의 나침반으로 삼았다. 그런데 무사도 정신의 핵심 사상은 충성이다. 이렇게 간결하고 단호한 충성심은 일본 무사도에 자아의 반성 능력을 결핍시켜 이후 군국주의 사상의 근원 중 하나가 되었다.

선종의 전파

인도에서 전해진 선종은 당나라 때 중국화되어 정식으로 중국 선종을 세웠다. 이후 한자 문화권인 조선, 일본, 베트남으로 전파되기 시작해 동아시아 각국에 중국의 임제종, 조동종이 주도한 여러 가지 선종 유파가 창시되었다. 20세기 이후에는 일본을 통해 통속화된 형식으로 유럽과 아메리카에 전파되었다.

남조 양무제(梁武帝) 때 달마 선사가 인도에서 중국으로 건너가 선종을 전파하기 시작했다.

당나라 시대(627~649)에 신라 승려인 법랑(法朗, 549~623년)과 신행(神行, 704~779년)이 당나라로 건너가 각각 4대조 도신선사(道信禪師)와 5대조 홍인선사(弘忍禪師)에게 배움을 청했다. 두 승려는 귀국한 후 선종을 신라에 전파했다. 당 건중(建中) 5년(784년)에는 신라 승녀 도의(道義)가 중국으로 유학하여 서당(西堂) 지장선사(智藏禪師)에게 선법을 배워 귀국한 다음 남종선(南宗禪)의 돈오법(頓悟法)을 전하고 조계종(曹溪宗)을 창시했다. 베트남도 선종을 정식으로 세웠다.

일본 불교학자 스즈키 다이세쓰(鈴木大拙, 1870~1966년)이 1950년부터 1958년까지 미국에 거주하면서 하와이대, 예일대, 하버드대, 프린스턴대 등에서 불교 사상을 강의하며 미국에 선종을 전파하기 시작했다. 훗날 미국에서 임제선(臨濟禪), 조동선(曹洞禪), 그리고 그 둘을 결합한 선 등 세 가지 지류가 형성되었다. 미국은 서방 국가 중에서 선종이 가장 광범위하게 전파된 나라다.

1976년, 일본 조동종(曹洞宗)의 승려 데 시마루 다 이센(弟子丸泰仙, 1914~1982년)이 파리에서 선종을 전파하자 프랑스의 선종은 각지로 급속하게 퍼져나갔다.

중국에서 초대조 달마, 2대조 혜가(慧可), 3대조 승찬(僧璨), 4대조 도신, 5대조 홍인, 6대조 혜능(慧能)을 거치면서 인도 불교가 선종, 즉 중국적 불교로 변하고 오종칠파(五宗七派)의 번영기를 누리기 시작했다.

가마쿠라 시대(1192~1333년)에 일본으로 전해져 임제종, 조동종, 황벽종 등을 창시했다. 일본 선종은 중국 선종을 기초로 하고 그들만의 문화적 전통을 흡수하여 독특한 일본선(日本禪)을 형성했다.

영국 선종은 1972년에 영국 국적의 일본 조동종 비구니인 켄니트(Kennitt)가 전파했다. 그녀는 영국의 노섬벌랜드(Northumberland)에 샤스타 애비(Shasta Abbey) 사원을 창립하고 그 절에 소속된 트로셀홀(Throssel Hole) 불교 수도원에서 불제자들에게 좌선을 가르쳤다.

574년 인도 승려 비니다루지(Vinitaruci, ?~594년, 한자명 멸희滅喜)가 중국으로 건너가 승찬선사를 스승으로 모시고 능가선법(楞伽禪法 : 부처가 능가산楞伽山에서 대혜보살에게 준 가르침)을 공부했다. 그는 580년 베트남으로 가서 법운사(法雲寺)를 세우고 중국 선종을 널리 선양해 베트남에서 가장 이른 선종인 비니다류지파를 창시했다. 820년, 중국 선사 무언통(無言通)이 베트남의 박닌 띠엔두(Bac Ninh Tien Du)에 위치한 부동건초사(扶董建初寺)에 도착해 선법을 전하고 베트남에서 가장 영향력이 큰 무언통선파(無言通禪派)를 형성했다.

04 | 선학의 영향
무사가 추구해야 할 경지

>>>> 선학은 중국에서 탄생했지만 일본에서 크게 발전하며 무사 계층을 포함한 모든 일본인의 일상생활에까지 영향을 미쳤다. 여기서는 선학이 무사 계층에 큰 영향을 미친 몇 가지를 소개하고 있다.

운명에 맡기는 의식

일본 역사상 매우 유명한 검술 사범인 야규 무네노리는 제자들에게 자신의 지식 밖의 일은 반드시 선학의 지도를 받으라고 훈계한 적이 있다. 이 점만 보아도 선학이 무사 계층에 미친 영향을 짐작할 수 있다. 이처럼 무사 계층에 선이 성행한 것은 일본 고대사회의 '정치 불교' 전통과 신흥 무사 정권의 필요에 따른 결과였다. 훗날 역사적 변천을 거치면서 숭신경불(崇神敬佛 : 신도 숭상, 불교 경외)이야말로 무사의 정신적 토대임을 일깨워 주었다. 마치 한 편의 드라마처럼 생사의 경계를 무너뜨리고 생명의 위험을 무릅쓸 줄 알아야 한다는 생사일여(生死一如) 사상을 내포하고 있는 선종은 무사들이 주군을 위해 충성을 바쳐야 한다는 봉건 통치자의 이해관계와 딱 맞아떨어졌다. 때문에 막부에서는 선종을 장려하였고, 수많은 무사들이 입산하여 선을 배웠으며, 송나라의 선승을 초빙하여 가르침을 청하기도 했다.

일부분으로 전체를 꿰뚫어보는 깨달음

일본 열도의 면적은 40만 평방킬로미터에도 미치지 못하고, 사면은 일망무제(一望無際)*의 대해(大海)다. 게다가 가장 높은 산인 후지산의 높이는 해발 3,776

---

* 한눈에 바라볼 수 없을 정도로 아득하게 멀고 넓어서 끝이 없음을 이른다.

일본에서 선종의 역할

선종이 일본에서 성행한 것과 막부의 통치는 불가분의 관계였다. 무사 계층은 선종 사상을 받아들여 일본에 크게 퍼뜨렸고, 선종의 영향은 무사도와 무사의 일상생활 양 방면에서 모두 찾아볼 수 있다.

선(禪)

'생사일여, 만물개공(生死一如, 萬物皆空)'이라는 선종의 이념은 무사들에게 큰 영향을 끼쳤다. 이것은 막부가 무사 계층에게 생사를 도외시하는 풍조를 요구한 것과 매우 관계가 깊다. 무사에게는 삶을 초월하는 죽음이야말로 진정한 행동 규범이었던 것이다.

선종의 영향은 단지 무사도에만 그치지 않았다. 가마쿠라 시대 이후 선종은 일본인의 생활에 깊은 영향을 미쳤는데 서화예술, 차도, 정원 조성, 이케바나(生け花 : 꽃꽂이) 등 예술과 일상생활의 모든 방면에서 선학 사상의 모노아와레(物哀 : 애처로움)와 공적(空寂 : 만물이 모두 공일 뿐 실체가 없음)의 심미관을 꽃피우게 했다.

보충 해설

선종이 '무가(武家) 불교'로 불리는 이유 : 호국(護國), 안방(安邦 : 나라를 평안하게 다스림), 본래무일물(本來無一物), 생사 초탈 등 공적관념(空寂觀念)이 기본 정신인 선종 사상은 막부의 세도가들에게 매우 실용적인 가치가 되었다. 막부의 중하층 무사들은 선종이 주장하는 불립문자, 견성성불, 생사일여, 망아(忘我) 등에 영향을 받고 선종을 숭상했는데 이것이 바로 가마쿠라 막부가 일어서는 밑바탕이 되었다. 장장 700여 년에 이르는 막부 통치 기간에 몇 대의 막부 정권이 흥망성쇠를 거듭하는 부침(浮沈)을 겪었지만, 선종은 꾸준히 막부의 수뇌부 무사들의 지지를 등에 업고 크게 발전했다. 그런 이유로 선종을 '무가불교'라고 부른다.

미터에 불과하다. 이러한 국가지리적 환경은 일본인들에게 소규모의 경물(景物)만 볼 수 있도록 만들었다. 그런 이유로 일본 민족은 섬세한 것에 민감했다. 이는 조그마한 조짐을 보고 전체의 추세와 심오한 도리를 꿰뚫어보는 깨달음을 강조한 선학과 이해를 같이했다. 예컨대 『오륜서』에서 미야모토 무사시는 검법을 소개하며 시야, 호흡, 박자 등 매우 세밀한 부분까지 고려하는 것이 니텐이치류 검법의 특징으로서 수련자들은 이를 아주 섬세하게 터득해야 한다고 강조했다.

자기 수양과 자해돈오

중국 불교인 선종은 자기 수양과 자해돈오(自解頓悟 : 어떤 것에도 구애받지 않고 스스로 깨달음)를 매우 강조한다. 중국의 선종이 일본에 전래된 후 일본선도 마찬가지로 이 두 측면을 매우 중시했다. 선종의 본체는 공무관(空無觀), 즉 진리를 돈오(頓悟 : 망상을 깨고 교리의 참뜻을 문득 깨달음)하기를 바라면 모든 편견을 버리고 이 세상은 '본래무일물(本來無一物 : 원래 그 무엇도 아무것이 아님)'이며, 사는 것과 죽는 것이 하나임을 터득해야 한다는 것이다. 또한 청심과욕(清心寡慾 : 마음을 평정시키고 욕심을 줄임)을 주장하면서 본심의 깨끗함을 제창했다. 이에 따라 무사 계층은 선종의 극기인애(克己忍愛), 검소함, 욕망 억제 등의 사상을 깊이 받아들였는데, 이러한 무사의 행위 준칙은 무사시의 인생에 그대로 드러나 있다.

8장 일본 검도

니텐이치류와 일본 검도의 역사

오랜 역사를 자랑하는 일본 검도는 문화적 측면을 다분히 가지고 있다. 막부 시기 무사 계층이 융성한 것은 검도가 발전하는 데 가장 큰 역할을 했고, 다양한 검도 유파가 생성된 에도 시대에 일본 검도는 더더욱 번창하고 활기에 차 있었다. 미야모토 무사시와 그의 작품 『오륜서』는 바로 이러한 시대를 아주 두드러지게 표현하는 대표작으로서, 이 장에서는 일본 검도의 내력을 상세하게 소개한다.

8장 그림 목록

검도의 역사 ① · 293 | 검도의 역사 ② · 295 | 에도 시대 전기의 유명 검도 유파 · 299 | 에도 시대 후기의 유명 검도 유파 · 301 | 검도의 원칙 · 305 | 검도에 대한 이해 · 307 | 기, 검, 체의 합일은 검도의 규칙 · 311 | 검도 장비 · 315 | 검도의 단위와 칭호 · 317 | 일본도의 역사 ① · 321 | 일본도의 역사 ② · 323 | 당도의 역사 · 325 | 일본도의 제작 과정 · 328 | 쓰쿠리코미의 유형 · 333 | 검의 구성 · 335 | 쓰바의 짜임새 · 337 | 쓰바의 구조와 유형 · 338 | 일본도의 주된 유형 · 341 | 무사의 검 패용법 · 343 | 도검 감상의 절차와 예법 · 347 | 일본 다메시기리의 역사 · 350

01 | 검도의 역사
일본의 문화를 지탱하다

>>> '검도'라는 두 글자가 중국 문헌에 등장한 것은 일찍부터이고, 일본 검도는 견당사가 중국의 쌍수도법雙手刀法*을 들여온 것에서 연유한다. 검도는 일본에서 아주 유구한 역사를 자랑하는데, 여타 수많은 사회문화 현상과 마찬가지로 일본의 풍부한 문화를 가득 담고 있다.

검도의 역사

검도라는 두 글자가 처음 등장한 책은 중국 선진(先秦) 시대의 고서인 『오월춘추(吳越春秋)』다. 그리고 일본의 검도는 조정에서 파견한 견수사(遣隨使)의 왕래로 중국의 쌍수도(雙手刀)가 일본 민간사회에 전해지면서 시작되었다. 즉 일본 검도는 중국의 검법이 한당(漢唐) 시대에 전해진 것으로 볼 수 있다.

일본에서는 아주 오랜 세월 전쟁이 계속되면서 중국의 쌍수도법도 끊임없는 변화를 겪었다. 그러다가 에도 시대에 이르러 천하가 안정을 되찾자 일본의 투구와 갑옷 양식을 모방하여 검도의 호구(護具)와 죽도(竹刀)를 제작했다. 이는 이후 체육 검도의 초기 형태를 확립한 것이다.

오늘날 흔히 '일본 검도' 혹은 '현대 검도'라고 칭하는 것은 일종의 격투 운동이었던 검술에 기반을 두는데, 지금의 일본 검도와 일본 검술은 분명한 차이가 있다. 전자는 현대의 죽도 운동이다. 반면 후자는 일본도(日本刀 : 가타나)로 하는 무예 기술로서 그 목적은 살인이다. 때문에 양자는 결코 같이 섞어 말할 수 없다. 일본에서 전해지는 소수의 검술 유파는 대부분 고대의 검술을 행한다.

전통적 검술 또는 격투기는 일본어로 '겐주쓰(劍術)'라고 하는데, 고대 전투에

---

* 두 손으로 검을 쥐고 검술을 익히는 것으로서 무예십팔기(武藝十八技) 중 하나다.

검도의 역사 ①

시대	내용	설명
가마쿠라 시대	도검(刀劍) 훈련의 중요성을 인식했다	가마쿠라 시대 이후 무사 계층은 권력을 차지하기 시작했다. 미나모토노 요리토모가 상무 정신을 숭상하는 정책을 펴며 무가 정치에 성공하자 도법(刀法)이 시행하기 시작했으며, 교수법은 점차 통일되어 갔고, 사회 각지에서 전란이 터져 사람들은 검과 도검 훈련의 중요성을 깨닫기 시작했다.
무로마치 중기 이후	검도 유파가 형성되었다	전란 시대의 도래는 무사뿐만 아니라 일반 백성들도 무술을 연마하는 동기가 되었다. 그리하여 검도 풍조는 날이 갈수록 성행하여 이른바 검도 사범이 등장했으며, 검법도 통일적으로 정돈되어 유파가 출현하고 분파까지 생겼다. 대표적인 유파는 신토류(神道流), 가게류(陰流), 추조류(中條流)였다.
에도 시대 전기	검도가 무사의 필수과목이 되었다	마침내 분열의 시대에 종지부를 찍고 전국이 통일되어 계급 제도가 명확하게 확립되었고, 검도는 무사 계층의 필수 기예로 발전했다. 이 시기의 검도는 유교와 선종의 영향을 깊이 받아 무사의 정신과 생활을 구성하는 중요한 요소가 되었다.
에도 시대 중기	검도 호구와 죽도가 출현했다	지기신카게류(直心影流)의 나가누마 구니사토(長沼國鄕, 1688~1767년)와 이치도류(一刀流)의 나카니시 다누타케(中西子武) 등이 연구를 한 끝에 보쿠토(木刀 : 목도, 목검, 기타치木太刀라고도 함)로 수련하는 법이 등장하고, 멘(面)·도(胴)·고테(籠手) 등의 호구와 죽도가 출현했다. 이러한 수련 방법은 얼마 지나지 않아 전국적으로 유행했는데, 현재의 검도 수련법과 매우 비슷하다.
에도 시대 말기	다시 실전 의식을 강조했다	본래 검도는 무사 계층이 높이 받드는 활동에 불과했지만, 이 시대에는 상인과 농민 등도 검술 훈련을 시작하여 검을 배우는 기풍이 성행하게 되었다. 도쿠가와 막부는 치안을 유지하기 위해 무예 훈련기관인 고부소(講武所)를 설치하고 무사들을 재훈련시켰는데, 이때 검도는 경기에서 다시 실전을 고려한 무술이 되었다.
메이지 시대	검도 기풍이 점점 쇠락했다	서양 문화의 도입은 일본의 전통 문화를 점점 더 쇠락하게 만들었는데, 검도 기풍도 날이 갈수록 사그라져만 갔다. 사농공상이라는 전통적인 계급 제도가 무너지자 무사 계층은 실업자로 전락하면서 더 이상 예전의 영광을 되찾지 못했다. 메이지 9년(1876년) 검 수거령이 내려지자 검도의 지위는 완전히 추락했다.
메이지 10년 ~ 메이지 시대 말기	다시 검도가 각광을 받았다	메이지 10년(1877년) 세이난 전쟁(西南戰爭)이 발발하자 검도는 다시 그 중요성을 인정받기 시작했다. 세이난 전쟁이 검도의 부흥을 촉진한 것이다. 메이지 12년에 경시국(警視局 : 훗날 경시청)과 지방경찰국들이 검도를 정식 과목으로 채택하고, 학교에서도 검도를 배우기 시작하자 검도 기풍이 점점 되살아났다. 메이지 44년(1911년)에 검도는 중학교와 사범학교에서 정식 과목으로 채택되었다.

서 일본 무사들이 검으로 싸움을 벌이는 격투기를 말한다. 검도(劍道 : 일본어로 겐도)는 죽도(竹刀)*를 사용하는 반면에 검술은 무사의 검인 가타나를 쓰되 일반적으로 안전을 위해서 칼날을 열지는 않는다. 이것도 검도와 검술의 차이점이다.

검도와 무사의 관계는 아주 밀접했기 때문에 무사는 검도 발전에 크게 공헌했다. 한편 일본의 지리적 형세는 정치 국면에 큰 영향을 미쳤는데, 특히 산이 많은 지형은 지방 세력의 할거(割據)를 용이하게 했다. 좁은 지역에서의 대치와 유한한 자원은 지방 세력의 내부 단결을 촉진했고, 그만큼 외부와의 충돌을 더욱 격렬하게 만들었다. 이 같은 지방 세력 간의 끊이지 않는 전투야말로 전업적인 무사 계층을 탄생시킨 배경이 되었다. 이러한 환경에 적응하기 위해 무사들은 충성, 용기, 규율 엄수, 명예 중시 등의 품성을 매우 중시했고, 이는 검도를 통해 배양되었다.

일본 사회는 메이지 유신(1868년)을 거치면서 매우 빠르게 변화해 나갔다. 황실 집권 세력이 지방의 무사 세력을 제거하기 시작하자 양자 간의 충돌이 불가피해졌다. 당시 냉병기(冷兵器 : 화기의 사용이 보편화되기 전까지 모든 무기)로 무장한 무사들은 황실 군대의 총포에 맞서 용맹스럽게 저항했지만 결국 섬멸당하고 말았다. 하지만 무사들이 보여 준 용맹성은 검으로 상징되면서 황실은 그것으로부터 큰 영향을 받았다. 그리하여 검도는 메이지 시대 이후 광범위하게 보급되었고, 이후 일본의 군국주의 세력은 검도의 정수를 받아들여 2차 세계대전이 끝날 때까지 필수 군사 과목으로 가르쳤다. 또한 1950년부터 오늘에 이르기까지 검도는 일본에서 순수 체육 활동의 상징이 되었다.

검도의 특징

일본에서 검도는 하나의 전통 무예로 인식되어 왔다. 정식 시합은 대개 실내에서 이루어지는데, 선수들이 맨발로 시합을 하기 때문에 시합장 마루 나무의 질이 매우 우수하다. 일대일로 시합을 치를 때 쌍방은 모두 검도복을 입고 호구를

---

* 일본어로 '시나이'라고 하는 검도 연습용 검으로서, 대나무를 쪼개어 만든다.

검도의 역사 ②

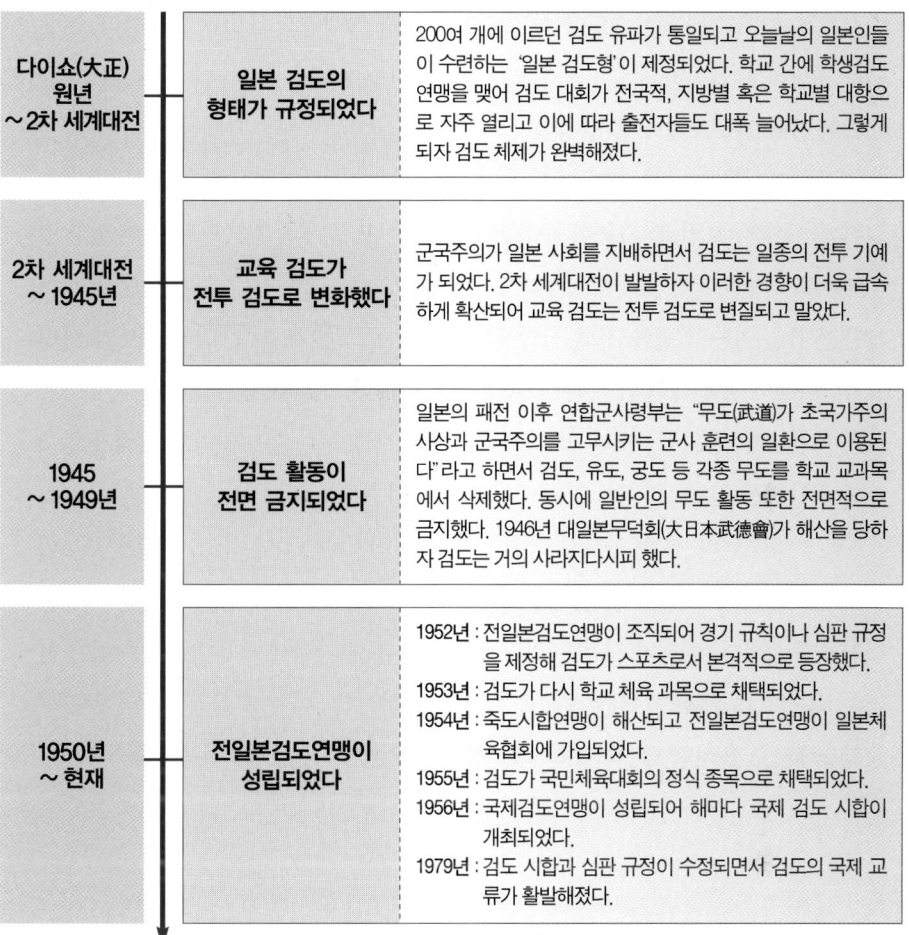

시기	제목	내용
다이쇼(大正) 원년 ~ 2차 세계대전	일본 검도의 형태가 규정되었다	200여 개에 이르던 검도 유파가 통일되고 오늘날의 일본인들이 수련하는 '일본 검도형'이 제정되었다. 학교 간에 학생검도연맹을 맺어 검도 대회가 전국적, 지방별 혹은 학교별 대항으로 자주 열리고 이에 따라 출전자들도 대폭 늘어났다. 그렇게 되자 검도 체제가 완벽해졌다.
2차 세계대전 ~ 1945년	교육 검도가 전투 검도로 변화했다	군국주의가 일본 사회를 지배하면서 검도는 일종의 전투 기예가 되었다. 2차 세계대전이 발발하자 이러한 경향이 더욱 급속하게 확산되어 교육 검도는 전투 검도로 변질되고 말았다.
1945 ~ 1949년	검도 활동이 전면 금지되었다	일본의 패전 이후 연합군사령부는 "무도(武道)가 초국가주의 사상과 군국주의를 고무시키는 군사 훈련의 일환으로 이용된다"라고 하면서 검도, 유도, 궁도 등 각종 무도를 학교 교과목에서 삭제했다. 동시에 일반인의 무도 활동 또한 전면적으로 금지했다. 1946년 대일본무덕회(大日本武德會)가 해산을 당하자 검도는 거의 사라지다시피 했다.
1950년 ~ 현재	전일본검도연맹이 성립되었다	1952년 : 전일본검도연맹이 조직되어 경기 규칙이나 심판 규정을 제정해 검도가 스포츠로서 본격적으로 등장했다. 1953년 : 검도가 다시 학교 체육 과목으로 채택되었다. 1954년 : 죽도시합연맹이 해산되고 전일본검도연맹이 일본체육협회에 가입되었다. 1955년 : 검도가 국민체육대회의 정식 종목으로 채택되었다. 1956년 : 국제검도연맹이 성립되어 해마다 국제 검도 시합이 개최되었다. 1979년 : 검도 시합과 심판 규정이 수정되면서 검도의 국제 교류가 활발해졌다.

보충 해설

'검도'라는 단어의 유래 : 검도라는 단어는 중국 전국 시대 고서에 처음 등장했다. 고대 중국에서 검도는 검술 수련을 가리켰는데, 『한서(漢書)』 「예문지(藝文志)」에 '검도(劍道) 38편'이 수록되어 있다. 이것은 검도에 관한 중국 고대의 완벽한 이론 체계였다. 한편 『장자(莊子)』에도 다음과 같은 검도 관련 기록이 있다.
"장자가 말하기를, 무릇 검을 쓴다는 것은 상대방에게 허점을 보여 줌으로써 상대방이 날카롭게 치고 들어오면 나중에 검을 뽑았더라도 먼저 처치하는 것입니다. 이를 시험해 볼 수 있기를 바랍니다(莊子曰 : 夫爲劍者, 示之以虛, 開之以利, 後之以發, 先之以至, 願得試之)."
이것으로 보아 중국 고대 검도의 전략과 전술은 훗날의 일본 검도와 매우 흡사한 듯하다. 하지만 중국은 다민족 국가이자 영토가 광활해서 검의 모양과 구조가 지역과 민족마다 크게 달랐다. 유가, 도가, 묵가 등 서로 다른 제자백가 사상 체계마다 도(道)의 정신적인 의미를 해석하는 견해도 달랐다. 이는 유가와 선종 사상을 핵심으로 하는 일본 검도와 비교적 큰 차이점이다.

걸치거나 차고 손에는 죽도를 들고 규칙에 따라 상대방의 급소를 공격한다. 점수를 계산하여 엄격하게 승부를 가리며, 단체 시합에서는 선수들이 일대일로 대련하여 종합 점수로 승부를 결정한다.

검도 시합은 마치 진짜 검을 들고 격투를 벌이는 실전과 같다. 또한 검도 훈련에는 시야, 보법, 임기응변 등의 기술이 모두 포함된다. 검도의 훈련 과정은 엄격하고 격렬하지만 호구를 완비하고 실시하기 때문에 다른 격투기 운동에 비해 안전하다. 이는 격렬한 정식 시합에서도 부상이 적은 이유다. 만약 죽도가 아닌 가타나를 사용한다면 인명 손실 등의 큰 문제가 나타날 것이다.

이 밖에 검도는 심오한 철학을 담고 있다. 검도에는 동양철학의 지혜가 함축되어 있어서 기(氣), 검(劍), 체(體)의 통일과 이정제동(以靜制動 : 고요함으로 움직임을 다스림)을 강조한다. 또한 앞으로 닥쳐올 변화에 냉정하게 대응하고, 기회가 무르익기를 기다렸다가 일거에 상대를 제압하며, 부드러움으로 강함을 이겨야 한다는 점을 중시한다. 이러한 것들은 검도 수련자가 훈련 과정에서 제대로 터득해야 한다. 특히 검도에서는 정신 집중을 매우 강조하는데, 이는 혼란스럽거나 급박한 상황에서도 물처럼 태연자약한 마음 상태를 유지할 수 있어야 가능하다.

02 검도의 유파
검의 그림자가 짙게 드리운 무가의 역사

≫≫ 일본 검도의 역사는 비교적 오래되었다. 미야모토 무사시가 살던 시대에 이르러서는 검도의 발전이 더욱 흥성했다. 당시에는 수많은 검술 유파가 등장했을 뿐만 아니라 미야모토 무사시를 포함해 많은 유명 검객들이 활동했다.

검도의 발전 과정

일본 문화에서 검도는 검을 무기로 싸움을 하는 격투 기술을 말한다. 일본의 검도는 역사가 매우 깊은데, 8세기 나라 시대의 검도에 관한 기록에서 '다치우치(擊刀, 擊劍)'라는 표현이 등장한다. 헤이안 시대에는 검도를 '다치우치(太刀打)'라고 불렀는데, 역시 검도가 크게 발전한 시기다. 이때 무사 계층이 등장하면서 검도의 발전에 큰 영향을 끼쳤다. 헤이안 시대 말기부터 가마쿠라 시대에 걸쳐 무사 계급이 대두하면서 날이 예리하고 정교한 검을 제작하는 기술이 눈부시게 발전했다. 이에 발맞추어 검술 역시 향상되었고, 무로마치 시대에 화승총이 전래되고 말을 타고 화살을 쏘는 전쟁 방식이 검을 무기로 하는 도보전과 창과 철포를 주로 사용하는 집단전으로 바뀌었다. 이에 따라 검술의 명인들이 등장하여 검술 비법을 제자들에게 전하는 소위 검술 유파가 나타났다. 그중에서 이이자사 이에나오(1387~1488년)의 덴신신토류(天眞神道流), 아이스 히사타다(愛洲久忠, 1452~1538년)의 가게류, 추조 나가히데(?~1384년)의 추조류가 일본 검도의 3대 유파로 불렸다.

에도 시대에 이르러서는 검도가 한층 더 번성기를 누렸다. 미야모토 무사시가 바로 이 시대를 대표하는 검객이고, 그의 작품 『오륜서』는 이 시대를 대표하는 검술서다. 그러나 메이지 유신 이후인 1876년에 무사가 검을 차고 다니는 것을 금지한 검 수거령이 공포되자 무사들은 실업자로 전락하였고, 검도는 서서히 쇠락의 길을 걸었다. 그러다가 2차 세계대전이 종전된 후 일본 검도는 다시 소생의 기미를 보였다. 하지만 당시의 검도는 단지 체육 활동의 하나로 크게 환영받았다.

일본 검도의 최전성기는 에도 시대 전후로서, 일본 역사에서 유명한 검도 유파는 에도 시대에 탄생했다. 다음에 소개하는 주요 검술 유파는 에도 시대를 대표하는 유파들이다.

가시마신토류

창시자는 쓰카하라 보쿠덴이다. 그는 집안 대대로 전해 내려오는 검술과 신토류를 융합해 가시마신토류(鹿島新當流)를 창안했다. 이른바 '일격필살' 검법이 이 유파의 가장 큰 특징이다. 보쿠덴은 평생 19차례의 결투를 벌였고, 39차례 전투에 출전하여 단 한 번도 패한 적이 없었다. 당시 막부의 쇼군이던 아시카가 요시테루의 검술 사범을 지냈다.

잇토류

창시자는 이토 잇토사이(伊藤一刀齋)로, 가네마키류(鐘捲流 : '도다류富田流'라고도 함)의 가네마키 지자이를 스승으로 삼고 검술을 배웠다. 전하는 바에 따르면 이토 잇토사이는 유달리 술을 좋아해 유명을 달리했다고 하는데, 그가 심하게 취한 상태를 틈타 원한을 품은 자들이 그의 검을 빼앗은 후 주살해 버렸다고 한다.

이토 잇토사이는 오노잇토류(小野一刀流), 미토잇토류(水戸一刀流), 미조구치하잇토류(溝口派一刀流) 등 수많은 잇토류(一刀流)의 유파를 발전시켰다. 특히 그의 제자 오노 다다아키(小野忠明)는 도쿠가와 쇼군가의 검술 시난반(指南番 : 다이묘나 쇼군의 검술 사범)이 되어 잇토류를 크게 발전시켰다.

신카게류

신카게류는 가게류에서 발전했기 때문에 이렇게 불렸다. 창시자는 가미이즈미 노부쓰나로, 그는 일찍이 우에스기 겐신의 사범을 했었다. 우에스기 집안이 멸문을 당한 뒤 그는 평생 출사하지 않고 오로지 검법 연구만 거듭하다가 마침내

에도 시대 전기의 유명 검도 유파

가시마신토류

대표 인물 : 쓰카하라 보쿠덴(1489~1571년). 일본 센고쿠 시대의 검객으로 가시마신토류를 창시했다. 평생 19차례의 결투, 39차례의 전투에서 단 한 번도 패한 적이 없다. 당시 막부의 쇼군이던 아시카가 요시테루의 검술 사범을 지냈다.

특징 : 가문에서 전해 내려오는 검법과 신토류를 융합해 가시마신토류를 창안했다. 일격필살이 가장 큰 특징이다.

신카게류

대표 인물 : 가미이즈미 노부쓰나(1508~1577년). 우에스기 겐신 가의 사범이었는데, 우에스기 가문이 멸문을 당하자 평생 출사하지 않고 오로지 검술만 연구한 끝에 신카게류를 개창했다.

특징 : 처음으로 실력에 따라 등급을 정하는 방식을 확립하고 평상시 죽도로 수련하여 실력을 쌓으면 점점 더 어려운 기술을 전수해 주었다. 이러한 검술 수련 체계는 오늘날까지 전해져 내려온다.

야규신카게류

대표 인물 : 야규 무네요시(1527~1606년). 야규신카게류의 시조로서 가네마키 지자이를 따라 검술을 배운 뒤 신카게류의 창시자인 가미이즈미 노부쓰나를 스승으로 삼고 검술의 정수를 이어받았다. 또한 『병법가전서』의 저자로도 유명하다. 도쿠가와 이에야스의 초빙에 응해 출사한 후 그의 집안은 대대로 도쿠가와 집안의 병법 사범이었다. 야규 무네노리(1571~1646년)는 야규 무네요시의 아들로서 도쿠가와 이에야스를 따라 수차례 전투에 나갔다. 그는 검객이면서 또한 뛰어난 병법가였다.

특징 : 활인검(活人劍 : 불의, 부정, 미혹함을 끊고 사람을 살리는 검법이 바르다고 함) 관념을 창안했다. 결투의 주된 목적은 상대방의 병기를 빼앗는 것이고, 가능한 한 생명을 해치지는 않았다.

잇토류

대표 인물 : 이토 잇토사이

특징 : 오노잇토류, 미토잇토류, 미조구치하잇토류 등 수많은 잇토류 유파로 발전했다.

도다류

대표 인물 : 도다 세이겐(1523~?)

특징 : 와키자시를 사용하는 고다치술(小太刀術)로 유명하다. 고다치, 즉 와키자시는 다치에 비해 매우 짧은 단도지만 날쌔고 재빠르다.

신카게류를 창시했다.

신카게류는 검도 역사에서 긍정적인 의미가 매우 많다. 가장 먼저 죽도로 수련하는 방법을 고안해 불필요한 부상을 미연에 방지했고, 실력에 따라 등급을 매기는 방식을 맨 처음 창안해 단계별로 더 높은 기술을 전수하도록 했다. 이러한 검술 수련 체계는 현재까지 이어져 내려오고 있다.

또한 신카게류는 중요 인물을 배출했는데, 바로 야규 무네요시로 호는 세키슈사이(石舟齋)다. 야규 세키슈사이는 오다 노부나가 밑에서 관리를 지내기도 했지만 사직을 하고 검술 연구에만 전념하다가 신카게류의 최대 분파인 야규신카게류(柳生新陰流)를 창시했다. 이것이 바로 에도 시대에 가장 큰 검도 유파 중 하나다. 야규 세키슈사이의 아들 야규 무네노리는 도쿠가와 막부의 핵심 인물로서 권력을 장악했는데, 이때부터 야규 일족은 세도를 떨친 명문가가 되었다. 야규 무네노리가 지은 『병법가전서』는 『오륜서』에 필적할 만한 병법의 명저다.

니텐이치류

미야모토 무사시가 창시한 것으로서, 여기서는 상세하게 설명하지 않겠다.

간류

창시자는 미야모토 무사시와 간류지마 결투를 벌였던 사사키 고지로다. 사사키 고지로는 도다류의 가네마키 지자이를 스승으로 삼아 검술을 배운 다음 자신만의 독창성을 추가해 간류(岩流) 검술을 창립했다.

무주신켄류

무주신켄류(無住心劍流)의 창시자인 하리가야 세키운(針ヶ穀夕雲)은 고즈케국(上野國) 사람으로 신카게류를 배운 뒤 자신의 유파를 세웠다. 무주신켄류는 절대로 패배하지 않는 것이 특징인데, 결투를 벌일 때 승리를 하든지 아니면 함께 죽음으로써 결코 패하는 경우는 없었다. 무주신켄류 같은 목숨을 아끼지 않는 검술은 전무후무했다.

에도 시대 후기의 유명 검도 유파

**사쓰마지겐류
(薩摩示源流)**

대표 인물 : 도고 시게타가(東鄕肥前守重, 1561~1643년)

특징 : 검을 맹렬하게 휘둘러 상대방이 반격을 못하도록 한다.

니텐이치류

대표 인물 : 미야모토 무사시(1584~1645년). 원래 이름은 신멘 무사시로 평생 29차례의 결투를 벌여 패한 적이 없다. 일본의 검성으로 불린다.

특징 : 쌍도를 사용하고 선종 사상을 융합했다. 선제 공격, 일격필살과 함께 상대방에게 전혀 틈을 주지 않는다.
저서 : 『오륜서』

간류

대표 인물 : 사사키 고지로(1595~1612년). 센고쿠 시대의 유명한 검객으로 가네마키 지자이의 제자다. 무예를 수련하기 위해 전국 각지를 떠돌다가 마침내 독창적 유파인 간류를 창시했다.

특징 : 3척 길이의 나기나타를 사용하기 때문에 공격 범위가 매우 넓다.

무주신켄류

대표 인물 : 하리가야 세키운(?~1669년). 고즈케국 사람으로 신카게류를 배운 뒤 독자적인 검술 유파를 창시했다.

특징 : 결투를 할 때 승리하든지 아니면 함께 죽어버려 결코 패배는 없다. 목숨을 걸고 결투를 벌이는 검술이다.

**세이아류평류
(井蛙流平流)**

대표 인물 : 후카오 카쿠마 시게요시(深尾角長道義, 1631~1682년). 아버지에게 배운 단세키류(丹石流) 검법에 신토류, 간류, 신카게류 등의 장점을 모아 새로운 검법을 창시했다.

특징 : 각 파의 장점을 최대한 흡수한다.

니카이도평법

대표 인물 : 마쓰야마 몬도(1635~?)

특징 : 상대방을 견제하여 속박시킨다. 최고 경지는 심지일법, 즉 눈빛만으로 상대방을 무기력하게 만든다.

니카이도평법

　니카이도평법(二階堂平法)의 창시자인 마쓰야마 몬도(松山主水)는 네 차례나 미야모토 무사시를 죽이려고 시도했지만 성공하지 못했다. 하지만 그가 매우 뛰어난 검술가임에는 틀림없었다. 니카이도평법의 특징은 상대방을 견제하여 속박시키는 것인데, 이 유파의 최고 경지는 심지일법(心之一法)으로 눈빛만으로 상대방을 무기력하게 만든다고 한다. 하지만 애석하게도 전해지지 않고 있다.

　이상 소개한 유파들은 에도 시대를 대표하는 유파였으며, 이 외에도 당시에는 더 많은 유파가 난립했었던 것으로 전해진다.

03 검도의 사상
수守, 파破, 리離

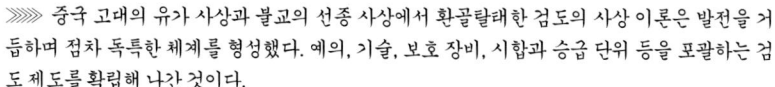

>>> 중국 고대의 유가 사상과 불교의 선종 사상에서 환골탈태한 검도의 사상 이론은 발전을 거듭하며 점차 독특한 체계를 형성했다. 예의, 기술, 보호 장비, 시합과 승급 단위 등을 포괄하는 검도 제도를 확립해 나간 것이다.

특유한 사상 체계

검도의 사상 이론은 수련 방법과 사람을 대하는 태도 등이 포함되는데, 대부분 중국 고대의 유가 및 선종 사상을 바탕으로 한다. 그중 유가 사상의 인(仁), 의(義), 예(禮), 지(智), 신(信)은 수련자가 반드시 지켜야 할 원칙이 되었다.

검선합일(劍禪合一)은 검도의 또 다른 특징이다. 승부욕과 잡념을 버리고 정신의 집중을 가르치는 검도는 최종적으로 무념(無念), 무상(無想), 무아(無我)의 경지에 이르기를 요구한다. 이것이 바로 검심합일(劍心合一)의 정신이다.

'수(守), 파(破), 리(離)'는 검도 수련자가 지켜야 하는 3단계 원칙이다. 우선 '수'는 수련을 할 때 사범 혹은 교사가 가르치는 법칙이나 기술, 경험, 교훈 등을 정식으로 익히고, 순수한 마음으로 충실하게 지키는 원칙이다. '파'는 본래 수련 방법에 구애받지 말고 자신만의 독특한 풍격을 형성해야 한다는 것이다. 다시 말해 법칙이나 기술을 충분히 터득하여 자기 것으로 삼았다면, 그다음에는 실력을 높이기 위해 이제까지의 원칙을 어기더라도 자기에게 맞는 것 혹은 다른 유파의 장점을 받아들여 창조력을 발휘해 폭과 깊이를 더한다는 것이다. '리'는 자신의 풍격을 형성한 다음 더 높은 경지에 이르기 위해서는 새롭게 변화, 발전해야 한다는 것이다. 리는 파가 한층 진보해 기존의 것에 구애받지 않고 심신이 자유로운 경지에 이르는 것을 뜻한다. 이러한 사상은 검도 수련자가 수련 과정에서 항상 지켜야 하는, 즉 장기적으로 수련해야만 깨달을 수 있는 경지로서 선인들은 '검객의 인생이요, 수파리의 반복'이라고 했다.

수양의 중시

검도는 수양을 매우 중시하는 운동이기 때문에 엄격한 예의를 요구한다. 검도 수련장에 들어가서 제일 먼저 해야 할 일은 수련장 정면을 향해 허리를 굽히고 절하며 예의를 갖추는 것이다. 수련이 시작되면 끝까지 무릎을 꿇는 자세를 유지해야 한다. 그리고 정면과 사범, 수련자들을 향해 세 차례 깍듯한 예를 취하는데, 존경과 감격의 마음을 표하기 위해서다. 수련을 하는 중에는 사소한 일에도 시작과 끝 혹은 상대를 바꿀 때 서로 극진한 검례(劍禮)를 주고받아야 한다. 동시에 죽도와 보호 장비를 아끼고, 도복은 항상 단정하게 입으며 가지런하게 정리해야 한다. 보호 장비는 늘 깨끗하게 유지하고, 수련장에 놓인 죽도 위를 건너가면 안 된다. 이러한 규칙은 검도 수련에서 반드시 지켜야 할 항목이다.

교검지애의 미덕

검도는 대련자와 함께 수련하는 쌍방향 운동이다. 상대방과 끊임없이 대련하면서 서로의 기량을 높여 가는 것이 검도다. 때문에 상대방을 자신의 숫돌, 스승, 친구로 여길 줄 알아야 한다. 상대방을 사랑하고 아끼는 마음이 중요하며, 이로부터 검도의 예가 시작된다는 말이다. 상대방을 이기겠다는 투지는 높이 살 만하지만 너무 지나치면 검례를 벗어난다. 교검지애(交劍知愛 : 검을 겨루며 사랑의 마음을 앎)란 바로 자신에 대한 관심인 동시에 대련자의 안전까지 염려하는 마음이다.

검도의 원칙

검도의 사상적 이론에는 수련 방법과 사람을 대하는 태도 등이 포함되는데, 대부분 중국 고대의 유가 및 선종 사상에서 연유한다. 유가의 인, 의, 예, 지, 신과 선종의 무념, 무상, 무아의 경지, 즉 검심합일 등을 예로 들 수 있다. 이를 밑거름으로 해서 '수', '파', '리'를 수련의 원칙으로 삼았다.

검도의 원칙

수 : 수련자가 스승의 경험과 교훈을 받아들이는 것

파 : 본래의 수련 방식에 구애되지 않고 자신만의 독특한 풍격을 형성하는 것

리 : 자신의 풍격을 일신우일신(日新又日新)하여 더 높은 경지에 이르는 것

04 검도의 훈련
거리, 시기, 기술

>>> 검도는 무술의 일종으로 처음 배울 때는 체력을 바탕으로 기술을 익히고, 다음으로 지모智謀를 배워 승리하는 법을 공부해야 한다. 따라서 검도 수련은 신체와 정신의 이중 훈련이라고 말할 수 있다. 여기에서는 주로 거리, 시기, 기술 등의 3대 요소가 검도 이론에서 구현되는 방법과 검도 수련에서의 중요성에 대해 소개한다.

동작의 분석

검도 수련의 초보자는 당연히 동작을 분석하는 것부터 시작한다. 단발 공격 동작을 익힌 다음에는 연속 공격 동작을 익히고, 차츰 연쇄식(連鎖式) 훈련에 들어간 뒤 다시 밀집형 공격 훈련에 돌입한다. 기본 동작을 모두 익힌 후에는 반격 동작을 응용해서 배운 다음 마지막으로 마음과 마음을 대치하는 법을 배우는데, 이것이 최고 단계다.

거리, 시기, 기술

검도뿐만 아니라 어떤 격투술에서도 '거리', '시기', '기술'이라는 3대 요소는 모두 가지고 있다. 또한 세 요소는 각기 독특하게 구현된다.

거리 측면에서 검도는 일족일도(一足一刀)를 요구한다. 즉 한 걸음 나아갈 때 쥐고 있는 검으로 상대방을 공격할 수 있는 거리를 확보하는 것이다. 이 거리 내에서 진퇴가 자유로워 직접 공격할 수도 있고, 후퇴하며 공격을 피할 수도 있어야 한다.

'삼선이론(三先理論)'은 검도의 시기에 관해 설명해 준다. 삼선은 선선지선(先先之先), 선지선(先之先), 후지선(後之先)으로 구분된다. 선선지선은 상대방이 공격하기 전에 선수를 쳐서 주도권을 잡는 것이고, 선지선은 상대방이 공격하는 동시

검도에 대한 이해

검도 이론을 이해한 뒤에는 당연히 검도를 어떻게 바라보고 감상해야 하는지를 알아야 한다. 검도는 검기劍技가 아니다. 검을 뽑기 전에 상대방과 대치하는 것, 그것은 바로 마음과 마음의 교전이다. 따라서 검도는 외재적인 기술과 마음속으로 검도를 바라보는 심리 모두를 포함한다.

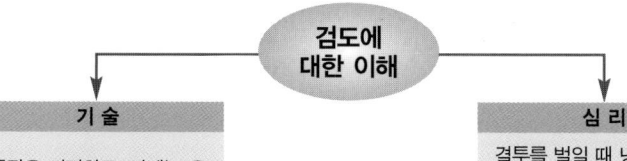

기 술
동작은 기민하고, 자세는 우아하며, 정신은 활력이 충만한 것이 상책이다.

심 리
결투를 벌일 때 냉정함을 유지하고, 민첩하게 관찰하여 신속하게 반응하는 것이 상책이다.

타격시 효과가 있는 부위

그림에서 표시된 곳이 판정을 할 때 타격의 효과가 있는 부위다. 이 외의 판결은 타격할 때의 기세, 거리, 때, 위치 등을 고려한다. 예를 들어, 타격 동작이 건실하고 맹렬하면서 우아하면 타격 역량에 대한 판정도 가능하다.

에 그 공격에 대응하는 것이며, 후지선은 상대방이 먼저 공격을 가한 다음 반격하는 것이다.

기술 측면에서는 '삼살법(三殺法)' 이론이 있다. 즉 살검(殺劍), 살기(殺技), 살기(殺氣)를 통해 우세한 위치와 때, 그리고 심리적 우위를 갖는 것을 말한다.

검도형

검도형(劍道形 : 일본어로는 '겐도카타'라고 함)은 검도 기법에서 가장 기본이 된다. 정확한 타격 동작, 간격을 유지하는 방법, 기세의 형성, 나쁜 습관의 교정, 유파별 정수의 종합 등을 포함하는데, 검도형을 수련하면 검도의 기본적인 이론과 검을 사용하는 것에 대해 한층 더 깊이 이해할 수 있다. 또한 다치의 정확한 사용, 검을 쥐는 법, 자세, 대전하는 법, 거리 유지, 결투의 기교, 정확한 타격 시기, 기검체(氣劍體)의 일치, 기세와 호흡 등도 익힐 수 있다.

이 밖에 검도형 수련 방법과 그 발전 과정을 알면 무사도에 관한 지식과 정신 수양도 훨씬 더 깊어질 수 있다.

05 기, 검, 체의 일치

검도의 규칙

>>>> 심판은 검법 기술과 자세의 정확성, 경기에서의 주동성과 반칙 여부에 따라 점수를 준다. 이때 검객이 기氣, 검劍, 체體의 세 가지를 일치시켰는지가 매우 중요하다. 또한 공격할 때 정신, 호흡, 몸의 검술 동작이 서로 조화롭게 통일되어 전력을 다해 일격을 가했는지도 중요하다. 만약 마음이 들뜨고 경망스럽게 마구 휘두른다면 점수를 받을 수 없다.

검도 시합

검도 시합은 둘레가 9~11미터인 정방형의 시합장에서 진행한다. 세 명의 심판이 배석하는데, 그들은 서로 다른 각도에서 시합의 정황을 살펴 점수를 매긴다. 그렇게 해서 세 판 중 먼저 두 판을 이기는 사람이 승자가 된다. 심판은 검법 기술과 자세의 정확도, 경기에서의 주동성, 반칙 여부에 따라 승부를 판가름한다. 이때 검객은 '기', '검', '체' 세 가지를 일치시켜야 하는데, 공격할 때 정신, 호흡, 몸의 검술 동작이 서로 조화를 이루어 용감하고 과단성 있게 전력을 다해 일격을 가했는지가 관건이다. 마음이 들뜨고 경망스럽게 마구 휘두르는 것은 점수를 얻지 못한다. 이것이 검도의 진도론(眞刀論)을 표현하는 하나의 방법이다.

검도의 기술

검도의 기본 기술로는 준비(카마에構え), 찌르기(다토쓰打突), 되받아찌르기(우치카에시打ち返し) 등이 있고, 시합을 할 때는 걸기 기술(시가케와자仕掛け技)과 응수 기술(오우지와자應じ技) 등으로 나뉜다. 걸기 기술은 상대방이 움직이기 전에 먼저 찌르기를 하는 기술로서, 상대방의 죽도를 떨쳐버리면서 자세를 흐트러뜨림과 동시에 찌르는 하라이와자(拂い技)와 상대방이 공격해 오는 순간을 놓치지 않고 역공하는 데바나와자(出ばな技)가 있다. 그리고 상대방의 공격을 받고 역으로 찌르기를 하는 오우지와자가 있다. 또 공격해 오는 상대방의 죽도를 쳐올리면서 공격하는 스리아게와자(すりあげわざ), 공격하는 상대방의 목도를 쳐서 떨어뜨리고 그 찰나에 공격하는 우치오토시와자(打ち落とし技) 등이 있다.

검술 시합의 규칙

쓴자키카타니(劈刀 : 머리 위를 감아 내려치기)와 쓰기사시(突刺 : 다리를 들어 맹렬하게 찌르기)는 일본 검도의 중요한 두 가지 기술이다. 상대방의 신체 부위를 내려치고 찌르는 것은 머리와 얼굴, 목구멍, 손목, 배에 한정하는데, 이때 동작은 곧고 맹렬하면서 우아해야 한다.

검도 시합에서는 손에 장검을 쥐고 호구를 착용한 채 유효 부위를 타격해야 하는데, 이때의 목표 지점은 여덟 군데다. 검도 헬멧의 정면과 좌우측, 좌우 팔뚝, 좌우 가슴과 옆구리 등이다. 정식 시합 중 공격을 할 때는 기합을 크게 내질러야 사기를 북돋우고 상대방에게 경고 메시지를 전달할 수 있다.

한 쪽이 두 번 유효 부위를 정확하게 타격하면 승리한다. 그 부위는 반드시 규칙이 정한 범위여야 한다. 타격이 유효한지 아닌지는 기세, 부분, 거리, 역량 등을 근거로 판정한다.

검도는 공격을 중시한다. 다시 말해 최고의 방어는 공격이라고 생각한다. 때문에 참을성이 많고 판단력이 좋아야 하며, 자신의 약점을 숨기고 상대방의 약점을 찾는 데 능숙해야 한다.

맞상대해서 싸우는 중에 쌍방은 몸을 똑바로 펴야 하고, 머리는 쳐들고 가슴을 편 채 시선은 상대방을 응시한다. 그렇지 않으면 예의에 어긋나면서 허점을 쉽게 내보일 수 있다.

검도는 결코 위험한 운동이 아니라는 것을 이해할 필요가 있다. 사실 검도는 안전한 대항성(對抗性) 운동이다. 검객은 전신에 보호 장비를 갖춘다. 게다가 상처를 입힐 수 있는 동작도 여러 가지로 제한된다.

기, 검, 체의 합일은 검도의 규칙

기, 검, 체의 합일이라는 말은 '정신', '죽도', '신체'가 하나로 통일되어야 한다는 뜻이다. 즉 선수는 검도를 수련할 때 반드시 정신과 죽도와 신체를 조화시켜 한 몸의 유기체로 만들 줄 알아야 한다.

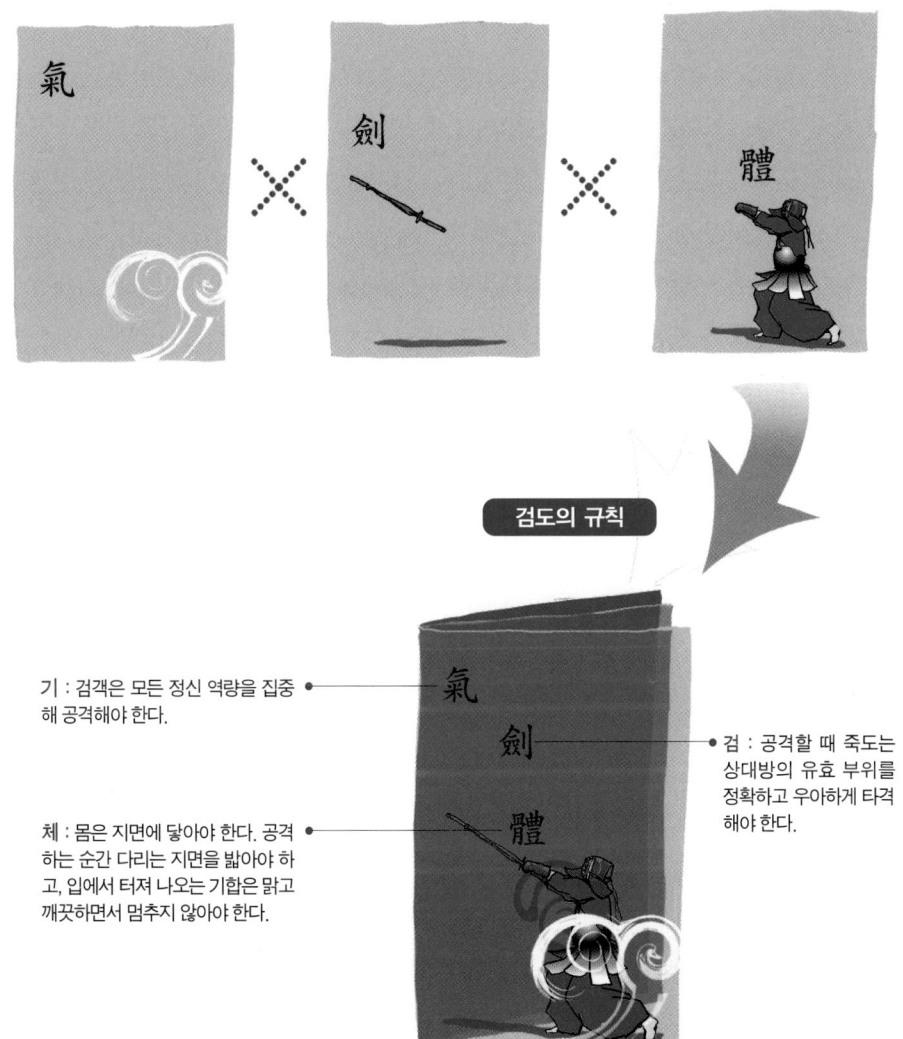

검도의 규칙

- 기 : 검객은 모든 정신 역량을 집중해 공격해야 한다.
- 검 : 공격할 때 죽도는 상대방의 유효 부위를 정확하고 우아하게 타격해야 한다.
- 체 : 몸은 지면에 닿아야 한다. 공격하는 순간 다리는 지면을 밟아야 하고, 입에서 터져 나오는 기합은 맑고 깨끗하면서 멈추지 않아야 한다.

보충 해설

'잔심(殘心)'이란? : 문자 그대로라면 평상심을 유지한다는 뜻이다. 좀 더 자세히 말해 보면 늘 마음속으로 공격 태세를 유지하고 있어야 한다는 것이다. 이는 역설적으로 공격을 받을 수 있다는 경계의식을 늘 가지고 있는 것과 같다. 즉 잔심은 상대방을 타격한 후 반응 심리를 준비하는 것이다. 하나의 동작을 취한 뒤 다음 동작에 대한 마음의 준비를 하는 것으로서 잔심의 목표는 언제, 어떤 상황에서도 상대방이 우세를 점할 기회를 주지 않는 것이다.

검도에서 피해야 할 '오계'

검도에서 경계해야 하는 오계(五戒)는 '공포감', '놀람', '두려움', '의심', '망설임'의 다섯 가지 정신 상태다.

공포감은 겉만 보고 판단해 무서워하는 것이다. 몸집이 크고 험악한 인상에 완력이 있어 보이거나 또는 상대방의 소속 도장이나 학교 이름만 듣고 지레 공포감에 짓눌리고 마는 상태다. 놀람이란 예기치 않은 뜻밖의 일이 터졌을 때 심신의 활동에 이상 징후가 발생해 냉정하게 대응하지 못하는 상태다. 두려움은 겁쟁이가 되어 흡사 말이 앞발을 들고 설치는 것과 같은 정신 상태다. 의심은 상대방을 보고 정확한 판단을 해야 할 때 주의력을 잃어 결심하지 못하는 상태다. 망설임은 민첩하고 재빠른 판단을 하지 못해 동작이 경쾌하지 않은 상태다. 이러한 마음가짐은 실전에서 기선을 빼앗기고 수세에 몰리는 상황을 만든다.

06 검도의 장비
도검, 호구, 복장

>>> 에도 시대부터 검도는 현대의 체육 운동으로 발전할 토대를 마련하면서 과학적인 방어 체계를 만들어 갔다. 생사를 거는 격투 기술이 보호 장비를 착용하고 죽도로 훈련하는 검도로 바뀌자 진검으로 승부하는 격투로서의 검술은 점점 사라졌다.

1710년부터 1770년, 즉 에도 시대 후기로 접어들자 검도는 점점 더 하나의 체육 운동으로 변화, 발전했다. 검도 선수들은 수련 중 안전을 도모하기 위해 호구와 죽도를 사용하는 등 진검 제도를 없앴다. 과학적인 방어 체계가 검도를 생사를 건 격투에서 현대 체육으로 변모시킨 것이다. 이러한 방어 체계 덕분에 과격한 격돌에도 몸을 다치는 사고는 거의 발생하지 않았다.

검도 용구

검도는 진검을 사용하지 않고 그 상징으로 죽도로 수련하는데, 죽도와 목도(木刀 : 기다치木太刀를 말함)는 검도의 가장 기본적인 용품에 해당한다. 죽도는 길고 두꺼운 4개의 대쪽을 묶어서 만들며, 모양새와 무게중심의 차이에 따라 종류가 나누어진다. 목도는 일반적으로 검도형으로만 수련을 하는데, 그 목적은 검의 사용법을 터득시키는 것이다.

보호 장비

몸을 보호하기 위한 검도의 보호 장비는 특히 타격을 당하는 부위에 착용하며 멘(面), 도(胴), 고테(籠手) 등으로 구성된다. 멘은 머리, 목구멍, 어깨를 보호하고, 도는 가슴과 배를 보호하며, 고테는 손등과 주먹을 보호한다. 그리고 다레(垂)

는 하반신을 보호한다. 이러한 보호 장비들은 검도 수련자의 신체 각 부위를 안전하게 해준다.

게이코기와 하카마

검도복은 아래, 위의 상하복으로 구분되는데, 윗도리는 게이코기(稽古著), 아랫도리는 하카마(袴)라고 부른다. 일반적으로 매우 질기고 오래가는 남청색의 면직물로 도복을 만든다. 이 복장에 보호 장비를 착용하고 장검을 들면 고대 무사의 용맹무쌍한 기운이 전신에 감돈다. 상급과 승단 시험에서 판정관은 복장을 매우 유심히 살펴보는데, 이는 복장이 검도의 예를 체현하기 때문이다.

하카마를 살펴보면, 앞쪽에 5개의 주름이 있고, 뒤쪽에 2개의 주름이 있다. 각각 오륜오상(五倫五常)과 충효일여(忠孝一如)를 뜻한다. 협창(脇窓 : 옆트임)은 공기가 통하고 다리에 달라붙지 않도록 하여 피로를 덜고, 착용했을 때 상쾌함을 느끼게 한다. 간격을 두고 다리를 감싸고 있기 때문에 상대방이 다리를 찔러도 쉽게 상처를 입지 않는 효과가 있다.

검도 장비

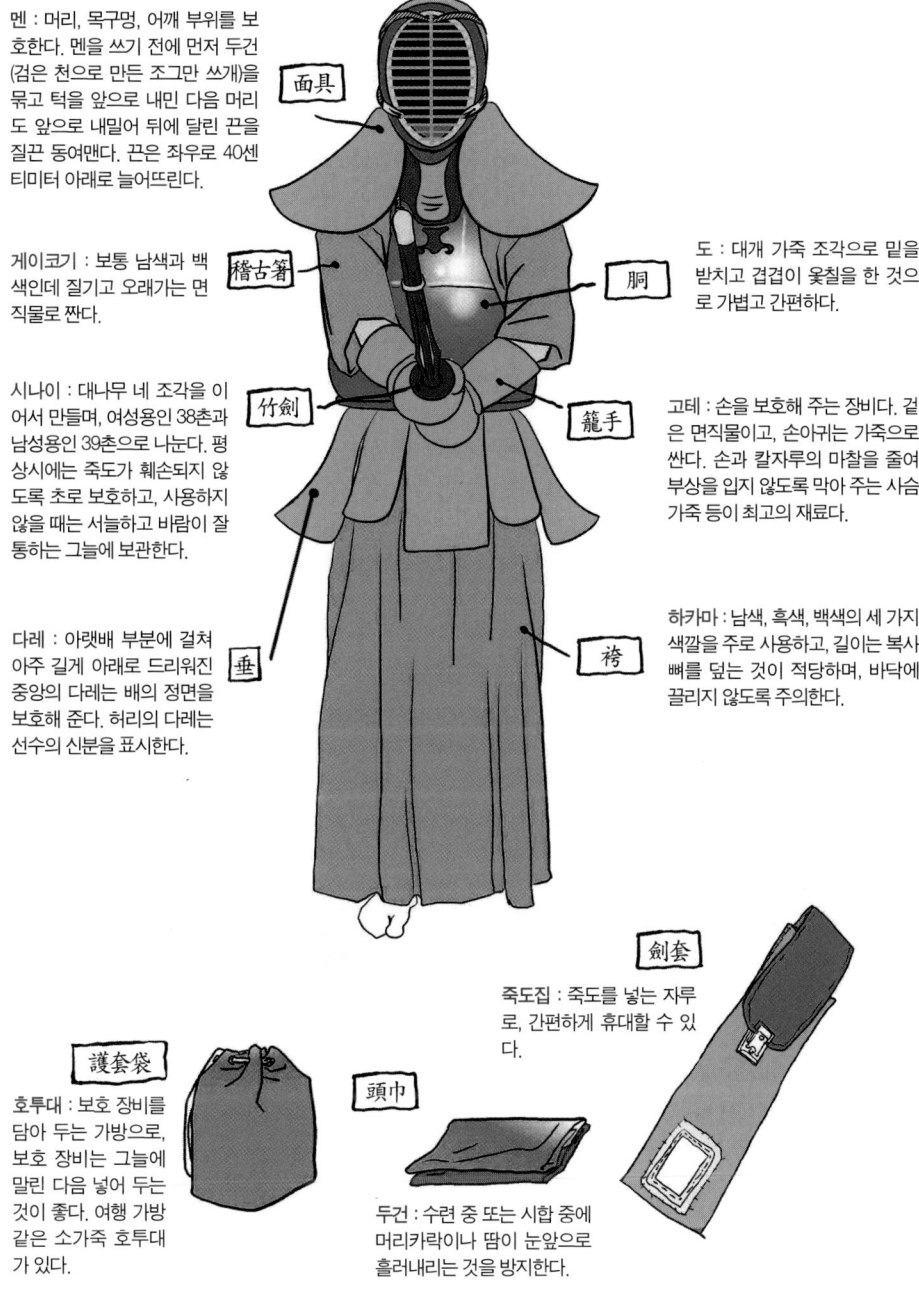

멘 : 머리, 목구멍, 어깨 부위를 보호한다. 멘을 쓰기 전에 먼저 두건(검은 천으로 만든 조그만 쓰개)을 묶고 턱을 앞으로 내민 다음 머리도 앞으로 내밀어 뒤에 달린 끈을 질끈 동여맨다. 끈은 좌우로 40센티미터 아래로 늘어뜨린다.

게이코기 : 보통 남색과 백색인데 질기고 오래가는 면직물로 짠다.

시나이 : 대나무 네 조각을 이어서 만들며, 여성용인 38촌과 남성용인 39촌으로 나눈다. 평상시에는 죽도가 훼손되지 않도록 초로 보호하고, 사용하지 않을 때는 서늘하고 바람이 잘 통하는 그늘에 보관한다.

다레 : 아랫배 부분에 걸쳐 아주 길게 아래로 드리워진 중앙의 다레는 배의 정면을 보호해 준다. 허리의 다레는 선수의 신분을 표시한다.

面具

稽古着

竹劍

垂

胴

籠手

袴

도 : 대개 가죽 조각으로 밑을 받치고 겹겹이 옻칠을 한 것으로 가볍고 간편하다.

고테 : 손을 보호해 주는 장비다. 겉은 면직물이고, 손아귀는 가죽으로 싼다. 손과 칼자루의 마찰을 줄여 부상을 입지 않도록 막아 주는 사슴 가죽 등이 최고의 재료다.

하카마 : 남색, 흑색, 백색의 세 가지 색깔을 주로 사용하고, 길이는 복사뼈를 덮는 것이 적당하며, 바닥에 끌리지 않도록 주의한다.

護套袋

호투대 : 보호 장비를 담아 두는 가방으로, 보호 장비는 그늘에 말린 다음 넣어 두는 것이 좋다. 여행 가방 같은 소가죽 호투대가 있다.

頭巾

두건 : 수련 중 또는 시합 중에 머리카락이나 땀이 눈앞으로 흘러내리는 것을 방지한다.

劍套

죽도집 : 죽도를 넣는 자루로, 간편하게 휴대할 수 있다.

07 검도의 판정 — 엄격한 승단 제도

>>> 현재의 검도는 초단부터 9단까지 승단 제도를 두어 실력을 평가한다. 세계검도연맹IKF은 소속 판정관에게 권한을 주고 각 단위별로 시험을 치르도록 하고 있으며, 승단 시험에 통과한 사람에게는 규정된 증서를 발행해 준다. 대련, 형形, 필筆 등 세 영역을 심사하고, 일정한 수준에 오르면 렌시煉士, 교시敎士, 한시範士 등의 칭호를 받을 수 있다.

승단 제도

세계검도연맹(IKF)은 초단부터 9단까지 승단 제도를 두고, 소속 판정관이 각 단위 시험을 치러 통과한 사람들에게 증서를 발행해 준다. 승단 시험을 앞둔 수련자는 모두들 흥분과 긴장에 싸여 있기 마련이다. 오랜 시간 수련한 실력을 짧은 시간 안에 판정관들에게 선보여야 하기 때문이다. 가끔 작은 실수가 다된 밥에 재를 뿌리기도 하므로 주의해야 한다.

검도 시험은 기술과 심리 양 측면을 모두 보는데, 특히 심리 방면에 중점을 둔다. 검도는 일종의 마음 수련으로서 격투 과정에서 진정으로 자신의 심적 역량을 겨룰 수 있는 것이다. 또한 덕예쌍수(德藝雙修 : 덕과 예술 두 가지를 한꺼번에 수련함)와 심검합일(心劍合一 : 마음과 검이 하나가 되는 것으로서 검법의 최고 경지임)을 매우 강조하기 때문에 수험자는 반드시 복장을 예의단정하게 차려입고 평온하고 침착한 마음 상태를 유지해야 한다.

승단 시험 과정

승단 시험은 대련, 형, 필의 세 가지로 구분된다. 대련은 동급의 다른 수련자와 시합하는 것이다. 판정관은 대련을 통해 수험자들의 기술 수준을 파악한다. 대련 시험을 통과하면 곧바로 형을 치른다. 형은 수련자가 자신의 의도를 조화롭

검도의 단위와 칭호

검도의 단위

단위	수련 기간	해당 연령 및 수준
초단	1급을 받은 자(1급 받은 후 3개월)	중학 2학년 이상, 기초가 매우 튼실한 초보자
2단	초단을 받은 후 1년 이상	16세 이상, 검도를 알기 시작함
3단	2단을 받은 후 2년 이상	18세 이상, 중급 수준으로 초보자 지도 가능
4단	3단을 받은 후 3년 이상	21세 이상, 초급 지도 가능
5단	4단을 받은 후 4년 이상	25세 이상, 중급 지도 가능
6단	5단을 받은 후 5년 이상	30세 이상, 고급 지도 가능
7단	6단을 받은 후 6년 이상	36세 이상, 특급 지도 가능
8단	7단을 받은 후 10년 이상	46세 이상, 초일등 검사
9단	9단을 받은 이후로 승단 시험은 없고, 이들은 일반적으로 검도에 특수한 공헌을 한 사람이다.	

칭호

칭호	심사 자격	심사 조건
렌시	5단 소유자	5단을 받은 후 10년이 지나고 60세 이상인 자. 가맹 단체가 선발하고 그 회장의 추천을 받은 자
	6단 소유자	6단을 받은 후 1년이 지난 자. 가맹 단체가 선발하고 그 회장의 추천을 받은 자
교시	7단 소유자	7단을 받은 후 2년이 지난 자. 가맹 단체가 선발하고 그 회장의 추천을 받은 자
한시	8단 소유자	8단을 받은 후 8년이 지난 자. 가맹 단체가 선발하고 그 회장의 추천을 받은 자. 전일본검도연맹 회장이 자격을 인정함

게 표현할 수 있는지 몸동작을 보는 것이다. 마지막으로 필을 치르는데, 이 필기 시험은 검도를 다른 운동과 구별한 특이점이다. 이처럼 진정한 검도 수련자가 되기 위해서는 문무 겸수가 중요하다. 신체의 수련뿐만 아니라 깊고 박식한 지식 또한 함께 갖추어야 하는 것이다.

    승단 시험에는 기간 제한이 있다. 검도 수련을 한 지 1년이 되면 1단 시험에 참가할 수 있고, 다시 1년 뒤 2단 시험에 참가할 수 있다. 그리고 2년 뒤에는 3단 시험, 다시 3년 뒤에는 4단 시험을 치를 수 있다. 초등학교를 졸업한 뒤에야 중학교에 진학할 수 있고, 중학교를 졸업해야 고등학교에 진학하며, 고등학교를 졸업해야 대학교에 진학하듯 정해진 학제가 있는 것이다. 일정한 수준에 오른 검사(劍士)는 렌시, 교시, 한시라는 칭호를 얻을 수 있는데, 이는 수준과 급별의 고저(高低)를 나타낸다.

08 | 일본도의 역사
당도唐刀의 변화

≫≫ 여타 국가의 도검刀劍*과는 종류가 조금 다른 일본도日本刀의 가장 큰 특징을 꼽으면, 칼 자체에 예술 감각과 상징적 의미가 매우 뚜렷하다는 점이다.

일본도의 유래

일본도는 10세기 초반 중국 당나라에서 들어온 외날(單刀 : 자귀날)의 직도(直刀)**인 횡도(橫刀)가 개량된 것으로서, 이전의 일본 도검은 모두 상고도(上古刀 : 일본어로는 '조코토'라고 함)라고 부른다. 예로부터 일본도는 무기였던 동시에 우아한 외형 때문에 예술품으로도 유명해 수많은 명검이 예술 작품으로서의 가치를 지닌 채 소장되고 있다. 이에 일본에서 칼을 제작하는 장인은 도공(刀工), 도장(刀匠) 혹은 가타나카지(刀鍛冶)라고 불렀다.

모양새와 넓이에 따라 일본도는 다치(나라 시대에는 도검의 총칭이었고, 헤이안 시대부터 허리에 차는 긴 검), 우치가타나, 와키자시, 단토(사야마키鞘卷, 아이쿠치슴口, 사스가刺刀, 고시가타나腰刀라고도 부름) 등으로 나눌 수 있다. 넓은 의미에서는 나가마키(長卷)***, 체도(剃刀), 쓰루기(劍 : 끝이 뾰족한 양날의 칼), 창(槍 : 야리) 등도 포함한다. 헤이안 시대 후기부터 가마쿠라 시대에 이르기까지 일본도의 제작은 야마토국(大和國), 비젠국(備前國), 야마시로국(山城國), 사가미국(相模國), 시나노국(信濃國) 등 다섯

---

* 베기에 편리한 날이 한쪽에만 있는 도(刀)와 찌르기에 편리한 쌍날이 있는 검(劍)을 합쳐 부르는 말이다.
** 칼자루가 둥글어서 환수도(環首刀) 또는 환병도(環柄刀)로 불리고, 도신의 칼날이 구부러지지 않고 직도라고 한다.
*** 긴 자루 끝에 휘어진 칼이 달린 무기로 고대 중국의 언월도와 비슷하다. 나기나타(薙刀, 長刀)와 같다는 주장도 있다.

나라를 중심으로 이루어졌고, 수많은 장인들을 배출했다.

일본도의 형태 변화

헤이안 시대 후기를 지나 가마쿠라, 남북조, 무로마치, 아즈치모모야마, 에도 시대 초기와 중기, 막부 말기 이후까지 일본도는 큰 변화를 겪었다. 이러한 변화는 주로 직도에서 만도로의 전환이었는데 직도는 찌르기, 만도는 베기에 유리했다. 헤이안 말기부터는 기마 전투가 늘어나면서 이러한 전투 형태의 변화에 맞추어 도검도 끊임없이 개량되었다.

일본 고분 시대 중기(200~771년)에는 이미 철제 도검이 출현했다. 그 시대의 도장들은 철을 주 재료로 사용해서 중국의 검 형태를 모방한 직도를 주조했는데, 사이타마 현 이나리야마(稻荷山) 고분과 시마네 현의 쓰쿠리야마(造山) 고분에서 출토된 적이 있다. 한편 471년에 제작한 금착명철검(金錯銘鐵劍)은 유랴쿠(雄略) 천황의 공적을 기린 것으로서, 검신에 115개의 한자를 새겼으나 녹이 슬어 부식되고 말았다.

7~8세기 이후에 이르러서는 도검의 보존이 상대적으로 좋아졌다. 오사카 시 텐노우지(四天王寺)의 병자초림검(丙子椒林劍)과 칠성검(七星劍), 나라 현 쇼우인(正倉院)의 금은세장당장도(金銀細莊唐長刀)가 매우 유명한데, 고증해 본 결과 이 도검들은 중국과 조선에서 연원한 것으로 밝혀졌다. 당시에는 중국 고대 오나라의 검이 매우 높은 평가를 받았던 것으로 추측되고 있다. 이와 함께 칼 벼리기(날이 무딘 연장을 불에 달궈 날카롭게 만드는 것) 공예도 일본에 전해져 일본도의 단조(鍛造) 수준이 크게 향상되었다. 쇼우인에는 당대도(唐大刀)라는 상고도*가 한 자루 있는데, 일본인들이 이를 본떠 제작한 당양대도(唐樣大刀)라는 유명한 상고도가 함께 있다고 한다.

---

* 상고도는 헤이안 시대 말기 이전의 도검을 총칭하는데, 그 모양이 현재의 일본도와 같지 않다. 어떤 것은 곧은 날이고 또 어떤 것은 깃사키모로하즈쿠리(鋒兩刃造 : 도신의 끝 부분이 양날형인 제작 방식으로 일본도가 직도에서 만도로 넘어가는 과도기적인 시기를 대표하는 도검의 제작 방식. 양날이기는 해도 칼의 앞부분에만 양날형인 방식으로 베기와 찌르기를 모두 고려함)도 있다. 상고도는 매우 진귀한 것으로서 상고 시대를 연구하는 데 매우 귀중한 유물이다.

일본도의 역사 ①

시기	주요 상황	특징	성행 정도
고분 시대 중기	일본에 철제 도검 등장	당시 도장들이 철제를 주 원료로 하고 중국 도검의 모양을 본 딴 직도를 주조함	★★☆☆☆
7~8세기	중국 당도와 이를 모방한 일본의 도검	당시의 도검은 중국과 조선의 도검에 연원하는데, 일본이 스스로 당도를 모방해 제작한 곧은 날에 쌍봉(雙鋒)인 도검은 보존 상태가 상대적으로 훌륭함	★★☆☆☆
헤이안 시대 초기	현존하는 도검류가 매우 적음	원료가 모두 거칠게 제련한 무쇠이고, 외관은 여전히 봉형(棒形)	★☆☆☆☆
헤이안 시대 중기	서서히 직도에서 만도로 교체	히라즈쿠리 공예로 만든 검도 마름모 비슷한 시노기즈쿠리 검으로 대체되어 일본도는 한층 더 견고하고 예리해짐	★★☆☆☆
헤이안 시대 후기	무사 계층이 일본의 발전을 추동	일본도는 주로 마상(馬上) 작전에 쓰여 다치가 대부분임. 앞이 좁고 뒤가 두꺼운 모양새로 우아하고 아름다움	★★★★★
가마쿠라 초기	도검 장인들이 활약하기 시작	무가 정치 체제의 확립은 도검계의 성행을 촉진했고, 고토바 상황도 고반카지를 설치하여 매월 도공을 초빙해 검 제련을 크게 장려함	★★★★★
가마쿠라 중기	실용성을 중시하기 시작	도폭이 넓어지기 시작했으나 검 전체의 너비 변화는 없었고, 검끝은 돼지머리 모양을 함으로써 검의 풍모가 강건하고 매우 실용적임. 단토 제작이 활기를 띰	★★★★★
가마쿠라 말기	사회 혼란이 도검 업계의 번영을 촉진	일본도의 풍격이 더욱 호방해지고 도폭은 넓고 도체의 너비 변화는 작은 특징이 계승, 발전됨. 깃사키도 더욱 길어졌으며, 단토와 우치가타나, 다치는 모두 다른 시기에 비해 길어짐	★★★★★

8장 | 일본 검도 : 니텐이치류와 일본 검도의 역사 | 321

일본도 풍격의 변천과 일본이라는 나라의 기원, 그리고 독특한 만도의 출현 여부에 관해서는 연구자들도 아직 분명한 해답을 내놓지 못하고 있는 실정이다. 그러나 대다수의 관점은 헤이안 시대 중기(10세기 전후) 조헤이의 난(承平の亂, 935~940년)과 덴교의 난(天慶の亂, 939년) 이후 직도가 서서히 만도로 대체되었다고 본다. 동시에 히라즈쿠리(平造)* 공예도 마름모 꼴을 한 시노기즈쿠리(鎬造)** 검이 등장했다. 이러한 변화를 통해 일본도는 한층 더 견고하고 예리해졌다. 헤이안 시대 모발형대도(毛拔形大刀 : 게누키가타타치)는 이러한 과도기의 전형적 양식으로 철을 통째로 주조해 도신을 제작했다. 소오환도(小烏丸刀) 역시 전형적인 형식 중 하나인데, 양날의 칼끝이 휜 만도였다. 모발형대도는 이세신궁(伊勢神宮)에 소장되어 전해지는데, 후지와라 히데사토(藤原秀鄕 : 헤이안 시대 중기의 무장)가 사용했던 대표적인 검이다. 헤이안 시대 이전의 일본도가 주로 직도였던 까닭은 아직 일본의 국가 체제가 미약한 탓에 대륙이나 한반도의 선진 문화를 받아들이는 데 바빴기 때문이다. 그러나 국가 체제를 확립하고 통치 영역이 전국으로 확대된 헤이안 시대에 들어서자 일본에 대한 자긍심이 커져 일본식 도검을 제작하기 시작했고, 이때 확립된 시노기즈쿠리 방식은 이후 일본도의 전형이 되었다.

특히 헤이안 시대 후기 전구년의 역(前九年の役)과 후삼년의 역(後三年の役) 시기는 무사 세력이 가장 왕성하게 일어났던 때였다. 이 기간에 세력을 키운 무사의 성공이야말로 일본도 발전의 밑바탕이었다. 호키국과 비젠국은 철광업이 성행하기 시작했고, 정치문화의 중심인 야마시로국과 야마토국 등지에서는 검을 만드는 장인들이 많은 유파를 형성했다. 이 시기의 일본도는 주로 말을 타고 벌이는 전투에 사용되었기 때문에 대다수가 다치였다. 미나모토노 라이코우(源賴光)가 오오에야마(大江山 : 교토부 단고반도 丹後半島에 위치)에서 슈텐도지(酒吞童子)를 벤

---

* 흔히 일본도는 칼등과 칼날 면 사이에 경계선처럼 솟은 시노기스지(鎬筋)가 있는데, 히라즈쿠리는 시노기스지가 없는 형태다. 일본 상고 시대의 직도가 이처럼 도신의 면이 평평했다. 나이프로 치면 주방용 칼이나 면도칼에 가까워 예리하고 절삭력이 좋은 반면 충격을 흡수하는 데는 불리하다.

** 도신의 중간쯤에서 칼날 면과 칼등 면의 경계가 되는 시노기(鎬)가 뚜렷하게 나타나는데, 만도에서 보이는 형태다.

일본도의 역사 ②

시기	주요 상황	특징	성행 정도
무로마치 중기	국내 도검의 수요량 감소	일본 국내의 도검 수요량이 줄어들고 칼날이 아래로 향한 다치가 칼날이 위로 향한 다치로 교체됨. 패용하기 위한 것이었고, 동시에 검의 품질이 떨어짐	★★☆☆☆
오닌의 난	전란으로 다시 도검의 수요 증가	도검의 수요에 맞추어 조잡하고 거칠게 만든 검이 대량으로 생산되어 품질이 더욱 떨어짐	★★☆☆☆
에도 시대	실용성의 본질이 사라짐	도쿄와 오사카 등지의 단조업이 성행하면서 유명한 도검 장인들의 집단 거주지가 됨. 쓰바, 고즈카, 메누키, 고가이 등 검 장식이 크게 발전함	★★★★★
막부 말기	검의 실용성을 다시 중시함	사회 동란이 다시 제도업의 발전을 촉진함. 고토 단련법 복원파는 일본도의 실전성을 다시 부추김. 이후의 검은 '신신토'라고 부름	★★★★★
메이지 유신	일본도의 급속한 쇠퇴	1873년 무사들의 결투를 금지하고, 1876년 경찰과 군인 외의 사람들의 검 착용을 금지하는 폐도령 실시함. 이로써 다시 번영을 누리던 일본도 제작 산업이 급속도로 쇠퇴함	★☆☆☆☆
현재	일본 도검업은 하나의 전통 공예가 됨	세계 각지에서 유행하는 일본 도검 공예 중 고식제도법이 특히 성행함	★★★★☆

도지기리(童子切)*와 고기쓰네마루(小狐丸)**는 모두 이 시기를 대표하는 검이다. 또한 야마시로(山城)의 산조 무네치카와 고비젠 도모나리(古備前友成, 헤이안 시대 후기 비젠국의 도공) 등이 현존하는 칼에 남아 있는 제작자 이름에 근거해 가장 오래된 도공들로 알려져 있다.

전반적으로 보았을 때 헤이안 시대 다치의 특징을 말하자면 시노기즈쿠리, 이오리무네(庵棟 : 지붕처럼 생긴 칼등), 쇼킷사키(小切先)***, 교조리(京反)****이며, 앞이 좁고 뒤가 두꺼운 모양새가 매우 우아하고 아름답다.

가마쿠라 초기와 헤이안 말기의 일본도는 매우 비슷하다. 가마쿠라 막부 시기, 무가 정치 체제가 확립되자 도검 업계 역시 활기가 넘쳐났다. 심지어 고토바 상황(後鳥羽上皇, 1180~1239년)도 고반카지(禦番鍛冶)를 설치한 뒤 매월 도공을 초빙해 실시하는 칼 제련을 크게 장려했다. 가마쿠라 중기에 이르러서는 실용성을 중시하여 도폭(刀幅)이 넓어지기 시작했다. 하지만 칼 전체의 너비에는 큰 변화가 없었고 칼끝은 돼지머리 모양을 함으로써 칼의 풍모가 강건하고 매우 실용적이었다. 이때 단토의 제작도 성행했다. 가마쿠라 말기에는 원나라 군대가 두 차례나 침입하면서 기존 정치 체제가 붕괴하고 사회가 대혼란에 빠져 제도업(制刀業)은 더욱 번영했다. 이때의 일본도는 가마쿠라 중기의 풍격과 비교했을 때 훨씬 호방했는데, 넓은 도폭과 도체(刀體)의 넓이에 변화가 작은 특징은 그대로 계승 발전되었다. 칼끝은 좀 더 길어졌고, 단토와 우치가타나, 다치도 모두 다른 시기에 비해 더욱 길어졌다.

---

* 호키국의 야스쓰나(安鋼)가 만든 검으로, 도쿄박물관이 소장하고 있는 일본의 국보다. 에도 시대에는 시체 여섯 구를 한꺼번에 벨 정도로 예리했다고 하여 천하오검 중에 으뜸으로 불렸다.
** 야마시로국의 산조 무네치카(三條宗近)가 제작한 검으로, 2차 대전 때 소재가 불분명해졌다. 산조 무네치카가 조정의 명으로 검을 제작했으나 만족스러운 검을 만들지 못하고 있던 차에 시조신인 이나리노카미(稻荷神)가 동자(童子)로 변해 맞망치질을 해주어 제작했다고 한다.
*** 검 몸체의 최선단인 깃사키(切先)는 요코테(橫手)보다 앞부분으로 배의 선단이나 코끝처럼 날카로운 부분이다. 요코테부터 사키까지가 큰 경우를 오오킷사키(大切先), 작은 경우를 쇼킷사키라고 한다.
**** 칼등의 중심이 도신의 중간에 있고, 전체가 도리이(鳥居 : 신사 입구에 세운 두 기둥의 문)의 가시기(笠木 : 문·난간·울타리나 신사의 도리이 위에 대는 가로대) 모양을 하고 있다.

당도의 역사

중국 당나라의 군사력은 매우 강성했는데, 초기의 통일 전쟁부터 성당盛唐 시기까지 모든 대내외 전쟁에서 당도唐刀는 특히 중요한 병기가 되었다.

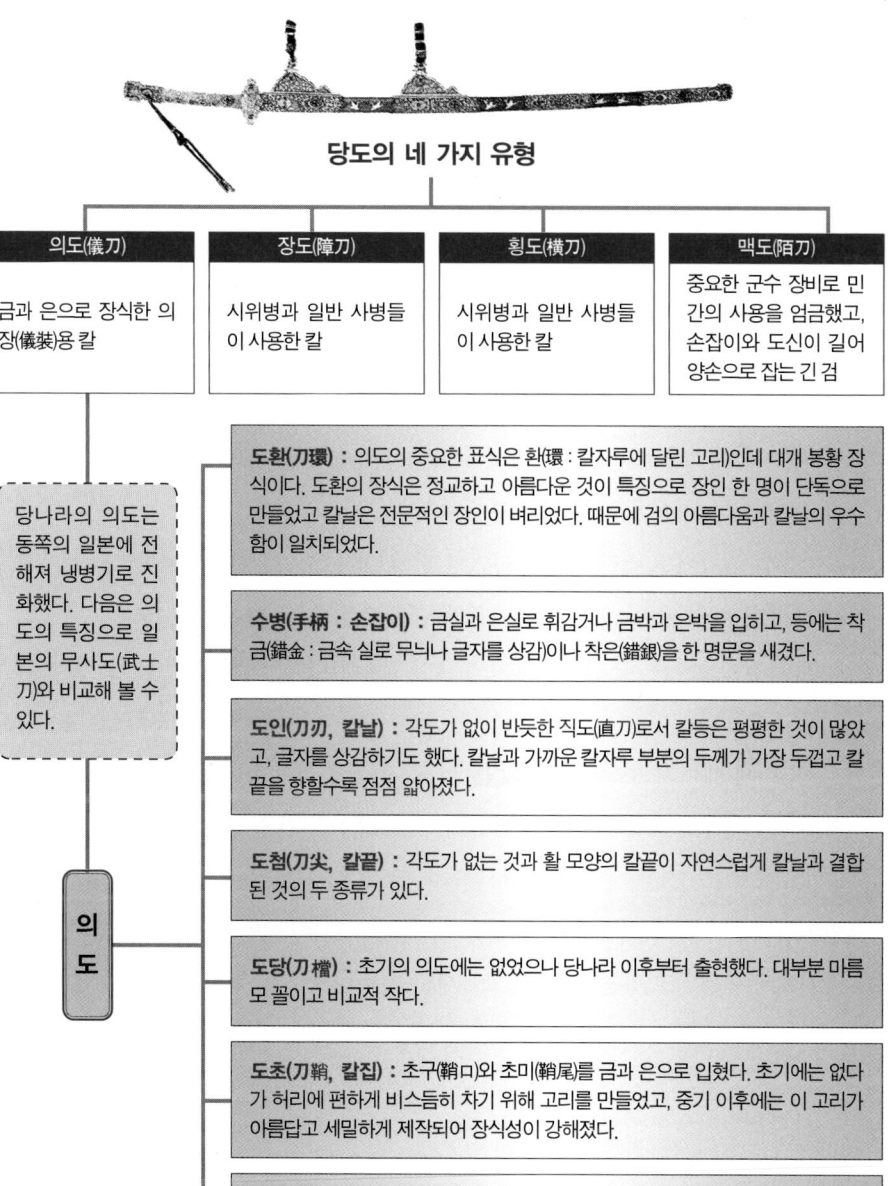

당도의 네 가지 유형

의도(儀刀)	장도(障刀)	횡도(橫刀)	맥도(陌刀)
금과 은으로 장식한 의장(儀裝)용 칼	시위병과 일반 사병들이 사용한 칼	시위병과 일반 사병들이 사용한 칼	중요한 군수 장비로 민간의 사용을 엄금했고, 손잡이와 도신이 길어 양손으로 잡는 긴 검

당나라의 의도는 동쪽의 일본에 전해져 냉병기로 진화했다. 다음은 의도의 특징으로 일본의 무사도(武士刀)와 비교해 볼 수 있다.

의도

- **도환(刀環)** : 의도의 중요한 표식은 환(環 : 칼자루에 달린 고리)인데 대개 봉황 장식이다. 도환의 장식은 정교하고 아름다운 것이 특징으로 장인 한 명이 단독으로 만들었고 칼날은 전문적인 장인이 벼리었다. 때문에 검의 아름다움과 칼날의 우수함이 일치되었다.

- **수병(手柄 : 손잡이)** : 금실과 은실로 휘감거나 금박과 은박을 입히고, 등에는 착금(錯金 : 금속 실로 무늬나 글자를 상감)이나 착은(錯銀)을 한 명문을 새겼다.

- **도인(刀刃, 칼날)** : 각도가 없이 반듯한 직도(直刀)로서 칼등은 평평한 것이 많았고, 글자를 상감하기도 했다. 칼날과 가까운 칼자루 부분의 두께가 가장 두껍고 칼끝을 향할수록 점점 얇아졌다.

- **도첨(刀尖, 칼끝)** : 각도가 없는 것과 활 모양의 칼끝이 자연스럽게 칼날과 결합된 것의 두 종류가 있다.

- **도당(刀檔)** : 초기의 의도에는 없었으나 당나라 이후부터 출현했다. 대부분 마름모 꼴이고 비교적 작다.

- **도초(刀鞘, 칼집)** : 초구(鞘口)와 초미(鞘尾)를 금과 은으로 입혔다. 초기에는 없다가 허리에 편하게 비스듬히 차기 위해 고리를 만들었고, 중기 이후에는 이 고리가 아름답고 세밀하게 제작되어 장식성이 강해졌다.

- **단조(鍛造)** : 한나라 때 발명된 백련강(百煉鋼) 기술은 칼날을 복합적으로 벼릴 수 있게 했다.

무로마치 중기 이후 칼날이 아래로 향한 다치가 칼날이 위로 향한 다치로 교체되면서 일반적으로 패용하는 일본도가 되었다. 일시적인 평화의 시대가 도래하자 일본 국내의 도검 수요량은 감소했고, 이에 일본도는 무역품으로 대량 생산되기 시작했다. 하지만 그 품질은 떨어졌다. 그러다가 오닌(應仁)의 난이 다시 전국적인 내란을 촉발하자 도검의 수요는 다시 증가했고, 조잡하고 거칠게 만든 검이 대량으로 생산되면서 일본도의 품질을 한층 더 떨어뜨렸다.

에도 시대에 이르자 도쿄와 오사카 등지의 단조업이 성행하면서 유명한 도검 장인들이 모여들기 시작했다. 태평성대가 이어지자 일본도는 아름답고 정교한 하몬(刃文 : 칼날을 제작하는 중에 열처리에 의해 형성되는 물결무늬)을 추구하면서 검의 실용성은 점점 더 사라져갔다. 또한 쓰바(鐔 : 날심), 고즈카(小柄 : 허리에 차는 칼의 칼집 바깥쪽에 꽂는 작은 칼), 메누키(目貫 : 칼자루에서 슴베 구멍을 통하도록 꽂는 못), 고가이(笄 : 비녀 칼) 등의 검 장식이 크게 발전했다.

막부 말기에는 소란이 시작되면서 검의 실용성은 다시 부각되었다. 스이신시 마사히데(水心子正秀, 1750~1825년) 등을 대표로 한 고토 단련법 복원파가 등장하면서 실전에 쓰이는 도검으로서의 성격이 부각되었다. 이후의 검은 신신토(新新刀)라고 불렀다.

그러나 메이지 유신이 시작되면서 다시 정당하게 검을 제작하겠다는 생각과 달리 폐도령(廢刀令)이 내려지고 말았다. 이로써 1873년 무사들의 결투가 금지되고, 1876년에는 경찰, 군인 외의 사람들이 검을 차는 것이 금지되었다. 그리하여 일본도는 급속하게 쇠퇴의 길을 걸었다. 현재의 일본도는 일종의 전통 공예로서 각지에서 유행하고 있는데, 그중 고식제도법(古式制刀法)이 특히 성행하고 있다.

09 | 일본도의 제작
복잡하고 정밀한 제련 공예

>>> 일본도의 제작법은 매우 복잡한 것으로서 고도의 기술이 집적되어 있었다. 제강製鋼, 담금질, 광택, 마도(磨刀 : 칼 갈기) 등의 모든 과정에 각각 담당 도공들이 있어 완성한 것이다. 여기서는 일본도의 제작 과정을 단계별로 소개한다.

연강

일본도의 재료는 강철(鋼)인데, 대개 와코(和鋼) 혹은 다마하가네(玉鋼)라고 부른다. 다마하가네는 전통적인 재래식 정련으로 완성하는데, 일종의 저온강법(低溫鋼法)으로 1000℃ 보다 낮은 노온(爐媼 : 제련할 때 용광로의 내부 온도)에서 달군다. 연강법(煉鋼法)은 원시적이라고 할 수 있지만 근대의 고온연강법보다 불순물이 적어서 순도가 더 높은 양질의 철을 제련할 수 있다. 그러나 고온에서 달군 철은 비교적 부드러워 여러 가지 모양새를 만들 수 있는 것에 반해 저온에서 제련한 철은 그보다는 단단하기 때문에 여러 가지 모양이 불가하다는 단점이 있다.

지역과 유파에 따라 철 성분의 사용도 각각 다르다. 제련 도공들은 이처럼 질적으로 차이가 나는 철을 단지 자신의 안목에 의지해 좋은 품질의 철을 골라낸 뒤 무사도를 만들어야 했다.

미즈헤시

다마하가네는 완성된 철이 아니라 몇 덩이로 흩어진 상태이기 때문에 이렇게 불완전한 철을 무사도의 철로 만드는 것은 도공의 몫이다. 때문에 담금질이라는 공예 과정이 필요하다.

열처리 과정을 말하는 담금질을 일본에서는 '미즈헤시(水減)'라고 부른다. 지

일본도의 제작 과정

❶ 연강

다마하가네를 저온으로 달굼 : 근대의 고온 연강법보다 순도가 더 높은 철을 제련할 수 있다. 하지만 고온에서 제련한 철은 비교적 부드러워 여러 가지 모양새를 만들기 쉬운 데 반해 저온에서 제련한 철은 단단해 여러 가지 모양새를 만들기가 어렵다.

❷ 미즈헤시

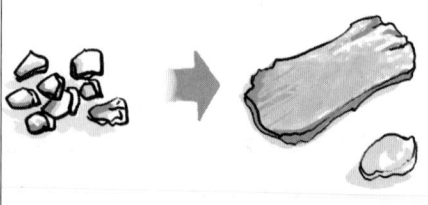

다마하가네의 탄소량 조절 : 몇 덩이로 흩어진 불완전한 철을 도장이 담금질이라는 공예 과정을 거쳐 무사도를 만들 수 있는 철로 만든다.

세 사람의 도공이 힘차게 쇠붙이를 단련하는 광경이다.

❸ 단련

빨갛게 달구어진 쇠붙이를 쇠망치로 두드림 : 쇠망치로 붉게 달구어진 쇠붙이를 두드려 단조한다. 납작하고 평평한 쇳조각을 늘리고 때리고 접고 꺾고 개이기를 반복하면 유황 같은 불순물이나 여분의 탄소가 제거되어 철의 탄성과 인성이 좋아진다. 쇠망치로 여러 번 두드릴수록 쇠에 낀 유황과 여러 가지 성분이 균형을 이루어 쇠가 균등하게 단단하고 질겨진다.

❹ 쓰쿠리코미

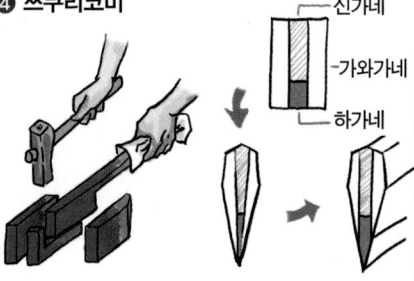

쉽게 부러지지 않는 성질인 인성을 높임 : 도공이 탄소량이 많아 딱딱한 하가네와 가와가네로 탄소 함유량이 적고 부드러운 신가네를 둘러싼다. 일본도의 특징인 이중 구조인데, 겉면의 하가네와 가와가네는 칼을 예리하고 쉽게 구부러지거나 부러지지 않게 한다.

❺ 스노베

쇠망치로 두드려 늘림 : 칼의 형태를 쇠망치로 두드려 늘이는 과정이다. 이 단계를 거쳐 도공이 최선단 부분을 절단하여 칼끝을 제작한다.

❻ 야키이레

불에 달구는 최후의 담금질 : 도공이 점토, 목탄분, 숫돌가루로 야키바쓰치를 제조해 도신을 봉인한다. 칼날은 매우 얇게, 시노기와 칼등은 두껍게 싼 뒤 가열 과정을 거치면 칼은 더욱 단단해지고 도신은 자연스럽게 휜다.

❼ 가지오시

홈을 정리해 도형을 마무리함 : 야키이레로 칼의 휨을 조정한 다음 거칠게나마 칼을 깎는 작업을 하는데, 이는 아주 작은 홈과 칼의 형상 등을 마무리하는 단계다.

가지오시 작업 과정. 두 사람의 도공이 도신을 깎고 있다.

❽ 나카고시다테

손잡이 부분을 정리함 : 칼자루의 한 부분인 나카고의 모양을 조정하고 칼자루를 낄 때 사용하는 구멍인 메쿠기아나를 하나 만든 다음 나카고 위에 독창적인 문양인 야스리메를 새긴다.

❾ 메쿠리

이름, 주소, 연대를 새김 : 도공은 검을 완성한 다음 자신의 이름, 주소, 제작일을 나카고에 새긴다. 대개 겉쪽에 도공의 이름과 주소를 새기고, 안쪽에 제작일과 소지자의 이름을 새기지만 예외도 많다.

금의 재료학적 관점으로 보면 철의 탄소량을 조절하는 것이다.

우선 다마하가네가 공기에 닿아 산화되지 않도록 점토로 둘러싼다. 그런 다음 도공이 열을 가한 다마하가네를 망치로 쳐서 약 5밀리미터 정도의 납작하고 평평한 쇳조각으로 만든다. 이때 탄소량을 조절하기 위해 정밀하고 명확한 규정에 맞추어 몇 차례 가열한다. 그리고 물에 급냉각시키면 여분의 탄소가 들어간 부분이 떨어져 나오면서 도신의 유연성이 높아지고, 칼날이 튼튼해져 쉽게 흠집이 나지 않는다.

도공들은 자신의 경험에 의지해 망치로 정확하게 쇳덩이를 치고 몇 차례 가열하면서 일정한 두께의 쇳조각을 만들어낸다. 그리고 쇳조각의 온도와 물의 양을 정확하게 맞춤으로써 탄소량이 적당한 철을 얻었던 것이다.

단련

도공과 그의 제자가 교대로 붉게 달구어진 쇠붙이를 망치로 두드려 모양을 만든 다음, 다시 납작하고 평평한 쇳조각을 늘리고 때리고 접고 꺾고 개이는 단련(鍛鍊) 과정을 10여 차례 반복하여 철이 1,024층이 되게 한다. 이러한 과정을 거쳐 유황 등의 불순물이나 여분의 탄소를 제거해야 철의 탄성과 인성(靭性 : 부드러우면서 질기어 변형은 되지만 쉽게 부러지지 않는 성질)이 좋아진다. 망치로 여러 번 두드릴수록 쇠에 낀 유황과 여러 가지 성분이 균형을 이루어 쇠가 균등하게 단단하고 질겨진다.

쓰쿠리코미

일본도의 모양새는 칼끝이든 도신이든 기본은 원형이고, 호형(弧形)의 도신은 철의 배합과 담금질에 의해 만들어진다. 탄소량이 많아 딱딱한 하가네(刃金)와 가와가네(皮鐵)로 탄소 함유량이 적고 부드러운 신가네(心鐵)를 둘러싼 이중 구조가 일본도의 특징으로서, 이 과정을 '쓰쿠리코미(造込)'라고 한다. 겉쪽의 하가네와 가와가네는 검을 예리하면서도 쉽게 구부러지거나 부러지지 않게 하는 작용을 한다.

이후 담금질 단계에서 탄소량과 담금질의 냉각 속도로 칼끝과 여타 부분의 체적 팽창량의 차이를 조절하고, 칼끝에 강한 압축 응력(應力)을 주어 인성을 높이고 일정한 각도로 휜다.

스노베

스노베(素延)는 검신을 쇠망치로 두드려 늘이는 과정으로서 기본 형태가 만들어지는 단계다. 이후 도공은 깃사키를 만들고 칼끝을 제작한다.

야키이레

야키이레(燒入)는 불에 쇠를 달구는 최후의 담금질이다. 도공은 먼저 점토, 목탄분, 숫돌가루로 야키바쓰치(燒刃土)를 제조하여 도신을 포장하고 봉인한다. 이때 칼날은 매우 얇게, 시노기와 칼등은 두껍게 싸는데, 완성된 하몬을 보면 야키바쓰치의 분포 상황을 알 수 있다. 유파에 따라 야키바쓰치의 성분과 제작 방법은 다르다. 이렇게 흙으로 잘 봉한 도신은 750~760℃의 불가마에 넣는데, 이 온도 범위에서 달군 도신은 화홍색(火紅色 : 불꽃색)을 띤다. 도공은 불꽃의 색깔로 가마의 온도를 판단하며 그것은 800℃를 넘기면 안 된다. 만약 800℃가 넘으면 도신의 강도에 영향을 끼쳐 도신이 쉽게 쪼개진다. 정해진 가열 시간이 지나면 도신을 다시 물에 급냉시키고 별도의 담금질 단계를 거친다. 그러면 도신은 더욱 단단하고 예리해지며, 자연스럽게 휜다. 도신의 표면에는 매우 견고한 마르텐자이트(martensite)*라는 조직이 생긴다. 이것은 급냉각으로 생기는 고온 결정체로서, 탄소 원자를 단단히 잠기게 해 결정립 상태에서 준안정 원자(Metastable)를 만들어낸다. 그렇게 결정체 사이에 매우 큰 장력(張力)이 존재해 아주 견고해지는 것이다. 이러한 과정을 거쳐 칼날과 칼 표면의 경계에 가늘고 둥근 모래알 모양의 문양이 생기는데 니에(錵)라고 부르며, 작고 하얀 점이 하얀 안개처럼 되는 것을 니오이(匂)라고 부른다. 이러한 것들은 일본도의 품질을 말해 준다.

---

* 담금질한 강철에서 가장 단단한 상태의 가는 바늘 꼴 조직. 강철 이외의 합금에서도 빨리 식혔을 때 생긴다.

이 과정에서는 고도의 기술이 필요하다. 아주 사소한 편차가 도신의 파열을 불러와 검의 구조를 완전히 망가뜨릴 수 있기 때문이다. 게다가 억지로 제작한 검은 훌륭한 모양의 문양이 나타나지 않는다. 이에 실수를 줄이기 위해서 오늘날의 도공은 끓는 기름으로 담금질을 한다.

가지오시

담금질로 칼의 휨을 조정한 다음에야 도공은 거칠게나마 칼을 깎는 가지오시(鍛冶押) 작업을 할 수 있다. 이 과정은 아주 미세한 홈과 칼의 형상 등을 최종적으로 정리하는 것이다.

나카고시다테

나카고(茎 : 칼집 속에 들어박히는 뾰족하고 긴 부분)는 칼자루의 한 부분으로서, 도공은 나카고의 모양을 조절하고 칼자루를 낄 때 쓰는 구멍인 메쿠기아나를 하나 만든 다음, 나카고 위에 독창적인 문양인 야스리메(鑢目)를 새기는데, 이 작업을 나카고시다테(茎仕立て)라고 한다. 이 부분은 녹이 슬기 쉬워 그 녹을 보고 검의 제작 연도를 추측한다.

메키리

하나의 검을 완성한 다음 도공이 자신의 이름, 주소, 제작일을 나카고 위에 새기는 것을 '메키리(銘切)'라고 한다. 이름은 예리한 병기로 새기거나 끌로 조각하는데, 대개 겉쪽(검을 찼을 때 밖을 향한 쪽)에는 도공의 이름과 주소를 새기고, 안쪽에는 제작일과 소지자의 이름을 새긴다. 그러나 예외적인 경우도 많다.

이상의 과정을 거치면 도공의 작업이 끝난다. 연마(硏磨), 칼집 제조, 장식, 칼자루 장식 등의 공정은 각기 다른 전문가의 손길을 거쳐 완성되므로 도공의 작업 범위는 아니다. 일본도는 도공뿐만 아니라 날을 세우는 연마사, 칼집을 제작하는 사야시(鞘師) 등 여러 장인들에 의해 완성된다.

쓰쿠리코미의 유형

무사도는 검을 좀 더 단단하게 만들기 위해 쓰쿠리코미라는 과정을 거치는데, 다음은 쓰쿠리코미의 몇 가지 유형을 설명하고 있다.

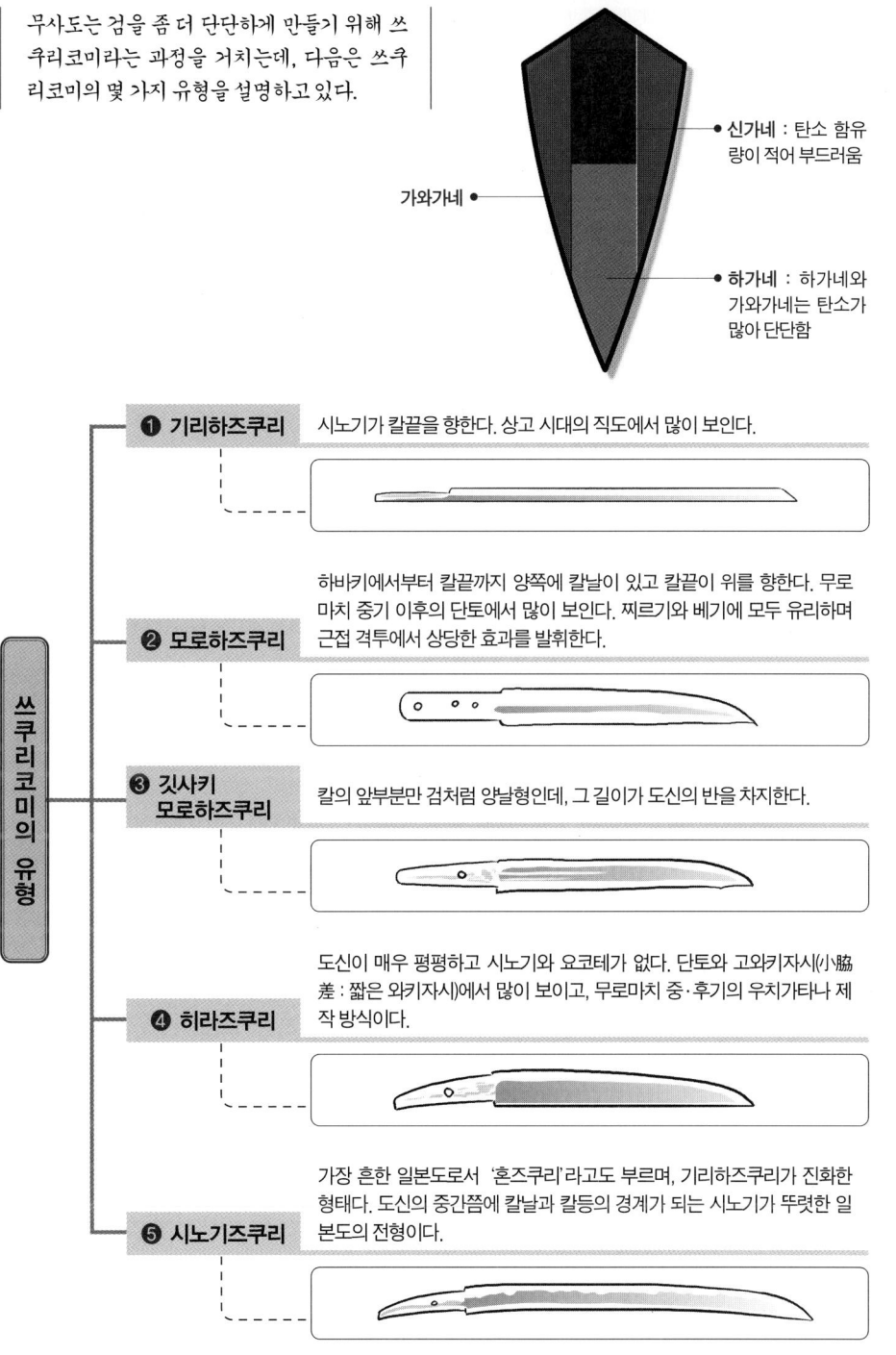

- **신가네** : 탄소 함유량이 적어 부드러움
- **가와가네**
- **하가네** : 하가네와 가와가네는 탄소가 많아 단단함

쓰쿠리코미의 유형

❶ **기리하즈쿠리**
시노기가 칼끝을 향한다. 상고 시대의 직도에서 많이 보인다.

❷ **모로하즈쿠리**
하바키에서부터 칼끝까지 양쪽에 칼날이 있고 칼끝이 위를 향한다. 무로마치 중기 이후의 단토에서 많이 보인다. 찌르기와 베기에 모두 유리하며 근접 격투에서 상당한 효과를 발휘한다.

❸ **깃사키 모로하즈쿠리**
칼의 앞부분만 검처럼 양날형인데, 그 길이가 도신의 반을 차지한다.

❹ **히라즈쿠리**
도신이 매우 평평하고 시노기와 요코테가 없다. 단토와 고와키자시(小脇差 : 짧은 와키자시)에서 많이 보이고, 무로마치 중·후기의 우치가타나 제작 방식이다.

❺ **시노기즈쿠리**
가장 흔한 일본도로서 '혼즈쿠리'라고도 부르며, 기리하즈쿠리가 진화한 형태다. 도신의 중간쯤에 칼날과 칼등의 경계가 되는 시노기가 뚜렷한 일본도의 전형이다.

10 일본도의 부품
형형색색의 부품

>>> 여기서는 소리反, 야스리메, 나카고, 깃사키, 하몬, 보시 등 주로 일본도의 부속품을 소개하고 있다.

소리

소리(反 : 검의 휜 부분)는 일본도의 휨의 정도를 나타내는데, 그 위치는 검의 뒤에서 앞으로 이동하는 추세를 보여 주는 것으로서 위치에 따라 몇 가지 유형으로 나눌 수 있다. 고시조리(腰反)는 소리의 위치가 칼끝과 무네마치에 있다. 칼등 부분의 중간에서 약간 아래쪽에 위치한 것은 헤이안 말기부터 가마쿠라 초기에 많이 보인다. 나카조리(中反)와 토리이조리(華表反)는 소리의 중심이 칼끝과 무네마치의 중심에 자리하는데, 가마쿠라 중기 이후에 많이 보인다. 사키조리(先反)는 소리의 중심이 칼끝과 무네마치 중간의 위쪽에 자리하는데, 무로마치 이후의 우치가타나에서 많이 보인다. 우치조리(內反)는 일반적인 일본도와는 달리 소리가 칼날 방향으로 구부러져 있고, 가마쿠라 시대의 단토에서 많이 보인다.

야스리메

나카고 위에 새기는 문양으로 마찰을 증가시켜 칼자루를 더 견고하게 한다. 지점, 시대, 유파에 따라 야스리메(鑢目)는 다양한데, 케쇼야스리(化粧鑢), 스지카이야스리(筋違鑢), 히가키야스리(檜垣鑢), 시노야스리(篠鑢), 다카노하야스리(鷹の羽鑢), 히아시야스리(日足鑢) 등이 있다. 이 야스리메는 일본도를 감정하는 근거가 된다.

검의 구성

검은 사야鞘, 고가이笄, 후치緣, 가시라頭, 메누키目貫, 쓰바鐔 등으로 구성된다.

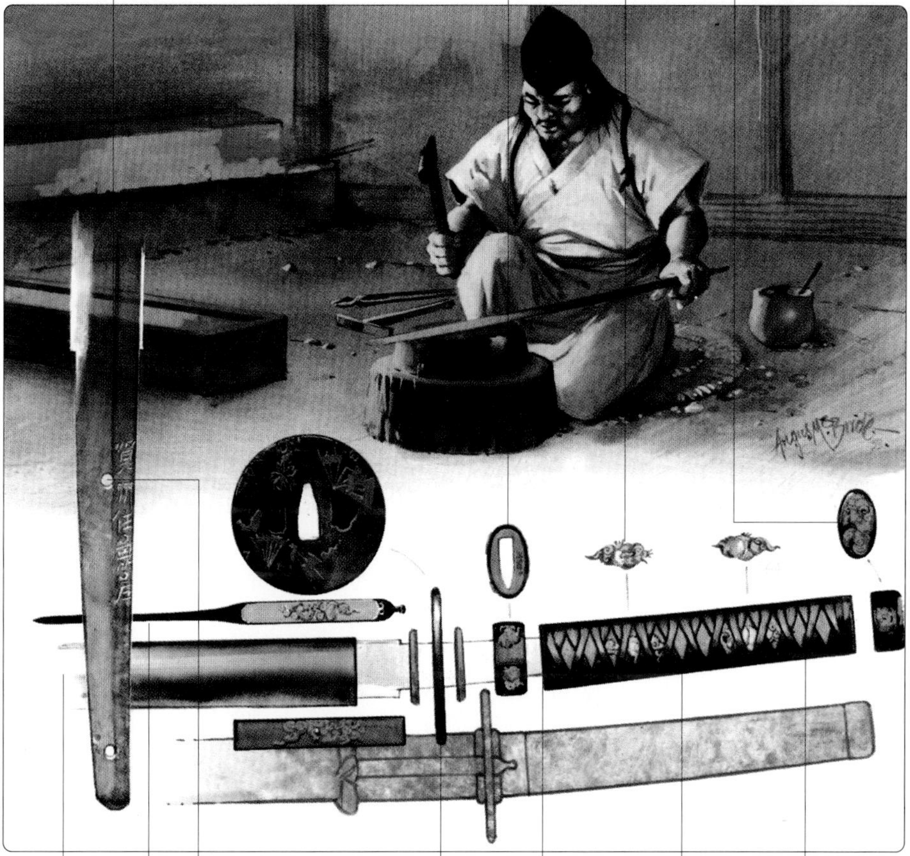

- **후치**
  손잡이 위에 정교하게 금은을 입힌 부속품

- **소리**
  일본도의 휜 각도를 말함

- **메누키**
  손잡이 위에 매달아 놓은 금은을 도금한 금속 부속품

- **가시라**
  손잡이 위에 금을 도금한 부속품

- **메쿠기아나** : 칼자루 부분에 뚫린 구멍
- **고가이** : 비녀 칼
- **사야** 검을 집어넣는 팽나무로 만든 칼집
- **쓰바** 일반적으로는 검객의 손을 보호해 주는 것이지만 검을 뽑고 넣을 때 여닫이 기능을 하고, 격투를 벌일 때 손바닥을 보호해 주며, 사회적 지위의 존귀함을 상징하는 세 가지 효용성이 있음
- **고이구치(鯉口)** 칼집의 아가리
- **쓰카** 손잡이(칼자루)
- **쓰카마키(柄卷)** 칼자루 위에 비단이나 가죽 등으로 만들어 매단 끈

8장 | 일본 검도 : 니텐이치류와 일본 검도의 역사 | 335

깃사키

호보(鋒鋩)라고도 부르는데, 이른바 칼끝을 말하며 칼끝과 도신을 나누는 경계선이 요코테다. 나라별로 도검 제작법은 각기 다르지만, 특히 일본도의 깃사키(切先)와 도신은 다른 나라와는 별개로 독립적인 단련 과정을 거친다. 연대별로 깃사키의 설계도 달라 오오깃사키(大切先), 나카깃사키(中切先), 고깃사키(小切先), 이쿠비깃사키(豬首切先) 등으로 구분된다. 깃사키의 형태를 관찰하면 일본도의 생산 연도를 알 수 있다.

보시

보시(帽子)는 보시(鋩子)라고도 표기하는데, 검의 맨 앞부분인 깃사키의 하몬이다. 하몬은 칼날 위에 생기는 무늬로서 검의 특성을 나타낸다. 보시의 대소, 형상과 무늬 등은 모두 시대와 도공의 특징에 따라 다르므로 감정할 때 중요한 부분이다. 철을 불에 달구면 시노기 부분은 수축되고, 칼날 부분은 팽창하면서 보시는 칼등의 반대 방향으로 오그라드는데, 이 반축(反縮)의 정도가 비교적 깊으면 후카이(深), 얕으면 가타쿠토메류(堅止), 비교적 크면 오오마루(大丸), 작으면 고마루(小丸)라고 한다.

쓰바의 짜임새

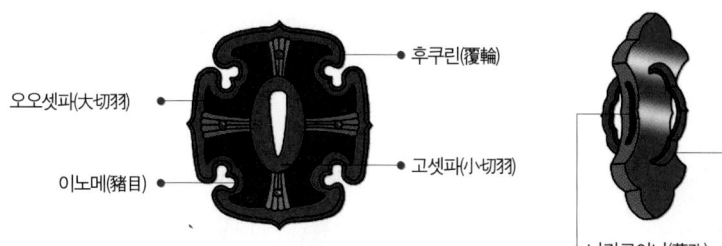

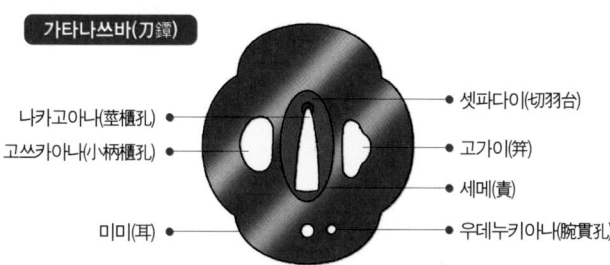

쓰바의 모양과 종류

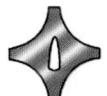
히라쓰나기마키형(平繋巻形)

키리코미모쓰코형(切込木瓜形)

겐카쿠형(堅角形)

마루형(丸形)

가타쓰나기마키형(堅繋巻形)

이리모쓰코형(刳木瓜形)

스미키리카쿠형(隅切角形)

나가마루형(長丸形)

오오이형(葵形)

기쿠노하나형(菊花形)

스미히토카쿠형(隅人角形)

가쿠마루형(角丸形)

헤이카쿠형(平角形)

주지모쓰코형(十字木瓜形)

모쓰코형(木瓜形)

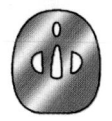
아오리형(障泥形)

쓰바의 구조와 유형

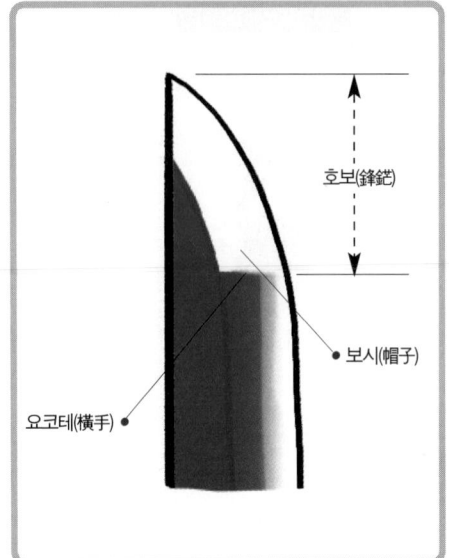

호보(鋒鋩)
보시(帽子)
요코테(橫手)

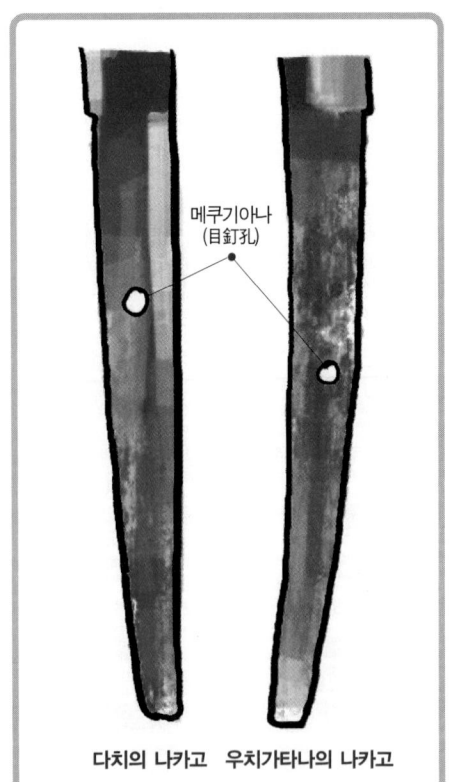

메쿠기아나
(目釘孔)

다치의 나카고   우치가타나의 나카고

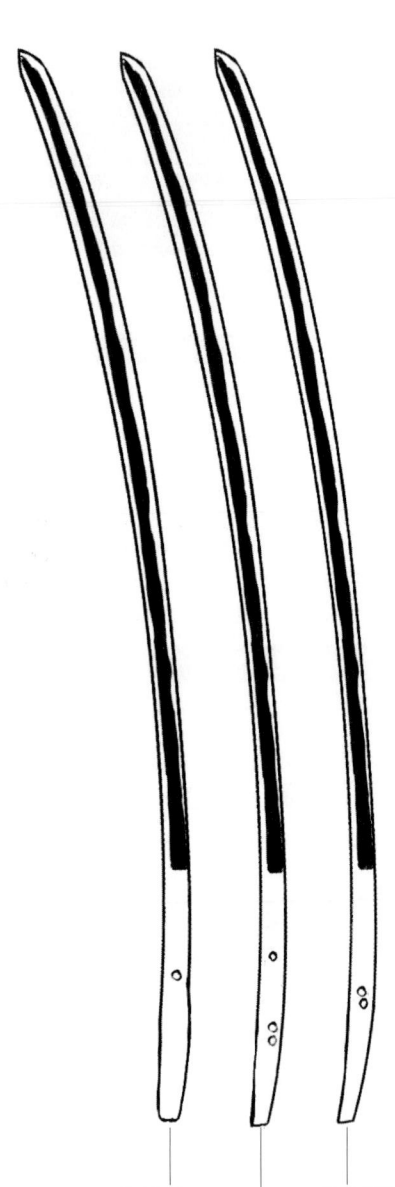

사키소리
(先反 : 무로마치 시대)

와소리
(輪反 : 가마쿠라 시대)

고시소리
(腰反 : 헤이안 시대)

11 | 일본도의 종류
실용성과 예술성의 조화

>>>> 유구한 역사를 자랑하는 일본도는 그 종류가 참으로 많다. 뿐만 아니라 실용성과 예술성을 겸비하고 있는데, 여기서는 시대와 모양에 따라 구분되는 일본도를 소개한다.

시대에 따른 구분

상고도(上古刀)는 고토(古刀) 이전의 검을 가리키는데, 직도가 주인 대도(大刀)로서 일반적으로 일본의 검, 즉 고토에 포함시키지 않는다. 게이초(1596~1615년) 연간의 일본도를 가리키는 신토(新刀)는 무로마치 중기 이전에 주로 사용한 다치다. 그리고 게이초 연간 이후에 사용한 검인 신신토(新新刀)는 고토 단조법으로 제작한 검으로서 18세기 말부터 19세기 초까지의 일본도를 통칭한다는 학설이 있다. 겐다이토(現代刀)는 1876년 폐도령이 공포된 이후에 제작된 검의 통칭이다. 또한 병기로서 제작 방법이 다양한 쇼와토(昭和刀)는 예술적인 도검으로 일본도의 범주에서 벗어난 검이다.

모양에 따른 구분

다치는 비교적 길고 도신이 일정하게 굽었는데, 패용 방식에 관한 명확한 규정은 없다. 대개는 말 위에 있는 기병이 땅 위에 있는 적의 머리를 베는 데 용이하도록 칼끝이 아래를 향하게 하여 허리의 아래쪽에 매단다. 일본도는 정면과 뒷면의 구분이 있어 다치의 경우는 오른쪽이 정면이다. 또한 중요한 부분이 명(銘)의 위치인데, 만약 깃사키가 위쪽을 가리키면 '칼날의 시야(刀視)'는 도검의 전방이고, 다치의 명은 도신의 오른쪽에 위치한다.

가타나는 '우치가타나'라고도 부르며 칼끝, 즉 깃사키에서 무네마치까지가 60센티미터 이상인 검이다. 일반적으로 다치보다 짧고 도신의 굴곡도 비교적 적다. 검을 가장 빨리 뽑기 위해 차는 검이기 때문에 칼끝을 위로 향하고 칼집은 허리띠 안에 끼워 넣는다. 만약 깃사키가 위로 향하면 '칼날의 시야'는 도검의 전방으로 하고, 명은 도신의 왼쪽이며, 검의 정면도 왼쪽이다.

와키자시는 길이가 30센티미터 이상, 60센티미터 미만의 검으로서 칼날의 길이가 29.9~60센티미터다. 평상시 다치나 우치가타나와 함께 허리에 차고 다니는 것으로 무기이자 야외에서의 생존 도구로도 가치가 있다. 글자를 살펴보면 와키(脇)는 '옆구리 륵(肋)' 자의 오기(誤記)이고, 자시(差)는 '갈래 차(叉 : 교차하다)' 자를 말한다. 다시 말해 '륵차(肋叉)'라고 하면 와키자시의 뜻을 명백하게 알 수 있는 것이다. 옆구리 아래쪽으로 교차시키는 것은 할복의 기본 동작으로, 즉 이것은 할복 전용 무기였다. 일반적으로 아시가루(보병)는 와키자시를 찰 자격이 없었다.

단토는 대개 30센티미터보다 작았지만 초과한 것도 있었다. 그러나 검의 소리를 히라즈쿠리 제조법으로 완성한 검은 없다. 보통 슨노비단토(寸延短刀 : 도신의 길이가 1척을 넘는 단토. 1척은 33.3센티미터임)도 단토의 한 종류로 보았다.

일본도의 주된 유형

일본도는 모양과 너비에 따라 다치, 우치가타나, 와키자시, 단토 등으로 구분된다. 또한 넓은 의미로 보면 나가마키, 체도, 검, 창 등도 포함된다.

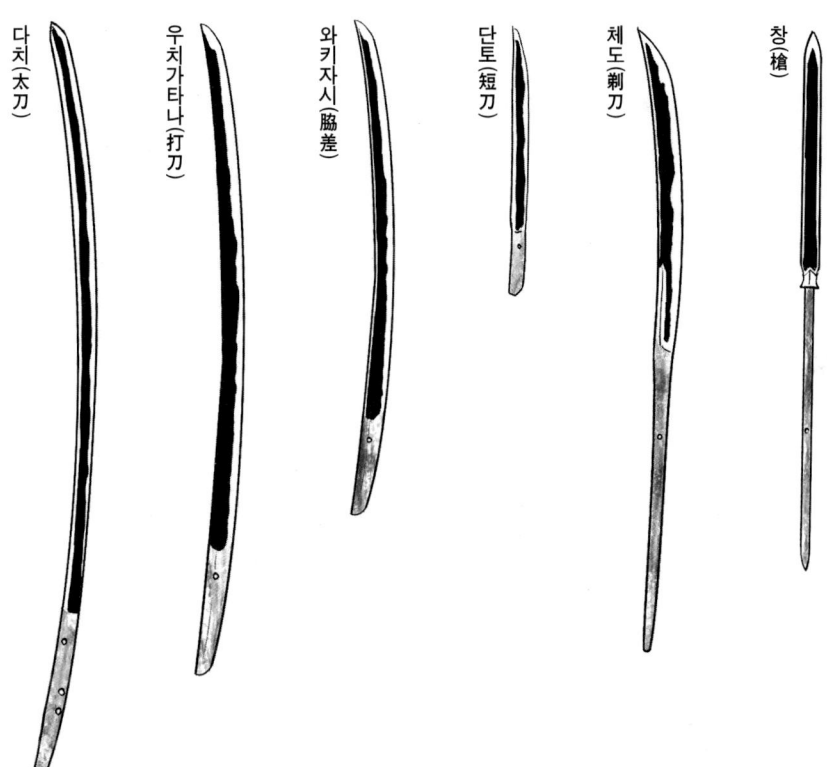

다치(太刀), 우치가타나(打刀), 와키자시(脇差), 단토(短刀), 체도(剃刀), 창(槍)

일본도의 단면 구조

호형의 도신은 철의 배합과 담금질로 만들어진다. 도공은 탄소량이 많아 딱딱한 하가네와 가와가네로 탄소량이 적고 부드러운 신가네를 감싸서 검을 좀 더 단단하게 만드는데, 이러한 과정을 '쓰쿠리코미'라고 한다.

[쓰쿠리코미의 유형]

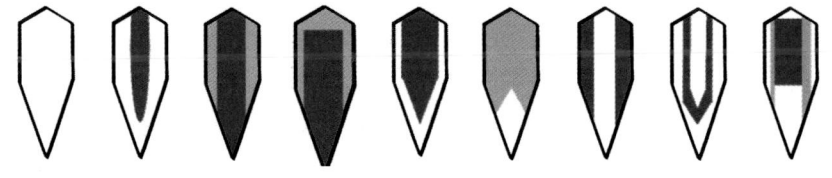

12 일본도의 패용
무사의 특권과 특별한 영예

>>> 고대 일본에서 긴 검을 차는 것은 무사의 영예였고, 평민들은 작은 검인 와키자시만 찰 수 있었다. 무사의 패도佩刀는 엄격하게 지켜야 할 법칙이 있었는데, 관례를 지키지 않으면 예의에 어긋나는 행위로 취급받았다. 또한 검을 진열할 때도 여러 가지 규칙이 있어서 칼자루와 칼끝의 방향에도 유의해야 했다.

긴 검의 패용은 무사의 특권

고대 일본에서는 무사만이 긴 검을 찰 수 있었고, 일반 백성들은 권리가 없어 와키자시만 찰 수 있었다. 무사는 두 자루의 검을 찼는데, 한 자루는 길고 한 자루는 짧았다. 여기서 긴 검은 다치 혹은 우치가타나였고, 짧은 검은 와키자시였다. 쌍검을 쓰던 시절에는 긴 검이 주 무기였고, 와키자시는 긴 검을 사용할 수 없을 때를 대비한 비상용으로서 보통 때는 사용하지 않았다.

집밖으로 나가기 전 무사는 습관적으로 와키자시를 허리띠 안에 끼우고 오른손에는 긴 검을 손에 쥐고 있다가 신발을 신고 나서야 허리띠 안에 찼다. 검을 뽑을 때는 흔히 오른손을 사용했는데, 검을 쉽게 뽑기 위해 모두 왼쪽 허리에 찼다. 하지만 와키자시는 패용법이 다소 달랐다.

패도는 무사의 영예였기 때문에 함부로 무사의 칼집에 부딪치는 것 자체가 무례한 행동이었다. 그래서 일본인들은 모두 좌측 통행을 했다. 무사의 왼쪽 허리에 찬 검에 부딪치지 않기 위한 규칙이라 할 수 있다. 두 명의 무사가 몸을 가까이 했을 때도 서로 칼집을 부딪치게 하는 것은 삼갔다.

무사들은 친구의 집을 방문하는 경우, 문 안으로 들어갈 때 먼저 현관에서 검을 허리춤에서 꺼내어 오른손에 쥐고 방 안으로 들어가야 했다. 왼손에 검을 쥐면 언제든 오른손으로 검을 뽑겠다는 뜻으로 보일 수 있기 때문이었다. 상대방을 믿

무사의 검 패용법

두 자루의 검을 차는 무사

고대 일본에서는 무사만이 긴 검을 찰 권리가 있었다. 일반 백성들은 긴 검을 찰 수 없었기 때문에 긴 검은 한마디로 무사의 상징이었다. 사진에서 보는 것처럼 무사들은 흔히 쌍도를 찼는데, 한 자루는 길고 한 자루는 짧았다. 긴 검은 다치 혹은 우치가타나였고, 짧은 검은 와키자시였다.

무사들은 대개 쌍도를 찼다.

일본도의 진열 방식

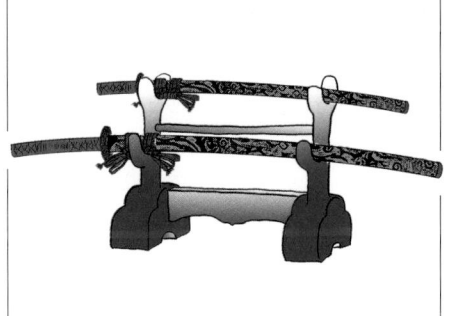

다치는 언제나 특정한 도구 위에 진열을 했는데 칼날은 위를 향하고, 칼자루는 아래를 향하며, 특정한 호보는 안쪽으로 향하게 했다.

우치가타나와 와키자시는 길이의 장단에 따라 긴 것을 아래쪽에 두었다. 가장 위쪽에 짧은 와키자시를, 아래쪽에 긴 다치를 놓으면서 칼날은 일률적으로 위로 향하고, 칼자루는 반드시 왼쪽을 향해 놓았다.

지 못하는 경우에는 왼손에 쥐기도 했지만, 이 역시 무례한 행동이라 할 수 있다.

일본도의 진열 방식

일본도는 진열하는 방법도 매우 까다로웠다. 검마다 진열 방식에 일정한 규칙이 있었는데, 다치는 특별한 도구 위에 놓되 칼날은 위를 향하고, 칼자루는 아래를 향하며, 특정한 호보는 안쪽을 향하게 했다. 우치가타나와 와키자시는 길이의 장단에 따라 긴 것을 아래쪽에 두는 순서로 진열했다. 가장 위쪽은 짧은 와키자시를, 아래쪽은 긴 다치를 놓은 것이다. 칼날은 일률적으로 위로 향하고 칼자루는 반드시 왼쪽을 향하도록 놓았다. 왼쪽이 검의 정면인데, 이는 위협적인 뜻을 내비치지 않기 위해서였다. 칼자루를 오른쪽을 향해 놓는 것은 오른손으로 곧장 검을 뽑겠다는 의지의 표현이었기 때문에 적의를 내비치는 것과 다름없었다.

13 일본도의 감상
예의와 안전

▶▶▶ 도검을 감상할 때는 반드시 관례를 엄격하게 따라야 한다. 예의를 갖추어야 할 뿐만 아니라 안전 또한 중요하다.

올바른 과정에 따른 감상

신체의 안전과 도검의 손상 방지는 도검 감상에서 가장 중요한 문제다. 우선 감상자들을 안전한 위치에 앉혀야 한다. 감상자는 두 손으로 도검을 받쳐 들고 국궁(鞠躬 : 윗사람이나 위패 앞에서 존경하는 뜻으로 몸을 굽힘)의 예를 갖추어야 하는데, 이는 도장과 도검을 존중한다는 의미다. 이어서 왼손으로 칼집을 단단히 쥐고 칼집의 아랫부분이 앞을 향하도록 한 다음 오른손으로 칼자루를 쥐는데, 이때 칼날 쪽을 움켜쥔다. 칼날은 오른쪽 손바닥의 호구(虎口 : 엄지손가락과 집게손가락이 갈라진 사이) 방향으로 칼날이 위쪽을 향하도록 한다. 가볍게 검의 도신을 약간 뽑아 보아 칼집에서 자연스럽게 뽑히는지 확인한다. 도신이 칼집에 너무 꽉 끼여 있는데 무리하게 검을 뽑으면 도신이 갑자기 솟구쳐 올라 위험해질 수 있다.

그러고는 천천히 도신의 깃사키 부분까지 먼저 뽑는데, 중도에 멈추지 말아야 한다. 만약 멈추면 도신의 표면이나 칼집의 내부가 긁힐 수 있기 때문이다. 검을 뽑을 때 도신의 양쪽과 칼날, 그리고 칼집의 내부 접촉을 피해야 칼등이 칼집 주위를 떠받쳐 칼날과 칼집 내부의 긁힘을 방지할 수 있다. 우선 깃사키가 고이 구치를 받쳐 주어야 도신을 천천히 칼집에서 뺄 수 있고, 검이 완전히 칼집에서 나온 다음 칼집을 한쪽으로 치우고 도검을 감상한다.

도검 감상의 예절

도검을 감상할 때는 깃사키와 칼날이 다른 사람을 향하게 해서는 안 된다. 칼날의 위치가 도검의 전방일 때 다치는 오른쪽부터 감상하고, 우치가타나는 왼쪽부터 감상한다. 명이 새겨진 면을 우선 감상하며, 도신을 접촉할 때 절대 더럽혀서는 안 된다. 침이 도신에 떨어져 부식되지 않도록 조심해야 하며, 도신에는 원래 녹이 스는 것을 방지하기 위해 유층(油層)이 있기도 하다.

도검을 전달할 때는 도신을 수직으로 세우고 깃사키를 위로 향하게 한 다음 칼날이 자신을 향해야만 칼자루를 다른 사람에게 줄 수 있다. 다른 사람이 칼자루를 꽉 쥐면 손을 놓는다.

나카고 감상

칼자루의 한 부분인 나카고의 감상이 일본도 감상에서 중요한데, 나카고는 검 주인의 동의를 얻어야만 감상할 수 있다. 이때도 역시 안전을 위해 도신을 다시 칼집에 집어넣고 난 다음 메쿠기(目釘)*와 손잡이를 떼어내어 감상한다. 검을 받아 칼집에 넣을 때는 우선 칼집의 고이구치로 깃사키의 아래쪽을 지탱시켜 주어야 한다. 그렇게 해야 도신의 양쪽과 칼날, 그리고 칼집의 마찰을 줄일 수 있다. 그런 다음 도신을 천천히 칼집에 넣는다. 옛날 일본의 무사는 항상 몸에 카이시(懷紙 : 접어서 품에 지닌 종이)를 지니고 다녔는데, 어떤 무사는 도신에 침을 떨어뜨리지 않기 위해 도검 감상 전에 우선 카이시 한 장을 입에 물기도 했다.

---

* 칼자루에서 검이 빠지지 않도록 칼자루에서 슴베 구멍을 통하도록 꽂는 못으로 대나무, 금속, 뿔 등을 쓴다.

도검 감상의 절차와 예법

우선 감상자들을 안전한 위치에 앉힌다. 감상자는 두 손으로 도검을 받쳐 들고 국궁의 예를 갖추어야 하는데, 이는 도장과 도검을 존중한다는 의미다.

칼날은 위쪽으로 향함

왼손으로 칼집을 단단히 쥐고 칼집의 아랫부분이 앞을 향하도록 한 다음 오른손으로 칼자루를 쥐는데, 칼날 쪽을 움켜쥔다. 칼날은 오른쪽 손바닥의 호구 방향으로 칼날이 위쪽을 향하도록 한다.

가볍게 검의 도신을 조금 뽑아 보아 도신이 칼집에서 자연스럽게 뽑히는지 확인한다. 도신이 칼집에 꽉 끼여 있는데 무리하게 검을 뽑으면 도신이 갑자기 솟구쳐 올라 위험해질 수 있다.

천천히 도신의 깃사키 부분까지 먼저 뽑는데, 중도에 멈추지 말아야 한다.

검을 완전히 칼집에서 꺼내면 칼집을 한쪽으로 치우고 도검을 감상한다.

14 | 다메시기리 일화
기이한 시체 다메시기리법

▶▶▶ 절단력은 도검의 품질을 판가름하는 중요한 기준이다. 여기서는 지금까지 행해졌던 몇 가지 다메시기리試し切り* 일화와 그 평가 기준을 소개하고 있는데, 그중 비교적 크게 유행했던 방법은 시체를 이용한 절단력 테스트였다.

「회보검척」

일본 간세이 9년(1797년), 검 감정가로 높은 평가를 받던 비젠국의 번사인 쓰게헤이스케 마사요시(柘植平助方理)가 도검에 관한 경전인『회보검척(懷寶劍尺)』을 완성했다. 그는 이 책에서 도검은 당연히 절단력을 분류의 기준으로 삼아야 한다고 주장했다. 그러고는 검객 스토고다후 리쿠사이(須藤五太夫睦濟)와 망나니(사형 집행인)인 야마다 아사우에몬 요시무쓰(山田朝右衛門吉睦)의 도움을 받아 여러 도공 유파의 신토를 비교 시험하여 다음과 같이 구분했다.

인체 두께의 9할 정도를 벨 수 있는 사이조오오와자모노(上大業物), 인체 두께의 7~8할을 벨 수 있는 오오와자모노(大業物), 인체 두께의 5~6할을 벨 수 있는 요키와자모노(良業物), 인체 두께의 2~4할을 벨 수 있는 와자모노(和業物)의 네 등급으로 나눈 것이다.

「고금단야비고」

그로부터 30년 뒤 야마다 아사우에몬은 도검학의 명저인『고금단야비고(古今鍛冶備考)』를 발표하고, 다메시기리 시험법을 재분류했다. 여기서 등장하는 도공

---

* 칼이 잘 드는지를 시험하기 위해 실제로 사람이나 물건을 베어보는 일을 말한다.

의 유파는 『회보검척』보다 다섯 배가 더 많았고 그 결과도 수정했다.

다메시기리 시험을 좀 더 정확하게 하기 위해 마흔 살부터 쉰 살까지의 남자 중 생전에 노동일에 종사해 신체가 억센 사체를 대상으로 정했다. 그리고 다음과 같이 세 가지로 나누었다. 이키다메시(生試)는 산 사람을 베는 것이고, 시닌다메시(死人試)는 시체를 베는 것이며, 가타모노다메시(堅物試)는 단단한 물체를 베는 것이었다.

야마다류 다메시기리

야마다류는 다메시기리 시험을 할 때 항상 중량과 길이가 같은 특별 제작 칼자루를 사용한다. 그렇게 해야 모든 시험의 베고 자르는 충격력이 균등하기 때문이다. 또한 토단(土壇) 위에 올려놓은 시체를 일정한 높이에서 묶고 검으로 베었다. 베는 지점은 견갑골(肩胛骨 : 어깨뼈)이나 골반 등 비교적 매우 단단한 부위였다. 다메시기리의 자세에도 큰 제한이 있었다. 다메시기리시(試し切り師 : 다메시기리를 하는 사람)는 양손이 찰싹 달라붙을 정도로 칼자루를 꽉 쥐고, 양다리는 같은 너비만큼 좌우로 벌리며, 어깨폭도 같아야 했다. 왜냐하면 이 자세를 갖추어야 베는 속도가 좋고 충격력도 균등해지기 때문이다. 또한 검을 쥘 때 다메시기리시의 양손은 끝까지 직선을 유지하고, 휘두를 때는 양 팔꿈치를 구부려서는 안 되며, 검이 원을 그리면서 몸을 앞으로 떨구어야 했다.

다메시기리시가 베는 것은 비록 시체였지만, 실제 목표 지점은 시체 아래의 토단이었다. 때문에 다메시기리시는 온 힘을 다해 전심전력으로 시체를 베어야만 했다. 이때 도신이 토단에 의해 손상되는 것을 막기 위해 시체 아래에는 쌀겨자루를 받쳐 두었다.

토단 다메시기리

이 외에 다메시기리 방법이 한 가지 더 있었다. 여러 구의 시체를 토단 위에 한꺼번에 쌓아올린 다음 검을 한 번 내리쳐 몇 구를 벨 수 있는지 시험하는 것이다. 시체 한 구를 베면 이치도(一胴), 두 구를 베면 니도(二胴) 등으로 불렀다. 이 같

일본 다메시기리의 역사

일본의 무사는 도검의 절단력을 매우 중요시했기에 그만큼 여러 가지 다메시기리 방법이 출현했다. 다음은 다메시기리 방법 중 몇 가지를 간략하게 소개하고 있는데, 그중 비교적 유행했던 것이 바로 시체를 이용한 절단력 시험이었다.

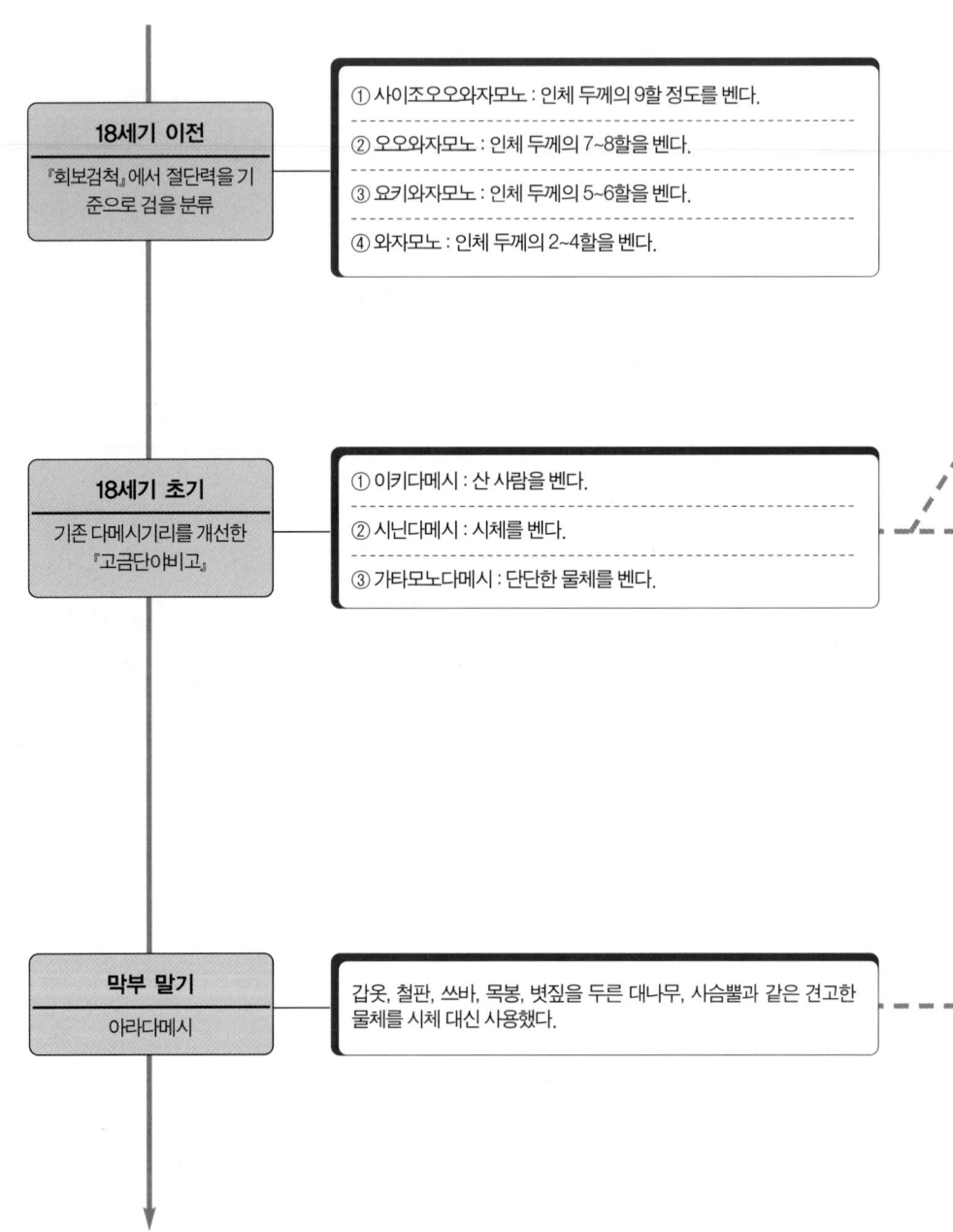

18세기 이전
『회보검척』에서 절단력을 기준으로 검을 분류

① 사이조오오와자모노 : 인체 두께의 9할 정도를 벤다.
② 오오와자모노 : 인체 두께의 7~8할을 벤다.
③ 요키와자모노 : 인체 두께의 5~6할을 벤다.
④ 와자모노 : 인체 두께의 2~4할을 벤다.

18세기 초기
기존 다메시기리를 개선한 『고금단야비고』

① 이키다메시 : 산 사람을 벤다.
② 시닌다메시 : 시체를 벤다.
③ 가타모노다메시 : 단단한 물체를 벤다.

막부 말기
아라다메시

갑옷, 철판, 쓰바, 목봉, 볏짚을 두른 대나무, 사슴뿔과 같은 견고한 물체를 시체 대신 사용했다.

야마다류 다메시기리

야마다류는 다메시기리 시험을 할 때 중량과 길이가 같은 특별 제작 칼자루를 사용했는데, 모든 시험에서 베고 자르는 충격력을 통일시키기 위해서였다. 그런 다음 토단 위에 올려놓은 시체를 일정한 높이에서 묶고 칼로 베었다. 베는 지점은 어깨뼈나 골반 등 비교적 단단한 부위였다.

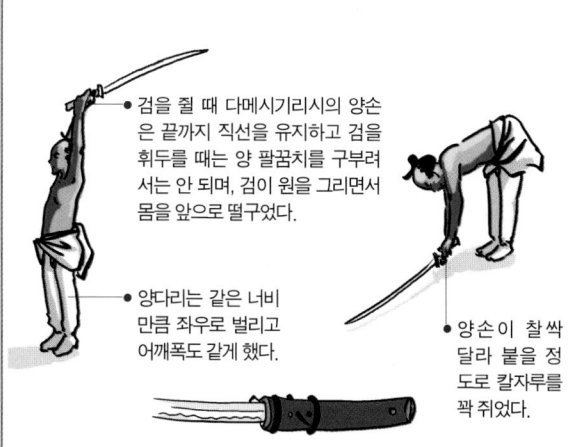

- 검을 쥘 때 다메시기리시의 양손은 끝까지 직선을 유지하고 검을 휘두를 때는 양 팔꿈치를 구부려서는 안 되며, 검이 원을 그리면서 몸을 앞으로 떨구었다.
- 양다리는 같은 너비만큼 좌우로 벌리고 어깨폭도 같게 했다.
- 양손이 찰싹 달라 붙을 정도로 칼자루를 꽉 쥐었다.

토단 다메시기리

여러 구의 시체를 토단 위에 한꺼번에 쌓아올리고 검을 한 번 내리쳐 몇 구의 시체를 벨 수 있는지 시험한다.
다메시기리시가 검을 휘두르는 자세에 제한이 없었으므로 야마다류 다메시기리와는 다르다. 시체를 벨 때 비교적 약한 부위인 복부를 벨 수 있기 때문에 기록의 결과만 중시한 다메시기리 방법이었다.

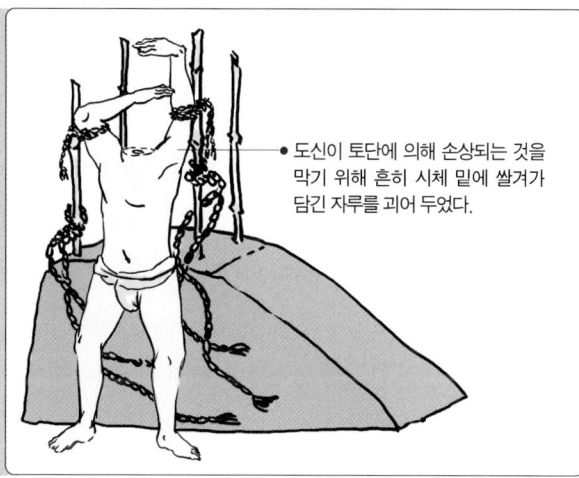

- 도신이 토단에 의해 손상되는 것을 막기 위해 흔히 시체 밑에 쌀겨가 담긴 자루를 괴어 두었다.

아라다메시

도검을 쉽게 훼손할 수 있었기 때문에 도검 장인들은 이 같은 방법을 사용하는 곳에 채용되기를 꺼렸다.

은 방법으로 벤 시체는 대개 세 구를 넘지 못했다. 그런데 에도 시대 초기에 욘도(四胴), 즉 네 구의 시체를 단 칼에 베어버린 적이 있다고 하는데, 예순여덟 살의 고령의 무사인 야마노카에몬(山野加右衛門)이 마고로쿠카네모토(孫六兼元) 검으로 네 구를 베었다고 한다. 또 1681년 나카니시주조 유키미쓰(中西十藏如光)는 가네후사(兼房)의 검으로 일곱 구를 베었다고 한다.

하지만 이러한 결과를 낳은 다메시기리시는 검을 휘두르는 자세에 제한이 없었기 때문에 야마다류 다메시기리와는 차이가 있다. 시체를 벨 때 비교적 약한 부위인 복부를 베었을 수 있기 때문이다. 그것은 단지 기록을 위한 결과를 만든 다메시기리일 뿐이었다.

문명화된 다메시기리

앞에서 언급한 다메시기리 방법은 시체를 베는 것으로서 보는 사람들로 하여금 공포감을 불러일으키기도 했다. 이와는 달리 검의 내구성을 시험하는 방법으로 비교적 문명적인 다메시기리도 있었는데, 견고한 물건을 베는 것이었다. 아라다메시(荒試)라고 부른 이 방법은 갑옷, 철판, 쓰바, 목봉, 볏짚을 두른 대나무, 사슴뿔과 같은 견고한 물체를 시체 대신 사용했다.

에도 막부 말기에 이르러 정국이 혼란을 거듭하자 도검의 내구성은 무사 계층에서 높은 관심을 끌었다. 그런 이유로 고도의 기술을 요하는 아라다메시가 크게 성행했고, 아라다메시를 하는 번사들이 곳곳에 채용되었다. 하지만 아라다메시는 쉽게 도검을 훼손할 수 있었기 때문에 많은 도검 장인들은 이 같은 다메시기리 방법을 사용하는 곳에 채용되기를 꺼렸다.

9장 무사도

『오륜서』의 무가 문화

'무사도 정신'이라고도 부르는 '무사도(武士道 : 일본어로는 부시도ぶしどう라고 함)'는 일본의 봉건제도로 형성된 무사武士, 즉 사무라이侍 계층의 도덕 준칙이다. 무사도는 무사 계층이 권력을 장악한 막부 시기에 형성되었으며, 그 정신은 의義, 용勇, 인仁, 예禮, 성誠, 명예, 충의, 극기 등의 도덕 수칙을 담고 있다. 여기에서는 신도神道, 불교, 유학에 사상적 근원을 둔 무사도에 대해 니토베 이나조의 저서인 『무사도』를 바탕으로 그 연원을 상세하게 소개한다.

9장 그림 목록

무사와 사무라이의 구별·357 | 벚꽃 같은 무사·361 | 가장 엄격한 가르침·363 | 무사의 필수 훈련·367 | 무사의 혼·371 | 일본도 형태의 변화·372 | 할복의 과정·375 | 괘갑의 구성·379 | 갑옷의 양식과 무늬·381 | 오요로이의 기본 구성·385 | 투구의 양식·387 | 오요로이의 변천 과정·392 | 센고쿠 시대 주요 무장의 하타지루시·394 | 도마루의 종류·398 | 갑옷과 투구의 변화·402 | 하라아테와 구소쿠·405

01 무사도의 역사
무사도의 유행과 몰락

>>> 무사도는 일본의 봉건제도 하에서 무사 계층이 지켜야 할 도덕 준칙을 말한다. 도쿠가와 막부 시기에 형성된 무사도는 에도 시대 이전, 에도 시대 이후, 메이지 유신 이후의 세 단계로 구분되어 발전했다.

무사도의 사상적 연원

일본의 봉건제도는 반전제(班田制)*가 와해되고 장원제(莊園制)가 대두하면서 시작되었다. 이로부터 무사 계층은 신흥 정치 세력으로 강력한 힘을 발휘하면서 역사 무대에 등장했다.

12세기 말에 이르러 미나모토노 요리토모(源賴朝)는 가마쿠라 막부를 창건했는데, 이는 본격적인 무가 정권의 시작을 알리는 첫 발걸음이었다. 이후 무로마치 막부와 센고쿠 시대를 거쳐 에도 막부로 이어지면서 1868년 메이지 유신을 맞이하기까지 약 700년 동안 무사가 일본 정계를 주도했다. 이와 같은 막부가 대권을 독차지한 무가 정치는 일본 역사의 커다란 특징이었다.

도쿠가와 막부 시기의 무사도는 의(義), 용(勇), 인(仁), 예(禮), 성(誠), 명예, 충의, 극기 등을 포함한 정신적 도덕 수칙을 형성했으며, 신도(神道 : 일본 고유의 신앙)를 비롯한 불교와 유교는 모두 무사도의 사상적 근원이 되었다. 이렇게 무사 계층이 일어남에 따라 무사도는 일종의 윤리도덕 관념을 점점 더 확고하게 구축해

---

* 646년 고토쿠(孝德) 천황이 다이카(大化) 개신을 통해 반전수수법(班田收受法)을 제정했는데, 이것이 바로 반전제로 당나라의 균전제(均田制)를 모방했다. 전국적으로 호적을 다시 편성해 여섯 살 이상이면 반전, 즉 토지를 빌려주는 제도였다. 당시에는 백성을 양민과 천민으로 나누어 양민에게는 2단(1단은 약 107평방미터)을, 천민에게는 그 3분의 1을 빌려 주고 조세를 무겁게 받았다. 이 법이 제대로 시행된 것은 701년 다이호(大寶) 율령 이후다.

무사와 사무라이의 구별

에도 시대에 무사도는 '사무라이도侍道'라고 불렸다. 하지만 사무라이侍는 흔히 지위가 비교적 낮은 하급 무사에 대한 칭호였다. 상급 무사는 출정할 때 기마를 탈 수 있었는데, 무사의 기마 주위에서 전투를 돕는 하급 무사가 바로 사무라이였고, '와가토若黨'라고 불렸다. 그리고 무사를 대신해서 장창을 들고 다니는 야리모치鑓持ち와 우마노구치토리(馬の口取り : 마부), 주인의 짚신을 들고 따라다니던 조리토리(草履取り : 도요토미 히데요시는 한때 오다 노부나가의 조리토리였음), 짐을 운반하는 니모쓰하코비(荷物運び : 짐꾼) 등은 무가봉공인(武家奉公人 : 노복, 일본어로는 부케보코닝ぶけぼうこうにん이라고 함)으로 종사했다.

무가(武家)	다이묘 등급의 무사
무사	영지를 소유한 중급 이상의 무사
사무라이	기마 무사를 섬기는 하급 무사

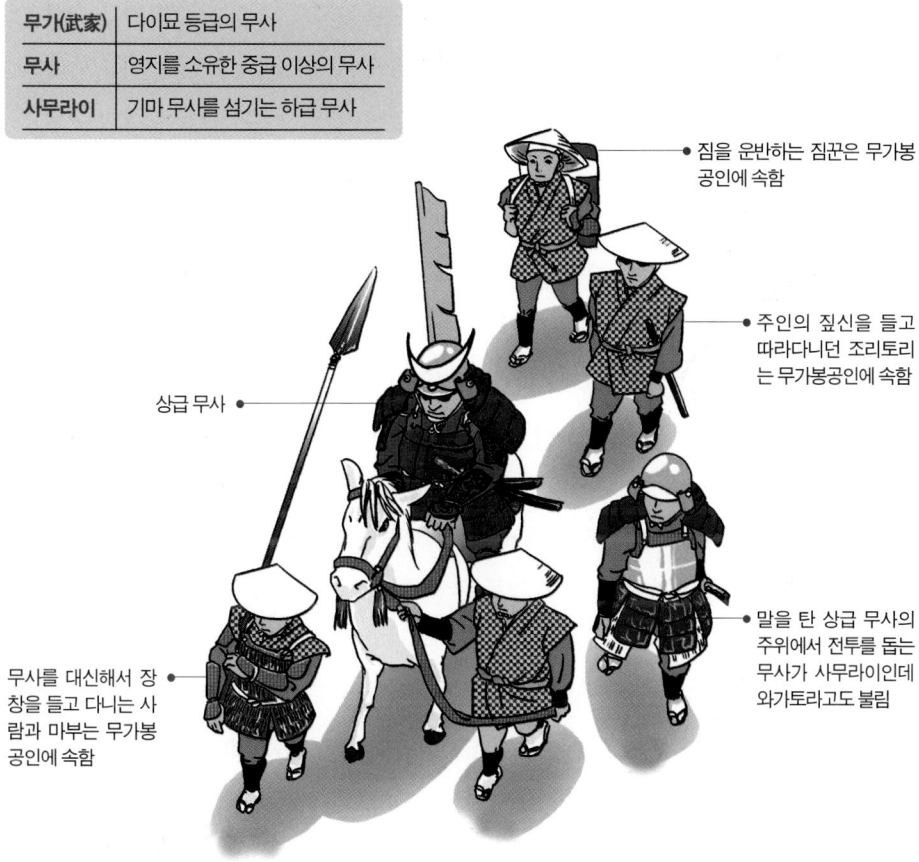

- 짐을 운반하는 짐꾼은 무가봉공인에 속함
- 주인의 짚신을 들고 따라다니던 조리토리는 무가봉공인에 속함
- 상급 무사
- 말을 탄 상급 무사의 주위에서 전투를 돕는 무사가 사무라이인데 와가토라고도 불림
- 무사를 대신해서 장창을 들고 다니는 사람과 마부는 무가봉공인에 속함

보충 해설

봉공인이란? : 봉공인은 본래 주종 관계에서 수행원을 가리키는 것으로 간단하게 말하면 노복(奴僕)이다. 이들은 무가의 하인, 남녀 머슴, 학도 등으로 점차 봉공인의 범주에 포함되었고, 농촌에 광범위하게 존재했다. 세습 하인인 후다이봉공인(譜代奉公人 : 에도 시대에 같은 주인을 세습적으로 섬기는 하인), 빚을 저당 잡힌 시치봉공인(質奉公人), 양자로 들어가 양육을 받는 대가로 노동력을 제공한 요시봉공인(養子奉公人) 등은 모두 신분 제약이 엄격했고, 정기적으로 보수를 받는 대가로 노동력을 제공하는 관계였다. 그들은 남자는 사쿠오토코(作男), 여자는 사쿠온나(作女)로 불렸으며, 어린 봉양인들은 소꼴을 뜯는다든지 고모리(子守り : 주인집의 아이 돌보기)를 했다. 계약 기간은 대부분 1년 혹은 반년이었다.

나갔는데, 헤이안 시대에 처음 만들어졌다가 가마쿠라 막부 초기에 형성되었고, 에도 시대에 마침내 완벽해졌다.

무사도 발전의 3단계

무사도는 에도 시대를 기준으로 에도 시대 전, 에도 시대 이후, 메이지 유신 이후의 세 단계로 구분된다. 에도 시대 전의 일본은 개인과 가족의 명예를 숭상하며 개인의 능력을 중시했기 때문에 하급 계층이 무조건적으로 상급 계층에 충성하는 것을 숭상하지는 않았다. 그래서 하극상을 통해 개인과 가족의 정치적 명성과 인망을 쌓는 것이 성행했다.

에도 시대에 이르러서는 사회가 안정을 되찾고 막부가 여러 가지 무가 법규를 제정하면서 무사도는 신도, 불교, 유교 등의 사상을 흡수했다. 이때 무사도는 주군에 충성을 다하고 조상을 숭배하는 신도, 평정과 죽음을 두려워하지 않는 불교, 유교의 오륜(五倫) 등을 받아들였다. 또한 내적인 수양뿐만 아니라 외적으로도 이 같은 법규에 따라 약속을 하고, 윗사람에게 불손하게 대하는 행위를 용납하지 않았다. 이러한 무가의 법규는 16세기에 성문화된 법칙이나 마찬가지였다.

메이지 유신 이후 메이지 3년(1870년)에 있었던 번의 폐지와 현의 탄생은 무사도의 변화를 알리는 신호였다. 그로부터 5년 뒤 폐도령이 반포되고 사민평등을 법률적으로 공인하자 무사의 지위는 급격하게 추락했다. 그러나 당시의 메이지 정부는 점진적으로 무사 계층을 소멸시켰지만 일부의 고급 무사들은 그러한 과정 중에 작위를 얻고 황족에 버금가는 화족(華族 : 1947년에 폐지)의 반열에 올랐다. 그러다가 군국주의가 발전하자 무사도는 무용(武勇)을 중시하며 천황에게 철저히 복종하는 천황제 사상의 기반이 되었다. 하지만 2차 세계대전에서 패한 후 일본은 하는 수 없이 미국이 주도하는 민주 개혁을 받아들였고, 화족 역시 역사 속으로 사라졌다.

02 무사도의 연원
불교, 선학과 유교

>>> 무사 계급을 주춧돌로 삼아 일어선 막부 시기의 무사도는 의, 용, 인, 예, 성, 명예, 충의, 극기 등이 포함된 정신적 도덕수칙을 형성했다. 그 사상적 원류는 신도, 불교, 유교였는데, 신도의 주군에 대한 충성과 조상 숭배, 불교의 평정과 침착, 그리고 죽음을 두려워하지 않는 마음, 유교의 오륜 관념 등은 모두 무사도에 스며들어 있다.

무사도의 근원인 유학의 도덕관

무사도가 발전하던 초기에 중요한 이론적 배경은 중국의 유가적 도덕 교리로서, 공자의 가르침은 무사도의 가장 핵심적인 뿌리라 할 수 있다. 부자유친(父子有親), 군신유의(君臣有義), 부부유별(夫婦有別), 장유유서(長幼有序), 붕우유신(朋友有信)의 오륜, 그리고 냉정과 인의라는 처세의 지혜는 백성 위에 군림하는 통치 계급인 무사의 이해와 아주 잘 맞아떨어졌다. 또한 귀족적이고 보수적인 공자의 가르침은 정치가이기도 한 무사의 요건에도 맞았다. 공자 이후에는 맹자의 설득력 있고 민주적인 가르침이 무사들을 정서적으로 움직였다.

무사도는 지식을 위한 지식을 경계했는데, 지식은 최종 목적지가 아니라 지혜를 얻는 수단이었다. 즉 무사도는 지식이 자신의 행위와 일치하지 않는 것을 경계했던 것이다. 이는 중국의 철학자 왕양명(王陽明)의 지행합일(知行合一) 사상과 일치한다. 실제로 에도 시대의 무사들은 왕양명의 책을 읽고 감화되는 이들이 적지 않았다. 가마쿠라 막부 후기부터는 무사라면 반드시 충성, 염치, 신의, 검박(儉樸: 검소함과 소박함) 등의 미덕을 지켜야 했다. 에도 시대에 이르러서는 이러한 도덕 규칙을 미와 시츠사이(三輪執齊) 등이 이론적으로 체계화함으로써 마침내 무사도는 전 사회적으로 지켜야 할 도덕 규범이 되었다.

무사도에 사생관을 심어 준 불교

일본 역사에서 매우 유명한 검술가인 야규 우타지마노카미(柳生但馬守)는 자신의 문하생이던 도쿠가와 이에미츠(德川家光, 1604~1651년)에게 마지막으로 검의 심오한 뜻을 전수한 다음 "더 이상은 가르칠 것이 없으니 앞으로는 선(禪)을 배우세요"라고 했다는 이야기가 전해진다. 이에 따르면 선학이 무사 계층에 어떠한 영향을 미쳤는지 알 수 있다. 당나라 초기에 선종이 일본에 전해져 가마쿠라 막부 시대에 크게 성행하게 되었는데, "생사의 생각에서 벗어나 죽을 고비에서조차도 일체의 시간을 배제한 채 마치 살고 죽는 문제를 유희처럼 여긴다"라는 선종의 생사관은 봉건 통치자가 무사들에게 목숨을 걸고 충성을 다하도록 하는 격려의 역할을 톡톡히 수행했다. 그리하여 막부는 선종을 더욱더 떠받들게 되었고, 수많은 사람을 산으로 보내 선학을 배우도록 했다. 또한 송나라의 저명한 선승을 초빙해 널리 전하도록 부탁하기도 했다. 때문에 일본의 무사도 정신은 선종의 성행과 불가분의 관계가 있다고 볼 수 있다.

애국과 충의의 관념을 불어넣은 신도

신도(神道)에는 일본인의 정서와 생활에서 가장 중요한 두 가지 특징이 내재되어 있는데, 바로 애국심과 충의다. 1899년에 출간된 『무사도』를 쓴 니토베 이나조(神渡戶稻造)는 이러한 신도의 관념이 무사의 오만함을 억제하고 복종심이 더욱 굳건해지도록 했다고 하며, 충군과 애국이라는 신도의 교리가 무사도에 끼친 영향을 다음과 같이 분석했다.

"신도의 자연 숭배 관념은 국토에 대한 친근함과 애착을 심어 주고, 조상 숭배 관념은 사람들의 혈맥을 근원까지 끌어올려 황실이 만백성의 공통 조상임을 가르쳐 준다. 말하자면 일본인에게 국토란 금을 캐거나 곡물을 수확하는 토지 이상의 의미로 조상의 영혼이 깃들어 있는 신성한 땅인 것이다. 또한 일본인에게 천황은 단순히 법치국가를 다스리는 우두머리도, 문화국가의 옹호자도 아니다. 천황은 육체를 지닌 하늘의 대표자이며, 천상의 권력과 인애의 마음을 겸비한 '현인신(現人神: 아라히토카미)'이다."

벚꽃 같은 무사

"꽃 중에는 벚꽃이 으뜸이요, 사람 중에는 무사가 제일(花は櫻木, ひとは武士)"이라는 속담이 있다. 이렇게 일본인은 늘 벚꽃을 무사에 비유하는데, 벚꽃의 특성이 무사의 특징과 몹시 닮았기 때문이다.

집단성이 생명인 무사도

한 잎의 벚꽃은 결코 곱지 않지만 한 덩어리처럼 일제히 져버리는 벚꽃은 정말 아름답다. 이는 일본인이 무사를 평가할 때와 비슷한데, 제각기 피었다가 어느 날 한꺼번에 낙화하는 벚꽃처럼 무사는 자신의 집단에 충성을 다 바친다.

죽음을 두려워하지 않는 무사

일본인은 벚꽃이 질 때가 가장 아름답다고 생각한다. 마치 무사가 주군을 위해 충성을 다 바치고 생을 마감하는 찰나를 자신의 가치를 최대한 발휘하는 인생의 최절정이라고 생각하는 것과 같다. 벚꽃의 집단 낙화, 그 순간처럼 아무런 미련도 없이 자신의 생명을 아낌없이 던져버린다.

유학

유학의 도덕관은 무사도의 원류다. 부자유친, 군신유의, 부부유별, 장유유서, 붕우유신의 오륜과 냉정과 인의라는 처세의 지혜는 통치 계급인 무사와 아주 잘 어울린다.

불교

불교는 무사도에 명운 의식을 불어넣었다. 선종 사상은 봉건 통치자가 무사들에게 목숨을 걸고 충성을 다하도록 하는 격려의 역할을 톡톡히 했다.

신도

애국심과 충의가 신도의 근간이다. 주군에 대한 충성, 조상의 숭배, 부모에 대한 효행 관념은 무사의 복종심을 이끌어냈고, 무사의 오만함을 누그러뜨렸다.

유학, 불교, 신도는 무사도의 사상적 근원이 되었다.

03 무사의 품격
무사도에서 요구하는 품격

>>> 의, 충, 인, 예, 성, 명예, 충의 등의 품격은 무사의 필수 요구 사항이다.

의

의(義)는 무사의 준칙 중에서 가장 엄격한 가르침으로서, 무사는 반드시 의리(義理 : 일본어로는 '기리ぎり'라고 함)를 지켜야만 한다. 의리는 원래 '정의(正義)로운 도리'라는 뜻인데, 점차 인간이 사회에서 지키고 실천해야 할 의무로 인식되었다. 다시 말해 부모, 손윗사람, 손아랫사람, 사회적 관계 등에서 지켜야 할 의무가 있는 것이다. 인간이 자신의 의무를 무거운 짐으로만 여기면서 실천하지 않을 때 바로 의리가 개입하여 의무를 다하도록 만든다. 의리는 엄한 스승처럼 채찍을 들고 의무가 게으름을 피우지 못하도록 훈계하는 것이다.

용

용(勇)은 힘들고 위험한 것을 두려워하지 않는 감위견인(敢爲堅忍 : 과감하게 참고 견딤)의 정신으로서, 무사가 뛰어난 무예를 발휘하는 것이다. 용기가 인간 정신에 깃든 상태를 평정심이라고 볼 수 있는데, 그 어떤 것도 두려워하지 않는 것을 '용기'라고 하며 평정심은 정지된 상태의 용기다. 참된 용기는 침착하며 그 어떤 것에도 소스라치게 놀라지 않는다. 격렬한 전투 중에도 더할 나위 없이 냉정하고 차분하면서 침착함을 유지한다. 이처럼 용기란 곤경에 처해도 허둥대지 않고 여유를 잃지 않는 도량이 큰 마음이다.

가장 엄격한 가르침

일본인들 사이에서 아주 유명한 서사시인 『47인의 무사 이야기』*는 바로 '의'에 대한 이야기이다. 아코赤穗 번의 47인의 무사는 자신의 주군인 아사노 나가노리淺野長矩의 복수를 하기 위해 처자식을 버리고 부모를 죽이는 동시에 국법을 어기고 마침내 할복으로 주군에 대한 의리를 지켰다. 1702년 12월, 주군을 위해 장렬하게 산화한 『47인의 무사 이야기』는 일본적 죽음의 미학의 전형이라 볼 수 있다.

▶ 에도 시대 말기의 우키요에 화가인 우타가와 쿠니요시가 그린 「47인 무사의 야습(四十七名死士之夜襲)」으로, 죽음을 각오한 47인의 무사가 숙적인 기라 요시나카(吉良義央)의 저택을 야습하는 장면이다.

『47인의 무사 이야기』가 대변해 주는 무사의 의(義)는 가장 엄격한 무사도의 핵심적인 가르침이다. 무사가 평생 실천해야 할 의무이자 무사의 일생을 속박하는 규율인 것이다.

* 원제는 『주신구라(忠臣藏)』로 내용은 다음과 같다. 아코 번의 다이묘인 아사노가 에도의 쇼군 막부에서 다른 다이묘인 기라의 얼굴에 상처를 입혔다. 기라가 아사노를 모욕했기 때문이다. 그러나 쇼군 앞에서 검을 뽑았기 때문에 아사노는 할복 명령을 받았다. 이렇게 아사노가 죽자 낭인(浪人 : 떠돌이 무사)이 된 아코 번의 무사들은 오이시를 수장으로 복수의 칼을 갈았다. 군자금을 마련하려 행상에 나서며 가족을 버렸고, 어떤 낭인은 여동생을 원수인 기라에게 하녀이자 첩으로 바쳤다. 1년 9개월이 지나고 아코 번의 47인의 무사는 마침내 거사에 나서 기라의 에도 저택을 습격했다. 그러고는 이튿날 아침 기라의 수급을 들고 주군의 묘에 바쳤다. 복수에 성공한 47인의 무사는 쇼군의 할복 명령으로 세상을 떠났다. 일본 정부 차원에서 아코 번의 47인의 무사가 재평가를 받게 된 것은 메이지 시대였다. 무사도의 전형이자 신시대의 일본인이 본받아야 할 상징으로 칭송받아 교과서에 수록되기도 했다.

인

"길 잃은 새가 품속으로 날아들면 사냥꾼도 그 새를 죽이지 않는다(窮鳥懷に入いれば獵師も殺さず)"라는 일본 속담이 있다. 인(仁)은 바로 이러한 측은지심(惻隱之心)으로 애정, 관용, 동정, 연민 등의 미덕을 포함한다. 인은 인류가 가진 정신 중에서 가장 고상한 최고의 덕으로서, 공자는 "인을 가까이 하는 군주 아래 의를 멀리하는 백성은 없다"라고 말했다. 맹자도 "어질지 못한 자는 한 나라를 얻을 수 있을지언정 천하를 얻을 수는 없다"라고 했다. 무사는 무력을 가지고 있으면서 무력 사용에 대한 특권 또한 가지고 있다는 긍지가 있다. 하지만 맹자가 말한 '인애(仁愛)'의 마음도 반드시 지녀야 한다. 맹자는 "인은 반드시 불인(不仁)을 이긴다. 그것은 물이 불을 이기는 것과 같다. 인을 행하는 것은 한 바가지의 물을 불 붙은 수레에 끼얹는 것과 같다"라고도 했다. 이렇게 약자, 패자, 열등한 자에 대한 인애를 갖추는 것이 무사의 당연한 품격이라 할 수 있다.

예

예의(禮義)가 상대방에게 품위 없는 사람이라는 낙인이 찍힐까 봐 두려워하는 행동이라면 참된 덕이라고 할 수 없을 것이다. 즉 참된 예의는 무사의 기품일 뿐만 아니라, 나아가 타인의 감정을 헤아리는 정감이자 배려이며, 정당한 것에 대한 존경인 것이다. 또한 사회적 지위를 포함해 일체의 모든 것을 존중하는 것이다. 예의 최고 경지는 인애(仁愛)와 가깝다고 할 수 있는데, 다시 말해 예의는 인애와 겸양의 동기에서 출발하며, 타인의 감정을 통찰하는 자상한 감정에 따라 실천하는 동정심의 우아한 표현이다. 예의는 슬퍼하는 자와 함께 슬퍼하며, 즐거워하는 자와 함께 즐거워할 줄 안다.

성

성(誠)은 무사가 성심껏 신의를 지키는 것으로서, 상인의 유혹 등은 뿌리칠 줄 알아야 했다. 이런 이유로 무사는 주판알을 튕기며 장사하는 것을 질색했다. 무사는 상인, 수공업자, 농민 계층보다 더 숭고했기 때문에 신의를 신조로 삼을 줄 알아야 했다. 이에 따라 무사는 맹세를 형식적인 절차로 보는 것이 아니라 늘 자신의 선혈(鮮血)을 통해 맹세를 지켜야만 했다.

명예

명예(名譽)는 인격적 존엄과 그 가치에 대한 명확한 자각으로서, 무사는 자신의 세습적 신분에 수반되는 의무와 특권을 인지하고 그에 걸맞은 교양을 지녀야 했다. 무사에게 명예가 없다는 것은 인간이 아닌 짐승과 같았기 때문이다. 무사는 명예를 지키기 위해서라면 자신의 생명을 완전히 내다버릴 줄도 알아야 했고, 또한 관용과 인내를 배워야 했다. 대수롭지 않은 자극에 화를 내는 것은 단지 경솔함으로 치부해 버렸다.

충의

충의(忠義)는 더할 수 없이 높고 또 높은 것으로서, 주군에 대한 충성은 무사가 반드시 지켜야 하는 신조였다. 더불어 무사도는 국가는 개인보다 우선하며, 개인은 국가의 일부분이기 때문에 국가 혹은 통치권자를 위해 목숨을 바쳐야 한다고 가르쳤다. 예로부터 이렇게 국법과 국가 혹은 주군이 개인보다 앞서기 때문에 자신의 모든 것을 기꺼이 바친 것이다.

04 무사의 훈련
무사가 되기 위한 필수 과정

>>>> 무사의 교육 과정은 검술, 궁술, 유도, 기마술, 창술, 병법, 서도書道, 도덕, 문학, 역사 등의 과목으로 이루어졌다. 이것은 일본 전통문화의 일부분으로서, 그중 서도와 유도는 특별히 중시되었다.

서도

서예는 일본에서 매우 성행한 인간의 수신 양성법 중 하나였다. 고대 일본에서는 서법(書法)을 '주보쿠도(入木道)' 혹은 '필도(筆道)'라고 부르다가 에도 시대에 이르러 '서도(書道)'라는 명칭을 사용하게 되었다. 무사가 글과 필체를 중시한 것은 일본의 문자가 본래 회화적 성질을 가지고 있어 미술적 가치가 있었고, 필체는 인간의 감추어진 성격을 드러낸다고 믿었기 때문이다. 이런 이유로 무사는 당연히 글자를 잘 쓰는 것이 특히 중요했고, 서도는 무사의 필수조건이 되었다.

유도

유도(柔道)의 기본 원리는 공격이 아니라 상대방의 힘을 역이용하여 자신을 보호하는 호신술이다. 공격과 방어의 기술에 인체의 해부학적 지식을 충분히 이용하는 것으로서 스모처럼 완력, 즉 근육의 물리적 힘에 의존하는 것이 아니다. 다른 공격 방법과 가장 큰 차이점은 어떤 무기도 사용하지 않으면서 적의 신체 중 한 부위를 잡거나 순식간에 마비시켜 저항하지 못하게 하는 것이다. 때문에 유도의 목적은 적을 죽이는 것이 아니라 일시적으로 힘을 빼앗아 움직이지 못하게 하는 것이다. 이것은 무사도의 최종 이상인 '평화'와 일치한다.

무사의 필수 훈련

지, 인, 용은 무사가 갖추어야 할 자질

지(智), 인(仁), 용(勇)은 무사도를 지탱하는 세 개의 뼈대다. 만약 하나라도 없다면 '무사도'라는 솥은 삼족정립(三足鼎立)을 할 수 없다. 지는 먼저 예지를 의미했고, 지식은 그에 따른 지위였다. 지식보다 품성을 올바르게 갖추고 영혼을 정화시키는 일이 무사도 교육의 주안점이었다.

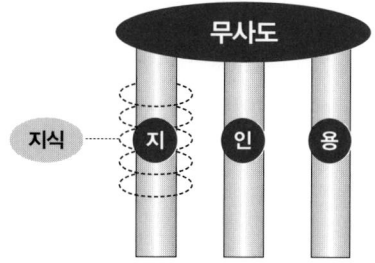

서도를 중시한 무사도

무사는 필체를 중시했는데, 일본의 문자가 원래 회화적 성질을 가지고 있어 미술적 가치가 있었고, 필체는 인간의 감추어진 성격을 드러낸다고 믿었기 때문이다.

● 센고쿠 시대에 무사가 전쟁터로 출정하기 전 벽에 즉흥적으로 시를 쓰는 모습이다. 무사의 주군은 시바타 가쓰이에(柴田勝家, 1522~1583년)*인데, 그는 주군의 요새 앞에서 원군으로 출정시켜 달라는 간청을 하고 있다. 무사는 이미 몸에 중상을 입었음에도 성벽에 자신의 맹세와 결심을 붓으로 남기고 있다.

보충 해설

고된 무사 훈련 : 무사의 훈련은 어릴 때부터 시작하는데, 그 과정이 몹시 엄격하고 고통스러웠다. 훈련 과정에 기어가는 것은 절대로 금지되었는데, 무사의 존엄을 해친다고 보았기 때문이다. 무사는 어려서 말을 하고 걸어다닐 수 있을 때부터 부모로부터 선혈이 낭자한 전쟁 이야기를 귀에 못이 박히도록 듣는다. 그러다가 대여섯 살이 되어 지적 능력이 갖추어지면 검술, 궁술, 유도, 기마술, 창술, 병법, 서도, 도덕, 문학, 역사 등 무사도에서 요구하는 훈련 과정을 본격적으로 시작한다.

* 오다 노부나가의 부하 중 가장 용맹한 무장으로 명성을 날렸다. 혼노지의 변 이후 도요토미 히데요시와 주도권 쟁탈전을 벌였으나 패배하여 자신의 거성인 기타노쇼 성에서 아내 오이치노 가타(お市の方)와 함께 자결했다.

비경제적인 관념

무사도는 비경제성이 특징인데, 그들은 경제 문제에 무관심하고 가난을 자랑으로 여겼다. 수학은 군사 교육상 당연히 필요한 과목인데도 무사의 훈련 과정에는 없었다. 이는 무사의 도덕은 명예심이지 이익에 눈이 멀어 이름을 더럽히는 것이 아니었기 때문이다. 물론 군비를 모으거나 논공행상을 하려면 수학적 지식이 필요했을 것이다. 하지만 금전의 출납은 신분이 낮은 아랫사람이 맡았기 때문에 각 번의 재정은 하급 무사나 승려가 담당했다.

돈키호테는 금은보석이나 영지보다 자신의 녹슨 창과 비쩍 마른 말을 자랑으로 여겼다. 아마도 일본의 무사는 과대망상에 사로잡힌 이 라만차의 기사에게 깊은 동정을 느꼈을지도 모른다. 무사가 소박함과 검소함을 부르짖은 것은 경제적인 이유가 아니라 욕망을 자제하는 극기 훈련 때문이었다. 사치를 무사의 가장 큰 위협으로 간주한 것이다. 이렇게 무사는 금전과 금전욕을 극도로 비루한 것으로 여겼기 때문에 무사도는 금전의 폐단으로부터 벗어날 수 있었고, 무사의 자식들은 경제와는 무관하게 자라났다. 경제 문제를 입에 올리면 저속하다고 취급받은 데 반해, 돈의 가치를 모르면 훌륭한 교육을 받았다고 인정해 준 것이다.

모든 업무상의 보수를 금전으로만 해결하는 것을 무사는 극도로 반대했다. 무사도는 금전에 의존하지 않을 뿐더러 그 값과 상관없이 타인에게 진심으로 성의를 다할 수 있는 일이 있다고 믿었기 때문이다. 예를 들어, 승려나 교사의 정신적인 노고는 돈으로 그 가치를 산정할 수 없기 때문에 금전으로 보수를 지불하는 것은 불가능하다고 보았다. 옛날 일본에서는 제자가 일 년 중 한 계절을 택해 스승에게 금품을 보내는 풍속이 있었다. 그러나 그것은 금전적 보수가 아니라 '선물을 드리는 것'과 같은 진심에서 우러나온 예의였다. 그래서 청빈(淸貧)을 자랑으로 여기며 위엄이 있고 자존심이 대쪽과 같은 스승일지라도 그런 금품은 기꺼이 받아들였다고 한다. 무사 역시 이처럼 청빈을 자랑으로 삼았고, 직접 땀을 흘려가면서 자신의 능력을 향상시키며 존엄감을 드높이고자 했다. 이에 무사는 항상 엄격한 훈련을 통해 극기생활의 모범이 되고자 했다.

05 무사와 패도
무사의 혼

>>>> 무사에게 찰도*刀*은 힘과 용기의 상징이었기 때문에 지극히 중요하고 특별한 의미를 지녔다. 무사가 허리에 찬 찰은 곧 자신의 마음에 새기는 충의와 명예에 다름없었다.

진검의 패용

소년 무사는 어릴 때부터 진검의 사용법을 배웠다. 만 다섯 살 이후부터 무사 옷을 입고 바둑판 위에 올라서서 그동안 찼던 장난감 검을 버리고 허리에 진검을 패용하기 시작한 것이다. 그래야만 무사의 자격을 인정받을 수 있었다. 이렇게 첫 번째 무사 의식을 치른 다음에는 무사 신분을 상징하는 검을 허리에 차고 있어야만 집을 나설 수 있었다. 물론 일상생활에서 어린 무사는 은도금을 한 목검을 대신 차고 다녔다. 그러다가 몇 년이 지나면 설사 무딘 검일지라도 진검을 허리에 차고 당당하게 대문 밖에 나가 나무나 돌 따위를 베어보고는 했다.

열다섯 살이 되면 소년 무사는 이미 성년으로 인정되어 독립적인 행동이 가능했다. 이때부터 차고 다니는 예리한 검은 곧 마음속으로 엄격하게 지켜야만 하는 충의와 명예의 상징이었다. 무사는 허리춤에 패용하는 크고 작은 두 자루의 쌍도, 즉 다치와 와키자시를 결코 한시도 몸에서 떼어놓아서는 안 되었다. 집에 있을 때는 검을 서재나 객실의 눈에 잘 띄는 곳에 두고, 밤에는 베게 맡에 두었다.

---

* 칼은 일본어로 '가타나*かたな*'라고 하는데, 주로 곡선형이고 외날이며 무사의 개인적 명예와 사회적 권력을 상징했다. 와키자시나 소도*小刀* 혹은 단도와 함께 쌍을 이루었고, 가타나와 와키자시처럼 긴 칼과 짧은 칼이 쌍을 이룰 경우 '다이쇼*大小*'라고 불렸다. 가타나는 주로 탁 트인 전장에서 사용되는 주무기였고, 나머지 짧은 칼은 찌르기, 할복, 근거리 전투 등에서 사용된 부속 무기였다.

이처럼 검은 무사의 사랑스러운 반려자와 같이 고유의 애칭을 가지고 한없는 존경을 받았다. 심지어 숭배의 대상이기도 했다. 일본의 수많은 신사와 명문가에는 검이 예배의 대상으로 보관되어 있다. 흔히 볼 수 있는 단도에도 그에 합당한 존경의 예를 취했으며, 검을 깔보는 것은 곧바로 주인을 모욕하는 것과 마찬가지였다. 때문에 침상에 놓인 검 위를 조심성 없이 타고 넘어가는 것은 절대로 일어날 수 없는 일이었다.

제한적인 검 사용

가타나카지는 영감을 받은 예술가로 존경의 대상이었다. 그들은 늘 신불에게 기도를 올린 뒤 목욕재계를 한 다음에야 검 제련에 들어갔다. 그들은 삼혼칠백(三魂七魄 : 사람의 혼백)의 기백을 다해 쇠망치를 내려치며 쇠를 단단하게 단야(鍛冶)했는데, 윤추(掄錘 : 강철을 쇠망치로 두드림), 쉬화(淬火 : 담금질), 연마(研磨 : 칼을 숫돌에 감) 등 검을 만드는 작업 하나 하나가 모두 엄숙한 종교의식이었다. 일본도에 귀기(鬼氣)가 서려 있다는 말이 있는 이유는 이 같은 장인의 영혼이 검에 스며들었거나 신불의 영기가 머무르고 있기 때문일지도 모른다.

그런데 만약 검이 아름다움과 즐거움만 선사하는 도구였다면 아무런 해가 없었을지도 모른다. 하지만 무사의 손이 닿는 곳에 있었기 때문에 그것은 불가능했다. 그렇다고 무사도가 함부로 검을 쓰는 것을 허락했을까? 단언컨대 무사는 검을 마음 내키는 대로 쓸 수 없었다. 무사도는 검을 정당하게 쓰는 것을 매우 중시했다. 때와 장소를 불문하고 검을 휘두르는 무사는 비겁하다거나 허풍쟁이로 취급받았고, 언제 검을 써야 하는지 그 적절한 때를 아는 자가 바로 냉철하고 신중하고 진실한 무사였다.

"지는 것이 곧 이기는 것"이라는 속담이 있다. 진정한 승리는 모질고 폭력적인 적에게 맞서지 않는 것인데, 피를 흘리지 않고 이기는 것이 참된 승리라는 가르침인 듯하다. 이는 무사도의 최종 이상이 '평화'였음을 여실히 보여 준다.

무사의 혼

무사에게 검은 능력과 용맹의 상징으로서, 허리에 차는 도검은 마치 마음속에 새겨놓은 충의와 영예나 같다. 이에 일본의 수많은 명문가와 신사는 검을 예배의 대상으로 모시고 있다.

그림 속의 인물은 가마쿠라 시대의 무사다. 밀물이 물러나도록 달을 향해 경건한 마음으로 신에게 기도하고 있다. 자신이 가장 사랑하는 보도(寶刀)를 바다로 향한 채 히노테라스 오오미노카미(日照大神 : 일본의 건국신인 스사노오와 아마테라스)에게 바치려고 하는 모습으로, 무사에게 무사도(武士刀)는 가장 귀중한 물품이면서 또한 가장 성의가 담긴 제품이었다.

무사의 올바른 검 사용 규칙

- ✗ 검을 내키는 대로 아무 데나 둔다.
- ✗ 언제든 무사도(武士刀)를 칼집에서 뽑아 무고한 사람을 벤다.
- ✓ 평화를 무사의 최고 이상으로 삼아 검을 가볍게 뽑지 않는다.
- ✓ 무사도(武士刀)를 경건하게 여기며, 검 쓰는 것을 용맹의 상징으로 여기지 않는다.

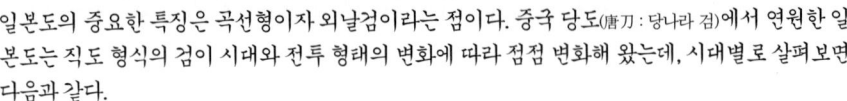

일본도 형태의 변화

일본도의 중요한 특징은 곡선형이자 외날검이라는 점이다. 중국 당도(唐刀 : 당나라 검)에서 연원한 일본도는 직도 형식의 검이 시대와 전투 형태의 변화에 따라 점점 변화해 왔는데, 시대별로 살펴보면 다음과 같다.

고분시대~나라시대	헤이안 시대 후기	가마쿠라 시대 중기	가마쿠라 시대 말기	남북조 시대
도신이 직선 형태로 휘어지지 않았다. 칼집과 칼날에 검정 칠을 한 고쿠사쿠타치(黑作大刀, 80센티미터)와 칼자루의 머리 부분이 고사리처럼 말린 와라비테도(蕨手刀, 50센티미터)가 대표적이다.	도신이 비교적 가늘다. 칼자루부터 검의 허리 부분까지 비교적 크게 휘어지고 가늘면서 예리하다. 칼자루 중심에 있는 가느다란 선이 족집게 같다고 해서 게누키가타타치(毛拔形太刀, 90센티미터)라고 부른다.	도신의 길이가 조금 길어지고 칼날의 폭이 두드러지게 좁아졌다. 가운데부터 칼끝까지의 곡선이 아주 두드러지고 칼끝과 칼날의 중앙이 모두 이쿠비(猪首 : 두껍고 짧은 칼날의 일종) 형태다.	외형은 가마쿠라 중기와 큰 차이가 없으나 칼끝이 조금 길어졌다. 도신의 면적이 비교적 좁아지고 검 전체가 더욱 휘어졌다.	도신의 길이가 길어지고 풍격이 호방하고 장대해졌으며, 3척을 넘은 오오다치(大太刀)도 있었다. 도공들은 중량을 줄이기 위해 도신의 두께를 연구하게 되었다.

무로마치 시대 초기	무로마치 시대 후기	모모야마 시대	에도 시대 중기	에도 시대 말기
외형은 앞선 시대의 검보다 커지지 않았으나 일반적인 다치의 양식으로 돌아갔다. 검 앞부분의 휨이 더욱 커진 것이 특징이다. 당시 우치가타나의 제작은 이미 다치 제작과 더불어 활발해졌는데, 날이 갈수록 점점 더 많아졌다.	철포의 수입과 급속한 보급은 개인 간의 결투를 집단적으로 변모시켰고, 다치는 그 실전적 효과를 상실하고 말았다. 길이는 2척 정도이고 칼날이 위를 향한 우치가타나가 주류였다. 검의 끝 부분이 많이 휜 것이 특징이다.	검의 외형은 남북조 시대 오오다치의 일부분을 많이 갈아낸 모양이다. 도신이 비교적 넓고 휨이 비교적 작으면서 칼끝 부분은 조금 길어진 게이초신토(慶長新刀)가 등장했다.	태평성대의 도래로 일본도의 실전적 쓰임새는 크게 줄어든 대신 소장 가치가 크게 증가했다. 도신의 휨이 작게 변하고, 가운데가 튀어나오면서 길이는 2척 3촌인 작품이 많았다.	복고사상이 일어나고 막부 말기의 동란이 시작되면서 일본도의 실전적 효능이 다시 주목을 받았다. 도신의 길이가 길어지고 칼끝도 길어졌다. 검의 풍격은 전체적으로 무사의 호쾌하고 장대한 위용을 나타내 주었다.

06 무사와 자결
할복은 가장 고상한 행위

>>> 할복割腹*은 무사의 자결 방식이었는데, 무사는 할복을 가장 고상한 행위로 여겼다. 할복은 감동적인 애도를 연상시킬 뿐만 아니라 죽음에 숭고성을 부여하고 새로운 생명의 상징이 되었다. 무사가 신체의 한 부분인 배를 가르는 까닭은 이곳이 영혼과 애정의 귀착점이라고 생각했기 때문이다.

할복의 기원과 뜻

일본에서 할복은 무사 정신의 표현으로서 정의를 위해 죽음에 뛰어드는 명예와 불가분의 관계라고 할 수 있다. 무사도는 명예와 관련된 여러 복잡한 문제를 해결해 주는 예리한 검과 같다. 공명심에 투철한 무사에게 자연사는 배짱이 없는 행위이자 사나이 대장부의 최후가 결코 아니었다. 오직 할복만이 무사에게 고상한 행위로 인식된 것이다.

『하리마후도키(播磨風土記)』(715년)에서 오우미노카미(淡海神)라는 여성이 배를 가르고 못에 빠졌다는 기록이 나오는데, 이것이 할복과 관련된 문헌으로는 최초다. 하지만 할복의 기원은 에이소(永祚) 원년(989년)으로 거슬러 올라간다. 일본의 대도(大盜) 후지와라 요시(藤原義)는 체포를 당하기 직전에 자신의 배를 일(一) 자로 가른 다음, 칼끝으로 내장을 꺼내 관군에게 던졌다고 한다. 그리고 무사가 할복한 최초의 사례는 헤이안 시대 말기의 무사인 미나모토노 다메토모(源爲朝, 1139~1170년)다.

이후 할복은 12세기 가마쿠라 시대에 크게 유행했다. 당시의 무사들은 진지를 빼앗긴 것을 자책하면서 할복하거나 포로로 잡히는 수치를 당하지 않기 위해

---

* 일본어로는 하라키리(腹切り) 혹은 셋푸쿠(切腹), 도후쿠(屠腹)라고도 한다.

할복의 과정

무사에게 할복은 무사도를 체현하는 것이었으며, 할복으로써 죽음이 영광이자 고귀함 그 자체라는 것을 나타냈다.

할복 : 윗도리의 오른쪽 옷섶을 걷어 올리고 허리띠 부근까지 벗는다. 왼손으로 면도날처럼 예리한 비수인 와키자시를 집어 들어 오른손으로 잡은 다음 배꼽으로부터 위쪽으로 1촌 정도 되는 왼쪽 아랫배를 찌르고 천천히 오른쪽으로 일(一)자형으로 잡아당겼다가 다시 비스듬히 왼쪽 위로 그어 올렸다. 깊이는 1~1.5센티미터였다. 대개 깊숙하게 찌르지는 않는다. 너무 깊이 찌르면 칼을 끌어당기고 돌리는 것이 쉽지 않을 뿐만 아니라, 뒤로 넘어지기 쉽기 때문이다. 무사는 할복할 때 반드시 앞으로 엎어져서 죽어야 한다는 믿음이 있었다. 그래서 뒤로 쓰러지지 않도록 몸을 앞으로 숙이고 양쪽 소매를 무릎 밑에 깔아 고정시켜 놓았다.

고대의 할복은 와키자시를 왼쪽 배에 찔러 오른쪽 배까지 가로로 쭉 긋고 이어서 와키자시를 뽑아 심장 부위를 찌르는 십(十)자형 방식이었으나 뒤에는 할복 방식이 간략해졌다.

가이샤쿠닝(介錯人)은 할복하는 사람의 머리를 쳐주는 사람이다.

와키자시는 할복에 쓰이는 단도로 평상시 허리에 차는 전투용 무기였다.

가이샤쿠(介錯) : 할복한 다음 완전히 목숨이 끊어지기까지는 비교적 오랜 시간이 걸린다. 때문에 죽음의 고통을 줄여 주기 위해 할복하는 사람의 목을 쳐주는 무사가 있었다. 가이샤쿠닝은 할복하는 사람의 와키자시가 왼쪽 배에서 오른쪽 배를 가르고 다시 왼쪽으로 돌아가는 순간 가이샤쿠를 한다. 1455년 치바 타네노부(千葉胤宣)가 다이코 가이조(多胡開嚮) 때 엔조지(圓城寺)의 나오토키(直時)에게 목을 치게 한 이후 유행했다. 에도 시대 중기에 이르러서는 와키자시로 배를 찔러 가르기 시작할 때 가이샤쿠를 했다.

무사가 할복한 뒤의 표정과 동작을 그린 우타가와 구니요시의 그림이다. 무사가 할복을 끝마쳐 배에서 뿜어 나오는 선혈이 낭자하지만 그 눈빛은 전혀 고통스럽지 않고 오히려 성스럽고 숭고한 기운이 감돈다.

진지가 함락되기 직전에 할복하기도 했다. 이렇게 배를 갈라 자결하는 방법은 15세기에 황실 법전에까지 등장하고 센고쿠 시대까지 변함없이 계속 이어졌다. 당시에는 귀족과 무사만이 할복할 수 있는 권리가 있었는데, 에도 시대에 이르러서는 사회 통치가 군건해지면서 순사(殉死 : 주군을 따라 할복함)나 형벌로서의 할복 등 여러 가지 상황에서 갖가지 할복이 성행하게 되었다. 비록 막부는 순사를 금지하는 엄령을 내렸지만 이러한 역사적 추세를 바꾸기는 쉽지 않은 일이었다.

그렇다면 무사는 왜 할복이 가장 숭고한 죽음의 방식이라고 생각했을까? 고대의 많은 국가와 민족은 인간의 신체 중에서 복부야말로 영혼과 애정의 귀착지라고 생각했다. 따라서 무사가 자신의 영혼을 밖으로 드러낼 때 할복을 선택한 것은 단순히 목숨을 끊는 행위가 아니었다. 할복은 단순한 자살이 아니라 법률과 예법상의 제도였다. 다시 말해 무사가 자신의 죄를 뉘우치고, 잘못을 바로잡고, 수치심을 벗고, 친구에게 사죄하고, 성실함을 증명하는 방법이었던 것이다. 법률상의 형벌로 할복의 명을 받으면 장중한 의식을 치를 수 있는 권리가 있었는데, 할복은 고도로 세련된 자살로서 냉정함과 침착함을 지닌 무사만이 실행하는, 오로지 무사에게만 어울리는 예의범절이었다.

할복의 주요 원인

- 전투에서 패한 책임을 죽음으로 되갚고 명예를 회복하기 위해 할복했다.
- 인책 : 자살을 통해 과실에 대한 책임을 졌다.
- 희생 : 자신의 생명을 희생해 부하나 동료의 생명을 구했다.
- 간사(諫死) : 주군에게 간언(諫言)하기 위해 생명을 아까워하지 않았다.
- 명예 : 자신의 체면을 유지하기 위해 순사했다.
- 사키바라(先腹) : 주인인 다이묘의 죽음에 앞서 할복했다.
- 오이바라(追腹)* : 주군의 죽음을 슬퍼하여 뒤를 따라 할복했다.

---

* '도모바라(供腹)'라고도 하는데, 그 목적은 무사의 의리를 지키는 데 있다. 1392년 호소카와 쓰네히사(細川常久)가 병사할 때 미시마 게키(三嶋外記) 이후 1663년 순사 금지령이 내려질 때까지 계속되었다.

- 논후쿠(論腹) : 순사하는 동료와 함께하는 것으로 세상에 체면을 세우고 명예를 쌓는 것이 목적이었다.
- 아키나리바라(商腹) : 가족과 자손에게 은혜를 베풀거나 이익을 얻기 위해 할복했다.
- 쓰메바라(詰腹) : 강요를 당해 하는 수 없이 할복했다.
- 이키도오리바라(憤腹) : 무고한 죄를 뒤집어 쓴 것에 분노하여 할복으로 무죄를 입증했다.
- 사형 : 무사에게만 허용된 형벌이었다.

07 | 갑옷의 변천 ①
괘갑과 면오갑

>>>> 오늘날에 이르기까지 일본 각지의 신사와 박물관, 사저에 소장된 고대 일본의 갑옷과 무기는 수량과 보존 정도에서 단연 세계 으뜸이라 할 수 있다. 어떤 사람은 무사도의 체현이라고까지 말하는데, 일본의 전통 갑옷은 그 모양과 형태가 매우 특별하다. 일본인들은 전통 갑옷을 분해하여 연구하는 데 매우 조예가 깊고 치밀했다. 따라서 일본 갑옷의 생산과 발전 과정은 일본 민족의 섬세한 성격이 그대로 반영된 것이라고 말할 수 있다.

갑옷을 소중하게 여기는 일본

일종의 무사도 정신의 표현이라고까지 말하는 일본의 유물 보존은 세계에서 으뜸이라 할 수 있다. 이러한 일본의 수많은 지식은 다른 나라 특히 중국에서 유래한 것이 많다. 하지만 일본으로 흘러들어간 지식은 본토 문화와 융합하여 독특한 일본 문화와 일본 정신을 형성했다.

가령 일본의 견당사는 생명의 위험을 무릅쓰고 수천 리의 여정을 통해 중국 각 방면의 문화 지식을 획득해 갔다. 때문에 일본인은 문물, 특히 갑옷과 무기를 각별하게 아낀다. 이 외에 일본 민족은 '근원'을 매우 중시한다. 따라서 갑옷과 무기는 보통 무사 가문의 고귀한 혈통을 상징했기 때문에 매우 폭넓게 소장되고 보존되어 왔다.

괘갑과 면오갑

3세기 후반에 시작된 고분 시대(古墳時代)*는 현재 일본 학자들이 고고학을 통해 갑옷이 만들어진 것을 증명한 가장 이른 시기다. 당시에는 기마 민족이 일본

---

* 3세기 말부터 7세기 말에 걸쳐 축조된 당시 지배자들의 분묘를 고분이라고 하는데, 야마토 시대와 아스카 시대를 통틀어 일컫는다.

괘갑의 구성

괘갑은 가죽비늘 끈으로 쇠, 구리, 가죽 등의 작은 조각을 층층이 연결해서 만든 갑옷이다. 일본에서 괘갑은 갑옷의 주도적인 양식이었다.

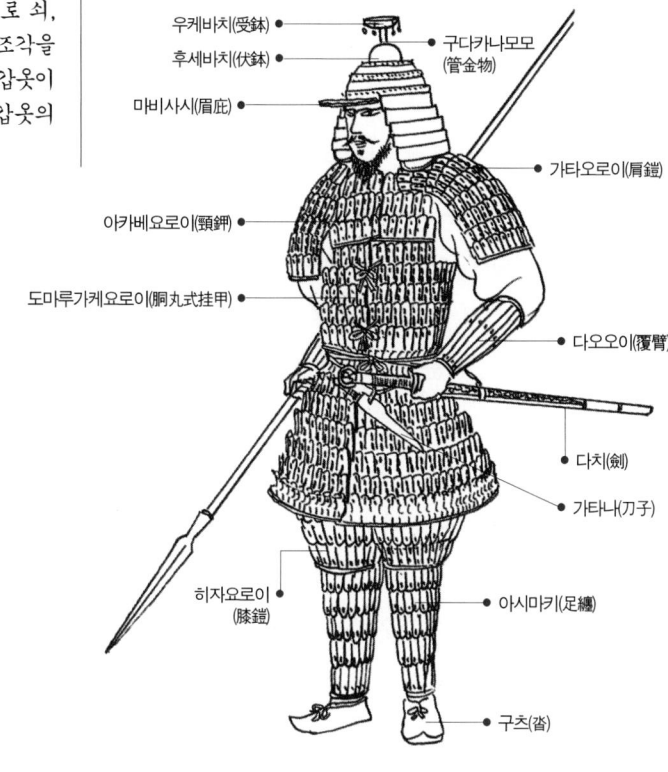

- 우케바치(受鉢)
- 후세바치(伏鉢)
- 마비사시(眉庇)
- 아카베요로이(頸鎧)
- 도마루가케요로이(胴丸式挂甲)
- 구다카나모모(管金物)
- 가타오로이(肩鎧)
- 다오오이(覆臂)
- 다치(劍)
- 가타나(刀子)
- 히자요로이(膝鎧)
- 아시마키(足繼)
- 구츠(沓)

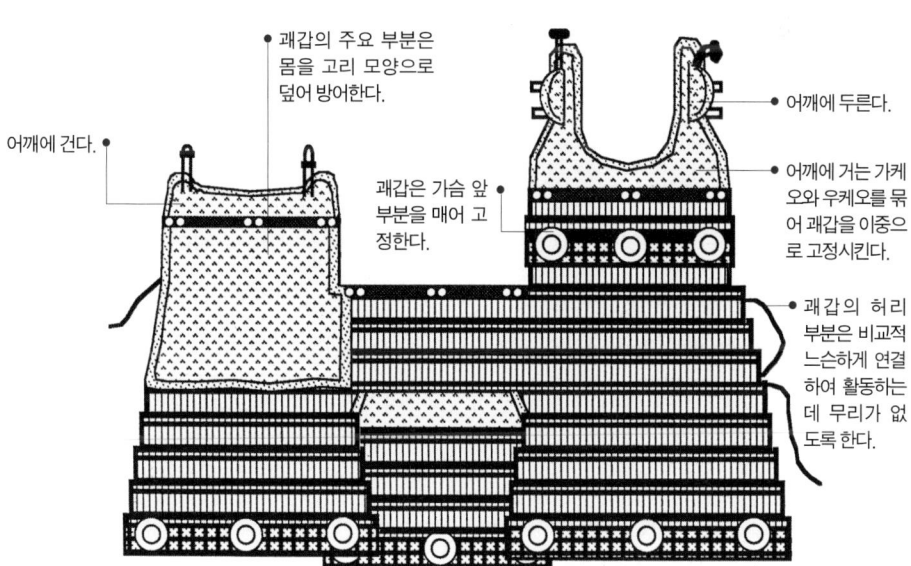

- 어깨에 건다.
- 괘갑의 주요 부분은 몸을 고리 모양으로 덮어 방어한다.
- 괘갑은 가슴 앞 부분을 매어 고정한다.
- 어깨에 두른다.
- 어깨에 거는 가케오와 우케오를 묶어 괘갑을 이중으로 고정시킨다.
- 괘갑의 허리 부분은 비교적 느슨하게 연결하여 활동하는 데 무리가 없도록 한다.

본토를 정복한 시기였기 때문에 그때 제작된 갑옷의 형식과 대륙의 기마 민족이 사용한 갑옷은 큰 차이가 없었다.

갑옷과 투구는 대다수가 가죽 혹은 금속 조각을 연결해 만들거나 대나무를 이용해서 만들기도 했는데, 이것은 무사의 복장에서 가장 중요한 부분이었다. 쇠, 구리, 가죽 등의 작은 조각에 구멍을 뚫어 가죽비늘 끈으로 겹겹이 엮어 만든 갑옷인 괘갑(掛甲 : 일본어로는 '게이코우' 혹은 '가케요로이'라고 함)은 중국 한(漢)나라 때 많이 사용되었고, 4세기경 한국에서 일본으로 전해져 고분 시대에 많이 사용된 것으로 보인다. 이는 갑옷의 미늘(갑옷에 단 비늘 모양의 가죽 조각이나 쇳조각) 형태로 봤을 때 윗미늘의 아랫부분을 아랫미늘로 덧대었기 때문에 아랫미늘이 윗미늘보다 더 넓은 철갑(綴甲) 형태를 띠며, 고분의 부장품(副葬品)이나 토용(土俑)의 옷으로도 많이 출토되고 있다.

중국의 고고학자들이 문물의 복원을 통해 증명한 바에 따르면 상주(商周) 시대 거병(車兵)의 가죽 갑옷이 모두 괘갑이었다고 한다. 하지만 이후 중국의 괘갑은 점점 사라지고 마침내 면오갑(綿襖甲 : 솜두루마기 형태의 갑옷. 일본어로는 '멘오코'라고 함)으로 대체되었다. 그런데 일본에서는 이와 반대로 괘갑이 역사적 시기마다 주도적인 위치를 차지했다. 게다가 근대 아이누족은 여전히 원시형 괘갑을 입었다.

괘갑의 주요 부분은 가슴 부분에서 연결해 몸통을 고리 모양으로 덮어 몸을 보호하는데, 이때 가슴 부위를 너무 세게 조이지 않아야 활동하기에 편하다. 또한 가케오(懸緒)*와 우케오(受緒)**를 어깨 위에서 묶어 괘갑을 이중으로 고정시키는 효과를 낸다. 괘갑의 전체 모양은 오늘날의 조끼와 매우 비슷하다.

이후 고대 중국의 영향으로 8세기 전반 일본은 나라 시대로 접어들면서 우치카케시키(補襠式) 괘갑이 출현했다. 우치카케시키 괘갑은 어깨 위의 끈이 가케오와 우케오의 두 부분으로 나누어지지 않고 하나로 이루어져 옆구리 부위부터 입고 벗는다. 나라 시대 병사의 모습을 보면 머리에는 두건을 쓰고 몸에는 우치카

---

* 갑옷 소매에 달린 와타가미(肩上 : 몸에 맞게 기장과 화장을 조절하는 부분에 연결된 끈)를 말한다.
** 갑옷 소매에 달린 와타가미의 앞에 매달린 끈을 말한다.

갑옷의 양식과 무늬

다음은 아홉 가지 갑옷의 양식과 무늬로, 그 색은 열두 가지에 달한다.

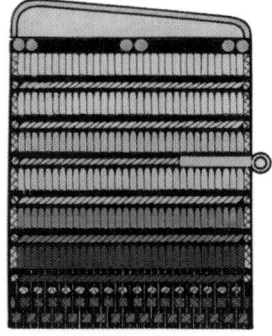

❶ 흰색, 황색, 분홍색, 빨간색으로 이루어진 줄무늬 도안으로 고귀하고 우아하다.

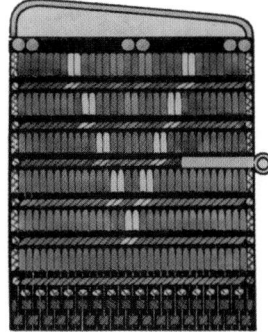

❷ 녹색을 바탕색으로 삼아 흰색, 빨간색, 남색, 황색, 자색으로 이루어진 삼각형 도안이다.

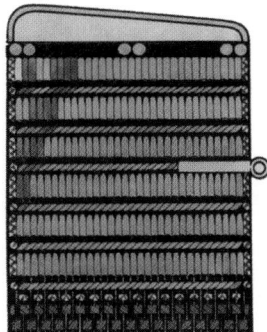

❸ 남색을 바탕색으로 삼아 흰색, 빨간색, 황색, 자색으로 이루어진 삼각형 도안이다.

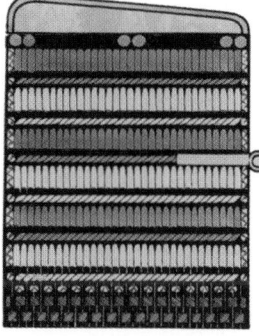

❹ 분홍색과 흰색이 서로 마주한 줄무늬 도안으로 매우 고상하다.

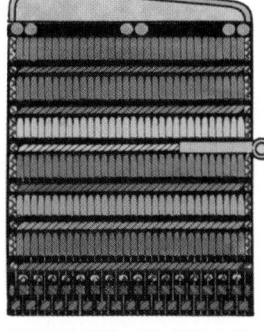

❺ 오렌지색, 흰색, 남색, 황색, 녹색으로 이루어진 줄무늬 도안으로 비교적 눈에 띈다.

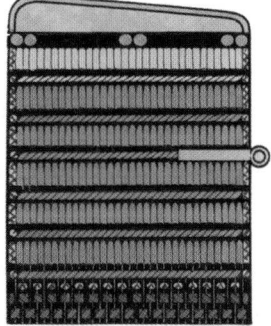

❻ 황색을 바탕색으로 삼아 흰색을 더한 줄무늬 도안으로 매우 눈에 띈다.

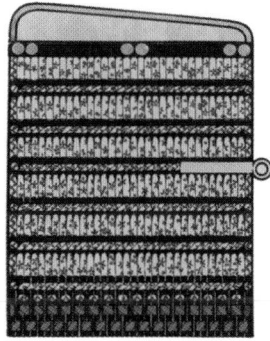

❼ 흰색을 바탕색으로 삼아 빨간색과 자색을 곁들인 화문(花紋) 양식이다.

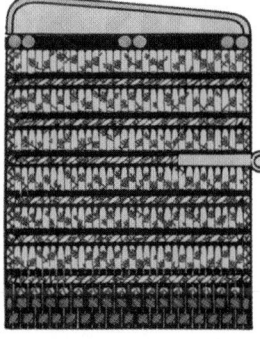

❽ 흰색을 바탕색으로 삼아 위에 작은 자색 도안이 있는데, 마치 식물의 이파리 같다.

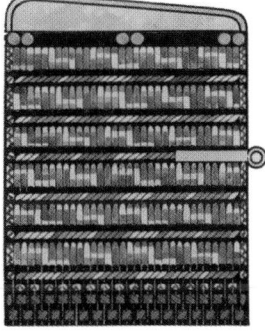

❾ 남색과 흰색을 혼합한 비교적 특색 있는 도안이다.

케시키 괘갑을 걸쳤으며, 허리에는 허리띠로 구사즈리(草摺)*를 바짝 둘러 묶고 발에는 오피화(烏皮靴 : 일본어로는 '구리카와노쿠쓰'라고 함)를 신었는데, 이 복장이 무관의 표준이었다. 하지만 근대로 접어들면서 이러한 원시적인 괘갑 양식은 이미 전장에서 사라졌고, 의식이나 아악 활동을 할 때 착용했다.

또한 면오갑은 고분 시대부터 나라 시대까지 존재했는데, 이른바 면오갑이란 옷의 안감에 갑옷 비늘을 곧바로 꿰매어 비늘 사이가 정밀했다. 고대 중국에서는 면오갑의 수요가 점점 증대했고, 화기가 출현한 이후에는 더욱 성행했다. 오늘날 우리가 볼 수 있는 청나라 때의 쇠비늘을 조밀하게 꿰맨 갑옷이 바로 면오갑의 최종 형태다.

또 하나 고대 그리스와 로마의 갑옷 형식과 비교적 유사한 단갑(短甲 : 일본어로는 '단코'라고 함)이 있었는데, 주로 가슴과 등을 보호하는 짧은 갑옷이었다. 동아시아에서는 비교적 드물었지만, 고대 중국의 서남이(西南夷)**와 대만의 고산족(高山族)이 사용했던 것으로 알려져 있다.

---

* 허리에서 윗다리까지 보호하는 갑옷의 허리 아랫부분을 말한다. 고시요로이(腰, こしょろい)라고도 한다.
** 기원전 3세기부터 기원후 5세기까지 지금의 운남성(雲南省), 귀주성(貴州省), 감숙성(甘肅省) 남부, 사천성(西川省) 서남부 일대에 분포되어 살았던 소수민족이다. 저강(氐羌)·백월(百越)·백복(白濮), 북(僰), 수(巂), 야랑(夜郞), 누와(漏臥), 차란(且蘭) 등이 비교적 규모가 큰 부족이었다.

08 갑옷의 변천 ②
갑옷과 투구의 양식

>>>> 일본의 오요로이는 갑옷과 투구의 양식으로 일본인이 몹시 자랑스러워하는 일본적 특색이 가득한 문화유산이며 예술적 가치도 매우 높다. 대략 헤이안 시대 중기에 출현하여 가마쿠라 막부 말기와 무로마치 시대 초기에 이르러 그 형식이 점차 완벽해졌다. 무로마치 시대 후기에 이르러서는 평민들까지 가담한 전쟁이 빈번했고, 화약 무기를 사용하기 시작함으로써 도마루胴丸, 하라마키腹卷, 구소쿠具足 등이 오요로이의 지위를 대신해 전쟁 무대에 등장하기 시작했다.

오요로이 출현 이전

오요로이(大鎧)*가 출현한 뒤 일본인은 습관적으로 투구(兜 : 일본어로는 '가부토'라고 함)라고 불렀다. 투구는 큰 특징이 있는데, 만드는 과정이 다음과 같았다. 우선 긴 모양의 대나무, 가죽, 철 등을 땋아서 둥글게 고정한 다음 마지막으로 칠을 했다. 오요로이가 출현하기 이전에는 헤이안 시대에 소카쿠쓰키가부토(衝角付冑)가 있었는데, 그것은 가장 일본화된 갑옷이었다. 오요로이, 도마루, 구소쿠, 돗파이(頭盔 : 꼭대기가 뾰족한 투구) 등은 모두 소카쿠쓰키가부토에서 유래한 것이다.

초기의 오요로이

오요로이가 탄생하기 전 소카쿠쓰키가부토를 바탕으로 한 이가보시노가부토(嚴星の冑)가 출현했는데, 위쪽에 양감이 된 이가보시가부토의 쇠못은 큰 것으

---

* 길고 좁고 얇은 직사각형 판자모양의 철편이나 단단하게 다진 가죽 조각인 고자네(小箚)를 가죽 끈으로 하나하나 이어서 만든 화려한 갑옷이다. 상반신과 허리, 허벅지까지의 방호구가 하나로 연결되어 있고, 가슴에는 쇠나 나무, 가죽으로 만든 판을 붙여 방어 효과를 높였으며, 허리 아랫부분은 폭을 넓게 해서 움직이는 데 지장이 없도록 했다. 고자네에는 녹을 방지하고 장식 효과를 높이기 위해 각각 옻칠을 했으며, 연결 가죽 끈에는 채색을 하여 화려하게 꾸며 위세를 나타냈다.

로 변했고, 이는 훗날의 호시가부토(星兜)의 모형이 되었다. 그리고 시코로(錏 : 투구의 목가리개)에서 뺨을 가리는 부분은 이후 변화되어 후키가에시(吹返 : 목가리개 앞쪽에서 옆으로 접힌 부분), 마비사시(眉庇 : 투구의 차양) 등으로 불리면서 크기가 커졌고, 이는 일본적 투구 형식의 기본이 되었다.

투구는 순수한 반원형이 아니라 머리 뒷부분이 철(凸) 자 모양으로 조금 솟구쳐 올랐고, 정수리 윗부분은 구멍이 뚫려 있었는데 이를 '덴헨노아나(天邊の孔)'라고 불렀다. 또한 고대 일본에서는 투구를 쓰기 전에 먼저 에보시(烏帽子 : 무사가 머리에 쓰던 수건)를 둘렀는데, 에보시의 상부는 튀어나와 위는 뾰족하고 아래는 둥근 형태였다. 투구 앞부분의 하치만자(八幡座)에서부터 전후 혹은 좌우로 늘어뜨린 스지가네(筋金 : 물건 안에 넣은 가늘고 긴 금속 심)는 시노다레(篠垂)로서 예전에는 검형(劍形)이었다가 근세에는 은행형이나 도마뱀 머리 형태로서 은이나 백납 등으로 장식했고, 마비사시 위에는 화려한 장식이 있었는데 언제든 떼어낼 수 있었다.

투구의 정수리는 구멍을 뚫었는데, 이는 에보시를 밖으로 나오게 하기 위해서였다. 때문에 일본식 투구는 장식품을 머리 위에 둘 수 없었고, 다른 나라 투구와 구분되는 차이점이었다. 이렇게 일본식 투구는 장식품을 다음과 같은 곳에 놓았다. 즉 비교적 흔한 마에다테(前立)는 투구의 앞부분에 장식품을 놓는 것이고, 와키다테(脅立)는 투구의 좌우에 놓는 것이며, 우시로다테(後立)는 투구의 뒷부분에 놓는 것이다. 하지만 점차 변화를 겪으면서 이러한 경향은 사라졌고, 투구의 꼭대기에 작은 장식을 한 초리쓰(頂立) 형태가 나타났다.

오요로이의 장식

오요로이에 가장 흔한 장식은 마에다테로, 그중 가장 유행한 것은 구와가타(鍬形 : 투구의 앞면 양쪽에 사슴벌레 뿔처럼 세운 장식물)였다. 구와가타는 여러 가지 유형으로 나타났는데, 비교적 이른 시기에는 좁고 긴 형태의 구와가타 위에 별 모양을 정교하게 조각한 호시즈키구와가타(星付き鍬形)였다. 이는 훗날 짐승머리 모양으로 변하면서 시카미구와가타(獅嚙鍬形)라고 불렀다.

투구의 후키가에시는 매우 컸고 금색 꽃잎 모양으로 장식했으며, '스에카나

오요로이의 기본 구성

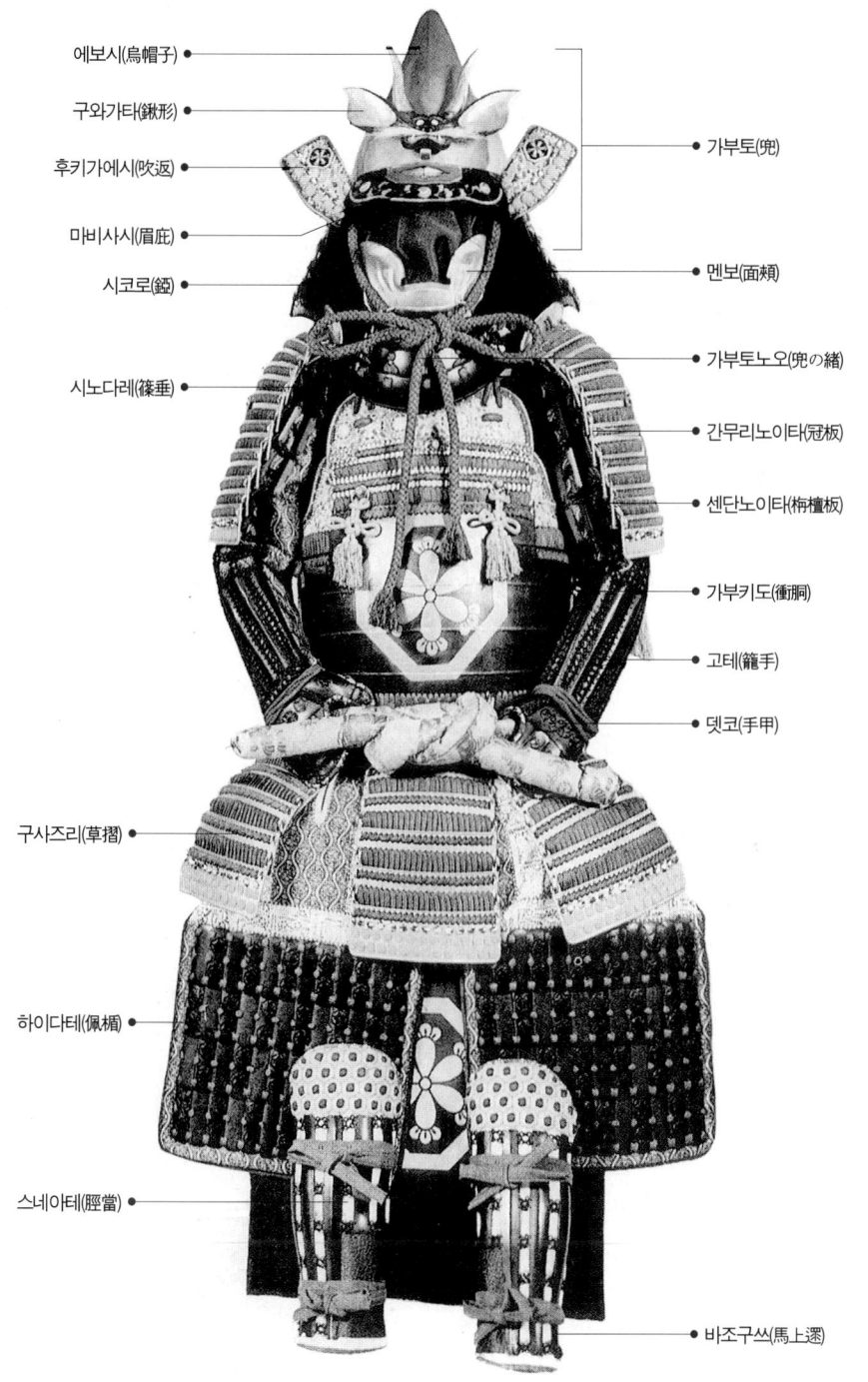

- 에보시(烏帽子)
- 구와가타(鍬形)
- 후키가에시(吹返)
- 마비사시(眉庇)
- 시코로(錏)
- 시노다레(篠垂)
- 가부토(兜)
- 멘보(面頰)
- 가부토노오(兜の緒)
- 간무리노이타(冠板)
- 센단노이타(栴檀板)
- 가부키도(衝胴)
- 고테(籠手)
- 뎃코(手甲)
- 구사즈리(草摺)
- 하이다테(佩楯)
- 스네아테(脛當)
- 바조구쓰(馬上沓)

9장 | 무사도: 『오륜서』의 무가 문화 | 385

모노(據え金物)'라고 불렀다. 또한 시코로는 여러 층이 있었지만 5층이 일반적인 것으로서 '고마이가부토(五枚兜)'라고 불렀다. 이때 가장 위쪽 시코로 부분을 '하치쓰케노이타(鉢付の板)'라고 했고, 아래쪽으로 갈수록 니노이타(二の板), 산노이타(三の板), 욘노이타(四の板) 등으로 불렀다. 그리고 가장 아랫부분은 '히시누이노이타(菱縫の板)'라고 했다.

무사들의 군웅할거 시기에는 갑옷과 투구가 일정하게 통일되지 않았었다. 서로 다른 무장들의 진영은 가사지루시(笠印 : 적과 아군을 구별하는 작은 깃발)로 구별했고, 오요로이의 기본적인 구조는 머리 뒤에 가사지루시를 달아야 했다. 만약 가사지루시가 없는 경우에는 새끼줄을 아게마키(總角 : 오요로이의 등 부분에 있는 배판을 박은 끈)에 이어 매달았다.

오요로이의 재료

오요로이는 주로 대나무, 가죽, 금속 등을 이용해 만들었다. 구성을 보면 몸통은 겹겹이 꿰맨 무나이타(胸板 : 가슴을 가리는 부분)가 중심이 되고, 등 뒤의 사카이타(逆板 : 오요로이의 등 쪽에 있는 배판) 등 몇 부분으로 나뉜다.

히키아와세오(引き合わせ緒 : 갑옷의 오른쪽 옆구리에서 앞과 뒤를 여미어 매는 끈)는 무나이타를 통과하여 가타아게(肩上 : 어깨에 걸치는 부분)에서 매듭을 짓고, 와이다테(脇楯 : 옆구리의 여미는 부분에 대는 것)로 신체의 한쪽을 고정시키는데, 이것은 흔히 왼쪽에 있다. 와이다테는 즈보이타(壺板 : 와이다테 윗부분에 있는 철판)와 구사즈리(草摺 : 허리 아래를 가리는 부분) 상하 두 부분으로 되어 있는데, 그중 구사즈리는 갑옷의 몸통과 연결되어 양쪽을 매면 하나로 이어진다.

오요로이의 표식

가슴 앞에 매달아 늘어뜨리는 센단노이타(栴檀板)와 규비노이타(鳩尾板)는 두 쪽의 갑편(甲片)으로서 오요로이의 가장 명확한 표식이다. 좌우가 비대칭으로, 오요로이 이후에 출현한 구소쿠 등과 형식이 다른 갑옷임을 보여 준다. 이 같은 형태는 고대의 다른 나라에서도 매우 드문 것으로서 일본만의 독특한 심미의식을

투구의 양식

투구는 완전하지 않은 반원형으로 머리 뒷부분이 약간 돌출되어 있으며, 꼭대기는 열려 있는데 '덴헨노아나'라고 불렀다. 투구의 앞은 아래쪽으로 꽃잎 모양이 견고하게 세 갈래로 드리워져 있는데, '시노다레'라고 하고, 마비사시 위에는 분리가 되는 화려한 색채의 마에다테가 장식되어 있었다. 훗날 덴헨노자는 없어지고 작은 돗파이頭盔를 맨 위에 장식했는데, 이를 '즈나리가부토頭形兜'라고 불렀다. 아래 그림은 센고쿠 시대의 다양한 투구들이다.

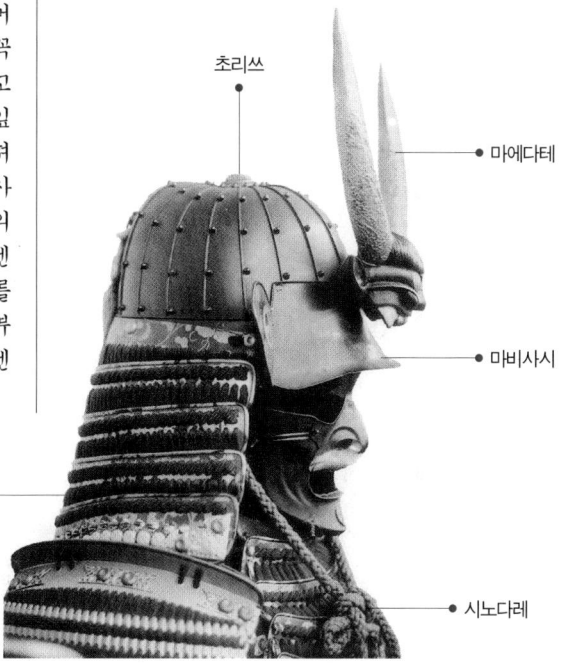

초리쓰
마에다테
마비사시
시코로
시노다레

돌회(突盔) | 계미(雞尾) | 당인죽(唐人笠) | 향웅(向熊) | 장오모자형(長烏帽子形) | 당관마린후립(唐冠馬蘭後立)
도형(桃形) | 당관(唐冠) | 치수식(置手拭) | 소성두(小星兜) | 야낭두(野郞頭) | 월중두성(越中頭成)
오모자형(烏帽子形) | 삼보황신(三寶荒神) | 각두건(角頭巾) | 일곡(一穀) | 근두(筋兜) | 추형(椎形)

나타내는 것이다.

센단노이타는 오른쪽 가슴을 보호해 주며 넓고 긴데, 대개 갑옷 비늘을 겹겹이 겹쳐 만든다. 반면에 규비노이타는 왼쪽 가슴을 보호해 주며 비교적 짧고 좁다. 이것은 일반적으로 한 겹의 면직물로 둘러싼 다음 주위의 테두리 외에는 색조가 소박하고 간결했다. 두 쪽의 갑판은 모두 맨 위쪽만 갑옷 몸통과 잇고, 활동할 때 두 쪽은 좌우로 움직이게 되어 있다.

오늘날 실험을 통해 밝혀진 바로는, 만약 무사가 왼팔을 길게 뻗고 몸을 기울여 화살을 쏘는 경우 규비노이타는 명치에 자리해 가슴을 보호해 준다고 한다. 또한 무사가 말을 타고 오른손으로 다치를 휘두르는 경우에는 센단노이타가 오른쪽 가슴과 오른쪽 옆구리를 보호해 준다. 때문에 이 두 쪽의 갑판은 장식과 미적인 효과뿐만 아니라 매우 실용적이었다고 볼 수 있다.

이 외에 어깨 부위를 앞뒤 갑옷 몸통과 연결시켜 주는 소지노이타(障子の板)와 겐코(肩甲 : '메데소데馬手袖'라고도 함) 꼭대기의 소데쓰케노구미(袖付の茱萸)를 히키아와세오로 연결시킨다. 그리고 구사즈리는 세 부분으로 나뉘어 각각 앞쪽의 마에노구사즈리(前の草摺り), 좌우의 이누케노구사즈리(射向の草摺り), 뒤쪽의 히시키노구사즈리(引敷の草摺)가 된다.

오요로이가 사라지는 최후 단계는 일반적으로 매우 화려한 마에다테가 없어진 것이라고 볼 수 있다. 그다음 노도와(喉輪 : 목 보호)와 스네아테(脛當 : 종아리 보호)가 없어졌는데, 이 두 가지는 구소쿠의 부속물이었기 때문이다.

오요로이 외에 다른 보호 장비로는 고테(손목 보호), 뎃코(手甲 : 손등 보호), 스네아테 등이 있었고, 오요로이를 입은 무사는 일반적으로 바조구쓰(馬上運 : 마와 풀로 엮어 짠 신발로 구두코를 털가죽으로 덮음)를 신었다.

오요로이가 실전에서 더 이상 쓸모없어지기까지는 수백 년의 시간이 걸렸고, 이 기간에 오요로이의 형태는 계속해서 변화를 거듭했다.

완벽한 미를 추구한 오요로이

헤이안 시대 후기에 이르러 마에다테의 양식은 날이 갈수록 증가했다. 투구 정수리에 덴펜노아나가 생긴 것은 오요로이의 구조가 이제 철저하게 고정되었음을 입증해 주었다고 할 수 있다. 또한 겐페이(源平) 전쟁 시기에 이르러서는 오요로이의 구조가 더욱더 미적 감각을 중시했다.

가마쿠라 시대에 이르자 오요로이의 제작은 좀 더 치밀해지고 세련되었다. 오도시(縅 : 갑옷의 미늘을 얽어매는 가죽 끈)가 훨씬 촘촘하고 세밀해졌는데, 그 색깔과 도안 및 편직(編織) 방법이 적사위(赤絲縅), 처사위(褄絲縅), 표사위(縹絲縅), 소앵위(小櫻縅), 택사위(澤瀉縅), 요취위(腰取縅), 견조위(樫鳥縅) 등으로 매우 다양했다. 남북조 시대에 이르자 오요로이의 구조는 한층 더 다양화되어 새로운 양식이 많이 등장했다. 예를 들면, 삿갓처럼 열리는 가사지코로(笠錏)나 오오쿠와가타(大鍬形) 형태의 마에다테 등이 있었다. 이 밖에 산지(山地)에서의 작전을 용이하게 하기 위해 수많은 상급 무사들이 가볍고 편한 와라지(草鞋)를 신기 시작했으며, 무릎 보호를 위한 하이다테(佩楯 : 금속판, 철, 가죽, 쇠사슬 등을 엮어 허리에서 무릎 위까지 보호함)와 꼭대기가 커서 정강이를 가리고 보호하기 위한 스네아테가 출현했다.

오요로이의 최고 전성기

무로마치 시대에 이르자 무사 가문이 중앙의 통제를 벗어나 각각의 세력을 구축했고, 전쟁이 보다 빈번해지면서 오요로이의 사용도 더욱더 성행했다. 무사 집단은 자신의 진영을 적과 구별하기 위해 소데지루시(袖印)와 가사지루시(笠印)를 사용했는데, 소데지루시는 갑옷 소매 위에 다는 규격화된 장식물이고, 가사지루시는 마에다테 부위에 세우는 한 폭의 작은 깃발로서 그 끝이 머리 뒤까지 늘어졌다. 이 깃발의 색깔과 화문으로 진영을 구분한 것이다.

이후 호로(母衣)가 등장했는데, 갑옷의 등에 붙여서 화살을 막거나 장식용으로 사용한 폭이 넓고 둥근 천이다. 즉 등 뒤에 붙인 다음 펼치는 것으로서 장식용이자 전투 시에는 기마무사가 달릴 때 날아오는 화살을 막아 주는 역할도 했다. 호로는 대개 길이가 5척 8촌이었고, 넓이는 5폭, 색깔은 다양했는데 쇼군의 호로는 대부분 자색이었다.

『호소카와 유사이 각서(細川幽齋覺書)』라는 책을 보면 호로의 특별한 사용 방식이 언급되어 있다. 예를 들어, 호로를 붙인 무사를 죽인 경우에는 수급을 그의 호로로 싸서 가져온 것이다. 훗날 오다 노부나가는 자신의 근위대에게 붉은 호로와 검은 호로를 입혔고, 도요토미 히데요시는 자신의 시위(侍衛) 부대에게 금색과 황색 호로를 입혔다.

실전에서 사라진 오요로이

전쟁이 날이 갈수록 빈번해지고 치열해지자 지나치게 넓고 큰 오요로이는 몸을 움직이는 데 불편했을 뿐만 아니라, 대나무와 가죽으로 그것을 만드는 데 너무 많은 시간이 들어 전장에서 점차 사라지고 의장용 장식품으로 변화해 갔다. 마침내 가마쿠라 막부 후기에 이르러서는 도마루, 도세구소쿠(當世具足) 등 신식 갑옷이 널리 유행했고, 에도 시대에 오요로이는 단지 무사 집안의 장식품이나 신사(神社)의 의장용으로만 사용했다.

오요로이의 착용법

전설에 따르면 오요로이를 왼쪽 옆구리 부분에 묶는 것은 신공황후가 임신했을 때 입은 습관에서 비롯되었다고 한다. 오요로이는 착용하는 방식도 매우 복잡해서 대개는 혼자 입을 수 없었고, 옆에서 도와주는 사람이 필요했다. 오요로이의 착용법을 순서대로 정리하면 다음과 같다.

첫 번째, 입고 있던 의복을 완전히 벗은 다음 훈도시(褌 : 남자의 음부를 가리는 폭이 좁고 긴 천)를 착용한다.

두 번째, 고소데(小袖 : 소맷부리가 좁고 짧은 형태의 윗도리)와 바지를 입고, 이마를 보호하는 하치마키(鉢卷 : 수건을 비틀어서 이마에 동여맨 머리띠)를 두른 다음 에보시를 쓰고, 가죽 버선인 가와타비(革足袋)를 신는다.

세 번째, 소맷부리가 길고 큰 히타타레(直垂)를 입고 하바키를 찬다.

네 번째, 고테를 찬 다음 스네아테를 댄다.

다섯 번째, 오요로이를 입고 구쓰(沓)를 신은 다음 에보시의 끝을 덴헨노아나 밖으로 꺼낸다.

여섯 번째, 호로와 검, 그리고 활 등을 꾸린다.

오요로이의 변천 과정

헤이안 시대

오요로이는 헤이안 시대에 출현해 유행했다. 그림에서와 같이 당시 오요로이의 양식은 투구의 정수리에 구멍이 뚫려 에보시를 투구 밖으로 노출시킬 수 있도록 만들었다. 갑옷의 가슴에 달아 늘어뜨리는 규비노이타와 센단노이타는 오요로이의 표식으로서 좌우 비대칭이었다.

- 마에다테의 양식은 헤이안 시대 후기로 갈수록 다양해졌고, 미적인 부분에 치중했다.

- 투구의 정수리 부분은 구멍을 뚫어 에보시가 밖으로 나오도록 했다.

- 규비노이타는 왼쪽 가슴을 보호해 주며 비교적 짧고 좁다. 일반적으로 한 겹의 면직물로 둘러싼 다음 테두리 외의 색조는 소박하고 간결했다.

- 센단노이타는 오른쪽 가슴을 보호해 주며 넓고 길다. 흔히 갑옷 비늘을 겹겹이 겹쳐 만들었다.

센고쿠 시대

날이 갈수록 전쟁이 빈번해지고 격렬해지자 너무 큰 오요로이는 제구실을 못했다. 게다가 대나무 혹은 가죽으로 오요로이를 만들었기 때문에 제작 시간이 지나치게 길었다. 그런 이유로 오요로이는 점차 전장에서 사라져갔다.

오요로이는 의장용 장식품이 되었다.

도마루, 도세구소쿠 등이 신식 갑옷으로 널리 유행했다.

에도 시대

에도 시대에 이르러서는 오요로이가 가문 혹은 신사에서 의장용으로만 쓰였다.

오요로이는 가문을 빛내는 상징일 뿐이었다.

센고쿠 시대 주요 무장의 하타지루시

무로마치 시대 중기에 이르러 무사 가문들이 연이어 중앙의 통제를 벗어나 각자 세력을 구축함으로써 서로 교전을 벌이는 경우가 많아졌다. 그들은 서로 자신만의 진영을 구분하기 위해 전장(戰場)에서 하타지루시(旗印)*로 본군의 소재를 표시했다. 다음은 센고쿠 시대 주요 무장의 하타지루시다.

* 전쟁의 목적이나 자기 가문을 표시했던 가문 고유의 무늬나 글자를 말한다.

- 다카야마 나가후사(高山長房)
- 삿사 나리마사(佐佐成政)
- 호리오 다다우지(堀尾忠氏)

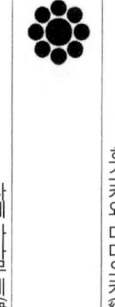

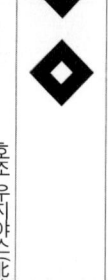

- 다테 마사무네(伊達政宗)
- 호소카와 다다오키(細川忠興)
- 호조 우지야스(北條氏康)
- 아리마 도요우지(有馬豊氏)
- 이이 나오마사(井伊直政)
- 이코마 마사토시(生駒正俊)
- 사타케 요시노부(佐竹義宣)

- 오다 노부나가(織田信長)
- 이케다 마사토시(池田正利)
- 야마우치 가쓰토요(山內一豊)
- 이시다 미쓰나리(石田三成)
- 혼다 다다카쓰(本多忠勝)
- 우에스기 겐신(上杉謙信)
- 사나다 노부쓰나(眞田信綱)

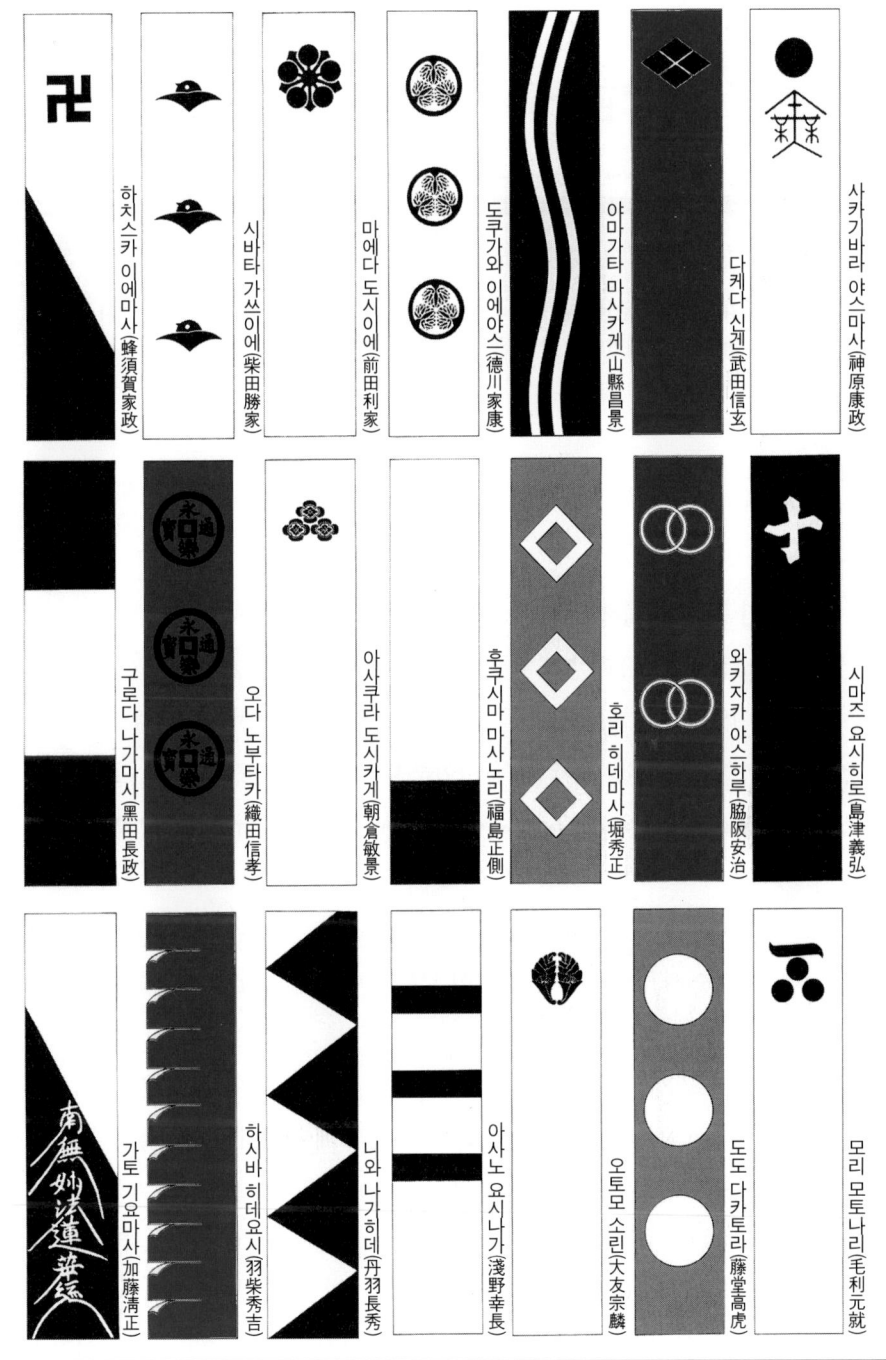

09 | 갑옷의 변천 ③
하급 무사들의 갑옷 도마루

≫≫ 괘갑, 즉 가케요로이에서 유래한 도마루는 헤이안 시대 중기에 등장한 것으로, 처음에는 하급 무사들이 착용한 갑옷 양식이었다. 남북조 시대에는 중무장 형태로 변했고, 점차 상급 무사들 사이에서 유행하기 시작했다. 무로마치 시대 후기에 이르러서는 실용성보다는 상하급 무사들 사이의 갑옷 패션으로 유행하여 좀 더 보편화되는 추세였다. 그러다가 에도 시대에는 실전 무대에서 완전히 퇴출되었다.

헤이안 중기에 출현

가케요로이에서 유래한 도마루(胴丸)는 헤이안 시대 중기에 출현한 하급 무사의 갑옷이었다. 여기서 하반신을 방어하는 구사즈리는 여덟 장(오요로이의 구사즈리는 네 장)으로 나누어져 다리가 움직이는 데 불편함이 없도록 했다. 초기의 도마루는 오오소데(大袖)와 가슴 앞 두 판의 무나이타가 없는 규비노이타의 변형이었다. 그것은 주로 무네이타와 갑옷을 매는 오시쓰케노이타(押付의 板 : 도마루 등 위에 있는 쇠장식판), 다카히모(高紐 : 갑옷의 앞판과 뒤판을 매는 끈), 허리 아래의 구사즈리와 히시누이노이타 등으로 구성되어 이 모든 것이 왼쪽 옆구리에서 합쳐지는 형태였는데, 오요로이보다 매우 간단했다.

이전에는 도마루와 하라마키가 뒤섞였는데, 사실 이들의 가장 큰 차이는 도마루는 왼쪽에서 묶는 반면 하라마키는 등 뒤에서 매어 단다는 것이었다. 도마루의 갑편 수량은 정해져 있었고, 일반적으로 마에다테아게(前立擧)는 2단, 우시로다테아게(後立擧)는 3단, 나가카와(長側 : 갑옷의 몸통으로 앞뒤를 맞대어 이음)는 4단, 구사즈리는 8칸 4단이었다.

헤이안 시대의 그림을 보면 도마루를 입은 무사를 볼 수 있다. 그는 머리에

마이다테가 없는 호시가부토(별 모양 투구)를 쓰고 도마루를 입고 팔목 위에는 까칠한 가타코테(片籠手 : 팔목 방어용 도구)를 찼으며, 바지를 입지 않고 수건만 정강이에 두른 채 맨발을 하고 있다. 이러한 모습을 하고 있는 이들은 모두 기마무사 낭도로 훗날의 아시가루 계급이다. 도마루가 막 등장한 무렵에는 맨발의 하급 무사들이 입는 대나무나 가죽으로 만든 조잡한 경무장에 불과했다. 그러나 가마쿠라 시대에 이르러 상급 무사 일부가 경무장을 추구하면서 도마루를 입기 시작했고, 당연히 그들의 장비는 일반 사병들과는 달랐다. 구와가타 마이다테 호시가부토와 오오소데가 있는 정교하고 치밀한 도마루를 입고, 가죽 고테와 스네아테와 가와구쓰(皮沓 : 가죽 신발)를 착용하는 것은 기마 무사가 필수적으로 갖추어야 할 모습이었다.

남북조 시대에 유행

남북조 시대에 이르러 도마루는 중무장화되면서 점차 상급 무사들 사이에서 유행하기 시작했다. 전투 형태가 말을 타고 활을 쏘는 것 위주에서 복잡한 지형에서 대규모로 치르는 근접전으로 변화하면서 당연히 도마루도 기병과 보병 모두가 착용하는 중요한 갑옷으로 바뀌었다.

이때는 하이다테가 출현했고, 다치와 삭도(削刀)가 보편적으로 쓰였으며, 가슴 앞에 매는 매우 예술적인 교요(杏葉 : 갑옷 등의 양 어깨에 대는 것으로, 물들인 가죽으로 싼 철판)까지 등장했다. 현재 가스가타이샤(春日大社 : 나라 현 나라 시 나라공원에 있는 신사)에 소장된 구스노키 마사시게(楠木正成)가 사용한 구로카와오도시도마루(黑韋縅胴丸)는 일본의 국보로 지정되어 있다.

무로마치 시대 전기에는 도마루의 출현과 더불어 그에 어울리는 스지가부토(筋兜)가 유행하고, 구식인 호시가부토는 점차 사라져갔다. 게다가 투구의 기본 모양은 큰 산 모양에서 아코다나리(阿古陀形 : 둥근 형태로 꼭대기가 약간 패임) 형태로 변하고, 카사바이(笠錣 : 사슬고리 삿갓)를 많이 사용하기 시작했다. 도마루는 허리가 좁고 짧게 조이는 식으로 발전하여 허벅지가 노출됨으로써 하이다테를 보호 장비로 삼았다. 무로마치 중기는 하라마키와 도마루의 전성기였다고 할 수

도마루의 종류

도마루의 가장 큰 특징은 간편함과 실용성이다. 다음은 흔히 볼 수 있는 도마루의 종류다.

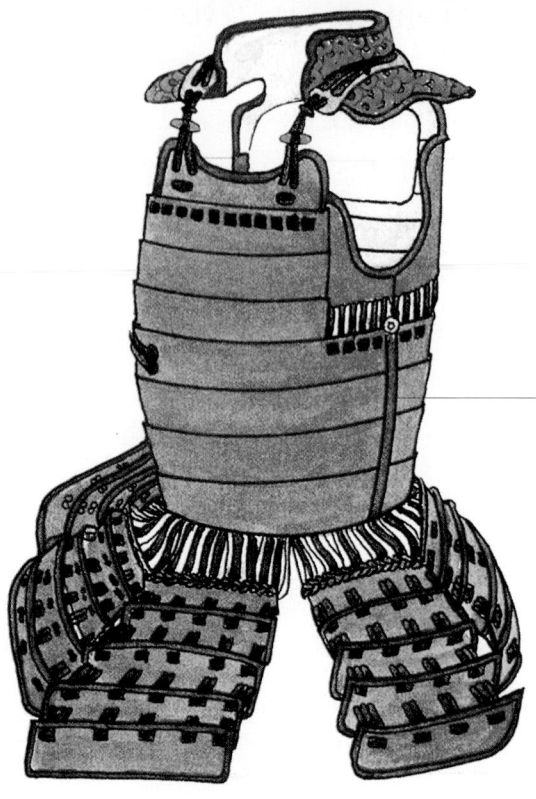

- 옆구리에 가이코(開口 : 갑옷을 여는 부분)가 있는 것은 일본의 전통적인 양식에 따른 것이다. 오요로이, 도마루 등은 모두 왼쪽 옆구리에서 갑옷을 연다.

오케가와도(桶側胴)

난반도(南蠻胴)

모가미도(最上胴)

마루도(丸胴)

우치데도(打出胴)

가메코텟사(龜甲鐵鎖)

니마이도(二枚胴)

가이도(繪胴)

있다.

무로마치 후기에는 도마루의 사용이 좀 더 보편화되었다. 원래 도마루는 기본적으로 아주 검소한 검은 실로 꿰매고 엮었는데, 이 시기에는 어깨, 가슴, 허리 등 세 부분을 각기 다른 색깔을 사용함으로써 매우 화려하고 호방하게 만들었다.

센고쿠 시대에는 전쟁이 빈번해져 여러 가지 갑옷과 투구가 대량으로 만들어졌다. 하지만 갑옷과 투구의 손상이 잦아 밤낮으로 대량 생산을 해도 수요에 따르지 못하는 상황이었다. 이에 따라 제작 방식이 더욱 간략해지는 동시에 합리화되었다. 불필요한 부속물과 제작 단계를 과감하게 줄여 간편하게 입을 수 있는 이요자네니마이도(伊予箭二枚胴)가 출현한 것이다. 또한 게비키오도시(毛引縅), 스가케오도시(素懸縅), 이타모보스가케오도시(板物素懸縅)와 같은 새로운 오도시식(縅式) 갑옷이 나오기도 했다.

에도 시대에는 장식품화

에도 시대 전기의 갑옷과 투구는 도세구소쿠가 주류를 이루었고, 도마루는 점차 실전 무대에서 사라졌다. 당시 센단노이타와 규비노이타가 추가된 것은 도마루도 오요로이처럼 장식품으로 변했다는 것을 말해 주는데, 에도 시대 후기에 철 사용이 급증하면서 구식 갑옷과 투구는 이미 완전히 무용지물이 되었다. 무사의 체면을 세우기 위해 화려한 도마루가 제작되고, 센단노이타와 규비노이타뿐만 아니라 노도와(喉輪 : 목 주변에 대는 갑옷의 부속품)까지 도세구소쿠의 특징으로 자리잡았다. 이렇게 다양한 갑옷 양식이 서로 혼합되면서 구별은 어려워졌다.

도마루의 착용법

1. 고테를 가운뎃손가락과 엄지에 끼고 고정시킨다.
2. 가슴팍에서 옷의 앞과 뒤를 묶어 동여맨다.
3. 노도와, 호오아테(頬當 : 갑옷을 입었을 때 턱에서 볼에 걸쳐 가리는 무구), 와이다테

등 갑옷의 부속물을 착용한다.
4. 도마루를 착용한다.
5. 도마루를 단단히 고정시킨다.
6. 투구와 신발을 신고 무기를 패용한다.

갑옷과 투구의 변화

일본의 갑옷과 투구는 네 시대를 지나오면서 발전했다.

1시기	헤이안, 가마쿠라 시대부터 남북조 시대	주로 오요로이였음
2시기	남북조 시대부터 무로마치 시대	주로 도마루, 하라아테(腹當)였음
3시기	무로마치 시대부터 센고쿠 시대	주로 하라마키였음
4시기	센고쿠, 아즈치모모야마 시대부터 에도 시대	주로 구소쿠였음

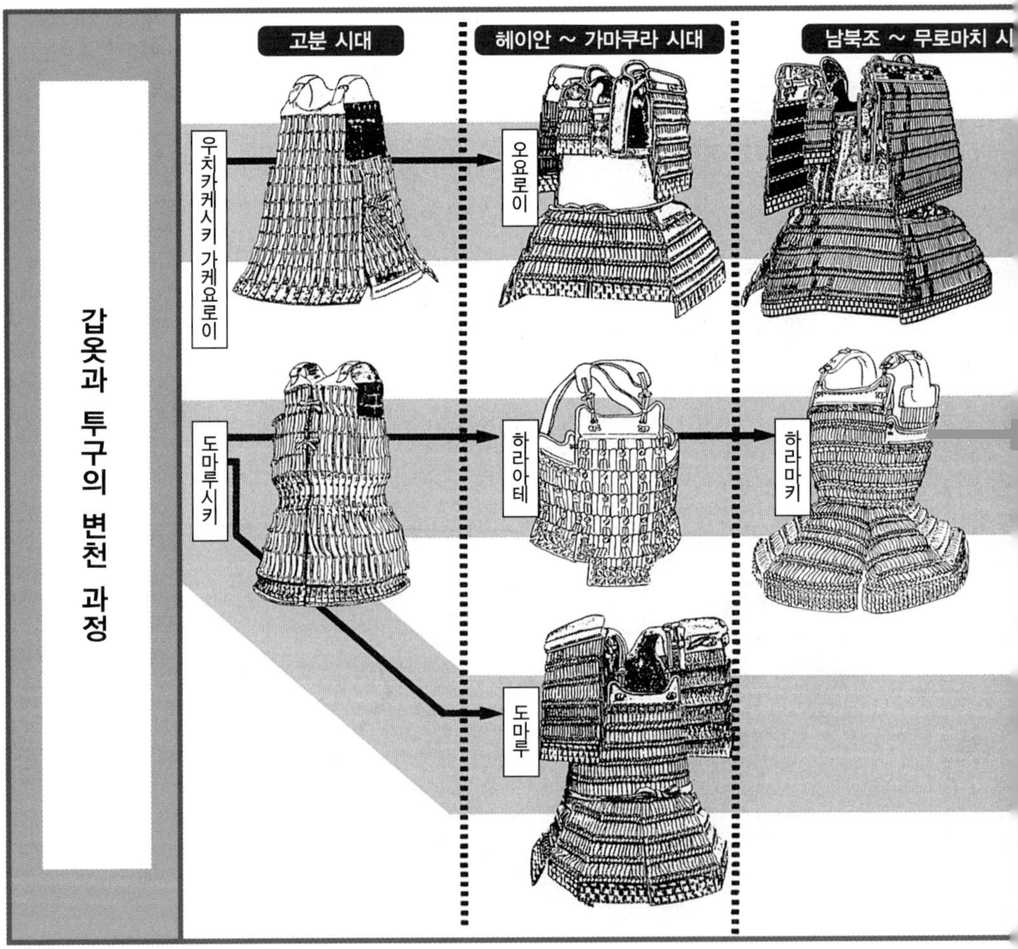

갑옷과 투구의 변천 과정

고분 시대
- 우치카케시키 가케요이
- 도마루시키

헤이안 ~ 가마쿠라 시대
- 오요로이
- 하라아테
- 도마루

남북조 ~ 무로마치 시대
- 하라마키

보충 해설

구소쿠 : 구소쿠는 완전무장한 갑옷과 투구를 일컫는다. 센고쿠 시대에 도사번(土佐藩 : 고치현高知縣)의 다이묘 초세카베의 병역 제도는 병농 일치제였다. 평상시 농민들은 생산 활동에 전념할 때도 모두가 구소쿠 한 벌을 준비하고 있다가 전쟁이 터지면 그것을 입고 출전했다. 즉 구소쿠는 반농반병(半農半兵)의 하급 무사가 사용했다고 할 수 있다.

헤이안 시대	가마쿠라 시대	남북조 시대	무로마치 시대	센고쿠 시대	아즈치모모야마 시대	에도 시대
794	1192	1333	1338	1467	1573	1603

← 오요로이 →
← 도마루 →
← 하라아테 →
← 하라마키 →
← 도세구소쿠 →

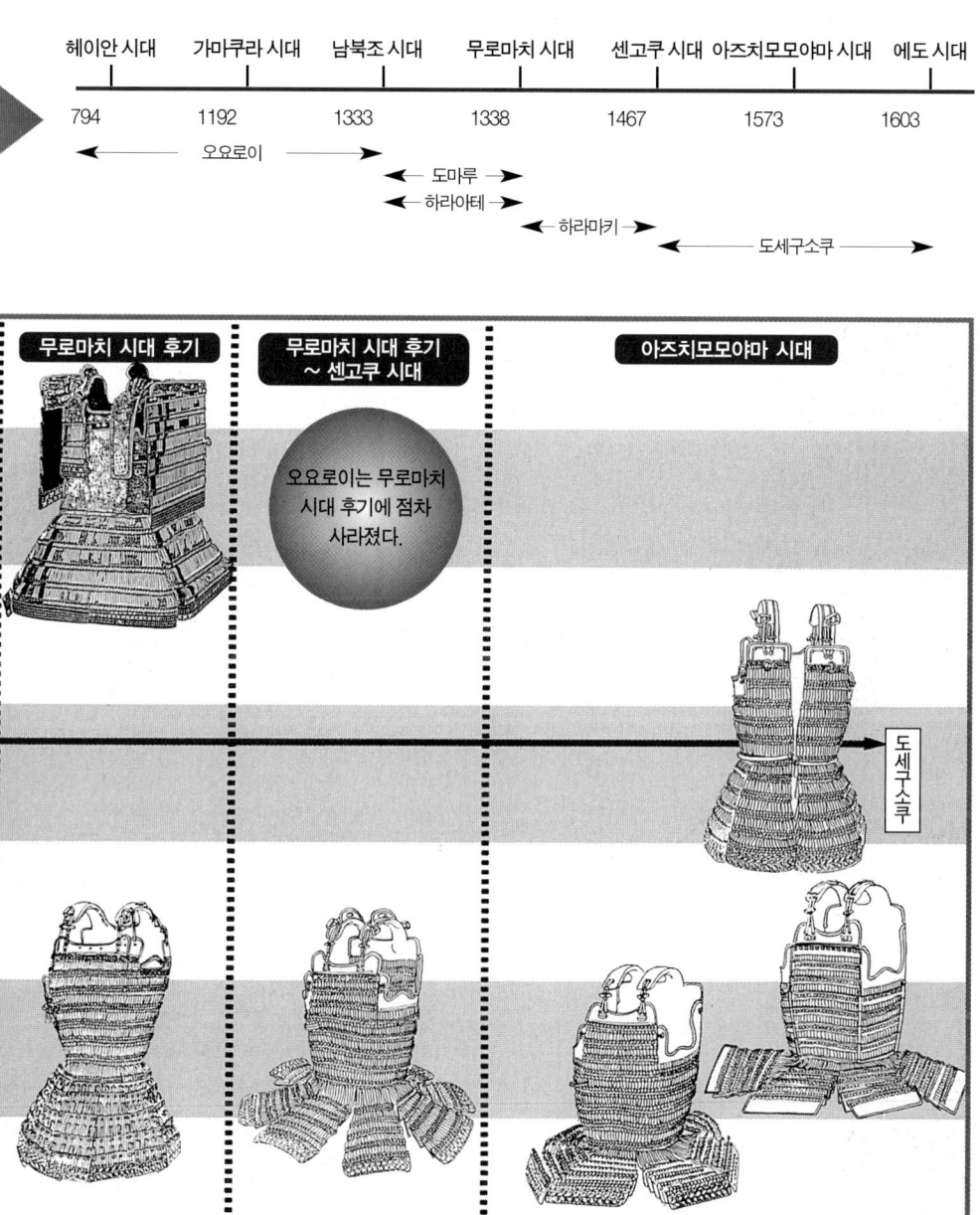

오요로이는 무로마치 시대 후기에 점차 사라졌다.

9장 | 무사도 : 『오륜서』의 무가 문화 | 403

10 갑옷의 변천 ④
하라아테

>>> 가장 단순한 형식의 갑옷인 하라아테가 등장한 것은 가마쿠라 시대 후기로, 이미 소개한 도마루와 하라마키 등 몇 가지 갑옷 형태가 혼합된 것이다. 그러나 시간이 흐를수록 각각의 갑옷은 서로 형태를 모방하고 표본으로 삼으면서 점점 더 구분이 모호해졌는데, 여기서는 도마루, 하라아테, 하라마키를 구분하는 방법에 대해 이야기한다.

하라아테의 역사

하라아테는 '하라마키'라고도 부르지만, 전하는 바에 따르면 하라마키는 하라아테의 변형 모델이라고 한다. 하라아테는 가마쿠라 후기에 등장했는데, 당시에는 아시가루가 입어서 재료가 매우 검소하여 그 덕분에 널리 유행했다. 그러다가 무로마치 시대 중기에 이르러 하라아테는 하라마키로 변화를 겪었다. 이러한 하라마키는 소매가 없고 뒤쪽에 보호대가 없었기 때문에 노역에 종사하는 아시가루가 가장 많이 입었다. 상급 무사는 경무장이 필요할 때만 임시로 입었는데, 예를 들어 호신용이나 혼전이 거듭될 때 가끔 입었다.

무로마치 시대 후기에 이르러서는 대량의 하라아테가 출현했다. 큰 가죽을 엮고 꿰매어 만든 갑옷으로서, 갑옷 공예 역사상 가장 간단한 양식이었다. 에도 시대 후기에는 당시 수많은 구소쿠가 여러 측면에서 하라아테의 영향을 받았다. 구소쿠는 크기만 했지 실용성은 없는 센고쿠 이전의 갑옷과는 달리 실용성을 매우 중시했던 갑옷으로, 나중에 서양의 갑옷이 전래된 이후로는 뒤쪽에서 여는 하라아테 양식이 점차 증가했다.

하라마키, 하라아테 그리고 기타 갑옷의 구분

일본의 갑옷 변천사를 살펴보면 후기로 갈수록 도마루, 하라마키, 하라아테

하라아테와 구소쿠

하라아테는 가마쿠라 시대 후기에 등장한 아시가루의 무장武裝으로, 그 재료가 매우 검소해 널리 유행한 갑옷 양식이다. 하라아테는 한 벌의 흉복갑으로 좌우 양쪽의 나가카와와 그 아래에 달린 구사즈리로 구성되어 있었다. 다음은 하라아테의 모습을 나타낸 그림이다.

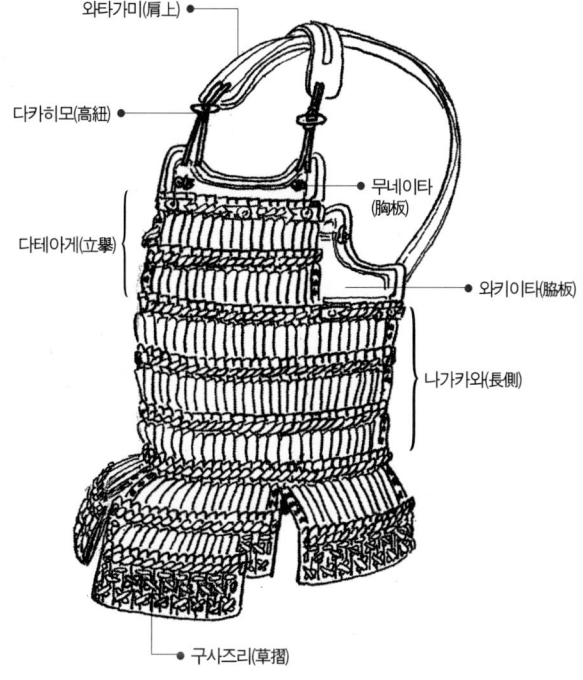

도세구소쿠 양식의 갑옷이다. 도세구소쿠는 하라아테의 영향을 크게 받아 실용성을 매우 중시했고, 오요로이처럼 정교함과 화려함은 없었다.

9장 | 무사도 : 「오륜서」의 무가 문화 | 405

류의 갑옷은 점점 서로 뒤섞이면서 엇비슷해졌다. 하지만 유달리 세밀하고 정교한 것을 추구하는 일본인은 모든 갑옷을 서로 다른 기준으로 상세하게 구분했다. 이 중 가이코의 위치로 하라마키, 하라아테와 다른 갑옷을 구분했는데, 원래는 옆구리 부분에 가이코가 있는 것이 전통적이었다. 이처럼 오요로이, 도마루 등은 모두 옆구리에 가이코가 있었는데 다른 나라의 갑옷은 대개 등 뒤에 가이코가 있었고, 하라마키와 하라아테의 가이코 역시 등 뒤에 있었다.

하라아테는 한 벌의 흉복갑(胸腹甲)으로, 좌우 양쪽의 나가카와와 그 아래 달린 구사즈리로 구성되어 있다. 나가카와 양쪽 위에는 다카히모로 매달려 있는데, 하라아테를 입을 때 등 뒤에서 다카히모를 교차하고 어깨 위를 덮어씌운 다음 무나이타에서 단단히 매어 하라아테를 고정시켰다. 하라아테의 세 단(段)인 구사즈리는 매우 짧았고, 심지어 구사즈리가 없는 하라아테도 있었는데 이것은 하라아테와 하라마키의 가장 큰 차이점이었다.

10장 전란의 시작

『오륜서』를 낳은 센고쿠 시대

게이초 5년, 미야모토 무사시는 열일곱 살이었다. 전하는 바에 따르면 무사시는 서군西軍의 하급 무사 신분으로 일본 역사상 가장 유명한 세키가하라 전투에 참전했다고 한다. 도쿠가와 이에야스는 세키가하라 전투에서 승리해 '오다 노부나가가 쌀을 찧어 도요토미가 반죽한 천하'라는 떡을 아무런 힘도 들이지 않고 손쉽게 먹을 수 있었다. 도쿠가와 시대는 곧 에도 막부 시대로, 당시 일본은 장장 300년에 걸친 태평성세의 시기였는데, 여기에서는 『오륜서』를 낳은 센고쿠 시대에 대하여 구체적으로 소개한다.

10장 그림 목록

센고쿠 시대 명칭의 유래·411 | 천수각 복원도·423 | 일본의 5기 7도·427 | 공격형 진법과 수비형 진법 ①·432 | 공격형 진법과 수비형 진법 ②·434 | 공격형 진법과 수비형 진법 ③·436 | 아시가루의 장비·440

01 세키가하라 전투
최후의 승자 도쿠가와 이에야스

>>>> 일본 역사에서 가장 유명한 세키가하라 전투는 도쿠가와 이에야스에게 최종적인 승리를 안겨준 전투다. 이로써 도쿠가와 이에야스는 전쟁과 분열로 치닫던 센고쿠 시대를 통일하고 근세 일본 막부 통치의 기초를 닦았다. 세키가하라 전투 이후 일본은 장장 300년에 걸친 태평성대를 누렸기 때문에 일본에서 '세키가하라 전투'는 '천하를 가른 건곤일척乾坤一擲*의 싸움'이라는 뜻으로 통한다.

전란의 시대를 낳은 오닌의 난

3대 쇼군인 아시카가 요시미쓰(足利義滿)의 죽음과 함께 절정에 이르렀던 무로마치 막부는 서서히 뿌리부터 요동치기 시작했다. 우선 일본의 농촌 사회가 크게 변화한 것이 그 까닭 중 하나였다. 전란이 끊이지 않아 사회가 불안했던 가마쿠라 막부 말기부터 조정이 남북조로 갈라져 싸우던 상황에서 출범한 무로마치 막부의 특성상 계속되는 전쟁 속에서 농민들은 불안에 떨며 살아야 했다. 때문에 자신들의 토지와 생명을 스스로 지키기 위해 단결하고 소손(惣村)이라는 자치 촌락을 결성하여 조직적인 공동생활을 할 수밖에 없었다. 농민들은 이렇게 일치단결하여 부당한 세금을 내야 하거나 관리들이 행패를 부릴 때 강력하게 항의하며 실력 행사를 했다. 그러다가 1428년 마침내 권력층에게 정면으로 도전하는, 일본 역사 최초의 농민 봉기가 터져 도쿠세이(德政)를 베풀라는 요구를 하기에 이르렀다. 도쿠세이란 바로 농민이 진 빚과 세금을 탕감해 달라는 것이었다. 1441년에는 수만 명이 일제히 수도 교토로 몰려가 도쿠세이를 주장하는 시위를 벌였다.

이처럼 어떤 목적을 앞세워 일치단결하여 단체 행동을 하는 것을 '잇키(一揆)'라고 하는데, 그중 농민들이 일으킨 잇키를 '도잇키(土一揆)'라고 한다. 농민들

---

* 주사위를 던져 승패를 건다는 뜻으로, 운명을 걸고 단판걸이로 승부를 겨룬다는 말이다.

센고쿠 시대 명칭의 유래

센고쿠 시대는 일반적으로 1467년 무로마치 시대에 일어난 '오닌의 난' 이후부터 에도 시대 초기까지 100년간의 정국 분란과 군웅할거를 뜻하는 역사적 명칭이다. 하지만 센고쿠 시대가 끝나는 시점에 대해서는 의견이 분분하다.

① 1568년, 오다 노부나가가 교토 진입에 성공하다.

② 1573년, 오다 노부나가가 니죠고쇼(二條御所)를 공략해 무로마치 막부를 멸망시키다.

③ 1590년, 도요토미 히데요시가 간토 지방의 호조 정권을 멸하고 일본을 통일하다.

④ 1603년, 도쿠가와 이에야스가 에도 막부를 세우다.

⑤ 1615년, 도쿠가와 이에야스가 '오사카 여름 전투'에서 도요토미 히데요리를 격파해 도요토미 가문을 무너뜨리다.

> 이것이 일반적인 학설이다.

센고쿠 시대 전쟁의 특징

- 막부와 슈고 다이묘의 위신이 땅에 떨어져 각지의 토호가 평민들과 연합해 다이묘에 오르고, 천하를 놓고 여타의 다이묘들과 혼전을 벌이자 천하대란이 일어났다.

- 일본과 유럽 간의 무역 교류가 정식으로 이루어졌다. 특히 기독교와 화승총이 일본에 유입되어 일본 사회와 전쟁 형태를 변화시켰다. 센고쿠 시대 후기로 갈수록 봉건제도는 점점 더 붕괴되어 갔다.

- 센고쿠 시대에 전체 판세에 지대한 영향을 미친 6명의 걸출한 무장이 배출되었다. 그들을 전삼웅(前三雄)과 후삼웅(後三雄)으로 구분하는데, 전자는 이마가와 요시모토*, 우에스기 겐신, 다케다 신겐이고, 후자는 오다 노부나가, 도요토미 히데요시, 도쿠가와 이에야스다.

- 오다 노부나가는 기존의 병농제를 없애고 현금으로 고용한 용병을 통해 천하 쟁패를 이루기 위한 대규모 군사 작전을 감행했다.

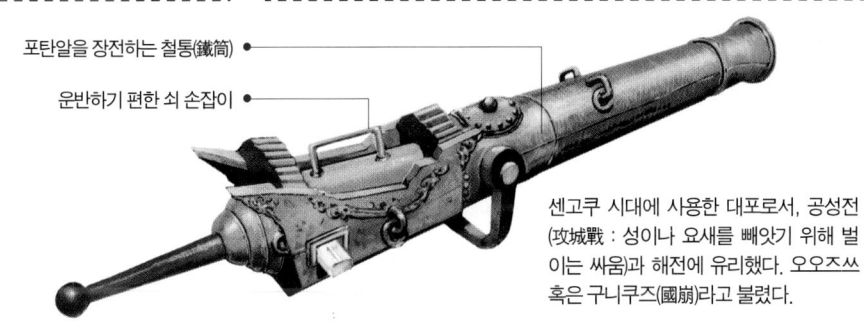

- 포탄알을 장전하는 철통(鐵筒)
- 운반하기 편한 쇠 손잡이

센고쿠 시대에 사용한 대포로서, 공성전(攻城戰 : 성이나 요새를 빼앗기 위해 벌이는 싸움)과 해전에 유리했다. 오오즈쓰 혹은 구니쿠즈(國崩)라고 불렸다.

---

* 스루가국(駿河國)의 다이묘로서 도카이도(東海道) 제일의 궁사로 불렸고, 다케다 신겐의 매부다. 1560년 2만 5천 명의 군사를 이끌고 오다 노부나가의 오와리를 습격했으나 3천 명에 불과한 오다 노부나가 군에게 패한 후 참수당했다. 이것이 오케하자마(桶狹間) 전투다.

의 집단 봉기에 크게 당황한 막부는 도쿠세이레이(德政令)를 반포해 농민들의 빚과 세금을 탕감해 주었지만, 그 후에도 잇키는 끊이지 않았다. 15세기부터 16세기 말까지 무려 50여 차례나 일어났는데, 이렇듯 15세기 들어 농민들이 들고 일어설 정도로 무로마치 막부는 무력했다. 그러한 상황이 되자 당연히 쇼군의 권위는 땅에 떨어졌고, 반란이나 하극상은 수를 헤아릴 수 없을 정도로 계속되었다. 그러다 쇼군이 유명무실해지고 나라가 극도의 혼란에 빠지는 사건이 1441년에 일어나고야 말았다.

당시 쇼군은 6대 아시카가 요시노리(足利義敎, 1429~1441년)였다. 그는 원래 출가하여 중이 되었다가 다이묘들의 투표로 쇼군에 선출되어 환속한 인물이었다. 하지만 이미 다이묘의 권력은 강해진 반면 쇼군의 권력은 약해질 대로 약해진 상황이었다. 때문에 요시노리는 권력을 다시 강화하기 위해 잔혹한 공포정치를 시행하며 권력에 도전하는 다이묘들을 차례차례 제거해 나갔다. 그러나 이미 힘을 잃은 쇼군의 권력으로 강대한 다이묘들을 상대하기에는 너무 벅찼다. 결국 요시노리는 대낮에 다이묘의 칼에 암살당하고 말았다. 요시노리의 비참한 죽음으로 실낱같이 유지되던 쇼군의 권위는 완전히 땅에 떨어지고, 실권은 전국의 유력 다이묘들이 장악하여 서로 먹고 먹히는 처절한 약육강식의 싸움판을 벌이기에 이르렀다. 이것이 바로 일본의 춘추전국시대인 '센고쿠(戰國) 시대'다.

센고쿠 시대가 본격적으로 막을 연 것은 '오닌(慶仁)의 난(1467~1478년)'에서 비롯되었다. 당시 무로마치 8대 쇼군이었던 아시카가 요시마사(足利義政)는 스물아홉 살이 되도록 자식이 없자 승려인 동생 요시미(義視)를 환속시켜 자신의 뒤를 잇게 하겠다고 약속했다. 그런데 이듬해 정실부인 히노 도미코(日野富子)가 아들 요시히사(義尙)를 덜컥 낳아버리고 말았다. 요시마사가 동생에게 권력을 물려주겠다는 약속을 저버리자 요시미는 반기를 들었고, 요시미와 요시마사 양측은 교토를 무대로 치열한 싸움을 벌이기 시작했다. 전국의 다이묘들도 쇼군 지지파와 쇼군 동생 지지파로 나뉘어 이 싸움에 끼어들자 마침내 1467년 대전란의 봉화가 불타올랐다. 전국의 다이묘들은 동군과 서군으로 나뉘어 11년이나 치열한 전투를 벌였다.

이 전쟁은 비록 쇼군가의 상속 문제가 발단이 되기는 했지만 실제로는 쇼군의 권위가 사라진 일본에서 그동안 세력이 커진 무사 가문 간에 권력을 잡기 위해 벌인 전쟁이라고 할 수 있다. 또 가마쿠라와 무로마치 막부를 지배했던 미나모토(源), 다이라(平), 아시카가(足利) 대신 센고쿠 다이묘들이 활개치는 군웅할거의 시대를 예고하는 전쟁이기도 했다. 비록 1477년 전쟁 당사자들끼리의 휴전 협정으로 오닌의 난은 일단락되었지만 교토는 이미 잿더미로 변했고, 쇼군은 1573년 오다 노부나가가 공식적으로 막부를 없애기 전까지 '무로마치 막부'라는 이름만 유지하는 허수아비에 불과했다. 또 장원제의 붕괴가 촉진되면서 각 지역의 무사 세력이 강해져서 독자적인 영지를 확보한 센고쿠 다이묘(戰國大名)가 출현하기 시작했다.

무로마치 막부의 멸망

1568년 9월, 오다 노부나가는 아시카가 요시아키와 함께 상경했다. 그리고 10월 요시아키는 정이대장군에 임명되어 무로마치 막부의 15대 쇼군이 되었다. 요시아키는 쇼군이 되자 실권은 없었지만 야마토의 호류지(法隆寺)나 야마시로의 다이토쿠지(大德寺) 등 긴키(京畿) 지역에 있는 사원에 대해 사원 영지를 보증하는 문서나 폭동을 금지하는 법령을 자주 내렸다. 또 각지에서 일어나는 다이묘 간의 분쟁도 조정하려 했다. 이는 사원이나 다이묘들을 자기편으로 삼기 위해서였다. 그러나 요시아키의 행동은 노부나가와 충돌했고, 노부나가는 1570년 자신과 협의하지 않고 마음대로 막부의 명령을 내리지 못하게 하는 의견서를 제출하여 요시아키의 행동을 제한했다.

쇼군 요시아키는 1573년 2월 다케다 신겐, 혼간지 겐뇨(本願寺顯如), 아사쿠라 요시카게(朝倉義景), 아사이 나가마사(淺井長政) 등과 밀약을 맺고 노부나가를 토벌하려고 했다. 또 3월에는 미요시 요시쓰구(三好義繼), 마쓰나가 히사히데(松永久秀) 등과도 결탁했다. 요시쓰구와 히사히데는 자신의 형을 죽인 원수였지만 이들과 협력하지 않을 수 없을 만큼 상황이 절박했다. 노부나가는 요시아키의 전의(戰意)를 알아채고 화해를 요청했지만 요시아키는 받아들이지 않았다. 요시아키는 아키의 모리 데루모토(毛利輝元)에게 군량미를 요구하고, 7월에는 니죠성과 마키시마성에서 농성하며 오다 노부나가를 토벌하려 했다. 이 소식을 들은 노부나가는 니죠성과 마키시마성을 점령하고는 요시아키를 교토에서 가와치로 추방해 버렸다. 이로써 약 240년 동안 계속된 무로마치 막부는 15대로 멸망하고 말았다.

무로마치 막부를 무너뜨린 오다 노부나가

오닌의 난으로 전국이 혼란에 휩싸인 가운데 중앙 권력의 지배를 벗어난 지역 세력들이 우후죽순처럼 등장하기 시작했다. 이들이 바로 센고쿠 다이묘인데, 무로마치 막부가 지방에 파견한 슈고 다이묘와는 달리, 전란으로 나라가 어지러운 틈을 타 무력으로 새롭게 일어난 지방의 실력자들이었다. 주로 지방의 지주나 유력 농민 출신으로 전쟁 도중 스스로 무사가 되거나 농촌 조직의 지배자가 되면서 중앙 정부의 통제를 벗어나 독자적인 다이묘가 된 것이다.

무로마치 막부 시대의 슈고 다이묘는 쇼군의 부하로서 각 지방의 경비와 치안 유지를 담당하는 지방의 슈고(지방장관)로 임명되어 법률적인 관할권을 행사했다. 그들은 사유지는 없었고 거두어들인 세금을 가질 수 있었다. 하지만 센고쿠 다이묘는 작지만 통합된 영토를 가지고 있었으며, 그 영토 안에 있는 모든 땅은 자신의 사유지이거나 부하들에게 나누어 준 봉토였다. 센고쿠 다이묘들은 소손, 토호, 무사들과 결탁해 이들을 보호해 주는 대신 토지를 바치게 하고 가신으로 삼았으며, 자신을 '고기(公儀)'라 하여 막부의 쇼군과는 다른 권위를 스스로 부여했다. 하지만 어디까지나 그들의 기반은 지방이었기 때문에 다른 지방이나 전국적인 일에 관해서는 관심을 두지 않았고, 철저한 지역 이기주의에 얽매인 현지의 영웅에 지나지 않았다.

그런데 이런 지방의 우두머리를 넘어 전체 일본을 통일하려는 야망을 가진 센고쿠 다이묘가 바로 오다 노부나가였다. 그는 전형적인 센고쿠 다이묘의 아들로 태어나 시대를 앞서는 안목과 남들과 다른 기발한 아이디어를 기반으로 천하를 거머쥐려는 야망의 소유자였다. 그의 야망은 천하포무(天下布武), 즉 무사가 지배하는 세상을 만들고 그 정상에 자신이 서는 것이었다.

그는 어렸을 때부터 남다르게 눈에 띄는 인물로 사람들의 이목을 끌었다. 전쟁에서도 특이한 전술로 적의 허점을 노렸다. 적장의 목을 베어 온 장수보다 적군의 정확한 정보를 가져온 장수에게 더 큰 상을 주는가 하면, 1543년 포르투갈 상인들이 전해준 철포(조총)의 중요성을 그 누구보다 먼저 꿰뚫어보았다. 당시 철포는 상당히 원시적이었다. 장전해서 쏘기까지 많은 시간이 소요되었기 때문에 한 번 쏘고 난 뒤 장전하는 것이 가장 큰 문제점이었다. 그러나 오다 노부나가는 부대를 세 개 조로 나누어 3열로 배치한 다음 한 개 조가 사격하는 동안 나머지 두 개 조는 장전하는 방식으로 연속해서 교대로 사격하도록 했다. 시차를 두지 않고 연속 사격을 하는 이 전술로 적군에게 세 배나 되는 총탄 세례를 퍼부을 수 있었다. 이 같은 조직적 총격전은 전쟁의 양상을 완전히 뒤바꾸어 놓았고, 병사의 수가 열 배나 되는 적군도 쉽게 무너뜨릴 수 있었다.

무엇보다도 오다 노부나가의 부대가 일본 최강으로 군림하게 된 비결은 바로 용병술이었다. 당시 일반 병사들은 농민 출신으로서 전쟁이 일어나면 군인이 되어 전투에 참여했다가 전투가 끝나거나 농사일이 바쁜 농번기에는 고향으로 돌아가고는 했다. 그러나 오다 노부나가는 농민이 아닌 직업 군인, 즉 용병들로 군대를 조직했다. 이들은 전투가 끝나고 농번기가 되어도 고향에 돌아가지 않았고, 평소 전투가 없을 때는 군사 훈련을 통해 전투력을 키워 나갔다. 이들은 적군의 기세가 드높거나 전세가 불리해지면 느긋하게 기다렸다가 농번기가 되어 상대 병사들이 고향으로 돌아갈 때 기습 공격을 감행하여 손쉽게 승리할 수 있었던 것이다. 이런 전술에는 당해낼 재간이 없었다. 이렇게 병사와 농민을 분리한 병농분리(兵農分離), 즉 용병에 의존하는 직업군인 제도로 다이묘들을 차례차례 굴복시킨 오다 노부나가는 드디어 수도인 교토로 입성하여 1573년 무로마치 쇼군을 폐위시키고 교토에서 추방함으로써 무로마치 막부를 멸망시켰다. 하지만 1582년, 가이(甲斐)의 다케다 가문을 멸망시키고 도요토미 히데요시를 구원하기 위해 주고쿠 지역으로 출진하던 중 오다 노부나가는 교토의 혼노지(本能寺)에서 가신 아케치 미쓰히데(明智光秀)의 기습을 받고 자살했다.

혼노지의 정변

　1582년 6월 2일 아케치 미쓰히데는 오다 노부나가를 교토 혼노지로 유인하여 결국 자살하도록 했다. 당시 노부나가는 긴키 지방을 평정한 다음 주고쿠 지방을 평정하기 위해 모리 가문과 대결하고 있었다. 노부나가는 모리 가문을 토벌하기 위해 도요토미 히데요시를 파견한 후 히데요시를 지원하기 위해 다시 아케치 미쓰히데에게 출진을 명하고 자신은 몇몇 시종들과 혼노지에서 숙박했다. 이에 미쓰히데는 노부나가의 핵심 부장들이 교토 주변을 떠나 각지에서 전투 중이라는 기회를 틈타 몇 천 명의 군사만을 이끌고 혼노지를 습격했다. 노부나가와 장남 오다 노부타다는 미쓰히데의 습격을 받고 저항했지만 결국 싸움에서 패배하고는 자살해 버렸다.

　미쓰히데는 오다(織田) 가를 대대로 섬긴 가신이 아니라 신참자로서 노부나가의 실력 본위의 인재 등용을 통해 출세하여 단바·단고의 영주가 된 인물이다. 용맹하고 전술에 뛰어났으며 일본의 전통시인 와카(和歌)나 다도에도 능했다고 한다. 그런 미쓰히데가 노부나가를 배신한 이유에 대해서는 여러 가지 설이 있다. 우선 단바를 공략할 때 야가미 성주 하타노 히데하루(波多野秀治)와 어머니를 교환하여 화친을 했는데, 1579년 노부나가가 히데하루를 살해하고 미쓰히데의 어머니도 죽어 노부나가를 깊이 원망했다고 하는 원한설이 있다. 또 경쟁자인 도요토미 히데요시가 모리 가문과의 전쟁에서 공훈을 쌓아가고 있었던 데 비해 자신은 뒤처져 있다는 조바심을 가지고 있다가 천하를 차지하려는 욕심에 배반했다는 야망설도 있다. 그러나 미쓰히데의 배신 이유에 대해 단정을 내릴 만한 증거는 아무것도 없다. 미쓰히데는 이어 아즈치성을 점령하는 등 태세를 정비하려 했으나 도요토미 히데요시와 야마자키에서 결전을 벌이다가 패한 뒤 살해되었다.

도요토미 히데요시와 아즈치모모야마 시대

　도요토미 히데요시가 만년을 보낸 후시미성(伏見城 : 교토 부 교토 시 후시미 구에 위치)이 폐성된 이후 복숭아나무를 많이 심어 모모야마라 했고, 또 오다 노부나가가 살았던 곳이 아즈치성(安土城)이었다는 이유로 이 둘의 이름을 따서 '아즈치모모야마(安土桃山) 시대'라고 부른다. 이 시대는 중세에서 근세로 이행되는 전환기로서 새로운 질서를 구축하려는 창조적 기운으로 가득 찬 시대였다. 주체는 오다 노부나가, 도요토미 히데요시를 정점으로 하는 신흥 다이묘와 그 가신들, 그리고 무역으로 부를 축적한 교토, 사카이, 나가사키 등의 거상들이었다.

도요토미 히데요시는 오다 노부나가가 주고쿠 지역의 모리 가문을 정벌할 때 오다 군의 총대장이 되었는데, 아케치 미쓰히데가 노부나가를 암살했다는 소식을 듣자마자 적과 휴전을 단행하고 야마자키 전투에서 미쓰히데를 격파했다. 노부나가가 죽은 뒤 주도권을 둘러싸고 시바타 가쓰이에와 대립했지만, 1583년 가쓰이에를 격파하고 오사카성을 쌓은 뒤 그곳을 전국 통일의 거점으로 삼아 긴키 지역을 장악했다. 1584년에는 노부나가의 차남 노부카쓰(信勝)와 도쿠가와 이에야스가 연합한 군대와 고마키·나가쿠테(小牧·長久手) 전쟁이 벌어졌으나 외교로 이에야스를 복종시키고 노부나가의 후계자 지위를 확립했다. 그러고는 1585년 시코쿠, 1587년 규슈, 1590년 관동 및 동북 지역을 연이어 평정해서 전국 통일의 위업을 달성했다.

히데요시는 토지 조사를 시행하여 토지의 생산량을 기초로 다이묘의 영지, 군역과 농민의 부담을 결정하는 병농 분리 사회 체제를 확립했다. 또 전국에 220만 석의 직할 영지를 두었으며, 금·은 광산을 직영화해서 화폐를 주조했다. 때때로 다이묘 영지에 토지 조사를 실시하고 그때마다 다이묘 영지의 일부를 할애하여 직할령을 설정했다. 각지에 설치한 직할지는 수입원이면서 동시에 다이묘를 감시하는 역할도 했다.

이 밖에 교토, 오사카, 후시미는 물론 오즈, 나라 등의 주요 도시나 사카이, 하카타, 나가사키 등의 무역항도 직할지로 삼았다. 때문에 이들 도시의 거상들과도 관계가 깊었다. 히데요시가 많은 군사를 동원하여 전쟁을 수행할 수 있었던 것도 거상들이 군수 물자 보급에 협력했기 때문이었다. 또한 히데요시의 재정 수입 중에는 광산에서 얻는 것도 있었다. 히데요시는 사도의 금 광산, 다지마·이와미의 은 광산을 비롯한 유명한 금·은 광산을 직할지로 경영했다.

병농(兵農)이 분리되지 않았던 중세에는 무장한 백성들이 토호를 중심으로 봉기하여 영주에게 저항하고는 했다. 그러나 영지의 통일을 목표로 하는 센고쿠 다이묘들은 군사 정복 과정에서 농민의 무기 소지와 사용을 금지하고 무기를 몰수하는 명령을 내렸는데, 도요토미 히데요시가 대대적으로 철저하게 시행했었기 때문에 흔히 '무기 몰수령'이라고 하면 1588년 히데요시가 내린 무기 몰수령을 말한다. 당시 히데요시는 백성들의 내세(來世)를 위해 대불전(大佛殿)을 만드는 재료를 구한다는 명목으로 무기 몰수령을 내렸다. 그러나 실제 목적은 농민 봉기를 미연에 방지하고 토지 조사를 쉽게 행하며, 무사와 농민의 신분을 확실하게 구별하기 위해서였다. 이 법령은 백성을 조세 부담자로 규정함으로써 근세적 신분 성립을 촉진했다. 이어 1591년 신분 통제령을 내려 무사의 신분 전환을 금지하고 농민이 상공업자가 되는 것을 금지하여 농경을 강제하는 신분 질서를 확립했다. 이러한 히데요시의 정책은 에도 막부 체제의 토대가 되었다.

도요토미는 1585년 간바쿠(關白 : 헤이안 시대 이후 생겨난 직책으로 천황의 최고보좌관), 1586년 태정대신에 임명되었고, 천황으로부터 '도요토미'라는 성을 받았다. 이후 1588년 교토에 건설한 저택 쥬라쿠다이(聚樂第)에 고요제이(後陽成) 천황을 맞이해 다이묘들에게 충성을 서약하게 했고, 간바쿠 아래에서 정무를 처리하는 기관으로 5부교(奉行)를 두었다. 또 만년에는 주요 가신 다섯 명을 5다이로(大老)로 삼고 5부교의 상위에 두어 5부교와 5다이로의 합의제를 통해 정무를 처리하게 했다. 1591년에 간바쿠를 양자인 히데쓰구(秀次)에게 물려주고 다이코(太閤 : 간바쿠 자리를 자식에게 물려준 사람에 대한 존칭)가 되었으며, 1592년부터 임진왜란과 정유재란을 차례로 일으켜 1598년 죽을 때까지 전쟁을 계속했다.

전쟁을 종식시킨 도쿠가와 이에야스

도쿠가와 이에야스는 너무나도 유명한 에도 막부의 초대 쇼군이다. 그는 오카자키의 성주 마쓰다이라 히로타다(松平廣忠)의 장남이었는데, 여섯 살 때 오와리의 오다 노부히데(織田信秀), 이어서 스루가의 이마가와 요시모토(今川義元)의 인질이 되었다가 1560년 오케하자마 전투에서 요시모토가 죽은 뒤에야 오카자키에 돌아갈 수 있었다. 1562년에 오다 노부나가와 동맹해서 미카와를 평정하고,

1566년에는 성을 도쿠가와로 바꾸었다. 그 뒤 세력을 넓혀 도오토미, 스루가에 이르는 도카이(東海) 일대를 지배하게 되었다.

혼노지의 정변으로 오다 노부나가가 죽자 노부나가의 후계자인 도요토미 히데요시와 고마키·나가쿠테 전투를 벌인 뒤 히데요시와 화해하고 에도성(江戶城)*에 들어가 간토 8국을 다스렸다. 히데요시가 죽은 뒤에는 1600년 세키가하라 전투에서 이시다 미쓰나리 등의 서군을 격파해 대항 세력을 완전히 물리쳤다. 1603년에는 쇼군이 되어 에도 막부를 열었다. 1605년, 쇼군의 지위를 아들 도쿠가와 히데타다(德川秀忠)에게 물려주었으나 1614, 1615년 두 차례의 오사카 전투를 직접 지휘해서 도요토미 일가를 멸망시키고 마침내 천하 통일의 대업을 달성했다. 그는 1616년 3월 태정대신이 되었고, 그해 4월에 사망했다.

도요토미 가를 멸문한 오사카 전투

앞서 말한 대로 1603년 천황이 도쿠가와 이에야스를 정이대장군(征夷大將軍)에 임명하면서 에도 막부가 세워졌다. 그러나 도요토미 히데요시의 차남인 도요토미 히데요리는 여전히 난공불락의 오사카성에 머물며 무시할 수 없는 세력을 가지고 있었다. 1611년 도쿠가와 이에야스는 니죠성에서 열아홉 살의 히데요리를 대면한 뒤 도요토미 가를 멸망시키기로 결심했다. 당시 일흔 살의 이에야스가 총명한 청년으로 성장한 히데요리에게 위기감을 느낀 것은 어쩌면 아주 자연스러운 감정이었을 것이다.

이에야스는 우선 간사이(關西) 지방의 정치·경제·군사의 중심지인 오사카를 장악하기 위해 자주 사원을 건립하도록 했다. 도요토미 가문의 재력을 소모시키

---

* 무로마치 시대에 오타 도칸(太田道灌)이 에도에 쌓은 성이다. 1456년 공사에 착수하여 1457년에 완성했는데, 당시 간토 지역은 아시카가 시게우지(足利成氏)와 우에스기(上杉) 가문의 양대 세력이 대립하고 있었다. 우에스기 가문은 시게우지의 공격에 대비하여 집사였던 도칸에게 에도성을 쌓게 했지만 호조 가문에 의해 멸망하고, 호조 가문도 도요토미 히데요시에 의해 멸망했다. 1590년 히데요시는 도쿠가와 이에야스에게 에도성을 주었고, 1603년 에도 막부의 개창으로 전국 통치의 거점이 되었다. 에도 막부는 몇 차례의 공사를 거듭하여 에도성을 천수각이 있는 대 성곽으로 만들었다. 에도가 1868년에 도쿄(東京)로 이름이 바뀐 뒤 다음해 천황이 거주하는 황거(皇居)가 되었다.

고자 한 책략이었다. 그러다가 1614년 7월, 도요토미 가문이 히데요시의 덕을 기리기 위해 재건한 교토의 호코지(方廣寺) 범종에 새겨진 명문인 '국가안강(國家安康)'이 이에야스(家康)의 이름을 둘로 찢어 도쿠가와 가문을 저주한 것이라는 트집을 잡았다. 이른바 종명(鐘銘) 사건이다. 이를 빌미로 이에야스는 히데요리의 어머니 요도기미(澱君: '차차茶茶'라고도 함)를 인질로 삼아 에도에 이주하든지 히데요리가 오사카에서 다른 곳으로 영지를 옮길 것을 강요했다. 이에 격분한 히데요리는 강력하게 거부하면서 낭인 무사와 다이묘 약 11만 명을 모으고 다량의 군량미를 오사카성에 비축하며 저항의 태세를 갖추었다.

그러자 이에야스는 1614년 11월 다이묘를 총동원하여 20만 명의 대군을 이끌고 오사카성을 포위했다. 그러나 전투가 시작된 바로 다음날 도요토미 측이 성의 바깥 해자를 메우는 조건으로 강화 조약을 맺었다. 이를 '오사카 겨울 전투'라고 한다. 하지만 도쿠가와 측이 안쪽 해자까지 메우고, 이듬해 4월에는 낭인 무사의 추방과 히데요리의 영지 변경을 강요하자 싸움은 그칠 기세가 보이지 않았다. 1615년 5월, 도쿠가와는 재차 출병하여 오사카성을 공격했다.

물론 도요토미 측은 승산이 없다는 것을 잘 알고 있었다. 하지만 죽기를 각오한 그들이기에 결사항전이 따로 없었다. 특히 사나다 유키무라(眞田行村)가 이끄는 1만 여 군사의 용맹함은 단연 돋보였다. 유키무라는 죽기를 각오하고 싸우면서 한때는 도쿠가와 본진까지 파죽지세로 유린하기도 했다. 심지어 도쿠가와 이에야스가 "이제 끝이다, 할복하겠다!"를 두 번이나 외칠 정도로 도쿠가와 측에 심각한 타격을 주기도 했다. 그런데도 도요토미 측은 전반적인 열세를 극복하지 못하고 결국 패배하고 말았다. 마침내 히데요리와 요도기미 모자는 자살하고, 도요토미 가문은 멸망했다. 역사는 이를 '오사카 여름 전투'라고 부른다. 이리하여 도요토미 세력을 완전히 소탕한 도쿠가와 이에야스는 혼란스러웠던 전쟁의 시대를 완전히 종식시켰다.

02 일본의 성
정치, 군사 변혁의 증거

>>>> 끊임없는 전쟁의 와중에 탄생한 일본의 성城은 정치, 군사 변혁의 증거라고 말할 수 있다. 15~16세기에 걸친 센고쿠 시대에 일본의 성은 크게 발전했고, 이를 근거로 16세기 후반 무렵에는 전쟁 형식에 큰 변화가 있었다. 조직적으로 흩어져 싸우던 종전의 군사 작전이 평소 훈련이 잘된 보병이 쌓아올린 성에서 싸우는 성 내 내전으로 바뀐 것이다. 당시 성곽은 적군을 방어하는 데에도 여러 가지 역할을 했다.

독특한 방어 건축

센고쿠 시대에 100년에 걸친 전쟁을 통해 일본의 성은 이미 세계가 인정하는 독특한 방어형 건축이 되었다. 이러한 방어 건축물은 전쟁 중에 적을 방어했을 뿐만 아니라 동시에 일본적 문화와 전통을 드러내 주었다.

유럽의 성과 일본의 성은 모두 엄청난 전쟁의 시련을 겪었다. 전쟁이라는 외부 환경의 변화에 적응하면서 보존이 되기도 했지만, 그 반대로 한 세기의 내전으로 인한 시련을 견디지 못하고 사라져버린 경우도 있었다. 이처럼 심혈을 기울여 정교하게 쌓아올린 성곽들은 성주의 권세의 높고 낮음을 여실히 반영하고 있었다.

산성 건축

일본에서 성이 출현할 무렵, 그 유형은 아시아 대륙 다른 국가의 성과는 달리 고립적으로 발전했다. 중국, 한국의 방어형 건축과는 아주 뚜렷한 차이를 보인 것이다. 특히 일본에는 성 안쪽 둘레에 성진(城鎭 : 도시와 읍)이 거의 없다. 고대 중국의 성은 위장(圍墻 : 빙 둘러싼 담)을 많이 볼 수 있다. 그러나 일본 열도는 섬나라였기 때문에 야만적인 유목민족을 방어할 필요가 없었다. 대신 내부의 반란자를 경계해야 했으므로 일본의 지배자들은 성 밖으로 모반자들을 격리시키고자 다양한 군사적 요새를 세웠다.

　일본의 지형은 구릉에 속하고 산지가 비교적 많으며 숲이 무성하다. 그래서 일본의 초기 성은 이러한 지형에 알맞게 설계되었다. 일본의 수많은 산언덕 정상은 방어에 매우 유리한 지형이었다. 게다가 건축 재료 역시 충분했기 때문에 산성(山城)식 성보 건축이 탄생했다. 이 같은 형식의 산성은 훗날 석재 성보를 도입한 후 궁벽한 지역에도 계속 세워졌다. 또한 평야 지대의 작고 높은 구릉에 세운 평산성(平山城)과 평야에 세운 평성(平城)도 있었다.

　오늘날 일본의 성은 모두 국보로 지정되어 있다. 그중 어떤 성은 모든 층의 외벽 흑칠 위에 하얀 석회를 발라 색을 선명하게 하여 이목을 끌고, 또한 성주의 고결한 신분을 과시하기도 한다. 또 어떤 성은 화기(火器)의 공격을 막기 위해 겉부분에 심상치 않은 장식을 하여 보는 사람들로 하여금 수수하면서도 묵직한 느낌이 들게 만들었다.

성과 도시의 발달

　근세 일본의 산업과 화폐 경제가 발전함에 따라 사회적 분업이 추진되고 새로운 도시의 성립과 발달이 촉진되었다. 센고쿠 시대 이전까지 일본의 도시는 나라, 교토, 가마쿠라 등 중앙 정권의 소재지로 발달한 정치·종교 도시뿐이었다. 그러나 센고쿠 시대가 열리면서 이들 구도시의 번영 외에 센고쿠 다이묘의 성 아래 성하도시(城下町)가 형성되고, 사원과 신사의 참배가 유행하면서 문전도시(門前町), 사내도시(寺內町)가 발달했다. 또 상업의 발달에 따라 항구도시(港町)도 발달했다. 이러한 도시의 발달은 센고쿠 시대의 두드러진 현상이었다.

　한편, 일본 중세 다이묘의 성은 대부분 산성(山城)이었다. 성은 언덕 위에 있었고 사람들의 거주지는 산기슭에 있어서 성하도시의 발전에는 한계가 있었다. 그런데 16세기가 되면서 센고쿠 다이묘가 영지의 지배 거점으로 삼기 위해 영지의 중심지이며 교통의 요충지인 평지에 성곽을 쌓기 시작했다. 그리고 전시를 대비하기 위해 많은 가신들을 성하도시에 강제로 거주시켰다. 또한 영지의 경제를 발전시키고 다량의 물자를 집적하기 위해 적극적으로 상공업자의 왕래를 장려

천수각 복원도

1576년 오다 노부나가는 본성本城을 아즈치로 옮기기 위해 오다 노부타다와 도요토미 히데요시에게 아즈치에 새로운 성을 쌓도록 했다. 그러나 1582년, 혼노지의 변 이후 일본 역사상 최고의 성이라는 찬사를 듣는 아즈치성은 화재로 불타버리고 말았다. 다음 그림은 오다 노부나가가 훗날 천주대天主臺라고 개명한 아즈치성의 천수각天守閣이다. 천수각은 전쟁 중에는 전망대, 사령탑 또는 마지막 근거지가 되고 평소에는 다이묘의 권세를 상징했다.

- 7층 : 실내외를 모두 금박으로 입혔고 네 기둥에는 용을 새겼다.
- 6층 : 팔각형으로 노부나가가 직접 설계했다. 밖의 기둥은 붉은 칠을 했고 안쪽의 기둥은 금박을 입혔다. 주위 난간에는 거북이와 비룡을 새겼으며 외벽에는 악귀를 그렸다. 실내의 그림은 석가모니가 10대 제자들에게 설법을 하는 풍경이다.
- 5층 : 삼각형이고 그림은 없다.
- 4층 : 93개의 기둥이 있고 소나무와 대나무를 그렸다.
- 3층 : 146개의 기둥에 화조(花鳥)와 현인(賢人)을 그렸다.
- 2층 : 돌담 위 담장에는 금박을 입혔고, 204개의 기둥에는 온갖 새와 유학자들을 그렸다.
- 1층 : 돌담으로 식량 창고다.

해발 100미터의 산 정상에 자리한 아즈치성은 7층 건축물로, 높이가 15미터이고, 성 아래에 큰 도로가 뚫려 있다.

해 성하도시는 급속하게 발달했다. 고호조(後北條) 가문의 오다와라(小田原 : 가나가와 현 소재), 다케다 가문의 부추(府中), 오우치(大內) 가문의 야마구치, 시마즈(島津) 가문의 가고시마 등이 대표적인 성하도시다.

03 | 일본의 지명
고대 일본의 행정 구역

>>>> 일본은 고대부터 국國을 단위로 하는 행정 구역 제도를 실시했다. 전국을 모두 66국國 2도道로 나누었는데, 이 구분은 에도 막부 말기까지 변하지 않았다. 메이지 원년(1868년)에는 더욱 세분해 새롭게 11국을 증가시켰지만 1871년 폐번치현廢藩置縣*을 통해 모두 폐지했다.

5기 7도

일본의 고대 행정 구역인 66국은 율령제에 따라 5기 7도(五畿七道, 혹은 기내 7도 畿內七道로도 불림)로 나뉘었고, 나중에 홋카이도(北海道)가 설치되면서 5기 8도(五畿八道)로 불렀다. 5기는 기나이(畿內 : 수도인 교토 부근)의 5국, 즉 야마토(大和 : 나라 현, 8세기 요시노吉野에 설치된 특별 행정 구역인 요시노겐芳野監도 포함), 야마시로(山城 : 교토), 셋쓰(攝津 : 오사카 북중부와 효고 현 고베 시 스마 구로부터 동쪽), 가와치(河內 : 오사카 동부), 이즈미(和泉 : 오사카 남서부)를 일컫고, 7도는 다음과 같다.

• **도카이도(東海道) 15국** : 기나이 동쪽으로 태평양쪽 혼슈(本州) 중부에 이르는 지역이다. 이가국(伊賀國 : 미에 현 서부), 이세국(伊勢國 : 미에 현 남부), 시마국(志摩國 : 미에 현 시마반도와 아이치 현 일부), 오와리국(尾張國 : 아이치 현 서부), 미카와국(三河國 : 아이치 현 중부와 동부), 도오토미국(遠江國 : 시즈오카 현 서부), 스루가국(駿河國 : 시즈오카 현 중부와 동부), 이즈국(伊豆國 : 시즈오카 현 이즈반도와 이즈제도), 가이국(甲斐國 : 야마나시 현), 사가미국(相模國 : 가나가와 현 중부와 서부), 무사시국(武藏國 : 도쿄 도와 사이타마 현, 가나가와 현 동부의 일부), 아와국(安房國 : 치바 현 남부), 가즈사국(上總國 : 치바 현 중부), 시

---

* 이전까지 지방 통치를 담당했던 번을 폐지하고, 지방 통치 기관을 중앙 정부가 통제하는 부(府)와 현(縣)으로 일원화한 행정 개혁이다.

모우사국(下總國 : 치바 현 북부와 이바라키 현의 일부, 도쿄 도 스미다가와隅田川 동안), 히타치국(常陸國 : 이바라키 현).

- 도산도(東山道) 8국 : 혼슈 내륙을 동서로 횡단하는 지방이다. 오미국(近江國 : 시가 현), 미노국(美濃國 : 기후 현 남부), 히다국(飛驒國 : 기후 현 북부), 시나노국(信濃國 : 나가노 현), 고즈케국(上野國 : 군마 현), 시모즈케국(下野國 : 도치기 현), 무쓰국(陸奧國 : 아오모리 현, 이와테 현, 아키타 현 북동부), 데와국(出羽國 : 야마가타 현, 아키타 현 일부).

- 호쿠리쿠도(北陸道) 7국 : 혼슈 동해쪽 중부를 포함하는 지역으로 메이지 유신 이후 호쿠리쿠 4현(北陸四縣)이라고 불린다.

  와카사국(若狹國 : 후쿠이 현 남부), 에치젠국(越前國 : 후쿠이 현 북부), 가가국(加賀國 : 이시카와 현 남부), 노토국(能登國 : 이시카와 현 노토반도), 엣추국(越中國 : 도야마 현), 에치고국(越後國 : 니가타 현 혼슈 부분), 사도국(니가타 현 사도시마).

- 산인도(山陰道) 8국 : 혼슈 동해쪽 서부 지역이다. 단바국(丹波國 : 교토 부 중부와 효고 현 동쪽 일부), 단고국(丹後國 : 교토 부 북부), 다지마국(但馬 : 효고 현 북부), 이나바국(因幡國 : 돗토리 현 동부), 호키국(伯耆國 : 돗토리 현 서부), 이즈모국(出雲國 : 시마네 현 동부), 이와미국(石見國 : 시마네 현 서부), 오키국(隱岐國 : 시마네 현 오키시마).

- 산요도(山陽道) 8국 : 혼슈의 세토 내해(瀨戶內海) 쪽을 가리키는 지역으로 현재는 효고 현 서부에서부터 야마구치 현까지 이르는 세토 내해 연안을 총칭한다. 하리마국(播磨國 : 효고 현 서부), 미마사카국(美作國 : 오카야마 현 동북부), 비젠국(備前國 : 오카야마 현 동남부, 가가와 현, 효고 현 아코시 일부), 빗추국(備中國 : 오카야마 현 서부), 빈고국(備後國 : 히로시마 현 동부), 아키국(安芸國 : 히로시마 현 서부), 스오국(周防國 : 야마구치 현 동남부), 나가토국(長門國 : 야마구치 현 서부).

- 난카이도(南海道) 6국 : 기이반도(紀伊半島), 아와지시마(淡路島), 시코쿠(四國)를 포함한 지역이다. 기이국(紀伊國 : 기이, 와카야마 현, 미에 현 남부), 아와지국(淡路國 : 효고 현 아와지시마, 누시마), 아와국(阿波國 : 도쿠시마 현), 사누키국(讚岐國 : 가가와 현), 이요국(伊予國 : 에히메 현), 도사국(土佐國 : 고치 현).

- 사이카이도(西海道) 11국 : 규슈와 그 주변 섬들을 가리키는 지역이다. 치쿠젠국(豊前國 : 후쿠오카 현 동부, 오이타 현 북부), 치쿠고국(豊後國 : 오이타 현 중앙부부터 남부),

일본의 5기 7도

5기 7도는 고대 일본의 율령제에 의거해 설치된 행정 구역으로서 덴무 천황에 의해 확립되었다고 전해진다. 5기는 게이키 지방의 5국을 가리키는데, '기나이' 혹은 '고기나이'라고 부른다. 게이키 이외의 일본은 7도로 나뉘어, 대로大路, 중로中路, 소로小路라는 등급이 존재했고, 이는 번영의 정도를 간접적으로 방증해 주었다.

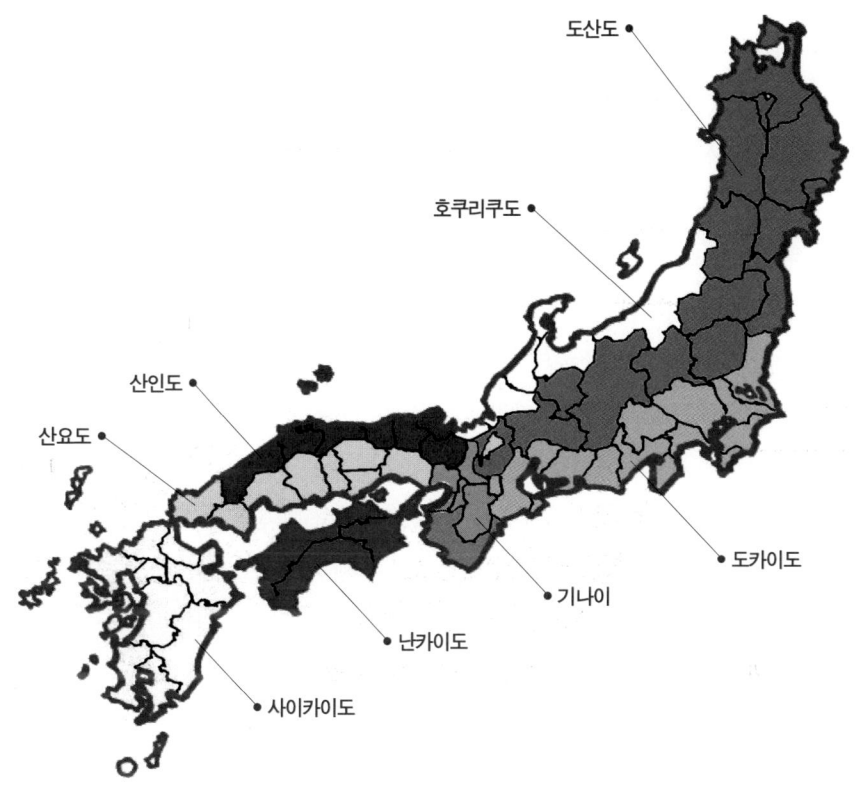

일본령제국(日本令諸國)	
기나이	야마토 | 야마시로 | 셋쓰 | 가와치 | 이즈미
도카이도	이가 | 이세 | 시마 | 오와리 | 미카와 | 도오토미 | 스루가 | 이즈 | 가이 | 사가미 | 무사시 | 아와 | 가즈사 | 시모우사 | 히타치
도산도	오미 | 미노 | 히다 | 시나노 | 고즈케 | 시모즈케 | 무쓰 | 데와
호쿠리쿠도	와카사 | 에치젠 | 가가 | 노토 | 엣추 | 에치고 | 사도
산인도	단바 | 단고 | 다지마 | 이나바 | 호키 | 이즈모 | 이와미 | 오키
산요도	하리마 | 미마사카 | 비젠 | 빗츄 | 빈고 | 아키 | 스오 | 나가토
난카이도	기이 | 아와지 | 아와 | 사누키 | 이요 | 도사
사이카이도	치쿠젠 | 치쿠고 | 부젠 | 분고 | 히젠 | 히고 | 휴가 | 오스미 | 사쓰마 | 이키 | 쓰시마

부젠국(築前國 : 후쿠오카 현 서부), 분고국(築後國 : 후쿠오카 현 남부), 히젠국(肥前國 : 사가 현, 쓰시마와 이키시마를 제외한 나가사키 현), 히고국(肥後國 : 구마모토 현), 휴가국(日向國 : 미야자키 현과 가고시마 현 동부), 오스미국(大隅國 : 가고시마 현 동부와 아마미군도), 사쓰마국(薩摩國 : 가고시마 현 서부), 이키국(나가사키 현 이키시마), 쓰시마국(對馬國 : 나가사키 현 쓰시마)

일본의 지명 문화

때로는 일본도 중국적 관습을 본 떠 각각의 국을 주(州)로 불렀다. 예를 들어, 가이국은 고슈(甲州), 도오토미국은 엔슈(遠州), 기이국은 기슈(紀州)라고 했는데, 이런 이유로 사이카이도 9국을 합쳐 '규슈(九州)'라고 부른다. 이에 따라 고쿠시(國司 : 지방행정관)는 바로 중국의 태수(太守)가 되는 셈이다.

이 밖에 교토와의 거리에 따라 66국을 원(遠), 중(中), 근(近)으로 나누어 규슈의 제국(諸國)은 원국(遠國 : 먼 나라)에 해당되었다. 또한 주고쿠(中國) 지방은 야마구치 현, 돗토리 현, 시마네 현, 히로시마 현, 오카야마 현 등 5개의 현이 속한 산인도와 산요도를 가리키지만 동시에 일본의 중부지방인 교토와 오사카, 즉 간사이 지방을 가리키기도 한다. 그리고 하코네 동쪽 지역에 있는 사가미, 무사시, 아와, 가즈사, 시모우사, 히타치, 고즈케, 시모즈케 8국은 '간토(關東)'라고 부른다.

각국의 고쿠가(國衙 : 지방행정관인 고쿠시가 정무를 보는 관청) 등 주요 시설이 모여있는 곳은 '고쿠후(國府)' 혹은 '후추(府中)'라고 하는데, 후추가 세워진 성보를 '후추조(府中城)'라고 한다. 현재는 당연히 '고쿠가'라는 이름만 있고 실상은 존재하지 않는다. 각국에는 또 여타의 성, 도리데(砦 : 성채. 본성本城에서 떨어진 요소에 쌓은 소규모의 성), 세키(關 : 관문) 등이 있는데, 그 이름은 해당 지명에서 유래한다. 천황과 아시카카 가문이 거주하는 관저는 '고소(禦所)'라고 하며, 교토고소(京都禦所), 무로마치고소(室町禦所), 가마쿠라고소(鎌倉禦所), 오유미고소(禦所) 등이 있었다. 이때 주의해야 할 점은 적지 않은 지명이 중복된다는 것이다. 마쓰야마성(松山城)의 경우는 비추, 이요, 무사시 등에서 모두 보이고, 나나오성(七尾城) 또한 이와미국과 노토국에서 모두 보인다.

5가도

에도 막부는 1601년부터 에도를 기점으로 하는 주요 간선 도로인 도카이도(東海道), 나카센도(中山道), 고슈가도(甲州街道), 닛코가도(日光街道), 오슈가도(奧州街道)의 5가도(五街道)를 만들었다. 도카이도는 에도에서 교토까지, 나카센도는 에도에서 구사쓰까지, 고슈가도는 에도에서 고후까지, 닛코가도는 에도에서 닛코까지, 오슈가도는 에도에서 우쓰노미야까지다. 도로의 폭은 산길을 제외하고 약 4간(7.2미터)이었고, 넓은 곳은 6~7간인 곳도 있었다.

1604년에는 각 가도에 1리(약 4킬로미터)마다 도로 표지인 이치리즈카(一裏塚)를 설치했다. 이치리즈카는 가도 양측에 5간(약 9미터) 정도 사방으로 흙을 쌓아올려 그 중앙에는 팽나무를 심었다. 또 2~3리마다 설치한 역참에는 무사가 묵는 혼진(本陣), 와키혼진(脇本陣) 외에 서민이 이용하는 숙박 시설도 있었다. 가도의 중요한 곳에는 각 관문인 세키쇼(關所)를 설치하여 통행인을 단속했다. 원래는 막부 통치를 위한 공공도로로서 산킨코타이(參勤交代)나 공무 출장자의 편의가 우선시 되었던 5가도의 호칭은 1716년에 공식적으로 정해졌다.

04 일본의 진법
중국에서 연원한 일본 진법

>>> 간단하게 말하면 진법陳法은 고대 군대의 야전 대형으로, 이른바 포진布陣이다. 여기서는 센고쿠 시대에 유명했던 다케다 팔진武田八陳에 대해 소개한다.

진법의 유래

씨족사회의 전쟁이라면 부락 간의 충돌이었다. 그 당시의 작전은 고정적인 지휘 방식과 특정한 진법 없이 대혼란 속에서 치렀다. 노예사회에 이르러서는 노예주가 공고한 통치와 노예 약탈을 위해 군사를 조직적으로 편제하기 시작하면서 일정한 진형과 특정한 지휘 체계가 만들어졌는데, 이것이 원시적인 진법의 탄생이다.

동양의 전투 진법은 중국에서 유래했는데, 가장 이른 것은 황제(黃帝)로부터 비롯되었다. 전설에 따르면 황제와 치우가 탁록에서 대전을 치를 때 황제는 구천현녀(九天玄女) 신으로부터 천일둔갑(天一遁甲) 진법을 배웠다고 한다. 그러나 이것은 고증이 되지 않았고, 고증할 수 있는 최초의 진법은 상나라 후기의 '삼사(三師)'다.

기원전 12세기 상왕(商王) 무을(武乙)부터 무정(武丁) 때까지 군사를 좌, 중, 우의 대오로 배열한 것이 삼사로서, 기원전 1066년에 이르러 주나라 무왕(武王)이 상왕 주(紂)를 토벌할 때 '주사삼백오십승, 진우목야(周師三百五十乘, 陳於牧野)'라고 했다. 여기서의 진이 바로 진법을 뜻한다. 이렇게 진법은 군대가 탄생하면서 군사를 조직하고 전투를 지휘해야 하는 필요에 따라 나타난 것이다.

다케다 팔진

일본의 진법은 중국에서 기원했다. 덴보보시(天平寶子) 4년(760년) 11월 10일, 수도사인(授刀舍人) 가스카베 미쓰세키(春日部三關), 중위사인(中衛舍人) 하지 노스쿠네 세키나리(土師宿禰關成) 등 6인과 태재부(太宰府)의 다이니 기비노마키비(大貳吉備眞備) 등 장군들이 진중에서 중국의 '무후팔진(武侯八陳 : 제갈량의 팔진)'과 『손자병법』의 「구지(九地)」에서 연원한 진법 훈련을 했다. 그 후 겐페이 전쟁*이 시작되고 일본의 다이묘들은 실전에서 광범위하게 다양한 진법을 이용하기 시작했다.

센고쿠 시대의 명장인 다케다 신겐은 수차례 전쟁에서 중국의 진법을 일본의 상황에 맞게 응용하여 자신만의 진법을 완성했다. 이때 응용한 무후팔진은 점차 어린진(魚鱗陳), 봉시진(鋒矢陳), 학익진(鶴翼陳), 언월진(偃月陳), 방원진(方圓陳), 안행진(雁行陳), 장사진(長蛇陳), 형액진(衡軛陳) 등으로 변화 발전해 나갔는데, 이것이 바로 그 유명한 '다케다 팔진(武田八陣)'이다.

• **어린진** : 대장은 진형의 중앙 뒤쪽에 자리한다. 주요 병력을 중앙에 집결시키고 군대를 약간의 소방진(小方陣 : 방진은 병사들을 네모꼴로 배치한 것)으로 나누어 어린(魚鱗), 즉 물고기 비늘과 같은 모양을 갖춘다. 이러한 소방진을 일정한 순서로 배열하는데, 앞부분이 살짝 돌출된 공격형이다. 어린진의 특징은 중앙 돌파로, 아군의 우세한 병력을 집중해 적군 중앙에 맹공을 퍼붓는다. 그러나 후미가 약점이다.

• **봉시진** : 대장은 진형의 중앙 뒤쪽에 자리하고 주요 병력을 중앙에 배치한다. 선봉이 마치 앞쪽을 겨냥한 화살촉과 같다. 봉시진은 공격형 진형에 속하고 특징은 중앙 돌파인데, 어린진과 비교해 방어력이 더 좋다. 선봉의 '화살촉'은 적군의 양 측면에서 나오는 공격력을 저지할 수 있으나 공격력이 상대적으로 약하고 후미가 불안한 것이 단점이다.

• **학익진** : 대장은 진형의 중앙 뒤쪽에 자리하고 중병(重兵)으로 둘러싸 보호

---

* 1180년부터 1185년까지 다이라 가문과 미나모토 가문 간에 벌어진 전투로 미나모토 가문이 승리하여 가마쿠라 막부를 열었다.

공격형 진법과 수비형 진법 ①

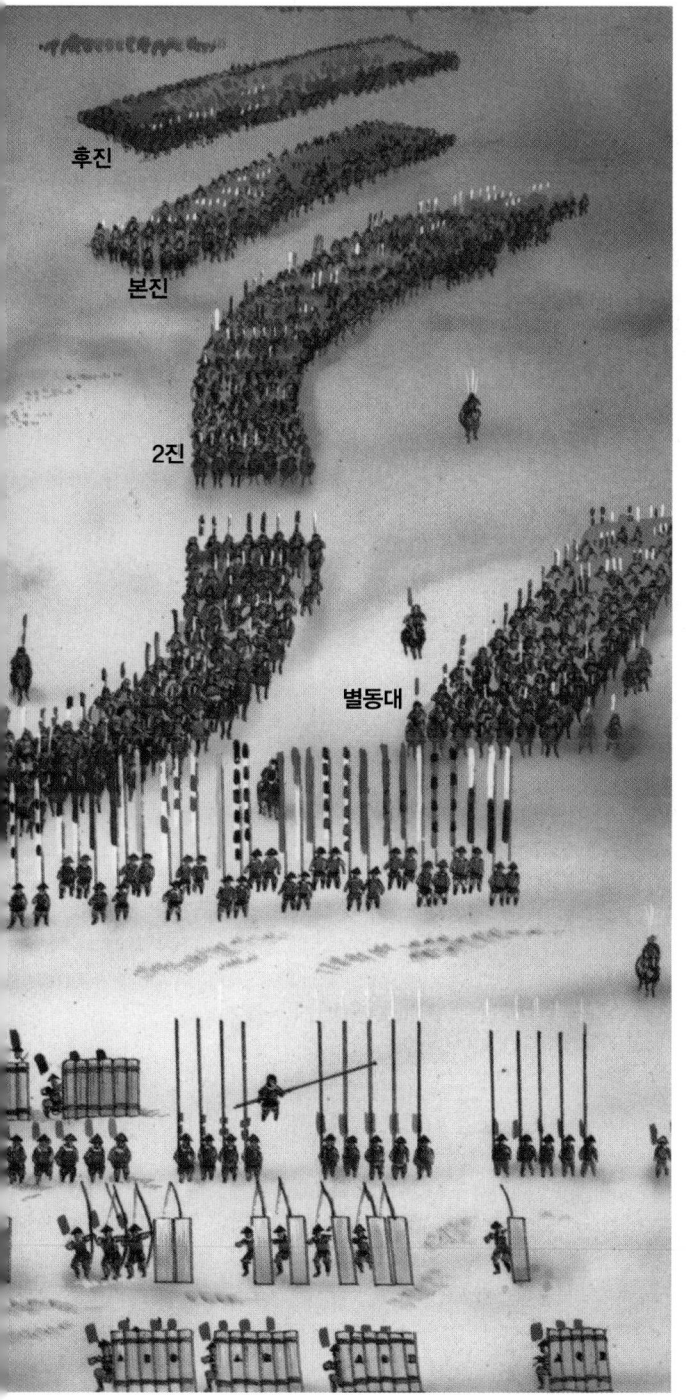

후진
본진
2진
별동대

공격형 진형 : 어린진

대장은 진형의 중앙 뒤쪽에 자리하며, 주요 병력을 중앙에 집결시키고, 군대를 약간의 소방진으로 나누어 물고기 비늘과 같은 모양을 갖춘다. 어린진의 특징은 중앙 돌파로, 아군의 우세한 병력을 집중해 적군의 중앙에 맹공을 퍼부을 수 있지만 후미가 약한 것이 단점이다. 사람 인(人) 자 모양이기 때문에 중앙 부대가 적군에 접근하기가 좋다.

공격형 진법과 수비형 진법 ②

수비형 진형 : 방원진

진형 중앙에 대장이 자리하고 그 주위를 원형으로 둘러싼 여러 층의 부대가 방어한다. 가장 바깥쪽은 장창과 궁수들이 있고, 안쪽은 기동성이 뛰어난 병력을 배치한다. 이 진형은 방어력이 좋은 반면 대형이 촘촘하게 밀집되어 있어서 기민한 변화가 어려워 패배하고 도망치는 적군을 쫓는 데 불편하고, 공격력이 비교적 약하다.

공격형 진법과 수비형 진법 ③

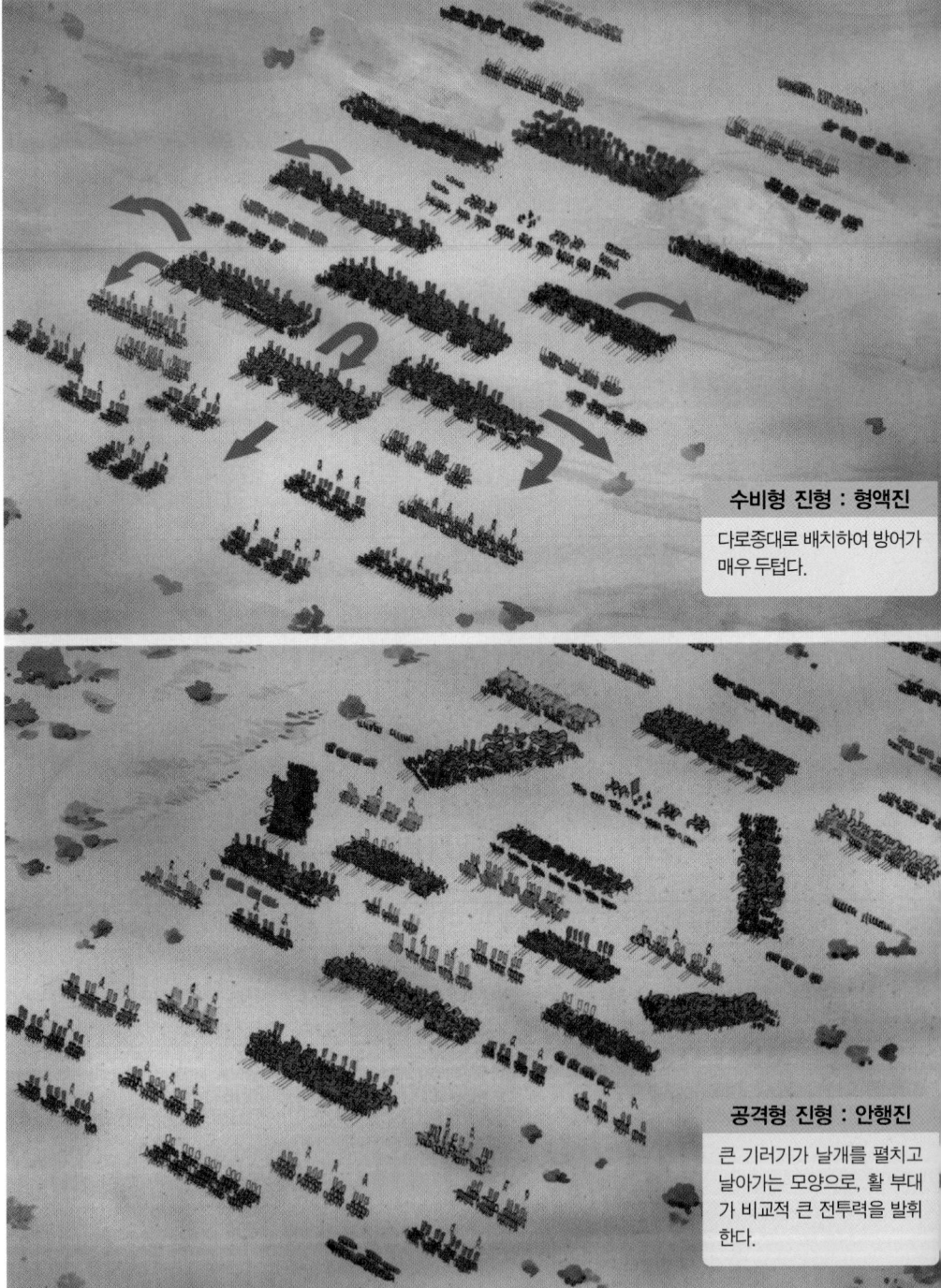

수비형 진형 : 형액진
다로종대로 배치하여 방어가 매우 두텁다.

공격형 진형 : 안행진
큰 기러기가 날개를 펼치고 날아가는 모양으로, 활 부대가 비교적 큰 전투력을 발휘한다.

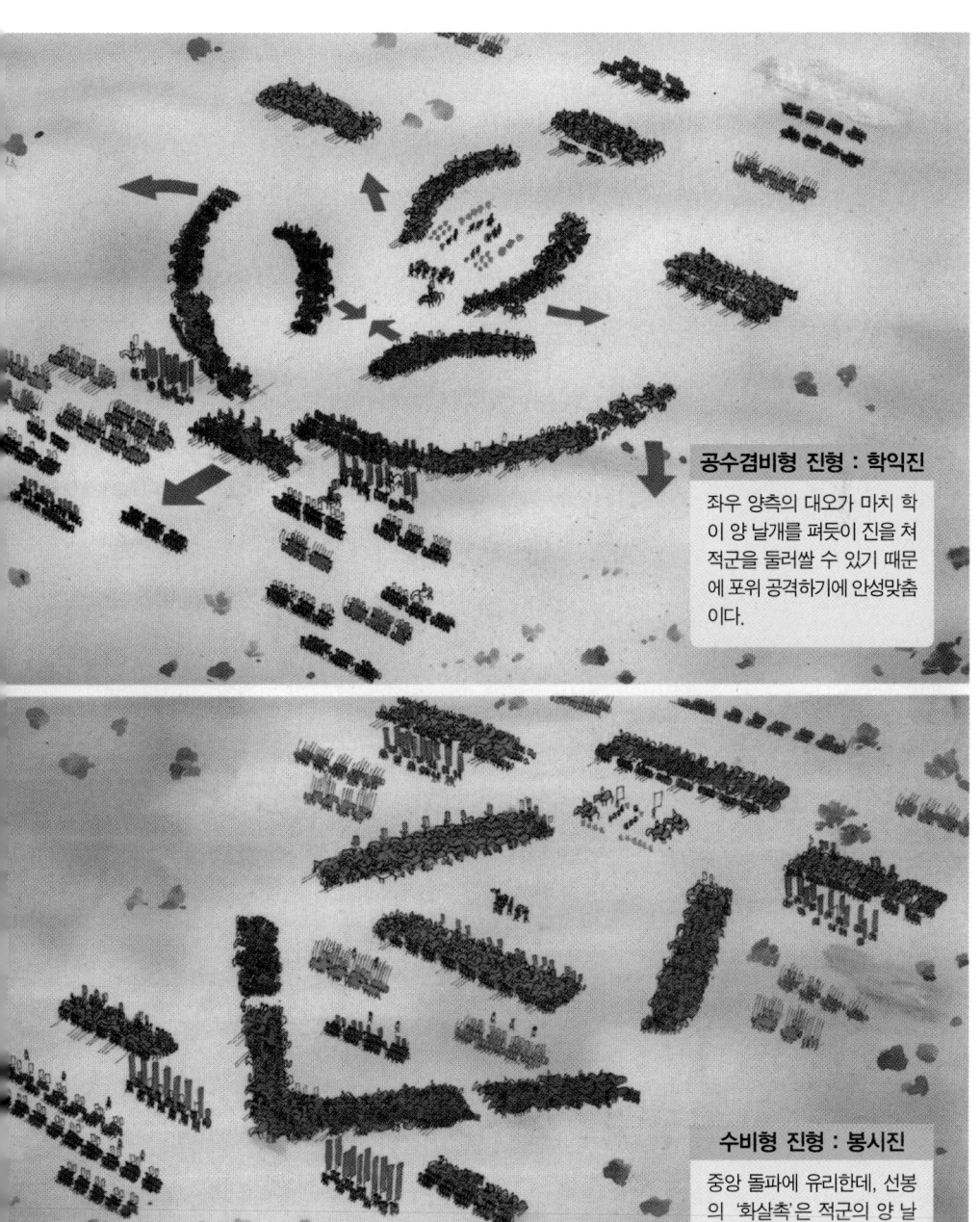

공수겸비형 진형 : 학익진
좌우 양측의 대오가 마치 학이 양 날개를 펴듯이 진을 쳐 적군을 둘러쌀 수 있기 때문에 포위 공격하기에 안성맞춤이다.

수비형 진형 : 봉시진
중앙 돌파에 유리한데, 선봉의 '화살촉'은 적군의 양 날개 부분의 공격을 막을 수 있지만 공격력이 상대적으로 약하고 후미가 불안하다.

한다. 좌우 양측의 대오가 마치 학이 양 날개를 펴듯 진을 쳐 적군을 둘러싸는 데 유리하다. 학익진은 일종의 공수겸비형 진형으로 작전을 벌일 때 적군을 좌우로 포위 공격하기에 안성맞춤이다. 하지만 이러한 진형은 대장의 전술 지휘 능력이 매우 뛰어나야 한다. 또한 양 날개 부분의 군사들이 날쌔고 단결력이 좋아야 제때에 자유자재로 펼치면서 적군의 양측에 맹공을 퍼부을 수 있다. 또한 내부로 진입한 적군은 양 날개가 함께 재빨리 포위 공격해야 섬멸할 수 있다.

• 언월진 : 모든 부대가 마치 초승달처럼 활 모양을 이루고, 대장은 본진의 초승달 밑 부분에 자리를 잡는다. 그리고 좌우 날개 부분 부대가 적군을 공격하고, 가운데 두툼한 월륜(月輪) 부대는 적군을 방어한다. 대장 본진의 전투력이 비교적 강하며, 본래 비대칭적 진형이기 때문에 비대칭적인 지형에서 펼치기 좋은 진법이다.

• 방원진 : 대장은 진형의 중앙에 자리하고 그 주위를 원형으로 둘러싼 여러 층의 부대가 방어한다. 가장 바깥쪽은 장창(長槍)과 궁수들이 있고, 안쪽은 기동성이 뛰어난 병력을 배치한다. 이러한 진형의 특징은 방어하기에 좋다는 것이다. 하지만 대형이 촘촘하게 밀집되어 있기 때문에 기민한 변화가 어려워 패배하고 도망치는 적군을 쫓는 데 불편하고, 공격력이 비교적 약한 것이 단점이다.

• 안행진 : 기러기가 날개를 펼치고 날아가는 모양의 진형으로, 활 부대가 비교적 큰 전투력을 발휘할 수 있다. 냉병기 시대에는 육박전이 주요한 작전 형태였기 때문에 이러한 진형은 많이 이용되지 않았다.

• 장사진 : 행군 혹은 추격을 하는 데 이용하는 일로종대(一路縱隊 : 한 줄의 세로로 늘어선 대형)로, 마치 한 마리의 기다란 뱀과 같은 모양의 진형이다. 매우 기민하고 변화가 많으면서 기동성이 좋지만, 전투력이 비교적 약한 것이 단점이다.

• 형액진 : 다로종대(多路縱隊 : 여러 줄의 세로로 늘어선 대형)로 배치하기 때문에 두텁게 방어할 수 있고 장사진에 비해 전투력이 강하다.

05 병참 제도
센고쿠 시대의 병참 공급

▶▶▶ 공격하기 위해 먼 지역의 전장戰場으로 이동해야 할 경우에는 당연히 군량, 전투마, 무기 등 병참을 신속하게 처리하는 것이 승리의 관건이 된다. 또한 전투가 장기전이 되는 경우에는 마초馬草와 식량의 안정적인 보급이 승패를 판가름 지었다. 이와 관련하여 센고쿠 시대의 병참 제도를 살펴본다.

병참의 내용

단기 전투에서는 식량을 병사가 개인적으로 해결했다. 즉 도시락을 싸서 들고 다녔고, 장기전일 경우에는 다이묘가 군량을 보급해 주었다. 고대 일본에서는 쌀이 곧 군량미였는데, 다이호리쓰료(大寶律令)*에 따르면, 사병 한 사람에게 쌀 6말(六斗), 소금 2되(二升)를 보급하도록 규정하고 있다. 쌀을 창고에 오랫동안 보관할 수는 있었지만 오랜 시간이 지나면 마르고 단단해질 수 있기 때문에 먹을 때는 물에 불려 부드럽게 한 다음 약간의 소금을 넣고 삶아서 죽으로 만들어 먹었던 것이다.

당시 한 명의 아시가루에게 필요한 하루 식량은 『잡병물어(雜兵物語)』에 따르면 물 1되(1되는 1말의 10분의 1로, 약 1.8리터임), 쌀 6홉(合 : 1홉은 1되의 10분의 1), 소금 1작(勺 : 1작은 1홉의 10분의 1), 된장 2작이었고, 『농성수어지권(籠城守禦之卷)』에 따르면 물 1되, 쌀 4.5홉, 소금 1작, 된장 2작이었다. 이 하루분의 식량은 당시 하루 두 끼를 먹는 습관에 따라 두 번으로 나누어 먹어야 했겠지만, 전장에서 식사 시간을 제때 맞추는 것은 힘들기 때문에 여러 차례 나누어 먹었던 것으로 보인다.

한편 일반 병사들은 쌀과 소금 외에 보리, 조, 피, 토란 등도 식량이 되었는

---

* 일본 고대의 기본 법전으로 형법 6권과 행정법, 민법 등 11권으로 이루어졌으나 현존하지 않는다.

아시가루의 장비

센고쿠 시대의 아시가루가 갖추어야 할 장비는 주로 병기와 군수품, 군량 등이었다.

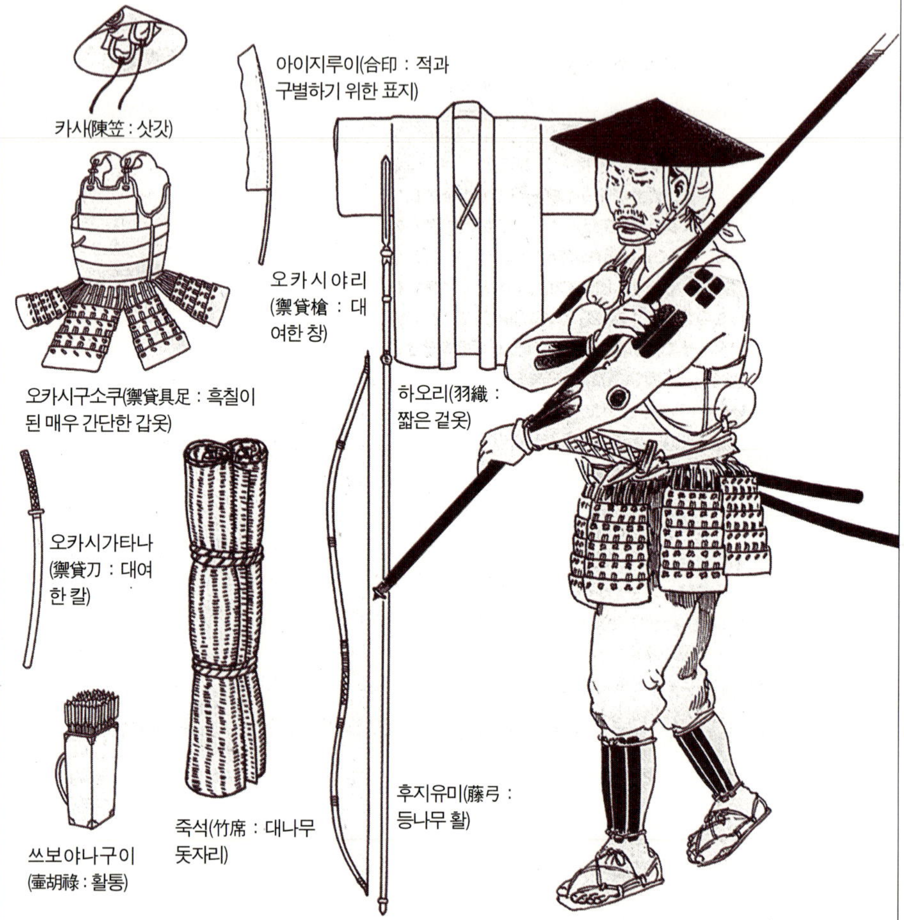

- 카사(陣笠 : 삿갓)
- 아이지루이(合印 : 적과 구별하기 위한 표지)
- 오카시야리(禦貸槍 : 대여한 창)
- 오카시구소쿠(禦貸具足 : 흑칠이 된 매우 간단한 갑옷)
- 하오리(羽織 : 짧은 겉옷)
- 오카시가타나(禦貸刀 : 대여한 칼)
- 죽석(竹席 : 대나무 돗자리)
- 쓰보야나구이(壺胡祿 : 활통)
- 후지유미(藤弓 : 등나무 활)

고니다부교

아시가루의 일반적인 유형

❶ 야리카쓰기(槍擔 : 창병)
❷ 모치야리카쓰키(持槍擔 : 대장의 상징인 짧은 창을 들고 다니는 잡병)
❸ 야리카쓰키고가시라(槍擔小頭 : 창 부대의 우두머리)
❹ 뎃포아시가루(鐵跑足鞋 : 철포병)

❺ 뎃포아시가루고가시라 (鐵砲足輕小頭 : 철포 부대의 우두머리)
❻ 유미아시가루고가시라 (弓足輕小頭 : 궁수 부대의 우두머리)
❼ 유미아시가루(弓足輕 : 궁수)
❽ 니사이료(荷宰料 : 짐꾼과 짐을 실어 나르는 말 관리)

데, 무사 계층은 군영 식당에서 상대적으로 질이 좋은 식사를 했다. 그들은 현미와 채소를 함께 삶은 채소밥을 먹기도 하고, 때로는 흰쌀밥을 먹을 수도 있었다. 이처럼 백미, 채소, 생선, 조개, 닭고기 등과 같은 고급 군량은 오로지 다이묘와 고급 무사에게만 공급되었다고 한다.

고시호로와 호로마이

전쟁 기간에 군량의 운반과 전달은 병참 보급 부대가 맡아서 처리했다. 이들은 작전 부대의 대오가 전진하면 전쟁이 끝날 때까지 그 뒤에 바짝 붙어 따라다녀야 했다. 이러한 병참 보급 부대는 군대가 전장으로 출발하기 전에 모든 일반 병사에게 일일이 식량을 나누어 주고 병사들은 각각 보급받은 것을 허리춤에 차는데, 이것이 바로 고시호로(腰兵糧)의 유래다. 고시호로는 주로 다 익혀 말린 간반(幹飯)이나 볶음밥, 고구마, 된장 등이었다. 이러한 밥을 깨끗한 물에 붓고 다시 삶은 다음 소금, 된장과 함께 먹었다.

이후 중앙 정부는 군량의 배치를 중시하여 각각의 부대가 은밀하게 군량을 모으지 못하도록 병량제를 반포했다. 예를 들면, 나가토국에 매년 쌀 4만 속을 해당 지역의 군량으로 충당하도록 한 것이다.

헤이안 시대 말기에 이르자 겐페이 전쟁이 발발한 뒤 전국은 전쟁터로 돌변했다. 그 같은 전쟁 상황에서 군량을 제때 보급하지 못한다면 사병과 무장들은 들풀과 나무껍질로 연명할 수밖에 없고, 이런 이유로 병참 제도의 개혁은 매우 절박했다. 이에 가마쿠라 막부 1대 쇼군인 미나모토노 요리토모는 조정에 상소문을 올리고 군대가 출정할 때는 반드시 군비와 군량미를 최우선적으로 확보해야 한다며, 조정이 전국의 크고 작은 나라의 전지(田地)에 평균 5되의 호로마이(兵糧米) 조세를 징수하도록 주청했다. 이것이 바로 호로마이의 시초였다.

병사의 이동과 식량의 보급

군량미의 운송과 보급은 작전 성공의 필수조건이다. 무로마치 시대의 다바타이(駄馬隊 : 짐을 나르는 말인 다바駄馬를 이용해 병참을 운송하는 부대)는 군량을 운송하는 중요한 부대로서, 이들을 고니다(小荷駄)라고 했다. 해상으로 운송하는 배는 고니다센(小荷駄船) 혹은 니카타부네(荷方船)라고 불렀고, 운송 부대의 지휘관은 고니다부교(小荷駄奉行) 혹은 고니다오시(小荷駄押)라고 했다. 고니다부교는 대개 막중한 책임을 맡은 중요한 부대장으로 인정받았기 때문에 신뢰할 수 있는 중신에게 돌아갔다. 예를 들면, 오다 노부나가는 핵심 무장에게 맡겼고, 도요토미 히데요시는 고부교(五奉行 : 도요토미 정권 말기에 정권의 실무를 맡은 다섯 명의 주요 관료) 중에서 선택했다.

이와 같이 작전의 지속 가능성을 보장해 주는 병참의 보급은 매우 중요한 것으로서, 병참 운송의 성패는 전투의 승리를 판가름하는 필요충분조건이었다. 도요토미 히데요시는 원거리 작전을 빈번하게 감행함으로써 아군의 군량미 운송과 적군의 병참기지 공격을 매우 중시했다고 한다.

부록

1. 일본 군사 사건 연표
2. 검도 용어

부록 1

일본 군사 사건 연표

상고 시대 (710년 이전)	**백촌강(白村江) 전투(661~663년)** 대규모의 1차 동아시아 군사 충돌이다. 660년 백제가 나당(羅唐) 연합군에게 멸망하자 백제 유민들은 복신을 중심으로 부흥 운동을 벌이며 일본에 사신을 보내 구원군 파병을 요청했다. 이에 덴지(天智) 천황은 661년 7월 동맹국인 백제를 원조하기 위해 풍장(의자왕의 아들)에게 4만여 명의 군사를 내주었다. 그러나 풍장이 복신을 죽이는 사태가 벌어지는 등 백제 부흥군이 내분에 빠졌고, 결국 나당 연합군이 백제 부흥군의 요충지인 주류성(周留城)을 수륙합동작전으로 공략하자 일본 구원군은 금강의 하구인 백촌강에서 패하여 철군했다. 신라가 백제와 고구려를 멸망시키고 삼한을 통일하자 일본은 당나라에 견당사를 보내면서 본격적으로 중국 문화를 배우기 시작했다.
	임신(壬申)의 난(672년) 덴지 천황이 죽은 뒤 덴지의 동생인 오아마(大海人)와 덴지의 아들 오토모(大友) 황자가 황위 계승 전쟁을 벌인 난이다. 덴지 천황과 동생인 오아마 황자의 불화로 덴지 천황 임종 무렵 오아마 황자는 탈출을 감행해 요시노에 은거했다. 이후 덴지 천황이 죽자 오토모 황자를 중심으로 하는 조정 측이 전쟁 준비를 한다는 소식이 요시노의 오아마 황자에게 전해졌다. 오아마 황자는 선제공격을 가하기 위해 미노를 거점으로 간토 지방의 병사를 동원했다. 권력이 천황에게 집중되자 불안을 느낀 유력 씨족이나 지방 호족들은 오아마 황자 측에 가담했다. 특히 야마토의 가장 유력한 호족 가운데 한 명인 오토모노 후케이(大伴吹負)가 오아마 편에 서자 대세는 어느 쪽으로 기울지 그 누구도 섣불리 예상할 수 없었다. 마침내 한 달 여의 내란이 끝나고 패배한 오토모 황자는 자살했고, 승리한 오아마 황자는 이듬해 2월 아스카 기요미하라궁에서 덴무(天武) 천황으로 즉위했다.
나라 시대 (710~794년)	**후지와라노 히로쓰구(藤原廣嗣)의 난(740년)** 좌천을 당한 후지와라노 히로쓰구가 당시 조정의 실력자였던 학자 기비노 마키비(吉備眞備)와 승려 겐보(玄昉)를 배제해 줄 것을 요구하며 규슈의 다자이후(大宰府)에서 반란을 일으켰는데, 조정의 토벌군에게 진압되고 말았다.
	후지와라노 나카마로(藤原仲麻呂)의 난(764년) 억불숭유 정책을 펼친 후지와라노 나카마로는 757년 다치바나노 나라마로(橘奈良麻呂)의 반란을 진압한 뒤 준닌(淳仁) 천황을 옹립하고 태사가 되어 전권을 휘둘렀다. 그러나 고켄(孝謙) 상황이 승려 도쿄(道鏡)를 총애하면서 세력이 급감하기에 이르렀다. 이에 나카마로는 도쿄를 제거하기 위해 군사정변을 일으켰으나 결국 실패하여 참살을 당하고 그가 옹립한 준닌 천황은 아와지로 유배당했다.

헤이안 시대 (794~1190년)	**전 9년(前九年)의 난(1051~1062년)** 동북 지방의 호족 아베(安倍) 가문은 3대에 걸쳐 무쓰(陸奧)를 지배하고 있었다. 아베노 요리토키(安倍賴時) 당시 이웃 나라를 공략해 난을 일으켰는데, 조정은 미나모토노 요리요시(源賴義)와 요리이에(賴家) 부자를 파병하여 토벌했다. 그런데 요리토키는 한때 귀순했다가 1056년 다시 난을 일으켰다. 그가 죽은 뒤에도 아들 사다토(貞任), 무네토(宗任) 형제가 완강하게 저항하면서 난이 장기화되기에 이르렀다. 그러나 미나모토노 요리요시는 데와의 호족 기요하라(淸原) 가문의 도움을 받아 1062년 난을 진압했고, 이후 미나모토 가문의 세력이 도호쿠(東北) 지방까지 미쳤다.
	후 3년(後三年)의 난(1083~1087년) 전 9년의 난 이후 도호쿠 지방으로 세력을 뻗치던 호족 기요하라 가문의 내분으로 일어난 난이다. 기요하라노 사네히라(淸原眞衡)는 이복 동생인 이에히라(家衡), 이에히라 어머니의 전 남편의 자식인 후지와라노 기요히라(藤原淸衡)와 상속 싸움을 벌였다. 기요하라노 사네히라가 죽자 상속 투쟁은 기요히라와 이에히라 간의 싸움으로 번졌다. 무쓰의 지방장관이던 미나모토노 요시에에는 기요히라를 도와 이에히라와 싸워 난을 평정했다. 조정에서는 이 난을 사적인 싸움이라 하여 은상을 내리지 않았는데, 요시에에는 사재를 털어 부하들에게 상을 나눠 주며 간토 지방에서 세력 기반을 확고하게 다졌다.
	겐페이(源平) 전쟁(1180~1185년) 흔히 '지쇼·쥬에이의 난(治承·壽永の亂)' 이라 부르는 전국적인 내란이다. 1179년, 다이라노 기요모리(平淸盛)가 쿠데타로 정권을 탈취하자 귀족과 사원, 신사 세력이 크게 반발했다. 1180년, 모치히토왕(以仁王)은 다이라 가문을 타도하라는 명을 내리면서 미나모토노 요리마사(源賴政)와 함께 군사를 일으켰으나 실패했다. 이를 계기로 다이라 정권에 불만을 가지고 있던 무사 집단이 봉기하여 내란이 터졌다. 미나모토노 요리토모도 호조 도키마사(北條時政)의 원조를 받아 이즈에서 거병했으나 다이라 가문에게 패하여 아와로 도망갔다. 그곳에서 요리토모는 다이라노 고레모리(平維盛)를 후지강 전투에서 격파하고 간토를 평정했다. 또한 미나모토노 요시나카(源義仲)도 기소에서 거병해 교토로 쳐들어감으로써 이 내란은 결국 미나모토(源)와 다이라(平) 양 가문의 전쟁으로 크게 확대되었다. 1983년, 요시나카가 다이라 가문의 10만 대군을 구리카라(俱利伽羅) 전투에서 격파했고, 1184년, 1월에는 이치노타니(一ノ谷)에서 다이라 가문을 격파했다. 이후 다이라 일족은 야시마(屋島)를 근거로 다시 세력을 회복하는 듯 보였지만, 1185년 야시마 전투와 단노우라(壇ノ浦) 전투에서 패하여 멸망하고 말았다. 이로써 겐페이 전쟁은 끝이 나고 미나모토 가문이 가마쿠라 막부를 열었다.
가마쿠라 막부 시기 (1190~1333년)	**히키 요시카즈(比企能員)의 난(1203년 9월)** 1203년, 가마쿠라 막부 2대 쇼군인 미나모토노 요리이에가 어머니 쪽인 호조 가문을 멀리하고 유모와 아내 쪽인 히키(比企) 가문과 친밀해지자 호조 도키마사는 쇼군 요리이에가 병으로 쓰러진 틈을 타 요리이에의 장남 이치만(一幡)에게 간토를, 요리이에의 동생 사네토모(實朝)에게 간사이를 지배하도록 해 천하를 둘로 쪼개버렸다. 이는 이치만의 외할아버지인 히키 요시카즈의 세력을 억제하기 위해서였다. 하지만 히키 요시카즈는 병석에 누워 있는 요리이에를 찾아가 호조 가문을 타도해야 한다는 주청을 올렸다. 이를 전해들은 호조 가문은 히키 요시카즈를 살해하고 이치만을 옹호하는 히키 일족을 몰살해 버렸다. 이에 격분한 요리이에가 외할아버지인 호조 도키마사를 타도하려고 했으나 이 또한 실패했다. 호조 도키마사는 요리이에를 출가시키고 쇼군 직을 딸 마사코의 아들이자 요리이에의 동생인 사네토모에게 물려주었다. 한편 이치만은 1203년에, 요리이에는 이즈의 슈젠지(修禪寺)에 갇혀 있다가 1204년에 살해되었다.

가마쿠라 막부 시기 (1190~1333년)	**와다(和田) 가문의 난(1213년)** 1213년 5월, 막부 개창의 공신이며 고케닌(禦家人)의 통제와 군사, 경찰 임무를 맡고 있던 사무라이도코로(侍所)의 실권자인 와다 요시모리(和田義盛)가 거병하여 막부를 습격했으나 실패로 돌아가고 전사했다.
	조큐(承久)의 난(1221년) 1221년, 고토바 상황이 가마쿠라 막부를 타도하기 위해 일으킨 병란이다. 미나모토노 사네토모(源實朝)가 사망한 뒤 호조 가문은 교토에서 쇼군을 맞이하고 중신들의 합의제에 의한 집권 정치를 시작하여 막부의 기초를 다졌다. 하지만 조정 귀족들은 호조 가문에 대한 반감이 계속해서 높아져 갔다. 이에 몰래 막부를 타도할 계획을 세우고 있던 고토바 상황은 원(院) 직속인 북면(北面)의 무사를 보강하고 승병을 자기편으로 끌어들였다. 이윽고 1221년, 전국의 무사들에게 집권 세력인 호조 요시토키(北條義時)를 토벌하라는 명을 내렸다. 그러나 상황 측에 모인 무사는 의외로 적었다. 이에 비해 가마쿠라의 무사들은 강하게 결속했고, 호조 요시토키의 아들 야스토키(泰時)가 이끄는 대군이 진격하여 교토를 점령해 버렸다. 그 결과 막부는 추쿄(仲恭) 천황을 폐하고, 고토바 상황·준토쿠(順德) 상황·쓰치미카도(土禦門) 상황을 유배했다. 상황 편에 섰던 조정의 귀족, 무가들에게는 처벌을 내리고 영지를 빼앗아 공로가 있는 무사들에게 나누어 주었다. 이로써 간토의 무사들이 서쪽의 교토로 진출하는 길이 열렸고, 교토의 조정과 가마쿠라 막부의 이원적인 정치는 끝나고 막부의 지배가 확립되었다.
	몽고군의 침략(1274~1281년) 일본 본토가 첫 번째로 외국 군에게 침략당한 예이자 중국과 일본 측의 두 번째 대규모 충돌이다. 1274년, 몽고군의 1차 침략을 '분에이 전쟁(文永の役)'이라고 부르는데, 이때 몽고는 몽고군 1만 5천 명과 고려군 8천 명을 이끌고 쓰시마, 이키에 침입해 하카타에 상륙했다. 그런데 밤중에 태풍이 불어 몽고군 1만 3천 명이 바다에 수장되었고, 그들은 하는 수 없이 퇴각했다. '고안의 전쟁(弘安の役)'이라 부르는 1281년 몽고군의 2차 침략 때는 14만 명의 대군이 일본으로 쳐들어갔다. 2개월 동안 치열한 접전을 벌였는데, 이번 역시 폭풍우가 불어와 몽고군의 배가 대부분 침몰했고, 본국으로 돌아간 몽고군 군사의 수는 4분의 1에 지나지 않았다. 이때 일어난 폭풍우를 가미카제(神風 : 신의 바람)로 생각한 일본인들이 이후 일본을 '신이 돌보는 나라(神國)'로 생각하기 시작했다.
남북조 시대 (겐무신정建武新政 포함, 1333~1392년)	**나카센다이(中先代)의 난(1335년)** 겐무신정은 1333~1336년 사이에 고다이고(後醍醐) 천황이 교토에 수립한 천황 친정 정치다. 1333년 5월, 가마쿠라 막부가 타도되자 오키에 유배되어 있던 고다이고 천황은 교토에 돌아와 막부가 세운 고곤(光嚴) 천황의 조정을 폐하고 천황 친정 체제를 구축했다. 무가의 수장인 쇼군에는 고다이고 천황의 1왕자인 모리나가(護良) 친왕을 임명했다. 하지만 고다이고 천황의 의욕적인 개혁 정치는 지나치게 성급하여 점차 귀족과 무사 층의 지지를 잃었고, 1336년 아시카가 다카우지의 거병으로 2년도 못 되어 끝이 나버려 천황은 요시노로 달아났다. 이 겐무신정 기간에 호조 다카토키의 아들인 호조 도키유키(北條時行)가 시나국(信濃國)의 스와 요리시게(諏訪賴重) 등에게 옹립되어 가마쿠라 막부를 부흥시키려던 반란이 나카센다이의 난이다.
	미나토가와(湊川) 전투(1336년) 아시카가 다카우지는 겐무신정에 대한 무사와 농민의 불만 등을 업고 봉기를 일으켰다. 그는 1336년에 규슈와 세토 내해를 제압한 뒤 교토로 향했다. 이 소식을 들은 조정은 구스노키 마사시게(楠木正成)를 보내 아시카가 군을 격퇴하게 했다. 마사시게는 미나토

남북조 시대 (겐무신정建武新政 포함, 1333~1392년)	강에서 죽음을 각오하고 아시카가 군과 싸웠으나 크게 패했고, 결국 민가에 들어가 자살해 버렸다. 이후 다카우지는 고묘(光明) 천황을 세워 막부를 열고 다시 무가 정치를 시작하려 했지만 고다이고 천황이 이에 반발하여 요시노로 도망가 남조를 열었다.
	남북조 내란(1336~1392년) 1336년 교토의 고묘 천황(남조)과 요시노의 고다이고 천황(북조)이 둘로 나뉘어 격돌한 것이 남북조 내란인데, 1364년 이후 세력을 크게 키운 아시카가 요시미쓰가 결국 1392년에 남북조를 통일함으로써 끝났다. 이 내란으로 장원제를 기반으로 한 귀족, 사원, 신사 세력이 몰락했고 무로마치 막부가 세워졌다.
무로마치 시대 (1336~1573년)	**오닌(應仁)의 난(1467~1477년)** 무로마치 막부는 원래 슈고 다이묘에 대해 강력한 통제력을 행사하지 못하다가 무로마치 중기 이후에는 유력 슈고 다이묘의 반란으로 여러 차례 곤경에 처했다. 게다가 막부의 내분과 농민 투쟁이 빈번하게 일어나 막부의 지배 체제는 현저히 약화되어 갔다. 오닌의 난은 쇼군가 및 시바(斯波)·하타케야마(畠山) 양 가문의 상속 싸움과 호소카와·야마나 양 가문의 대립으로 불거졌다. 쇼군 아시카가 요시마사는 스물아홉 살이 되도록 자식이 없어 불가에 귀의해 있던 동생 요시미를 환속시켜 자신의 뒤를 잇게 하겠다고 약속했다. 그리고 막부의 실력자인 호소카와 가쓰모토(細川勝元)를 후견인으로 삼았는데, 이듬해 정실부인 도미코(富子)가 아들 요시히사를 낳고 말았다. 도미코는 요시히사를 쇼군으로 세우기 위해 요시미 배척 운동을 하는 한편, 요시미의 후견인인 호소카와 가쓰모토에 대항할 수 있는 실력자로 야마나 모치토요(山名持豊)를 선택했다. 또한 그 무렵 하타케야마가에서는 요시나리(義就)와 마사나가(政長)가 후계자 싸움으로 대립했고, 시바가에서도 요시카도(義廉)와 요시토시(義敏)가 대립하고 있었다. 후계자가 된다는 것은 한 가문의 우두머리가 되는 것을 의미한다. 당시 무가 사회에서는 분할 상속에서 적자 단독 상속으로 이행되는 중이었기 때문에 후계자가 되면 가문의 지휘권과 영지, 재산의 상속권을 물려받을 수 있었다. 그래서 후계자 싸움은 일생이 걸린 문제였다. 그 싸움은 쇼군가나 관령가뿐만 아니라 지방의 슈고 다이묘나 유력 무사 집안에서도 일어났다. 그런 까닭에 중앙에서의 싸움이 호소카와·야마나 2대 실력자의 항쟁으로 폭발했을 때 이 전란이 전국 규모의 내란으로까지 확산된 것이다. 오닌의 난은 1467년 하타케야마 요시나리가 하타케야마 마사나가를 꺾으면서 시작되었다. 호소카와의 동군은 24개국 16만 명의 군사를 모으고, 야마나의 서군은 20개국 9만 군사를 모아 교토를 무대로 격렬한 싸움을 벌였다. 이 전란은 점차 지방에까지 파급되면서 슈고의 영지 내부에서도 호족층의 반란이 일어나 전란의 당초 목표는 약해진 상태였다. 1473년에 이르러 호소카와 가쓰모토와 야마나 모치토요가 차례로 사망하자 전란은 점차 수그러들어 여러 장수들이 군사를 거두어 귀국하기 시작했고, 교토 주변의 싸움은 1477년 흐지부지 끝이 났다. 이 내란으로 교토는 황폐화되고 막부의 위신은 완전히 실추되어 하극상의 분위기가 만연해지기 시작했다. 또한 장원제의 붕괴가 촉진되면서 각 지역의 무사 세력이 강해짐으로써 독자적인 영지 지배를 목표로 하는 센고쿠 다이묘(戰國大名)가 출현하기 시작했다.
	1차 고노다이(國府台) 전투(1538년) 센고쿠 다이묘 호조 우지쓰나(北條氏綱)는 아버지 때부터의 거점인 이즈(伊豆)의 니라야마성(韮山城)을 떠나 사가미(相模)의 오다와라성(小田原城)으로 본거지를 옮겼다. 이때부터 성을 이세에서 호조로 고쳤다. 1537년에 우에스기 도모오키가 사망하고 젊은 우에스기 도모사다(上杉朝定)가 뒤를 잇자 호조 우지쓰나는 곧바로 침공을 개시해 가와고에성을 점령했다. 이후 그는 간토쿠보(關東公方) 아시카가 하루우지(足利晴氏)와 좋은 관계를 맺고자 했다. 당시 간토쿠보의 2

무로마치 시대 **(1336~1573년)**	인자 격인 간토칸레이(關東管領)는 대대로 오기가야쓰, 야마노우치의 양대 우에스기가 중 한 쪽이 물려받았는데, 형식적으로 간토칸레이의 후임자를 승인하는 기관이 간토쿠보였기 때문에 우지쓰나가 그 같은 노력을 한 것이다. 1538년, 호조 우지쓰나는 오유미쿠보(小弓公方) 아시카가 요시아키와 아와(安房)의 사토미 요시타카(裏見義堯)의 연합군과 싸워 크게 승리하고 아시카가 요시아키를 죽여 오유미쿠보를 멸망시켰다. 이것이 1차 고노다이 전투로서, 이때부터 그의 영향력은 무사시 남부와 시모우사(下總)까지 미치게 되었다.
	가와고에성(河越城) 전투(1546년) 호조 가문과 우에스기 가문이 벌인 싸움이 가와고에성 전투인데, 호조 가문이 승리를 거두면서 우에스기 가문은 쇠퇴하기 시작했다.
	가와나카지마(川中島) 전투(1553~1564년) 우에스기 겐신(上杉謙信)*은 에치고의 슈고 다이묘 나가오(長尾) 가문 출신으로 처음 이름은 나가오 가게토라(長尾景虎)였다. 1552년부터 우에스기 노리마사(上杉憲政)를 돕기 위해 관동에 출병하여 호조 우지야스와 대항하고, 주군인 우에스기 가문의 성씨와 간토칸레이 직을 계승했다. 다케다 신겐은 가이의 슈고로서 영지 내 호족을 복종시켜 간토 지역의 패권을 쥐었고, 아버지 노부토라(信虎)를 추방하고 자신이 가문을 계승했다. 우에스기 겐신과 다케다 신겐은 1553년부터 다섯 차례에 걸쳐 가와나카지마 쟁탈전을 벌였는데, 치쿠마 강과 사이 강이 합류하는 지점에 있는 곡창 지대였기 때문이다. 시나노를 손안에 넣은 신겐에게는 반드시 확보하고 싶은 요충지였고, 그것은 겐신도 마찬가지로 영지의 방위상 출병하지 않을 수 없었다. 다섯 차례 전투 가운데 네 번째 접전인 1561년 9월 전투가 가장 치열했는데, 다케다 군의 우위로 끝났다. 이후 가와나카지마 전투는 3년 뒤에도 있었지만 결국 시나노 지역은 북부 일부를 제외하고는 완전히 다케다 가문의 분국이 되었다.
	이쓰쿠시마(嚴島) 전투(1555년) 모리 모토나리는 오에노 히로모토(大江廣元)의 자손으로 아키·빈고 2국을 지배하고 있었다. 1551년, 유력 슈고 다이묘인 오우치 요시타카(大內義隆)의 가신 스에 하루카타가 모반하여 주군인 요시타카를 살해하고 그의 세력을 토벌하여 실권을 장악했다. 이후 1553년 이와미의 요시미(吉見) 가문의 토벌을 결의하고 모리 모토나리에게 참전을 요청했지만 오히려 반기를 들고 스에 하루카타와 관계를 끊었다. 모토나리는 하루카타와의 결전을 예상하고 1553년 이쓰쿠시마의 미야노오에 성을 쌓는 한편 이요의 수군을 자기편으로 끌어들여 스에 하루카타의 공격에 대비했다. 1555년, 스에 하루카타는 2만여 명의 군사를 이끌고 이쓰쿠시마에 상륙하여 도노오카에 본진을 두고 미야노오성을 공격했다. 그러나 모토나리는 4천여 명의 군사로 폭풍우를 무릅쓰고 하루카타의 배후를 급습하여 괴멸시켜 버렸다. 이 전투로 모리 모토나리는 더욱 강해졌고 마침내 스호·나가토의 2국을 평정하여 모리 모토나리 가문은 발판을 구축할 수 있었다.

* 에치고(越後)의 용(龍) 또는 군신(軍神)이라 불리던 에치고의 다이묘다. 1530년, 에치고의 슈고 다이묘 나가오 다메카게(長尾爲景)의 차남으로 태어난 그는 1536년 아버지가 병사하자 형을 대신하여 당주의 자리에 올라 주변의 다케다 신겐, 호조 우지야스, 오다 노부나가 등 쟁쟁한 센고쿠 다이묘들과 전쟁을 벌여 혁혁한 전과를 올렸다. 사심이 없고 의리 있는 행동으로 센고쿠 다이묘 중에서 최고의 인기를 누린 무장이다. 1577년, 데토리가와(手取川) 전투에서 오다 노부나가 군에 대승을 거두고 가스가 산성(春日山城)으로 귀환하여 연말에 다음 원정을 위해 동원령을 포고하며, 1578년 3월 15일에는 원정을 개시할 예정이었으나 예정일을 이틀 앞둔 3월 13일에 마흔아홉 살의 나이로 죽었다. 그는 전략가, 전술가로서만이 아니라 와카, 붓글씨에도 능통한 문화인이었다.

| 무로마치 시대 (1336~1573년) | **오케하자마(桶狹間) 전투(1560년)**
1560년, 오와리의 오케하자마에서 오다 노부나가와 이마가와 요시모토 사이에 벌어진 전투다. 당시 노부나가의 세력은 약했던 데 비해 요시모토는 스루가·도오토미·미카와 3국을 지배하여 세력이 강했다. 1560년, 요시모토는 교토에 상경하기 위해 2만 5천여 명의 군사를 이끌고 오와리에 침입해서 오케하자마에 진을 쳤다. 이에 노부나가는 겨우 3천여 명의 군사로 오케하자마를 급습했는데, 요시모토가 패하고 결국 죽음을 맞이했다. 이 전투로 이마가와 가문의 속국을 가지고 있던 마쓰다이라 모토야스(나중의 도쿠가와 이에야스)는 미카와의 옛 영지를 회복하여 독립했다. 1562년, 모토야스는 노부나가와 동맹을 맺었는데, 이로써 노부나가는 배후를 염려하지 않고 서쪽으로 나아가 천하 통일을 이룰 수 있었다.

2차 고노다이 전투(1564년)
1559년, 우지야스는 차남 호조 우지마사에게 가독(家督 : 집안의 대를 이어 나갈 맏아들의 신분)을 양도하고 은거했다. 그러나 은거 후에도 오다와라성 혼마루에 머무르면서 정치와 군사의 실권을 장악하고 우지마사를 뒤에서 도왔다. 1561년, 우에스기 노리마사가 간토의 일부 다이묘와 호족, 그리고 오슈 남부 호족까지 동원해 연합군을 편성하고 침공해 왔을 때는 우지야스가 오다와라성에서 모두 격퇴해 버렸다. 그리고 마사토라가 다케다 신겐과 가와나카지마 전투를 치르느라 정신이 없는 틈을 타 우에스기 가문에게 빼앗긴 영토의 대부분을 되찾기도 했다.
1564년에는 사토미 요시타카, 요시히로 부자와 가즈사 등의 지배권을 둘러싸고 대립했는데, 이것이 2차 고노다이 전투다. 호조 군의 병력이 우세에 있었지만 사토미 군은 정신적으로 똘똘 뭉쳐 한 치의 틈도 보여주지 않았다. 그런 까닭에 이 전투에서 호조 군은 도야마 쓰나게 등 핵심 무장을 여러 명 잃었다. 그러나 우지야스가 사토미 군을 기습해 결국 사토미 군을 아와로 몰아냈다.

이시야마(石山) 전투(1570~1580년)
오다 노부나가가 정토진종 혼간지의 세력을 무력으로 진압하다가 일어난 잇코 잇키다. 혼간지는 1496년 셋쓰국 이시야마(오사카 시 주오 구)에 창건된 사찰로서, 센고쿠 시대 말기 성에 견줄 만큼 견고한 성벽을 둘러 요새화한 것이 특징이다. 이시야마 전투 때 이 사찰 안에서 농성전을 벌이다가 전투가 길어지자 1580년 주지인 겐뇨는 오다 노부나가와 화친을 맺었다.

아네가와(姉川) 전투(1570년)
1570년, 아네가와(시가 현)에서 오다 노부나가가 아사이(淺井)·아사쿠라(朝倉) 연합군을 괴멸시킨 전투다. 그해 4월 오다 노부나가는 자신의 상경 명령을 어긴 에치젠(越前)의 아사쿠라를 공략하기 위해 교토를 떠나 출정했다. 그런데 뜻밖에도 자신의 매부이자 동맹자였던 오미(近江)의 아사이 나가마사가 배신하여 아사쿠라와 연합군을 형성하고 말았다. 하는 수 없이 오다 노부나가는 교토로 회군했다. 그런 후 다음 달인 5월 노부나가는 아사이를 평정하고자 아사이의 본성인 고다니성(小穀城)에 도착했다. 그러나 도쿠가와 이에야스의 원군과 함께 3만 4천 명에 달하는 그의 부대도 난공불락의 고다니성을 함락하지 못해 양동작전(陽動作戰)을 펼치기로 했다.
6월 28일, 드디어 고다니성의 지성인 요코야마성(橫山城)을 포위하고 아사이·아사쿠라 연합군을 성 밖으로 유인하여 아네가와 남쪽 강줄기를 사이에 두고 대치하기에 이르렀다. 처음에는 아사이 군이 배수진을 치는 바람에 노부나가 군이 고전을 면치 못했으나 도쿠가와 이에야스 군이 아사쿠라 군을 붕괴시킨 덕분에 승리를 거둘 수 있었다. |

무로마치 시대 (1336~1573년)	**이마야마(今山) 전투(1570년)** 1570년 3월에 류조지 다카노부(龍造寺隆信) 군과 오토모 소린 사이에 벌어진 전투다. 오토모 가문은 류조지 다카노부가 장차 화근이 될 수도 있다는 생각에 정벌군 6만 명을 편성하여 히젠(肥前)으로 쳐들어갔다. 당시 류조지 가문은 기껏 5천 명에 불과한 병력으로 사가성(佐賀城)에 틀어박혀 농성전을 펼치며 응전했다. 그런데 소린은 8월 20일을 총공격일로 정하고 19일 밤에 미리 축하연을 베풀어 군대의 긴장을 완전히 풀어놓아 버렸다. 이 소식을 접한 류조지 군의 나베시마 나오시게(鍋島直茂)가 야습을 주장했지만 오랜 농성으로 지쳐 있어 누구 하나 찬성하는 사람이 없었다. 이때 다카노부의 어머니가 야습을 강력하게 주장하자 다카노부는 기습 부대를 이끌고 성을 빠져나와 오토모 군의 본진까지 접근했다. 결국 동이 틀 무렵, 이마야마의 오토모 군 본진은 류조지 군의 기습을 받아 총대장 치카사다가 난전 중에 전사하는 등 완패하고 말았다. 이 전투를 계기로 류조지 다카노부는 히젠을 중심으로 규슈의 북서쪽 일대를 평정했다.
	미카타가하라(三方原) 전투(1572년) 다케다 신겐이 미카타가하라에서 도쿠가와 이에야스를 쳐부순 싸움이다. 당시 아시카가 요시아키는 오다 노부나가의 도움으로 교토에 입성하여 무로마치 막부 15대 쇼군에 오를 수 있었다. 그러나 그는 권력을 쇼군 중심으로 모으기 위해 오다 노부나가를 견제하기 시작했다. 이때 반(反) 오다 노부나가 군의 선봉장 격인 다케다 신겐은 1572년 자신의 군사를 3천 명과 5천 명으로 나누어 오다 노부나가의 영토와 도쿠가와 이에야스의 영토로 출정시켰다. 그런 다음 자신은 2만 2천 명의 대군을 이끌고 도토미(遠江)로 공격해 들어갔다. 신겐은 도쿠가와 군을 무너뜨리고 도토미의 요충지인 후타마타성까지 함락시켰다. 그러자 도쿠가와는 병사 1만 1천 명을 이끌고 출정하여 도토미의 미카타가하라에서 신겐과 일대 결전을 벌였다. 그러나 도쿠가와는 중과부적(衆寡不敵)의 병력 차이와 더불어 신겐의 기묘한 전술에 대패하고 말았다. 당시 도쿠가와 이에야스는 도망을 치며 공포감에 휩싸여 말 위에서 변을 보고 말았다는 일화가 전해진다.
아즈치모모야마 시대 (1573~1603년)	**노다성(野田城) 전투(1573년)** 노다성은 아이치 현 신시로 시에 있으며, 네고야성(根古屋城)으로도 불린다. 미카타가하라 전투에서 도쿠가와 이에야스를 대파한 다케다 신겐은 노다성을 포위 공격해 성주인 사다미쓰의 저항에도 불구하고 결국 식수난으로 항복을 받아냈다. 이 전투에서 다케다 신겐은 인부를 동원해 노다성의 수원(水源)을 끊었다고 한다.
	나가시노(長篠) 전투(1575년) 1575년, 오다 노부나가·도쿠가와 이에야스의 연합군은 미카와의 나가시노에서 다케다 가쓰요리(武田勝賴)를 격파했다. 전투가 벌어진 나가시노는 미카와 동쪽의 요충지로 이마가와·다케다·오다·도쿠가와 가문이 인접한 지역이었다. 나가시노성은 스가누마(菅沼) 가문이 1508년에 쌓았는데, 처음에는 이마가와 가문 소유였다가 1560년 이마가와 요시모토가 전사하자 도쿠가와 이에야스에게 넘어갔다. 그러나 1572년에 다케다 신겐의 공격을 받고 다케다 가문이 소유했다가 다케다 신겐이 사망한 뒤 1573년에는 도쿠가와 이에야스가 다시 탈환했다. 이후 다케다 신겐의 아들 가쓰요리는 아버지의 뜻을 받들어 서쪽으로 세력을 확대하고자 1575년 1만 8천 명의 군사를 이끌고 나가시노성을 공격했다. 이에 맞서 이에야스는 군대를 나가시노성에 보내는 한편 노부나가에게 원군을 요청했다. 이에야스와 노부나가의 연합군 3만 8천 명은 마방책(馬防柵 : 기마대의 돌격을 막는 나무울타리)을 설치해서 기마전에 강한 다케다 군을 막고, 3천 정의 총을 갖추고 3단 장진법으로 사격을 가해 결정적인 타격을 입혔다. 이 전투에서는 총을 조직적으로 사용해 총이 전투의 주 무기가 되는 계기가 되었다. 전투에서 패한 다케다 가문은 점차 쇠퇴하여 1582년 멸망했다.

아즈치모모야마 시대 (1573~1603년)	**시만토가와(四萬十川) 전투(1575년)** 와타리가와(渡川) 전투로도 불린다. 초소카베 모토치카(長宗我部元親)가 이치조 가네사다를 물리치고 토사(土佐, 고치 현高知縣)를 통일한 싸움이다.
	데토리가와(手取川) 전투(1577년) 1577년 11월 3일, 데토리가와에서 우에스기 겐신이 오다 노부나가 군을 격파한 싸움이다.
	미미카와(耳川) 전투(1578년) 규슈 패권을 노린 분고국의 오토모 요시시게(大友義鎭)와 사쓰마국의 시마즈 요시히사(島津義久)가 휴가(日向)에서 격돌한 전투다. 군사 수에서 우세했던 시마즈 군이 복병으로 오토모 군을 거의 전멸시켜 다시는 일어서지 못하도록 했다.
	혼노지(本能寺)의 정변(1582년) 1582년 6월 2일, 아케치 미쓰히데가 오다 노부나가를 교토 혼노지에 유인하여 자살하게 한 사건이다. 당시 노부나가는 긴키 지방을 평정한 후 주고쿠 지방을 평정하기 위해 모리(毛利) 가문과 대결하고 있었는데, 모리 가문을 토벌하기 위해 도요토미 히데요시(豊臣秀吉)를 파견했다. 노부나가는 히데요시를 지원하기 위해 선발로 아케치 미쓰히데에게 출진을 명하고 자신은 몇몇 시종과 혼노지에서 숙박했다. 미쓰히데는 노부나가의 유력 부장이 교토 주변을 떠나 각지에서 전투 중이었으므로 이 기회를 틈타 몇 천 명의 군사를 이끌고 혼노지를 습격했다. 노부타다는 미쓰히데의 습격을 받고 저항하다가 싸움에 져 자살하고 말았다. 미쓰히데는 오다 가문을 대대로 섬긴 가신이 아니라 신참자로서 노부나가의 실력 본위의 인재 등용을 통해 출세하여 단바·단고의 영주가 된 인물이다. 용맹하고 전술에 뛰어났으며 일본의 전통시인 와카나 다도에도 능했다고 한다. 그런 미쓰히데가 노부나가를 반역한 이유에 대해서는 여러 가지 설이 있다. 우선 단바를 공략할 때 야가미 성주 하타노 히데하루와 어머니를 교환하여 화친을 했는데, 1579년 노부나가가 히데하루를 살해하고 미쓰히데의 어머니도 죽어 노부나가를 깊이 원망했다고 하는 원한설이 있다. 또 경쟁자인 도요토미 히데요시가 모리 가문과의 전쟁에서 공훈을 쌓아가고 있었던 데 비해 자신은 뒤처져 있다는 조바심을 가지고 있다가 천하를 차지하려는 욕심에 그렇게 했다는 야망설도 있다. 그러나 미쓰히데의 배신 이유에 대해 단정을 내릴 만한 증거는 아무것도 없다. 미쓰히데는 이어 아즈치성을 점령하는 등 태세를 정비하려 했으나 도요토미 히데요시와 야마자키에서 결전을 벌이다가 패배한 뒤 살해되었다.
	야마자키(山崎) 전투(1582년) 1582년 6월, 혼노지의 정변으로 오다 노부나가를 죽인 아케치 미쓰히데를 토벌하기 위해 다카마쓰성(高松城)의 공성전을 멈춘 도요토미 히데요시가 7월 2일 교토로 향하는 도중 야마자키(오사카 부 미시마 군)에서 미쓰히데 군을 격파한 싸움이다.
	시즈가타케(賤嶽) 전투(1583년) 1583년 4월, 도요토미 히데요시가 시즈가타케에서 시바타 가쓰이에를 격파한 전쟁이다. 이 전투의 승리로 히데요시는 센고쿠 시대를 제패하는 기초를 다졌다.
	고마키·나가쿠테(小牧·長久手) 전투(1584년) 도요토미 히데요시와 도쿠가와 이에야스, 오다 노부나가 연합군이 오와리에서 결전을 벌인 전투로, 도요토미 군이 패했다.
	오카타나와테(沖田畷) 전투(1584년) 1584년 3월, 히젠국 시마바라 반도에서 히젠국의 다이묘 류조지 다카노부와 아리마 하루노부, 시마즈 이에히사(島津家久) 연합군이 벌인 전투다. 시마즈 가문이 규슈를 제패하

아즈치모모야마 시대 (1573~1603년)	는 데 관건이 된 전투로서, 영지 문제로 류조지 다카노부가 아리마 가문을 공격하자 시마즈 가문이 아리마 가문을 도와주었다. 아리마·시마즈 연합군은 류조지 군에 비해 군사가 매우 적었지만 지형적 우세를 이용해 류조지 대군을 격파했다. 류조지 다카노부가 전사한 이후 류조지 가문은 멸망했다.
	시코쿠 정벌(四國征伐, 1585년) 1585년 7월, 도요토미 히데요시는 간바쿠가 되어 후지와라로 성을 바꾼 다음 일본을 통일하기 위한 첫 번째 정벌 전쟁에 나섰다. 그는 우세한 병력으로 초소카베 모토치카의 항복을 받아내고 가신으로 삼았다.
	1차 우에다성(上田城) 전투(1585년)
	규슈 정벌(九州征伐, 1587년) 도요토미 히데요시의 2차 일본 통일전쟁이다. 시코쿠 정벌에 성공한 도요토미 히데요시는 규슈의 시마즈 요시히사를 위협한 뒤 대군을 이끌고 규슈 정벌에 나섰다. 시마즈 군은 처절하게 저항했으나 중과부적으로 패전하고 말았다. 그 후 시마즈 요시히사는 도요토미 히데요시를 주군으로 섬기기로 하고 옛 영지인 사쓰마로 돌아갔다.
	스리아게하라(摺上原) 전투(1589년) 1589년 7월 17일에 스리아게하라(후쿠시마 현 반다이 정과 이나와시로 정)에서 벌어진 다테 마사무네 군과 아시나 요시히로(蘆名義廣) 군과의 싸움이다. 요시히로가 패전했지만 나중에 도요토미 히데요시가 다테 마사무네를 토벌했다.
	오다와라 정벌(小田原征伐, 1590년) 도요토미 히데요시의 마지막 일본 통일전쟁이다. 도요토미가 각지의 다이묘들에게 강력하게 호소해 대병력의 연합군을 형성한 다음 동북 지방의 맹주인 호조 가문을 공략해 완전히 토벌했다. 호조 우지나오(北條氏直)는 항복하고, 도요토미가 오유(奧羽)를 접수하자 관동의 다이묘들이 귀순하여 도요토미는 일본 통일이라는 대업을 이루었다.
	분로쿠·게이초의 역(文祿·慶長の役, 1592~1598년) 일본을 통일한 도요토미 히데요시가 명나라 정복을 목표로 두 번에 걸쳐 조선을 침략해 벌어진 전쟁이다. 국내를 통일한 도요토미 히데요시는 간바쿠에 오른 직후부터 명나라 정복을 꿈꾸었다. 1592년, 조선에 정명(征明)을 위한 길 안내를 요구했는데 조선이 거부하자 그해 4월 조선에 출병하여 2개월 만에 한양과 평양까지 함락시켰다. 그러나 의병 투쟁, 이순신을 비롯한 수군의 활약, 명의 원군으로 1593년 강화 교섭에 들어갔다. 그런데 명나라는 도요토미 히데요시의 강화 조건을 무시하고 그를 일본 국왕에 봉한다는 회답을 하여 교섭이 결렬되었다. 일본군은 1597년(게이초 2년) 또다시 출병했으나 사천 전투 등에서 고전했다. 일본의 1차 조선 침략인 분로쿠의 역(1592~1593년)을 '임진왜란' 이라 하며, 두 번째로 조선을 침략한 게이초의 역(1597~1598년)을 '정유재란' 이라 한다. 이후 도요토미 히데요시가 갑자기 죽어버리자 일본군은 평화 교섭을 맺고 급히 철군했다. 분로쿠·게이초의 역은 도요토미 정권이 무너지는 원인이 되었지만 조선에서 활자 기술이 전래되었고, 많은 도공을 잡아가 도예 기술이 발달하는 등 문화적 영향을 크게 받았다.
	2차 우에다성 전투(1600년) 시나노국 우에다성에서 시나노국의 호족인 시나다(眞田) 가문과 도쿠가와 가문 간에 일어난 전투다. 2차 우에다성 전투에서 도쿠가와 이에야스의 아들 도쿠가와 히데타다는 사나다 마사유키(眞田昌幸)가 거처하는 우에다성에 맹공을 퍼부었지만 함락하지 못했

아즈치모모야마 시대 (1573~1603년)	다. 수차례의 공성전에도 우에다성은 끄떡 없었던 것이다. 이처럼 사나다 마사유키는 1~2차 우에다성 전투에서 도쿠가와 군을 물리침으로써 센고쿠 시대의 지장(智將), 모장(謀將)으로서 높은 평가를 받았다. 구이세가와(杭瀨川) 전투(1600년) 이시다 미쓰나리의 가신인 시마 기요오키(島淸興)가 1600년 9월 14일 서군의 사기를 북돋기 위해 동군의 진지로 출병했다. 이를 흔히 세키가하라 전투의 전초전이라고 한다. 세키가하라(關ヶ原) 전투(1600년) 1600년, 도쿠가와 이에야스가 이끄는 동군 10만 명과 이시다 미쓰나리가 이끄는 서군 8만 명이 도요토미 정권의 주도권을 놓고 세키가하라에서 벌인 싸움이다. 도요토미 히데요시가 사망한 뒤 도쿠가와 이에야스는 사실상 정권을 주도하는 위치에서 이시다 미쓰나리, 우에스기 가게카쓰와 대립했다. 1600년 7월, 이에야스는 가게카쓰를 토벌하기 위해 여러 다이묘를 동원하여 아이즈로 향했는데, 도중에 미쓰나리가 이에야스를 타도하기 위해 군사를 일으켰다는 것을 알고 세키가하라로 향했다. 그런데 서군의 고바야카와 히데아키(小早川秀秋)가 배신하는 바람에 전투는 하루 만에 동군이 크게 이겼다. 이를 전후하여 도호쿠, 호쿠리쿠, 규슈 등지에서 일어난 전투도 세키가하라의 결과가 전해지면서 빠르게 종식되었다. 전후 서군에 가담했던 다이묘는 영지를 빼앗기거나 감소했고, 천하의 실권은 도쿠가와 가문이 차지했다. 이 전투를 일본 역사상 가장 중요한 전투라 하기도 하고, '천하를 판가름하는 싸움'이라고도 한다.
에도 시대 (1603~1867년)	오사카(大阪) 전투(1614~1615년) 세키가하라 전투 이후 도쿠가와 이에야스는 에도 막부를 열고 천하의 실권을 잡았지만, 도요토미 히데요시의 차남인 도요토미 히데요리가 난공불락의 오사카성에 의지하며 무시할 수 없는 세력을 가지고 있었다. 이런 이유로 이에야스는 막부 내부의 분열을 통일하고 간사이의 정치·경제·군사의 중심지인 오사카와 긴키 지역을 장악하기 위해 도요토미 가문의 타도를 계획하고 도요토미 가문의 재력을 소모시키고자 사원의 수리를 빈번하게 권했다. 그리고 도요토미 가문이 히데요시의 덕을 기리기 위해 교토의 호코지(方廣寺) 대불전을 수리했을 때, 종에 '국가안강(國家安康)'이라는 문구를 새긴 것은 이에야스(家康)의 이름을 둘로 찢어 도쿠가와 가문을 저주한 것이라는 주장을 했다. 이른바 종명(鐘銘) 사건이었다. 이 종명 사건을 계기로 이에야스는 히데요리의 어머니 아사이씨가 인질로 에도에 이주하든지 히데요리가 오사카에서 다른 곳으로 영지를 옮길 것을 강요했다. 히데요리는 이를 거부하고 히데요시에게 은혜를 입은 다이묘들에게 구원을 요청했다. 그러나 다이묘들은 도쿠가와 가문을 두려워하여 이에 응하지 않았다. 1614년 11월, 이에야스는 다이묘를 총동원하여 20만 명의 대군을 이끌고 성을 포위했지만 함락시키지 못한 채 일단 강화 조약을 맺었다. 이것을 '오사카 겨울 전투'라고 한다. 강화 조건으로 성의 바깥 해자를 형식적으로 메울 것을 약속했지만, 막부가 이를 무시하고 안쪽 해자까지 메우고 이듬해 4월 무사의 추방과 히데요리의 영지 변경을 강요해 결국 싸움이 시작되었다. 도요토미 측은 이번에는 성에 의지하지 못하고 출격했다가 마침내 패배하고 히데요리와 아사이씨 모자는 자살했으며, 도요토미 가문은 멸망하고 말았다. 이것을 '오사카 여름 전투'라고 한다. 시마바라(島原)의 난(1637~1638년) 에도 막부 초기의 대규모 농민 폭동으로, 에도 막부의 3대 쇼군인 도쿠가와 이에미쓰가 규슈를 친정하는 데 직접적인 영향을 준 기독교와의 한판 전쟁이다. 1637년 규슈의 시마바라·아마쿠사에서 농민들이 봉기하여 영주 마쓰쿠라(松倉) 가문의

	본성인 시마바라성으로 쳐들어가 반란을 일으켰다. 그 원인은 시마바라의 영주인 마쓰쿠라 가문이 백성을 혹사시키고 조세를 과중하게 거두어 들이면서 체납한 사람에게는 도롱이를 입히고 불에 태워 죽이는 잔혹한 처벌을 가하는 등 학정이 극에 다다랐기 때문이다. 또한 이 지역은 원래 기독교로 개종한 다이묘 고니시 유키나가와 아리마 하루노부의 영지였기 때문에 기독교도가 많았는데, 새 영주가 신자들을 화산의 유황굴에 던져 죽이는 등 탄압을 가했던 것도 반란의 원인이 되었다. 결국 기독교 신자를 중심으로 하는 주민들과 아리마 가문의 신하였던 토호들이 아마쿠사 시로(天草四郎)를 수령으로 삼아 결집했다. 이렇게 모인 농민군 3만 8천 명은 1637년 10월에 봉기하여 막부·다이묘 군대에 저항하기 위해 하라성에서 농성을 벌였다. 막부는 이타쿠라 시게마사(板倉重昌)를 파견하여 진압하려 했지만 좀처럼 함락되지 않았다. 막부는 다시 로쥬 마쓰다이라 노부쓰나(松平信綱)를 파견하여 12만 명의 대군으로 성을 포위하여 식량 보급을 차단하고 네덜란드 선박으로부터 원조 사격을 요구하는 등 모든 작전을 동원한 끝에 1638년 2월 반란 세력을 물리쳤다. 이때 살아남은 사람은 거의 없었다. 이 반란은 기독교 신자들의 반란인지 또는 영주의 학정에 대한 농민의 반란인지 판단하기 어렵다. 그러나 막부는 이것을 기독교 신자들의 반란으로 단정하고 기독교 탄압과 쇄국 정책의 토대로 삼았다. 이후 막부는 기독교를 금지하는 정책을 강화했고 쇄국을 단행했다.
에도 시대 (1603~1867년)	1차 조슈 정벌(長州征伐, 1864년) 1863년 12월, 히토쓰바시 요시노부를 비롯한 유력 다이묘 여섯 명이 조정의 정치에 참가할 수 있는 참여회의가 만들어졌다. 그러나 각자의 생각이 달라서 결국 양이(攘夷)를 바라는 교토의 천황파와 개항을 바라는 에도 막부파로 분열되었다. 1864년 6월, 기도 다카요시 등 존왕양이파는 교토 경비를 위해 막부가 조직한 낭인 조직 신센구미(新選組)에게 급습을 당했다. 일명 이케다야 사건이다. 이 사건이 전해지자 마스다 우에몬노스케(益田右衛門介) 등 세 명의 가로(家老)는 조슈번의 군사를 이끌고 마키 이즈미, 구사카 겐즈이 등과 함께 교토로 향했다. 그들은 각지의 양이 세력들과 함께 후시미, 사가, 야마자키 등에 모여 7월 19일 아이즈, 사쓰마, 구와나 등의 군사들과 교토 시내에서 전투를 개시했다. 그 결과 조슈번의 군사는 막부와 여러 번의 군사에게 격퇴를 당하고 조정에 적대한 자라는 누명을 썼다. 또한 1864년 7월에 조슈번 군대가 천황이 사는 궁궐을 향해 발포한 것을 빌미로 막부는 조정의 적을 토벌한다는 명분으로 조슈번 정벌에 들어갔다. 정벌 총독에는 오하리번의 전 영주 도쿠가와 요시카쓰(德川慶勝)가 임명되었고, 36개 번에 출병 명령을 내렸다. 그러나 조슈번은 전 해에 일으킨 시모노세키 포격 사건에 대한 보복으로 영국, 프랑스, 미국, 네덜란드의 4국 함대의 공격을 받고 있었다. 조슈번의 무사들은 필사적으로 싸웠지만 3일 만에 패하고 말았다. 마침내 조슈번은 4국에 대해 시모노세키 시가지를 불태우지 않은 사례금과 전쟁 비용을 지불하기로 약속하고 강화를 맺었다. 이로 인해 조슈번을 이끌던 존왕양이파는 실권을 잃었고, 막부를 지지하는 보수파가 권력을 장악했다. 2차 조슈 정벌(1866년) 1차 조슈 정벌군이 철병한 후 얼마 지나지 않아 조슈번에서는 다카스기 신사쿠(高杉晉作) 등 존왕양이파가 또다시 반란을 일으켜 번의 실권을 장악했다. 막부와의 사이에 긴장이 고조될 수밖에 없었다. 막부는 영주 부자의 에도 출두와 영지의 삭감 명령을 내렸으나 조슈번이 따르지 않자 출병을 결정했다. 그러나 조슈번이 사쓰마번과 동맹을 맺고 우수한 전쟁 무기를 소유하고 있었기 때문에 토벌군은 패배하고 말았다. 결국 막부군은 쇼군 도쿠가와 이에모치의 죽음을 이유로 전투를 중지하고 병력을 철수했다.

근대 (1867년 이후)	**무진 전쟁(戊辰戰爭, 1868~1869년)** 메이지 신정부에 반발한 구 막부는 1868년 1월 도쿠가와 요시노부를 호위하고 교토로 쳐들어가려 했지만, 교토 교외의 도바(鳥羽)·후시미(伏見) 전투에서 사쓰마번과 조슈번을 주력으로 하는 신정부군에게 패하고 요시노부는 에도로 도주했다. 신정부는 요시노부를 조적(朝敵)으로 간주하고 사이고 다카모리(西鄕隆盛)를 대총독부 참모로 임명한 뒤 요시노부 토벌군을 조직해 에도 공략에 나섰다. 또한 신정부는 구 막부와 내전에 돌입하면서 구미 각국에 천황이 일본국의 원수임을 선언하고 구 막부가 맺은 조약을 계승하겠다는 전달을 하면서 내전에서의 중립을 약속받았다. 이러한 결정으로 우위에 선 신정부군은 사이고 다카모리와 구 막부의 가쓰 야스요시(勝安芳)의 교섭에 따라 요시노부를 살려주고 도쿠가와 집안을 존속시키는 대신 에도성에 무혈 입성해 에도 막부를 멸망시켰다.
	세이난(西南) 전쟁(1876년) 1877년, 일본 서남부 가고시마의 사족(士族)인 사이고 다카모리가 일으킨 반메이지 정부 내란이다. 1873년 정한론(征韓論)을 주장한 사이고는 조선사절단 파견을 둘러싼 집권층의 분열(메이지 6년 정변)로 이와쿠라 도모미(岩倉具視) 등에게 밀려 징계에서 물러났다. 이후 가고시마에서 군사학교를 세우고 사족의 자제를 모아 교육에 힘썼다. 그러자 폐번치현(廢藩置縣) 후 봉건적 특권을 잃고 몰락일로에 있던 사족의 반정부 분위기가 이 학교를 중심으로 조성되었다. 1877년, 마침내 이 학교 학생이 중심이 되어 사이고를 앞세우고 거병해 1만 3천여 명이 구마모토진대(熊本鎭臺)를 포위했다. 그러나 정부군에 의해 진압되었고 사이고 등 대부분의 지도자는 자결했다.
	청일 전쟁(1894~1895년) 조선을 아시아 진출의 발판으로 생각하는 일본과 조선에 대해 종주권을 주장하는 청나라의 대립은 임오군란, 갑신정변을 거치면서 더욱 심화되었다. 조선에서는 갑신정변의 실패로 김옥균 등의 급진 개화파가 추방되었고, 조선의 쌀과 콩이 일본으로 대량 유출되어 식량이 부족한 데다 곡물 가격이 상승하여 농민 생활은 한층 어려워졌다. 그 때문에 1894년 전봉준이 이끄는 동학농민군은 정부 학정에 저항해 봉기했다. 이 봉기를 진압할 역량이 없던 조선 정부가 청나라에 출병을 요청하자 일본도 조선 내 일본 거류민의 보호를 명목으로 군사를 파병했다. 결국 일본은 1894년 7월 조선을 해방한다는 구실을 삼아 청나라 군대를 공격했고, 8월에 선전포고를 함으로써 청일 전쟁의 서막이 올랐다. 청나라에 비해 전쟁 준비나 군비의 근대화에서 앞서 있던 일본군은 육해군 전 부분에서 청나라 군대를 압도했다. 일본군은 황해 해전과 평양 전투에서 승리한 다음 연이어 요동 반도의 여순과 대련을 점령했다. 전쟁은 결국 8개월 만에 일본이 승리하고, 1895년 4월 청일 간에 강화 조약이 체결되었다. 메이지 정부는 첫 대외 전쟁의 승리로 일본이 제국주의 열강 대열에 들어서는 발판을 마련할 수 있었다.
	러일 전쟁(1904~1905년) 청일 전쟁 뒤 삼국 간섭으로 요동 반도를 반환한 일본은 대륙 진출을 위해서는 러시아와의 대결이 불가피하다고 보았다. 1900년, 청나라에서 의화단의 난이 일어나자 러시아는 대군을 파견하여 사실상 만주를 점령했다. 이에 아시아 각지에서 러시아와 대립하던 영국은 러시아의 극동 진출을 막기 위해 영일 동맹을 체결하고, 영미의 지지를 얻은 일본은 1904년 2월 8일 인천항과 여순항의 러시아 함대를 기습했다. 이를 계기로 자신감을 얻은 일본은 곧바로 러시아에 선전포고를 함으로써 러일 전쟁이 시작되었다. 초기에는 전쟁의 주 무대가 만주였는데, 일본 육군은 요양·사하 전투에서 러시아 군대를 격파하고, 1905년 1월에 몇 개월간 격렬한 공방전을 거듭한 끝에 여순을 점령했다. 이어 3월에

	는 봉천 전투에서 승리를 거두었고, 해군도 같은 해 5월 동해 해전에서 러시아의 발틱 함대를 격파하여 승리를 거두었다. 하지만 일본은 병참 조달이 여의치 못했고 러시아는 차르의 압정에 대한 민중 운동이 격화되어 충분한 전력을 발휘할 수 없었다. 이에 만주 시장에 진출하려던 미국은 양국의 강화를 조정했고, 드디어 1905년 9월 루스벨트 미국 대통령의 권고로 포츠머스에서 러일 강화 조약이 조인되면서 막을 내렸다.
근대 (1867년 이후)	**1차 세계대전(1917~1918년)**
	만주사변(1931년) 1931년 9월 18일 중국 봉천 교외의 유조호에서 남만주 철도가 폭파되었다. 일본의 관동군은 중국 군대가 한 일이라며 덮어씌우고는 곧바로 기습 공격을 가하여 남만주의 주요 도시를 점령했다. 유조호 사건은 관동군 참모 이시하라 간지(石原莞爾), 이타가키 세이시로(板垣征四郎) 등이 군 중앙부 일부의 지지를 받아 실행한 음모였다. 처음부터 남만주뿐만 아니라 소련이 철도의 권익을 가지고 있던 북만주까지 일본 영토로 만들려는 일본 측의 의도였던 것이다. 이후 관동군은 1932년 2월에 하얼빈을 점령하고 만주 전역을 제압했다. 이와 동시에 만주를 중국에서 분리시키기 위해 3월에는 청나라 왕조의 마지막 황제였던 푸이(溥儀)를 내세워 괴뢰국인 만주국을 세웠다. 그러고는 1933년 열하성을 공격하여 만주국에 병합하고, 5월에는 중국 측과 당고에서 정전 협정을 체결하여 장성 이남에 비무장 지대를 설정하고 중국 본토와 만주국의 분리를 확정했다. 그러나 국제연맹이 일본군의 만주 철수와 만주국 불승인을 일본에 통고했고, 이에 불만을 품은 일본은 국제연맹을 탈퇴한 뒤 군국주의의 길로 들어섰다.
	상해사변(1931~1932년) 1차 상해사변이라고도 부른다. 일본 해군이 만주사변으로 상해에 출병하자 국민당 정부는 낙양으로 천도할 수밖에 없었다. 이 전쟁에서 중일 양국은 대규모의 부대를 참전시켜 전쟁이 교착 상태에 빠지고 말았는데, 후에 쌍방이 휴전을 맺고 일본군이 상해에서 철수했다.
	2차 세계대전(1937~1945년) 2차 세계대전 중에 일본은 중국, 동남아, 태평양 등지에서 침략 전쟁을 벌였다. 일본은 초기에 각지에서 커다란 전과를 올렸지만 미국이 참전한 이후로는 점차 패배하기 시작했다. 결국 미국과 러시아가 선전포고를 하자 일본은 항복하고 미국을 주도로 한 연합군이 일본을 점령해 관리했다.
	중일 전쟁(1937~1945년) 만주사변으로 중국 동북부를 빼앗은 일본이 1935년 이후 중국 북부 지역의 분리 공작을 개시하면서 중일 간의 대립이 격화되었고, 1937년 7월 북경 교외에 있는 노구교에서 중일 양군이 충돌하면서 전쟁이 시작되었다. 일본 정부와 군부는 중국에 일격을 가하면 쉽게 굴복할 것이라고 생각하고 총공격을 개시하여 북경과 천진 지방을 점령했다. 이를 일본 정부에서는 지나사변이라 부르며 선전포고를 하지 않았는데, 중국은 2차 국공 합작을 한 뒤 완강하게 저항함으로써 단숨에 중국을 굴복시키려 한 일본의 예상은 빗나갔고 전면 전쟁이 되었다. 일본은 다시 대군을 보내 1937년 12월 남경을 점령하고 남경대학살 사건을 일으켰다. 이후 일본은 광동, 무한을 점령했으나 군사 동원력에도 한계가 있어 전쟁은 지구전으로 치달았다. 이에 장제스의 국민당 정부는 중경으로 천도하여 오지를 기지로 항전을 계속하고, 중국 공산당은 일본의 점령지 후방에서 항일 근거지를 구축하고 게릴라전을 전개했다. 결국 일본의 중국 지배는 '점과 선(도시와 교통선)의 지배'에 머무를 수밖에 없었다. 일본은 1940년 3월 남경에 왕조명(汪兆銘) 정권을 세웠지만 중국의 민중을 전면적으로

근대 (1867년 이후)	지배하기에는 한계가 있었고, 중국 민중도 왕조명 괴뢰 정권을 자신들의 정부로 인정하지 않았다. 중일 전쟁에서 벽에 부딪힌 일본은 1940년 가을부터 베트남에 상륙하여 전쟁을 동남아시아로 확대했고, 미국 및 영국과의 대립을 심화시켰다. 그러다가 일본이 진주만을 습격하여 마침내 1941년 12월 태평양 전쟁이 발발했다. 1944년에 일본은 남방 점령지와의 연락을 꾀하는 동시에 중국 남부의 미공군 기지를 공격했지만 총체적인 난국을 극복하지 못하고 1945년 미국에 항복했다.
	태평양 전쟁(1941~1945년) 2차 세계대전 가운데 아시아에서 벌인 일본과 미국, 영국, 중국 등 연합국의 대항을 태평양 전쟁이라고 한다. 전쟁 중에는 대동아 전쟁이라고 불렸고, 전쟁 뒤에는 미국의 영향으로 태평양 전쟁으로 불렸다. 1940년 9월, 일본은 북부 베트남에 진주하고 독일 및 이탈리아와 삼국 동맹을 체결했다. 그러고는 같은 해 12월 8일 미국 해군의 주요 기지인 하와이의 진주만을 기습 공격함으로써 태평양 전쟁이 시작되었다. 이어서 말레이 해전에서 영국의 전함을 침몰시켜 인도양·남태평양의 제해권을 장악한 일본은 반년 만에 필리핀, 말레이 반도, 인도네시아를 점령하여 동남아시아 거의 전 지역을 제압했다. 그러나 미국이 총력전으로 맞서자 서서히 전세가 역전되기 시작했다. 1942년 6월, 미드웨이 해전에서 일본 해군은 완전히 참패하고, 1943년 2월에는 일본 육군이 과달카날 섬에서 퇴각하면서 일본군은 완전히 수세에 몰리기 시작했다. 1944년 6월, 사이판 섬이 함락된 뒤부터는 미군 공군기가 일본 본토 공습을 본격화하여 도쿄를 비롯한 전국의 도시가 폐허로 변했고, 레이테 해전에서 일본군이 완전히 괴멸당하기도 했다. 1945년 4월, 미군이 오키나와에 상륙했고, 5월에는 독일이 항복하자 일본은 고립무원이 되고 말았다. 일본 군부는 본토 결전을 주장했지만 일부의 정부 인사들은 신중하게 항복을 고려하기 시작했다. 7월 26일, 미국·영국·중국의 3국은 포츠담 선언을 채택하여 일본의 무조건 항복을 요구했다. 일본 정부는 처음에 이를 무시하다가 8월에 히로시마와 나가사키에 원자폭탄이 투하되고, 소련이 일소 중립 조약을 무시하고 일본에 선전포고를 하자 마침내 포츠담 선언을 수락했다. 8월 15일, 일본 천황은 종전 조서를 방송하고 9월 2일 항복 문서에 조인하면서 전쟁은 종결되었다.

부록 2

검도 용어

[일반 용어]

가마에(構え) : 자세. 일반적으로 추단노카마에
가에시와자(返し技) : 상대방의 수를 피하면서 교묘하게 되받아치는 기술
가카리게이코(掛り稽古) : 상위자가 하위자에게 몇 번이고 공격을 반복하는 검도 수련법의 하나
가타(形) : 검도형
가타나(刀) : 무사도(武士刀), 즉 다치우치(太刀打)
게단노카마에(下段の構え) : 칼끝을 낮춘 자세
게이코(稽古) : 수련
겐센(劍先) : 죽도의 앞쪽 끝
고다치(小太刀) : 짧은 다치
고테(籠手) : 손과 팔뚝을 보호하는 장비
교지쓰(虛實) : 마음과 자세에 허점이 생긴 상태
구라이즈메(位づめ) : 압박 공세
기(氣) : 기체, 정신
기구라이(氣位) : 기품
기다치 : 목검, 목도
기리카에시(切り返し) : 정면 치기와 좌우면 치기를 되풀이하는 연습법
기아이(氣合い) : 기합
기혼(基本) : 기초
기힌(氣品) : 기품
나카유이 : 죽도 중간에 있는 가죽 끈
누키쇼부(抜き勝負) : 단체전의 하나로 이긴 자만이 살아남아 대련을 계속함
누키와자(抜き技) : 몸을 재빨리 피해 역공하는 기술
니단와자(二段技) : 2단계 공격 기술
단(段) : 등급 단위
데바나와자(出ばな技) : 상대방이 공격해 들어올 때 반응하여 내는 '나오기' 기술
데아시(出足) : 나가는 발
도 : 가슴, 배를 가리는 보호 장비
도구 : 멘, 고테, 도 등 보호 장비를 폭넓게 가리킴
도모 아리가토 고자이마스(どうも ありがとう ございます) : 대단히 감사합니다
도조(道場) : 도장
도타쓰 : 유효 공격

마아이(間合い) : 마주 선 두 사람 사이의 거리
메쓰케(目付) : 시선을 집중해 응시함
멘(面) : 얼굴과 머리 부위, 투구
멘가네(面金) : 검도 투구의 금속붙이
멘부톤(面布團) : 투구 가운데를 보호하는 매트
모쿠소(默想) : 묵상
무네 : 가슴 부분
미도리게이코(見取り稽古) : 견학 수련
보켄(木劍) : 목도
보쿠토(木刀) : 목도
사시멘(刺し面) : 상대방의 머리를 톡 하고 타격
사유멘 : 투구의 측면을 공격
사키가와(先側) : 죽도 맨 앞쪽의 가죽 덮개
산단와자(三段技) : 세 단계 공격 기술
세레쓰(背列) : 배열
세메(攻め) : 자신의 죽도로 상대방의 죽도 중간 부분을 손상시킴
세이간노카마에(正眼の構え) : 칼끝이 상대편의 눈을 겨눈 자세
세이자(正坐) : 정좌
센세이(先生) : 사범
센파이(先輩) : 상위 수련자
손쿄(蹲居) : 시합하기 전에 대결 선에서 쭈그리고 앉아 맞붙을 준비를 하는 자세
쇼멘(正面) : 머리치기
슈모쿠아시(撞木脚) : 초심자가 흔히 저지르기 쉬운 나쁜 자세로 추단노카마에에서 왼발의 발톱이 바깥을 향함
스리아게와자(刷り上げ技) : 중단 자세로 상대방을 공격하는 기술
스부리(素振り) : 죽도를 휘두름
스키(透き) : 허점. 틈
시나이 : 죽도
시아이(試合) : 시합
시아이조(試合場) : 시합장
시젠타이(自然態) : 정상적으로 서 있는 자세
시카게와자 : 공격 기술
쓰루 : 죽도의 선
쓰바(鐔) : 죽도 위 원형으로 생긴 손 보호물

쓰바도메(鐔どめ) : 쓰바의 아교 가죽 덮개
쓰카(柄) : 죽도 손잡이
아시(脚, 足) : 다리
아시가라 : 상대방의 발을 걸기
아시사바키(足捌き) : 보법, 발놀림
아유미아시(步み足) : 양 다리 교대식 보법
야메(止め) : 중지
오네가이시마스(お願いします) : 부탁합니다
오이코미(追い込み) : 도장에서 상대방을 계속 쫓아다니면서 공격하는 수련법
오지와자 : 방어 기술
오쿠리아시(送り足) : 오른발을 앞으로 하는 보법
오키이(大) : 큰 것
와자(技) : 기술
우사메토(納め刀) : 검을 거둠
우치 : 죽도를 휘두름
우치오토시(打落とし) : 상대방의 죽도를 떨어뜨리는 기술
우치코미게이코(打ち込み稽古) : 상대방이 특별하게 노출한 부위를 공격하는 수련법
잇소쿠잇토노마아이(一足一刀の間合い) : 한 걸음에 타격이 가능한 거리
잔신(殘心) : 타격을 가한 후 즉시 원 자세로 되돌아와 다음 변화에 대응할 수 있도록 자세를 갖춤
조게부리 : 검을 뻗어 매우 높은 곳에서 매우 낮은 곳으로 휘두름
조단노카마에(上段の構え) : 검을 머리 위로 들어올린 자세
지게이코(地稽古) : 시합하듯 서로 자유롭게 기술을 거는 대련
차쿠자(著座) : 앉음
추단노카마에(中段の構え) : 칼끝이 상대편의 눈을 향한 중단 자세
큐(九) : 초심자의 단
큐(級) : 급수
타레(垂) : 성함을 적어놓는 자루
타이(體) : 신체
타이아타리(體當たり) : 자기 몸을 상대방의 몸에 부딪침
터토쓰부이(打突部位) : 멘(머리), 고테(손목), 동(허리), 쓰키(멱) 등 유효 공격으로 인정받을 수 있는 상대방의 신체 부위
테누구이(手拭い) : 면수건
하라이와자(はらい技) : 상대방의 죽도를 쓸어버리는 기술
하이(はい) : 예
하지메(始め) : 개시
하카마(袴) : 도복 바지
후미코미아시(踏み込み足) : 뛰어올라 공격하는 보법
히라키아시(開き足) : 좌우로 이동하는 발놀림
히모(繩) : 멘히모(面繩), 도히모(胴繩) 등의 끈
히키아게(引き揚げ) : 타격 후 뒤로 물러남
히키와자(引き技) : 상대방의 균형을 깨뜨려 쓰러뜨리는 기술
히키타테게이코(引く立て稽古) : 고단자가 초심자를 가르치는 기술 수련

[경기 용어]

고기(合議) : 심판끼리의 토론
니혼메(二本目) : 두 판째를 시작할 때
레이(禮) : 경례
쇼부 : 양 선수가 한 판씩 이겼을 때의 결승 승부
쇼부아리(勝負有り) : 시합이 끝난 뒤 승패가 결정된 경우
신판(審判) : 심판
신판슈닌 : 시합 주관 심판
신판초(審判長) : 심판장
쓰키(突き) : 상대편의 멱을 찌르는 기술
아리(有り) : 멘(얼굴), 고테(손목), 도(허리) 등에서 점수를 얻음. 〈예〉 멘아리(面有り)!
엔초(延長) : 연장
와카레(分れ) : 경기가 교착 상태에 빠졌을 때의 해산
유코도타쓰(有效到達) : 유효 공격
잇폰(一本) : 유효(1점)
잇폰가치(一本勝ち) : 한판승
한소쿠(反則) : 반칙(- 1/2점)
한소쿠니카이(反則 2回) : 반칙을 두 번 했을 때
한소쿠잇까이(反則 1回) : 상대방의 발을 걸거나, 후리거나, 장외로 밀어내거나, 장외로 나가거나, 죽도를 떨어뜨리거나, 부당하게 중지 요청을 하거나, 동시 반칙을 하는 등의 반칙
한테이(判定) : 심판 판정
히키와케(引き分け) : 무승부

센포(先方) : 단체 경기에서 첫 번째 대련자
지호 : 단체 경기에서 두 번째 대련자
추켄 : 단체 경기에서 세 번째 대련자
후쿠쇼 : 단체 경기에서 네 번째 대련자
타이소 : 단체 경기에서 다섯 번째 대련자

[상용 용어]

미기(右) : 오른쪽
히다리(左) : 왼쪽
마에(前) : 앞
아토(後) : 뒤
이치 : 1
니 : 2
산 : 3
시(욘) : 4
고 : 5
로쿠 : 6
시치(나나) : 7
하치 : 8
큐 : 9
주 : 10

옮긴이의 글

전 세계가 반한 최고 병법서이자
경영관리학의 고전

　폭풍우가 몰아치는 바다처럼, 늘 요동을 치는 자본주의 경쟁 사회에서 파생된 하나의 미립자로 살아가는 우리는 초 단위로 마음이 불안하다. 무한 경쟁에서 이겨야만 살아남을 수 있는 자본주의의 냉혹한 생존 방식 때문이다. 이러한 현실은 적을 죽여야만 자신이 살아남을 수 있는 적자생존의 법칙이 지배하던 일본의 센고쿠(戰國)시대와 비슷하다고 해도 과언은 아닐 것이다.
　하루가 멀다 하고 살아남기 위한 생존투쟁의 봉화가 피어오르던 센고쿠 시대에 절대불패의 신화를 쓴 한 무사가 있었다. 모든 달콤함을 던져버리고, 오로지 검에만 의지해 살았던 미야모토 무사시. 그는 '적'을 베는 데 필요하지 않은 것들은 모조리 내던져버렸다. 오로지 실리주의와 합리주의에 바탕을 둔 자신의 검술만을 철저하게 믿었다. 그리고 모든 결투에서 이겼다. 현대 자본주의 사회에서 '(무사시의)적'은 비즈니스 경쟁자나 기업 간의 경쟁으로, '적을 베는 것'은 경제적인 생존의 승리에 비견할 수 있을 터인데, 생각해 보면 그때나 지금이나 삶의 방식이 같음에 등골이 오싹하기까지 하다.
　하지만 무사시는 무사인 동시에 서화와 조각에 능했고, 노장사상과 선(禪)사상에 깊은 영향을 받은, 한마디로 검을 도의 경지로 승화시킨 인물이었다. 그의 저서 『오륜서』가 바로 그러한 면모를 실증적으로 보여준다. 때문에 『오륜서』는 시대를 초월하여 인간 수양의 수신서(修身書)이자 경제경영서의 고전으로 추앙을 받고 있다.
　무사시의 일생을 되돌아보더라도 그가 왜 이런 책을 쓸 수밖에 없었는지를 이해할 수 있다. 도요토미 히데요시가 일본 천하를 통일할 때부터 도쿠가와 이에야스의 에도 막부가 원숙기에 접어들 때까지 활동한 무사시의 일대기는 현재의 자유롭고 개방적인 비즈니스 경쟁 환경과 얼추 흡사하다. 오로지 승리만을 절대 목적으로 삼는 무사시의 병법(검법) 역시도 오늘날의 비즈니스 전략과 매우 유사하다. 때문에『오륜서』는 일본 센고쿠 시대의 무사들을 가르치는 병법의 나침반이었고, 오늘날에는 비즈니스 경쟁에서도 유용하게 쓰이는 경영전략의 지침서가 될 수 있었다.

게다가『오륜서』안에서 메타포가 흥건한 고도의 수사학적 언어로 함축된 무사도, 검도, 신도(神道), 노장사상과 선사상은 오늘날 최고경영자(CEO)들의 자기계발 수련 법칙으로도 활용될 수 있다. 어떻게 하면 일대일 경쟁에서 이기고, 라이벌 기업과의 경쟁에서 우위를 점하고, 기업의 위기를 관리하고, 시장의 기회를 선점할 것인가에 대해서도 응용할 수 있는 까닭이다. 당연히 샐러리맨에게도 아주 실용적인 개인 생존전략의 지침서가 된다.

무사시가『오륜서』에 남긴 말은 마음이 불안할 수밖에 없는 자본주의 무한 경쟁 시대를 살아가는 우리들에게 인생의 벽을 단숨에 격파하는 일종의 해탈과 같은 시원시원한 삶의 지혜를 전해 준다. 무사시가 살던 때로부터 400여 년이 흐른 지금까지도『오륜서』는 미국 인터넷 서점 아마존의 스테디셀러에 이름을 올리고 있으며, 오늘날 글로벌 경제를 주름잡는 유명 CEO들 역시『오륜서』를 일본 최고의 병법서이자 경영관리학의 명저로 극찬하고 있다.

한편『오륜서』는『손자병법』,『전쟁론』과 더불어 '세계 3대 병서'로 불린다는 점에도 주목해야 한다. 또한 루스 베네딕트의『국화와 칼』, 니토베 이나조(新渡戶稻造)의『무사도』, 다이지타오(戴季陶)의『일본론(日本論)』과 더불어 '일본사서(日本四書: 일본에 관한 4대 명저)'로도 불린다. 심지어『오륜서』는『국화와 칼』,『무사도』의 영향력을 뛰어넘어 일본 정신의 진정한 근원을 찾아낸 '일본을 여는 첫 번째 코드'라는 평가를 받고 있기도 하다. 하지만 "진정한 병법은 모든 영역에 활용할 수 있다"라고 한 무사시의 말처럼,『오륜서』야말로 하버드 경영대학, 웨스트포인트, 일본 유수의 기업체에서 필독을 권하는 책이고,「뉴욕타임스」,「워싱턴포스트」,「월스트리트저널」의 베스트셀러 리스트에 오른 위상에 걸맞게 일본의 뿌리이자 일본 정신의 총체적 표상으로 제반 학문 영역에서 끊임없이 활용되고 있는 '통합형 고전'이라 할 수 있다.

"하나의 기업이든 한 개인이든, 격렬한 경쟁의 틈바구니에서 성공을 얻고 싶어 한다. 그러기 위해서는 단지 원대한 포부와 호방한 의욕으로만은 부족하다. 반드시 실용적이면서도 실제적이고 효과적인 전술과 수단으로 그 꿈을 실현시켜야만 한다. 이 방면에서 『오륜서』는 승리를 얻는 확실한 방법을 가르쳐준다." (일본 마쓰시타 그룹 창업자 마쓰시타 고노스케松下幸之助)

"『오륜서』는 세계 병법사상사에서 매우 뛰어난 걸작이다. 이 책에서 논한 전략과 전술은 현대의 기업 관리와 개인적인 성공 전략에 지혜로운 가르침을 주는 '성공의 나침반'과 같다." (전 제너럴일렉트릭 회장 잭 월치)

"나는 하버드 경영대학이 『오륜서』를 학생들의 필독서로 선정한 것은 결코 일시적인 충동이 아니라고 생각한다. 중국의 『손자병법』처럼 경쟁에서 이기는 도(道)를 터득하는 데 있어 매우 유익한 책이기 때문이다. 오늘날까지도 일본의 경영인들이 『오륜서』를 경영 전략 결정의 나침반으로 삼고 있다는 점에서 그러한 사실을 엿볼 수 있다." (『칭찬은 고래도 춤추게 한다』의 저자 켄 블랜차드)

무사시의 『오륜서』를 그림과 도표 등을 활용하여 입체적으로 다시 풀어 쓴 이 책 『미야모토 무사시 오륜서』는 무사시의 병법사상과 인생관을 알고 싶어 하는 독자들을 위해 만들어졌다는 데 그 의의가 있다. 따라서 독자들은 다음과 같은 점에 유의하여 읽어 나간다면 소기의 성과를 얻을 수 있으리라 믿는다.

『오륜서』의 원문을 기초로 하여 풀어 쓴 이 책의 1장은 『오륜서』의 특징과 유래, 영향 등을 다룬 '입문서' 격에 해당한다. 2장은 마치 소설처럼 흥미진진하게 '검성' 미야모토 무사시의 일생을 전기식으로 보여준다. 3장부터 7장까지는 『오륜서』 원문의 다섯 개 장, 즉 '지(地)의 권', '수(水)의 권', '화(火)의 권', '풍(風)의 권', '공(空)의 권'을 차례차례 구체적으로 분석한다. 8장은 일본 검도의 역사와 유파, 사상, 규칙, 장비, 판정 방법 등을 아주 상세하게 설명한다. 9장은 일본의 무사도와 갑옷, 투구 등 센코쿠 시대의 무사들이 착용했던 장비들을 소상하게 설명한다. 마지막 10장에서는 무사시가 살았던 센고쿠 시대를 역사적인 관점에서 조망한다. 독자들은 이 부분을 읽으면서 흡사 『대망』의 압축판을 읽는 듯한 기분에 휩싸일 것이다. 더불어 '부록'으로 '일본 군사 사건 연표'와 '검도 용어'를 수록하여 『오륜서』의 이해를 돕도록 하였다.

3장부터 7장까지의 내용이 『오륜서』의 '나무'라고 본다면, 다른 장들은 나무를 둘러싼 '숲'이라고 할 수 있다. 이는 곧 이 책이 『오륜서』라는 고전을 거시적이고 미시적으로 잘 살펴볼 수 있도록 구성되었다는 것을 의미한다. 특히 본문 각 장의 한 주제마다 내용을 입체적으로 해석하고 설명해 주는 도판을 곁들임으로써 독자들이 마인드맵 방식으로 『오륜서』를 쉽게 이해할 수 있도록 한 점이 돋보인다. 덕분에 텍스트 위주로 집필된 『오륜서』를 읽어 왔던 독자들은 정치하고도 아름다운 300컷의 도판을 통해 입체적이면서도 거시, 미시적으로 『오륜서』와 '무사도'를 이해할 수 있다. 따라서 이 책은 『오륜서』 원전 독해의 어려움을 뛰어넘어 일본 문화의 정수를 만끽하는 데 전혀 부족함이 없다.

'경영의 신'으로 불린 마쓰시타 고노스케는 자신의 책에서 이렇게 말했다.

"그 무슨 일이 일어나더라도 솔직한 마음으로 평정심을 잃지 말고 담대하게 대해야 한다."

이것이 바로 마쓰시타 고노스케가 『오륜서』에서 배운 "병법가는 언제나 평정심을 유지해야 한다"라는 무사시 병법의 도를 개인적으로 터득하여 얻은 깨달음이다. 『오륜서』에 담긴 무사도와 선학사상은 중간 관리자와 CEO들의 자기 계발과 자기 수양의 준칙과 같다는 점을 마쓰시타 고노스케가 정확하게 간파했음을 알 수 있다.

『오륜서』는 엄격한 수양과 학습, 진실한 생활을 통해 어떻게 해야 비즈니스 전략을 터득할 수 있는지, 그리고 비즈니스 전쟁에 뛰어든 '현대판 비즈니스 무사'들이 어떻게 하면 어려움을 참아내며 시대에 적응하고 기회를 엿볼 수 있는 지를 가르쳐 준다. 무사시의 사상을 빌려 말하자면, 독자들은 『오륜서』를 자본주의 생존의 도를 터득하기 위해 넘어야 할 '적'이라 생각하고 베어 보길 바란다. 그러면 자본주의의 무한 경쟁 시대를 헤쳐 나갈 또 하나의 길이 열리지 않겠는가.

옮긴이 노만수

찾아보기

5가도(五街道) 429
『47인의 무사 이야기』 363

| ㄱ |

가게류 297, 298
가네마키 지자이(鐘捲自齋) 78
가네마키류(鐘捲流) 78
가마쿠라 막부(鎌倉幕府) 280
가미이즈미 노부쓰나(上泉信綱) 54
가사지루시(笠印) 386, 389
가시마신토류(鹿島新當流) 298
가지오시(鍛冶押) 332
가척술(呵斥術) 215
가케오(懸緒) 380
가타나 111
가타코테(片籠手) 397
간(看) 258
간류(巖流) 78, 300
간류검도(巖流劍道) 52
간바쿠(關白) 44,, 418
간사(諫死) 376
갈지(之)자 전술 221
감실(龕室) 177
객장(客將) 91
거일반삼(擧一反三) 36
검도형(劍道形) 308
검선합일(劍禪合一) 279, 303

검성(劍聖) 27
검심합일(劍心合一) 303
게이코기(稽古著) 314
격(擊 : 부딪치기) 156
격섬법(擊閃法) 160
견당사(遣唐使) 265
『고금단야비고(古今鍛冶備考)』 348
고기(公儀) 414
고기쓰네마루(小狐丸) 324
고다치(小太刀) 238
고바야부네(小早船) 226
고분 시대(古墳時代) 378
고소(禦所) 428
고소데(小袖) 390
고즈카(小柄) 326
고쿠시(國司) 428
고테(籠手) 313
고후쿠지(興福寺) 72
공(攻 : 치기) 156
공(空)의 권 37, 274
공갈 210
공명(空明) 38, 274
공선(攻先) 184
공성계(空城計) 233
공심위상(攻心爲上) 230
관(觀) 258
괘갑(掛甲) 380

교요(杏葉) 397
구사즈리(草摺) 382
구쓰(靼) 391
구와가타(鍬形) 384
국궁(鞠躬) 345
궤사20술(詭詐二十術) 213
규비노이타(鳩尾板) 386
균형 깨뜨리기 212
급소 치기 218
깃사키(切先) 336

| ㄴ |

나가마키(長卷) 319
나가카와(長側) 396
나기나타(長刀) 114
나카고시다테(莖仕立て) 332
낙엽 치기(紅葉の打) 152
남원북철(南轅北轍) 37
냉병기(冷兵器) 294
노다치(野太刀) 80
노도와(喉輪) 388, 400
논후쿠(論腹) 377
『농성수어지권(籠城守禦之卷)』 439
니카이도평법(二階堂平法) 302
니텐이치류(二天一流) 31
닌자(忍者) 195

| ㄷ |

다도법(多刀法) 165
다레(垂) 313
다메시기리(試し切り) 348
다이코(太閤) 418
다치(太刀) 30, 65, 111
다치의 도(太刀の道) 138
다카히모(高紐) 396

다케다 팔진(武田八陣) 430
단갑(短甲) 382
단도(單刀) 111
단련(鍛鍊) 330
당격술(撞擊術) 160
당대도(唐大刀) 320
대국(大局) 222
대청명(大淸明) 276
덕예쌍수(德藝雙修) 316
데라 마고노조(寺尾孫之允) 94
덴신쇼덴카토리신토류(天眞正傳香取神道流) 75
덴신신토류(天眞神道流) 297
뎃코(手甲) 388
도(胴) 313
도검(刀劍) 39, 319
도리데(砦) 428
도마루(胴丸) 396
도법(刀法) 39
도요토미 히데요시(豊臣秀吉) 42
도지기리(童子切) 322
도쿠가와 막부 60
도쿠세이레이(德政令) 412
「독행도(獨行道」 94, 277
돗파이(頭盔) 383
두 박자 치기(二の腰の拍子) 150
뒤엉키기 전술 218

| ㄹ |

리(離) 303

| ㅁ |

마루메 나가요시(丸目長惠) 130
마비 212
마비사시(眉庇) 384

마쓰시타 고노스케(松下幸之助) 46
마쓰야마 몬도(松山主水) 302
마에다테(前立) 384
마에다테아게(前立擧) 396
만도(彎刀) 241
메쿠기(目釘) 346
메키리(銘切) 332
멘(面) 313
면오갑(綿襖甲) 380
명찰적정(明察敵情) 194
목도(木刀) 313
『무공전(武公傳)』 93
무구지구(無構之構) 254
무념무상(無念無想) 치기 152
무병법(無兵法) 37
무사(武士) 27
무소 곤노스케(夢想權之助) 75
무주선법(無住禪法) 28
무주신켄류(無住心劍流) 300
무후팔진(武侯八陳) 431
미나모토노 요리토모(源賴朝) 356
『미야모토 무사시』 95
미야모토 무사시(宮本武藏) 22, 30
미즈헤시(水減) 327
민난 에이사이(明菴榮西) 280

| ㅂ |

바이신(陪臣) 93
바조구쓰(馬上遝) 388
반전제(班田制) 356
방원진(方圓陳) 431
번사(藩士) 80
베개 누르기 187
벽살(劈殺) 152
병구사위(兵久四危) 203

『병도경(兵道鏡)』 30
『병법가전서(兵法家傳書)』 194, 280, 300
보법(步法) 134
보시(帽子) 336
보쿠토(木刀) 293
봉시진(鋒矢陳) 431
부시(武士, ぶし) 28

| ㅅ |

사무라이(侍, さむらい) 28
사사키 고지로 78, 300
사자후(獅子吼) 216
사키바라(先腹) 376
살검(殺劍) 308
살기(殺技) 308
살기(殺氣) 308
『삼국지』 233
삼사(三師) 430
삼살법(三殺法) 308
삼선이론(三先理論) 306
상고도(上古刀) 319, 320
상단위 141
상적(相敵) 208
상적32법(相敵三十二法) 208
서도(書道) 366
석화 타격(石火のあたり) 152
선선지선(先先之先) 306
선종의 성행 281
선지선(先之先) 306
세속화로 전환 281
세키가하라 전투 60
세키부네(關船) 226
센고쿠 다이묘(戰國大名) 72, 413, 414
센고쿠 시대 59, 412
센노 리큐(千利休) 81

센단노이타(栴檀板) 386
소데지루시(袖印) 389
소리(反) 334
소방진(小方陣) 431
소손(搊村) 410
소카쿠쓰키가부토(衝角付冑) 383
손무(孫武) 22
『손자병법(孫子兵法)』 23, 24, 39, 180, 194, 208, 431
쇄도법(碎刀法) 138
쇄련염도(鎖鍊鎌刀) 63, 65
쇼쿠호(織豊) 시대 59
수(守) 303
수(水)의 권 33, 168
수리검(手理劍) 69
수선(守先) 184
순사(殉死) 376
쉬화(淬火) 370
슈고 다이묘(守護大名) 72, 414
스네아테(脛當) 388
스노베(素延) 331
슨노비단토(寸延短刀) 340
시노기즈쿠리(鎬造) 322
시노다레(篠垂) 384
시마바라의 난 90
시스이(야마모토 겐고자에몬山本源五左衛門) 93
시시도 바이켄(宍戸梅軒) 63, 150
시코로(錏) 384
신도(神道) 356, 360
신도무소류 장도(神道夢想流杖道) 75
신부동원우심부동(身不動源於心不動) 28
신카게류(新陰流) 54, 298
심검합일(心劍合一) 316
쌍선(雙先) 184
쌍수도법(雙手刀法) 292

쓰루기(劍) 319
쓰메바라(詰腹) 377
쓰카하라 보쿠덴(塚原蔔傳) 52, 54, 298
쓰쿠리코미(造込) 330

|ㅇ|
아리마 기헤이 56
아시카가 요시아키(足利義昭) 59
아이스 히사타다(愛洲久忠) 297
아즈치모모야마(安土桃山) 시대 59, 416
아케치 미쓰히데(明智光秀) 42
아키나리바라(商腹) 377
아타케부네(安宅船) 226
안행진(雁行陣) 431
압침(壓枕) 187
압침결(壓枕訣) 187
야규 무네노리 286, 300
야규 무네요시(柳生宗嚴) 72, 300
야규 우타지마노카미(柳生但馬守) 360
야규신카게류(柳生新陰流) 300
야스리메(鑢目) 334
야키이레(燒入) 331
양도(兩刀) 111
어린진(魚鱗陣) 431
언월진(偃月陣) 431
에도 시대 59
에도성(江戶城) 419
에보시(烏帽子) 384
엔메이류(円明流) 30
연강법(煉鋼法) 327
연마(硏磨) 370
연속 타격(緣のあたり) 152
오계(五戒) 312
오구(五構) 137
오닌(慶仁)의 난 412

오다 노부나가(織田信長) 42, 414
오단위(五段位) 135, 168
오도법(五刀法) 168
오륜(五輪) 28
『오륜서(五輪書)』 22, 23, 33, 39, 42, 53, 94, 100, 174, 180, 280
오륜탑(五輪塔) 34
『오방지태도서』 53
오사카 겨울 전투 420
오사카 여름 전투 420
오사카 전투(大阪の役) 83
오시쓰케노이타(押付の板) 396
오오다치(大太刀) 238
오요로이(大鎧) 383
『오월춘추(吳越春秋)』 292
오이바라(追腹) 376
오쿠조인(奧藏院) 74
오피화(烏皮靴) 382
와키자시 65
와키자시(短刀) 30, 65
외날(單刃) 319
요시오카 덴시치로(吉岡傳七郎) 68
요시오카 세이주로(吉岡清十郎) 66
요시카와 에이지(吉川英治, 1892~1962년) 62, 95
요적(料敵) 208
우수위 144
우시로다테아게(後立擧) 396
우치가타나(打刀) 65
우치카케시키(犲游式) 380
우케오(受緒) 380
우키아시(浮足) 259
우키타 히데이에(宇喜多秀家) 62
유구무구(有構無構) 146
유도(柔道) 366

유병법(有兵法) 37
유수 치기(流水の打) 152
윤추(掄錘) 370
음양보(陰陽步) 134
이가보시노가부토(嚴星の冑) 383
이과승중(以寡勝衆) 27
이요자네니마이도(伊矛箚二枚胴) 400
이이자사 이에나오(飯篠家直, 1387~1488) 75
이일대로(以逸待勞) 81
『이천기(二天記)』 74
이키도오리바라(憤腹) 377
이토 잇토사이(伊藤一刀齋) 298
인도합일(人刀合一) 168
인술(忍術) 195, 196
인슌(胤舜) 74
일격필살(一擊必殺) 168
일본 선학의 출현 281
일화일세계(一花一世界) 36
잇키(一揆) 410
잇토류(一刀流) 298

| ㅈ |

자면법(刺面法) 160
자심법(刺心法) 160
『잡병물어(雜兵物語)』 439
장도(長刀) 27
장사진(長蛇陳) 431
장술(杖術) 75, 77
장원제(莊園制) 356
장적여졸(將敵如卒) 231
장창(長槍) 114
적정(敵情) 195
『전쟁론(Vom Kriege)』 23, 25, 39
점도술(粘刀術) 160
조닌(町人) 44

좌수위 144
주동성(主動性) 182
죽도(竹刀) 294
중단위(中段位) 136, 141
쥘부채(摺扇) 264
지(地)의 권 33
지게로닌(地下浪人) 50
지음(知音) 176
직도(直刀) 319
진법(陳法) 430
『진설(眞說) 미야모토 무사시』 56
짧은 팔 원숭이의 몸(秋猴の身) 157

| ㅊ |

창(槍) 319
처군(處軍) 180
천간(天澗) 181
천극(天隙) 181
천라(天羅) 181
천뢰(天牢) 181
천정(天井) 181
천존(天尊) 32
천함(天陷) 181
체도(剃刀) 319
초리쓰(頂立) 384
초식(招式) 138
촉류방통(觸類旁通) 32
최후의 종교 조직 건설 281
추조 나가히데(中條長秀, ?~1384년) 78, 297
추조류 297
추조류(中條流) 검술 78
칠교의 몸(漆膠の身) 157

| ㅋ |

카사바이(笠鍂) 397

카쓰토쓰(喝稜)법 160
쾌도(快刀) 27
클라우제비츠(Clausewitz) 22
키 재기(丈比べ) 157

| ㅌ |

탈인심경(奪人心境) 29
탐색 210
토비아시(飛足) 259
투구(兜) 383

| ㅍ |

파(破) 303
평상심(平常心) 126
포진(布陣) 430
풍(風)의 권 37
풍격(風格) 37

| ㅎ |

하네아시(躍步) 259
하단위 144
하리가야 세키운(針ケ穀夕雲) 300
『하리마후도키(播磨風土記)』 374
하몬(刃文) 326
하이다테(佩楯) 389
하치마키(鉢卷) 390
하치만자(八幡座) 384
하카마(袴) 314
하타지루시(旗印) 394
학익진(鶴翼陳) 431
한 박자치기(一拍子の打) 149
할복(割腹) 374
항상심(恒常心) 126
형액진(衡軛陳) 431
호로(母衣) 389

『호소카와 유사이 각서(細川幽齋覺書)』 390
호시가부토(星兜) 384
호오아테(頰當) 400
호조인(寶藏院) 72
혼노지(本能寺) 42
혼노지의 변(本能寺の變) 81
혼란 214
화(火)의 권 36
화승총(火繩銃) 117
『회보검척(懷寶劍尺)』 348

횡도(橫刀) 319
후미아시(踏足) 259
후성(吼聲) 215
후술(吼術) 215
후지선(後之先) 306
후키가에시(吹返) 384
훈도시(褌) 390
히라즈쿠리(平造) 322
히타타레(直垂) 390